JN044811

ゴールセッティングの
呪縛から脱却し
「今、ここにある未来」
を解き放つ

中土井僚
Ryo Nakadoi

英治出版

陽太、
そして捉えどころがない世界の中にあっても、
誰かや何かの力になりたいと願うすべての人々へ

想いを届けるページ

書籍を誰かに贈るとき、いろんな届けたい想いがあるのではないでしょうか？
その想いをメッセージカードのように書籍に添えるためのページです。

上の欄に、書籍を届けたい相手があなたにとってどんな人かを記しましょう。
（記入例）
私にとって〇〇〇なあなたへ
私にとって〇〇〇な存在であるあなたへ
私にとって〇〇〇な人であるあなたへ
私にとって、〇〇〇ようなあなたへ
私にとって、いつも〇〇〇ているあなたへ

真ん中の欄に、贈りたい想いを記しましょう。

下の欄に、送り主であるあなたのお名前やニックネームをご記入ください。

※書籍の内容のすべてに賛同する必要はありません。
肩肘を張らず、あなたにとって大切なその人に想いを届ける機会としてご活用ください。

中土井 僚

私にとって＿＿＿＿＿＿＿＿＿＿＿＿＿＿あなたへ

＿＿＿＿＿＿＿＿＿＿＿＿＿＿＿＿＿＿＿＿として

この本を贈ります。

＿＿＿＿＿＿＿＿＿＿＿

はじめに

「捉えどころがなく、先行き不透明な時代の中にあっても、しなやかさをもって歩み続けていくために、私たちに本質的に問われていることは何だろうか？」

これが本書の中核をなす問いです。

「環境の変化が激しさを増している」
「変革なくして明日はない」
「イノベーションは喫緊の課題だ！」

このような「環境が変化しているのだから、今すぐ変わるべし」というメッセージは、何十年も叫ばれ続けており、もはや何の目新しさもありません。その反動からか、特に2010年代以降は「自分らしく生きる」という言葉への共感が広がっているように思います。中には「頑張って変化や成長をしても何の意味もない」と冷笑する向きもあります。

もちろん、「他者と比べずに、自分の個性を大切にしながら自分らしく生きること」は、心にゆとりを持って充実した人生を送るうえで欠かせない要素です。

しかし、気候変動による豪雨災害や干ばつ、地政学的な不安定さは私たちの暮らしを脅かし、テクノロジーの急速な進化によって格差も広がっています。つまり、どこに暮らしていても逃げも隠れもできない影響が誰の身にも迫っているのも確かです。

自分らしく生きることが「無理をしない」という意味で語られてしまうと、「そんなに現状は甘くない」「ゆるく生きたツケは誰が払うのか？」という耳をふさぎたくなるような不安の声も、心のどこかから聞こえてきます。

だからといって、次のような問いに正面から答えられるような言説はあまりありません。

「激動する環境変化の中で、変化するとはいったい何をどうすることなのか？」
「変化しなければいったい何が起こるのか？」
「そもそも、自分らしさと変化を両立させることはできないのだろうか？」

本書は、私自身が1人の生活者として、職業人として、経営者として、地球市民としてこうした問いと向き合いながら、1つひとつ自分なりに言葉を紡いで生み出したものです。

私は20年以上にわたり、リーダーシッププロデューサーという肩書で、個人・法人向けにリーダーシップ開発と組織開発のお手伝いをしてきました。言い換えれば「人と組織の進化を支援する仕事」です。その現場において、ただサービスを提供するだけに留まらず、環境変化の激しさの中で翻弄される人々の悩み、愚痴、不平不満、不安、悲しみ、そして喜びに、直接触れ続ける日々を過ごしています。

つまり、否応なく上記のような問いに向き合わざるを得なかったのです。

従って、本書でご紹介している考察の1つひとつは、机上で積み上げた理論というよりは、自分や誰かの悩みと向き合いながら、実際にさまざまな人に語りかけ、対話し、相手や自分の心に実際に響いてきたことが土台となっています。

「ビジョンプロセシング」とは、いかなる環境・状況であろうとも、自分自身や周囲の主体性と創造性の解放を可能にする姿勢と手法です。

言い換えれば、答えの見えない激しい環境変化において、たどり着くべき「ゴール」としてビジョンと向き合うのではなく、先行きが見えなくても、力強く、しなやかに、そして情熱をもって前進し続けられるように「プロセス」を充実させるものとしてビジョンと向き合うための姿勢と手法です。

ここに書いてあることが答えだというつもりは毛頭ありません。ただ、「そう考えてみる価値はあるかもしれない」と、試しに思考をめぐらせてみてもらえれば本望です。

本書では、主に経営者やチームリーダーなど、組織において何らかの責任を負った立場にある方や、日々現場で悪戦苦闘するビジネスパーソンを念頭に書いているので、組織運営に偏った内容に見えるかもしれません。

しかし、根底にあるテーマは「自分らしさとリーダーシップの統合と共創（コ・クリエイション）の実現」です。捉えどころのない時代の中であっても、誰かと手を携えながら、唯一無二の存在として自分の人生を全うしていきたいと願うすべての人々への、私からのエールです。

本書は情報収集、知識・教養を増やすためというより、新たな方向性を見出したい、あるいは行き詰まっていて藁をもつかみたいとき、言い換えれば「滞った流れに何らかの方向を与え、流れをうねりに変えていきたい」という願いを心の奥底で持ったときに、手に取ってもらえる書籍を目指しました。

本書が末永く皆様のお役に立てることを、心より願っています。

本書の構成

本書は全9章で構成されています。複雑な問題に対して幅広い視点からさまざまな考え方や方法論を提示しており、すぐに消化しづらいと感じるものもあるかもしれません。そのため、ここでは全体のつながりが見えやすいように、各章の概略をお伝えします。

第1章　環境変化の激しさの本質的な意味とは？

「環境変化の激しさ」はよく聞くものの、その本質について丁寧に語られることはあまりありません。第1章では、「そもそも環境変化が激しいとは何を意味するのか？」について考察を深めていくことにより、私たちが現在、どんな時代を生きており、これからどんなことを強いられ続けていくことになるのか、その仮説をご紹介します。

「クネヴィンフレームワーク」や「VUCAワールド」といった理論や概念の意味を説き明かしながら、激しい環境変化の本質に迫ります。

コラムでは、最重要キーワードである「VUCA」とはいったい何なのか、そして、なぜ現代はVUCA

ワールドであるといえるのかについて解説します。

第2章　私たちは、どんな変化を強いられているのか？

環境変化の激しさは、確かに私たちに変化を強いています。一般的には、「自分たちが変化する＝何かの行動を変える」と解釈がされるのではないでしょうか。しかしそう捉えると、「本当のところ、何を変える必要があるのか？」を見落としがちです。第2章では、第1章で解説した環境変化の本質を踏まえて、私たちに何が問われているのかを探究していきます。

そして、未来との向き合い方について、従来のアプローチである「ゴールセッティング」に対する新しいアプローチとして「ビジョンプロセシング」を紹介し、その原理と3つのパラダイムシフトについて概観します。

コラムでは、ビジネスシーンでよく使われてきた「時間管理マトリクス」の、変化の激しい時代における新たな意味を解説しています。

第3章　ビジョンプロセシングの原理

第3章では、本書の根幹をなすビジョンプロセシングの原理について説明します。まず、「どんなに先行きが不透明で、環境や状況に翻弄される状態であろうとも、創造を可能にするために求められることは何か？　それはなぜ、重要だといえるのか？」という問いについて考察します。

「本当に大切にしていることを存在させようとする」は、その問いに対する1つの答えです。この言葉だけだと抽象的すぎるので、「心の羅針盤」と「本質的な課題」という2つの要素に分けて説明しています。

ビジョンプロセシングの原理は、日々の状況に対する新たな視点を提供し、創造を可能にするものです。それだけでなく、問題を根本的に解決できない応急処置の無用な繰り返しや、自らの首を絞めるような行動パターンからの脱却を図るヒントを提供するものです。

この原理は、次章以降でもたびたび登場する重要概念となります。仮に一読で理解できなくても、まずは他の章を読み進め、各所にあるワークを実践してみてください。その後に第3章に戻ってくると、また違った視点から理解を深められるのではないかと思います。

コラムでは、「パーパス経営」を取り上げます。パーパスを掲げる企業が増えている一方で、その本質が見落とされているために、パーパスが手段化しているケースも多くあります。そうならないためのポイントを考察します。

第4章　本当に大切なことⅠ　心の羅針盤

第4章ではまず、私たちを問題処理に陥らせる「やらねばサイクル」、創造的な活動の好循環を促す「やりたいサイクル」という2つのメカニズムを取り上げながら、なぜ心の羅針盤が必要なのかを説明します。また、単にやりたいことをやればいいというわけではなく、「やりたいか、やりたくないか」のジレンマを乗り越える考え方も提示します。

そして、やりたいサイクルを回し、やらねばサイクルから解放されるためにどこに働きかけるべきかを説明し、実践的な内省のためのワークもご紹介します。

コラムでは、「やりたい／やらねばサイクル」に深く影響する考え方である「本来の自己／役割の自己」を詳しく説明します。

第5章　本当に大切なことⅡ　本質的な課題

私たちは、物事の「症状」に目を向けて、いわゆる対症療法的にその症状に対する直接的な解決策を考えがちです。しかしもしその症状が繰り返されているのであれば、深層にあるより普遍的な課題を見出していくことが必要です。

第5章では、システム思考やインテグラル理論の知恵を借りながら、本質的な課題を見極めるためにどんな着眼点に立てばよいのか、またそれを見極めるために役立つ手法を紹介します。

コラムでは、インテグラル理論の4象限について活用上の観点を掘り下げます。

第6章　パラダイムシフトⅠ　ビジョン

ビジョンプロセシングを実践に移していくにあたり、これまでのビジョンに適用されていたパラダイムを超え、新しいパラダイムで未来と向き合うことの意味をお伝えします。

それを端的に表現するなら、ビジョンを「たどり着くべき答え」として位置づけていたパラダイムから、今この瞬間の「プロセスに命を吹き込み、問いを誘発するもの」として位置づけるパラダイムへとシフトする、ということです。

また、ビジョンの定義を問い直したうえで、4つのビジョンを統合した「ビジョンクローバーモデル」とその探究法を提示します。

コラムでは、「自己起点のビジョン」と「他者起点のビジョン」の違いについて言及し、自組織の特性に合わせて自分たちの軸を確立することの重要性を整理しています。

第7章　パラダイムシフトⅡ　プランニング

ピーター・ドラッカーは「不確実性の時代におけるプランニングは、未来を変えるものとして何がすでに起こったかを考える」と述べました。環境変化の激しい時代に問われていることを探究したうえで、従来型の「山登り型プランニング」の限界と、新しいパラダイムである「波乗り型プランニング」について紹介します。

コラムでは、未来と向き合う重要なアプローチの1つである「シナリオプランニング」について概説します。

第8章　パラダイムシフトⅢ　チームワーク

「三人寄れば文殊の知恵」という諺（ことわざ）がある一方で、「三人寄れば派閥ができる」と言われるほど協働は難しいものです。第8章では、なぜ協働が難しいのかという疑問から出発します。

そして、チームワークの新しいパラダイムとして「チーミング」を紹介します。「心理的安全性」という考え方を世に広めた功労者の1人であるハーバード大学のエイミー・C・エドモンドソンが心理的安全性の高いチームのあり方として提唱したのが、このチーミングです。

そして、チーミングを機能させるためのメカニズムとして私が見出した「チーミングサイクル」と、その好循環を生み出すためのレバレッジポイントを紹介します。

コラムでは、協働するうえで重要となる当事者たちの意味づけをどのように考慮するかという視点から、「文脈」と「文脈思考」について解説しています。

第9章　ビジョンプロセシングの実践手法SOUNDメソッド

最後の章では、ビジョンプロセシングの原理と3つのパラダイムシフトを統合的に実践する手法として「インテグラルチーミング手法 SOUNDメソッド」を紹介します。まず、従来型のPDCAサイクル、最近注目されるOODAループ、そしてUプロセスの比較をしながら、それぞれの課題を克服するべく開発したSOUNDメソッドの概要と5つのコアステップについて解説しています。

5つのコアステップについては、具体的にチームでどのように進めていくかのファシリテーションガイドも掲載しています。ビジョンプロセシングの原理と3つのパラダイムシフトとの関連性に適宜触れているので、基本的にはそれ以外の章を読んでから実践するほうが効果的です（もちろん、まずは試してみたいという方は本章から読み進めてもらっても構いません)。

ビジョンプロセシングは、「まずはやってみる」を繰り返すことで、頭での理解だけでなく身体感覚として新しいパラダイムを少しずつ体得していくことができるようになります。ぜひ、日々のチームミーティングや組織開発、また個人の内省に取り入れてみてください。

コラムでは、タイムパフォーマンスと呼ばれる「時間対効果」が問われる時代において、対話が抱えがちな限界とそれを乗り越えるための着眼点を紹介しています。

ビジョンプロセシング　目次

4 本当に大切なことⅠ 心の羅針盤

5 本当に大切なことⅡ 本質的な課題

6 パラダイムシフトⅠ ビジョン

7 パラダイムシフトⅡ プランニング

8 パラダイムシフトⅢ チームワーク

9 ビジョンプロセシングの実践手法SOUNDメソッド

凡例

- 注は※印をつけて脚注に記載しました
- 本書で取り上げた事例や発言等は、筆者の経験をもとに創作したもので、特定の人物や組織を反映したものではありません
- 本文中で辞書の意味を紹介する際は『デジタル大辞泉』を引用しています

VISION PROCESSING

CHAPTER 1

環境変化の激しさの本質的な意味とは？

「環境の変化が激しいとはどういうことなのか?」という素朴で難しい問い

「私たちは環境変化の激しい時代を生きている」

「環境変化のスピードはどんどん速くなっており、変化しなければ生き残れない」

　こんな言葉はもう聞き飽きている、という人も多いのではないでしょうか。

　実際、環境変化の速さについては1990年代から叫ばれており、インターネットバブルと呼ばれた1995年から2001年頃には「ドッグイヤー」という俗語が生まれたほどです。これは、犬が人よりも7倍速く成長することになぞらえて、当時のIT業界の技術革新がずば抜けて速いことを指した言葉です。

　つまり、単純に計算してもそれから30年経った今となっては、「環境の変化が速い」という言葉自体が古いと思われても仕方ありません。ましてや、1990年代以降に生まれた人からすれば、何と比べて変化が速いのか、まったくピンと来ないと感じる人もいるでしょう。

　さらに、以前と今では「変化の質の違い」があるはずですが、それらが指摘されることはあまりありません。

　一般用語化したかのようにも見えても、改めて次のような問いを投げかけられたら、明確に答えられる人は少ないように思います。

- 環境変化が激しいとは何を意味するのか？
- 環境変化が激しいことで何がどうなるのか？
- 私たちが環境変化の激しさの意味をつかみ損ねているが故に、見落とし続けていることがあるとしたら、それは何か？

私自身、環境変化の激しさに漠然とした不安を抱えながらも、それが何を意味するのかを明確に言語化できない状態が続いていました。

しかし、企業や個人に対するリーダーシップ開発／組織開発支援の中で、根深い悩みの声が10年前よりも多く聞かれるようになりました。それは、以前では考えられないほど複雑に絡みあった問題や解決の糸口が見えない悩みであるようです。そうした悩みに多く触れるうちに、今こそこの問いを考える必要があると感じ、この数年間内省と実践の中で答えを見出そうとしてきました。

私たちの現在地を知るためにも、まずはこの環境変化にまつわる問いから探究を始めていきましょう。

まず、現時点での私なりの答えをご紹介します。

1　**環境変化が激しいとは何を意味するのか？**

それは、「私たちの対応能力を超える形で、私たちを取り巻く環境や状況が変化すること」を意味する。

2　**環境変化が激しいことで何がどうなるのか？**

私たちの対応能力を超える形で環境変化が進むことで、次から次へと迫りくる目先の問題に振り回されるだけでなく、対応が後手に回り続けてしまう。その状態が続く結果、自分たちの首を自ら絞めることになり、手遅れによる破綻を引き起こしうる。

3　**私たちが環境変化の意味をつかみ損ねているが故に、見落とし続けていることがあるとしたら、それは何か？**

環境変化の激しさと人間の持つ特性によって私たちは根深いジレンマを突きつけられている。しかし、それに気づけておらず、対応するためのエネルギーを消耗し続けている。

これらの答えは、至極当たり前で「そんなことは何年も前から思っていたよ」という人もいるかもしれません。

しかし、当然のことに見えれば見えるほど、一度立ち止まって考える意義はあるのではないでしょうか。

私はこれまで、さまざまな組織の現場でこの定義についてご紹介してきましたが、どの会社においても
「もやもやしていたことが言語化されてすっきりした」

「先が見えない苦しみの中にいたが、自分が何に苦しんでいたのかがわかった」

といった反応が返ってきました。

それは、環境変化の定義に対する納得感だけでなく、そもそも「環境変化が激しい」ことが所与の条件になりすぎていたために、得体のしれない違和感や痛みに無自覚に振り回されていたことに気づく大切さを物語っているように思われるのです。

それでは、この３つの問いと答えをそれぞれ深掘りしていきましょう。

個人の都合と会社の都合に割って入る「第3の都合」

「環境変化の激しさとは何を意味するのか？」について考えるにあたり、そもそも「何が変化を引き起こしているのか」を掘り下げていきます。

１９９０年代までの環境変化の激しさの主な要因は、ビジネスプロセスのＩＴ革新に起因した同業他社との競争の激化でした。それに対して２０００年代以降は、主にＩＴ大手が異業種に参入して、自動車業界を脅かす存在としてグーグルが台頭するといったような事態が起こり始めました。つまり、以前

は競合相手になるとは思えなかったような企業が参入障壁を軽々と超えて影響を及ぼしてくるため、長年かけて構築してきた市場がまったく新しい商品／サービスに置き換えられるようになったのです。

たとえば、携帯電話の高機能化によって、従来のカメラやカーナビゲーションシステム（カーナビ）などが実質駆逐されたことなどが挙げられるでしょう。カーナビのビジネスモデルは、莫大な先行投資を行って開発し、高級車から順に搭載し、汎用化できるようになると軽自動車に展開し、量産体制によって収益を得るという黄金の戦略がありましたが、スマートフォンの登場によっていとも簡単にその戦略は崩されてしまいました。

この傾向はますます加速の一途をたどることが想定されます。そのため環境変化の激しさは、どこから出現してくるのかわからない「見えない競争相手との戦い」によって、この先もずっと引き起こされることになるでしょう。

会社と個人の関係も、環境変化の激しさが一因となって変化を遂げていきました。比較的競争が緩やかだった高度成長期までは「会社のために働いてくれれば、一生安定した生活を約束する」という終身雇用が主流で、個人を犠牲にして会社の都合を優先する「滅私奉公型」の働き方が成立していました。

環境変化の激しさに加え、就労観や法制度などさまざまな変化によって人材の流動化が進み、採用活動は会社の都合と個人の都合の接点を探る「マッチング型」に移行していきました。人材の流動性は会社側にとっても都合がよかったといえます。なぜなら、「見えない競争相手との戦い」においては、人材に求められる要件も柔軟に変えなければならないため、新たな人材が必要になれば、転職に抵抗が少なく終身雇用を要求しない中途の経験者を採用すればよかったからです。

個人にとっても、会社に隷属しているかのような「滅私奉公型」の働き方は、自分らしさや人間らしい生活を売り飛ばすもので、1人の自立した人間として対等に会社と向き合える「マッチング型」は、働き方の本来のあるべき姿のようにも見えたことでしょう。

環境変化の激しさの要因が「競争」だけであれば、プロ野球における球団と選手の関係のように、「個人の都合」と「会社の都合」をうまくすりあわせ、マッチングを適切に機能させられればそれで十分です。

しかし、2010年代以降、特に2020年代に入ってからは環境変化の激しさが、「第3の都合」ともいうべき別の要因によって引き起こされるようになっています。

そしてその「第3の都合」は、個人の都合と会社の都合にダイレクトに影響を及ぼし、対応を余儀なくさせる形で、無理を強いてくるような状態になっています（**図1-1**）。

図1-1　個人の都合と会社の都合に割って入る「第3の都合」

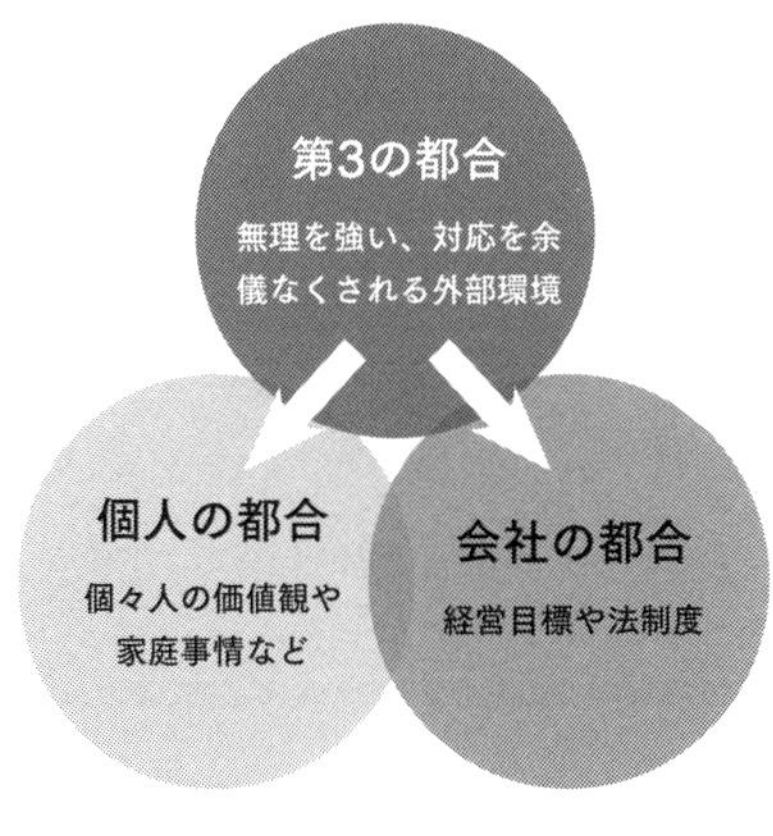

その第3の都合の主な構成要素は、以下の4つです。

- グローバル超競争
- 自然災害
- 地政学的リスク
- 人口減少

グローバル超競争

グローバル競争自体は、IT革命が始まった1990年代からも発生していましたが、GAFAM(グーグル、アップル、メタ[フェイスブック]、アマゾン、マイクロソフト)に代表されるようなITメガ企業が数々の業界を脅かしているのは周知のところです。

GAFAMがさまざまな参入障壁を破壊しているだけでなく、テクノロジーの支えによって新興企業が業界全体を脅かしているという例も少なくありません。

そのうちの1つが自動車業界です。自動運転技術をめぐって、自動車メーカー各社は元々しのぎを削っていましたが、2003年に創業されたテスラの登場によって、わずか20年のあいだに大きく業界地図を塗り替えられました。

トヨタは2020年7月にテスラに時価総額を抜かれ、2024年3月20日時点で、トヨタの時価総額は約59兆円なのに対し、テスラの時価総額は約80兆円となっています。

そのテスラですらも、２０２３年に中国自動車大手ＢＹＤにＥＶの販売台数を抜かれるというように、目まぐるしい変化が生じています。

文字通り、業界全体がひっくり返っているといえるでしょう。

また、もっと身近な例でいえば、グローバルという言葉とは縁遠い地方の書店や小売店であっても、アマゾンなど大手のＥＣサイトに顧客を奪われてことごとく廃業に追い込まれているのは周知の通りです。小売業界だけでなく、特に海外ではウーバーの出現によってタクシー業界が脅かされている国もあります。

どちらも、スマートフォンというたかだか電話の延長線上に過ぎなかった手のひらにおさまるデバイスによって、業界構造を変えられ、一気に窮地に立たされてしまっているのです。

これらはもはや「グローバル競争」という言葉では収まらない「グローバル超競争」といえるでしょう。この「超」には、とても激しいという意味と、分野や壁を超越するという2つの意味を込めています。

さらに近年では、ＡＩ（人工知能）の出現により、既存の企業だけでなく、職業すらも消えていくことが予見されています。第4章でも詳しく触れますが、会計士などの高度な技能を要し、資格によって守られてきた職業、あるいは才能やセンスが問われる領域と考えられてきたクリエイティブの仕事ですらもアルゴリズムに駆逐されてしまう未来が迫っているのです。

ＡＩの研究は世界中で進んでおり、その影響も国境を越えて降りかかってきます。それを思うと、私たちはテクノロジーによる恩恵を享受しつつも、同時にその技術革新が自身の職業に対して情け容赦なく襲い掛かってくることを念頭に置かなければなりません。

自然災害

気候変動によって今後ますます自然災害が生じるという点については、今さら説明するまでもないでしょう。しかし、着目すべきなのは災害がもたらすインパクトです。ひとたび自分の足元に被害が及べば、会社、個人問わずその対応を余儀なくされるということです。

豪雨災害は毎年のように全国各地で発生し、個人の住宅だけでなく店舗や工場に影響を及ぼし、営業停止に追い込まれた企業もあります。

また、2020年3月から始まった新型コロナウイルスのパンデミック（以下、コロナ禍）は、文字通り人類全体で対応を余儀なくされた自然災害の一種です。本書を執筆している2023年時点では、コロナ禍自体は収束に向かっています。しかし、気候変動によって感染症リスクが高まることについては、国連のレポート等で以前から指摘されていました。コロナ禍以前にも世界ではSARSやエボラ出血熱等が流行し、日本では将来デング熱が常態化するという説もあります。こうしたことを考えると、別種のウイルスが発生し、新たなパンデミックが生じることも十分ありうるでしょう。

地政学的リスク

人類は歴史上、一度も世界平和を実現したことはなく、いつもどこかで紛争は起きていました。それでも、第2次大戦以降は日本自体が戦争や紛争の影響を直接受けることはなく、経済成長の恩恵を受けてきました。多くの日本人にとって、どこかの国の戦争は対岸の火事にしか感じられなかったことは否めないでしょう。しかし、２０２２年2月から始まったウクライナ戦争により、エネルギー価格が高騰して急激な物価高につながり、会社経営のみならず個人の生活にも直接的な影響を及ぼしました。

今後、台湾情勢や北朝鮮情勢などが悪化した場合、隣国である日本にとっても影響は避けられないでしょう。重要なポイントは、地政学的リスクは国家というマクロな領域の話であり、ウクライナのような遠く離れた国の情勢であるにもかかわらず、世界中の会社と個人が影響を受けてしまうということです。ウクライナ侵攻の予兆は以前からあったとしても、いきなりその影響が突きつけられるという意味でも、環境変化の激しさの質が以前とは異なることがわかります。

人口減少

世界に先駆けて少子高齢化が進んできた日本では、人口減少は特に真新しい話とは捉えられないかもしれません。しかし、今後は限界集落の消失や、若手の就労人口の減少などによる影響が発生していくことでしょう。

たとえば集落の消失は、その近辺のインフラ設備のメンテナンスが今後されなくなることを意味しています。メンテナンスされないまま老朽化していく橋をたまたま自動車で通過したら橋が崩落する、といった事態も十分考えられます。

また、若手の就労人口が減少すると、会社の中で年配の熟練者から十分な技能伝承がなされず、想定外のミスやトラブルが起こる可能性もあります。さらに、そうした不祥事が起こっても、問題への対処が先送りされると状況はどんどん悪化していきます。

労働市場は売り手優位が続き、仕事を選ばなければ年齢の若さだけである程度の仕事にはありつけます。今後ますますその傾向は強くなるでしょう。

それ自体は喜ばしいことですが、それが故に、都合が悪くなればいつでも転職できることも意味しています。その結果、「面倒くさく大変だけれども大切な仕事」をわざわざ引き受ける人が少なくなり、それがそのまま会社の重大リスクにつながっていきます。

実際に、コロナ禍前あたりからコンプライアンス違反、重大トラブル、パワハラ、不祥事等に関するクライアントからのご相談が増え続けています。

経営者、事業部長クラスの方からお話を伺うと、「モラルの問題としか見えないような、以前ではありえなかった事態が頻発している。本人の意識が変わらなければ防ぎようのない問題であるが故に、仕組みや制度でなんとかできるように思えない」という悩みを吐露されます。「都合が悪くなればいつでも転職できる」という逃げ腰が誰の中にも潜んでいるのだとしたら、わざわざ火中の栗は拾わないでしょうし、見て見ぬふりやちょっとした先送りが積み重なっていくのは容易に想像がつきます。

それでも責任感のある人が何とかしようとしていますが、孤軍奮闘状態で燃え尽きてしまうケースも見られます。それだけでなく、「自分がなんとかしなければ」とプレッシャーを抱えている中で、無責任な態度やいい加減な姿勢に対して耐えられなくなり、必要以上に厳しい口調で非難をしたために、パワハラ扱いされて異動させられてしまうということも起きています。責任感のある人がいなくなると、結果として会社がどんどん「ぬるい職場」になっていき、重大リスクの温床と化していくのです。そうした積み重ねによって以前ではありえなかったような事態が生じていることを考えると、人口減少が間接的に与えている影響は今後も避けがたいものになるといえるでしょう。

これらの「第3の都合」のうちどれか1つでも甚大な影響を及ぼすのに、今後は複合的に発生し、場合によってはもっと大きな影響が出る可能性が高いのです。それが「第3の都合」の厄介なところです。

これを家族でたとえるなら、一軒家のお茶の間で、親子喧嘩（親＝会社、子ども＝社員）をしている状況に、突如、あちこちの扉や窓から強盗が押し入ってきて、一切合切を奪っていくだけでなく、その事態がやっと収まったかと思った矢先に、また次の強盗が大挙してやってくるようなものだといえるでしょう。

秩序の有無という観点から環境変化の激しさについて考える

第3の都合による影響は甚大ですが、これらはあくまで環境変化の激しさを引き起こす要因に過ぎず、

「環境変化の激しさとは何を意味するのか?」という問いの答えにはなりません。

その意味を解き明かしていくうえで、参考になるのがクネヴィン(カネヴィン)フレームワークです。クネヴィンフレームワークは、1999年にIBMグローバルサービスで働いていたデビッド・ジョン・スノーデンによってつくられた概念的枠組みで、自分たちが置かれる状況においてどんな意思決定が求められるのかを探るために生み出されました。本書ではこのフレームワークにおける環境や状況の違いを活用しながら、「環境変化の激しさとは何を意味するのか?」を考えていきます。

クネヴィンとはウェールズ語で「生息地」を表す言葉ですが、正確に対応する英語はなく、スノーデンは「あなたがいろんな形式で帰属している場所※」と表現しています。

たとえば、あなたが田舎に住んでいるとして、「この場所は、私の生まれ故郷でもあり、パートナーの家族や親せきも住んでおり、私が農業を営んでいる生活の基盤でもあり、子育ての場所でもある」といえるような場所が生息地です。このフレームワークを活用することで、意思決定者は「今、自分たちがどのような固有の文脈(状況)に置かれているのか」を見極めたうえで、よりよい意思決定を下せるようになります。

このクネヴィンフレームワークはずっと進化し続けており、現在は第3版が紹介されています。**図1-2**は、2023年現在のバージョンを訳したものです。このフレームワークでは主に5つの領域(自明、煩雑、複雑、カオス、混迷)に区分されていますが、右側領域(煩雑-自明)と左側領域(複雑-カオス)で大別することができます。

※ 原文は「Place of Your Multiple Belongings」。

右側領域（煩雑－自明）は秩序系であり、因果関係が明確、ないしは突き止めることが可能な領域です。それに対して、左側領域（複雑－カオス）は非秩序系として位置づけられており、因果関係は曖昧ですぐに判別できず、後から帰納的に推測できる程度に留まるか、そもそも判別すらできない領域となります。

この区別が「環境変化の激しさとは何を意味するのか？」という問いへの答えを与えてくれると私は考えています。

「因果関係が明確に判別できるか／できないか」という違いは、言い換えれば「環境・状況をコントロール（制御）できるか／できないか」の違いです。

環境・状況をコントロールできるか／できないかの違いについて理解するために、たとえ話で考えてみましょう。

図1-2　クネヴィンフレームワーク

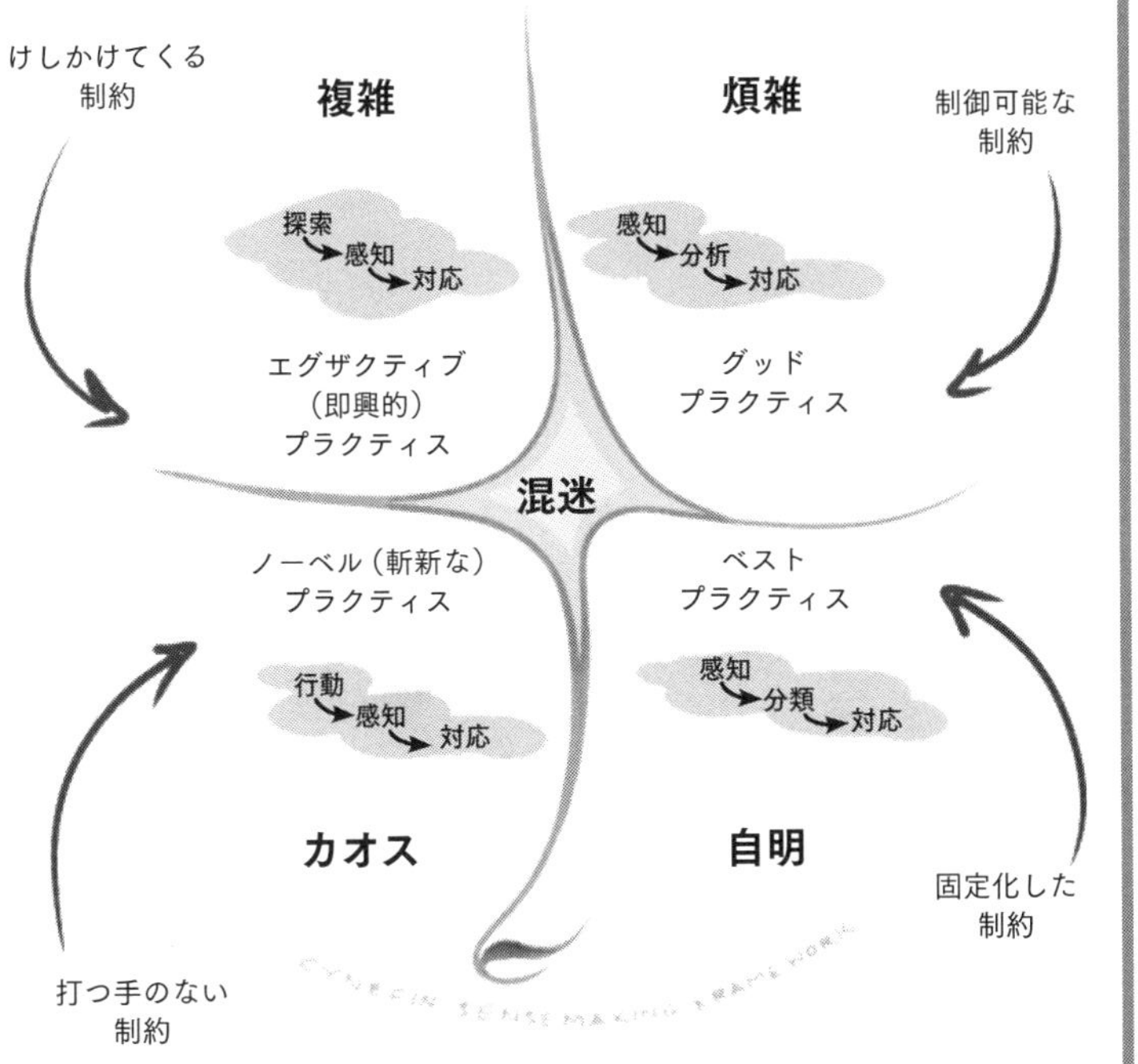

出所：The Cynefin® Coのウェブサイトの図を筆者翻訳
thecynefin.co/about-us/about-cynefin-framework/

あなたが仕事や家庭の事情などで多忙を極めていて、1～2週間洗濯ができなかったとします。当然、洗濯籠には入りきらないくらいの服の山が築かれています。

その状況は見るのもうんざりするかもしれませんが、それでもこの「洗濯物の山」という状況はコントロールできます。なぜなら、時間が空いたら服を洗濯機に放り込み、洗剤を入れてスイッチを押しさえすれば、洗濯を終えることができるからです。みるみるうちに目の前から洗濯物の山が消えていくという意味で、状況をコントロールできていることになります。

一方、非秩序系はこれとは異なります。今度は、自分が1匹の蟻(あり)になったと想像してください。蟻になっていろいろ餌を求めて歩き回っているうちに、ある家に入ります。壁をよじ登ったり、下がったりしながら、その家の洗濯機にたどり着きました。

蟻は自分が洗濯機によじ登っていることも知らずに、せっせとその壁をよじ登っていきます。頂上にたどり着いたものの、たまたまその洗濯機の蓋が開いていて、洗濯槽に落ちてしまいました。なんとか這い上がろうと歩き始めたものの、蓋が閉じて真っ暗になり、水が勢いよく四方から入ってきて、そのうちぐるぐると回り始めます。真っ暗な洗濯槽の中では、激しく水がかき回され、右へ左へと水流がうねり、それに合わせて自分の身体も上下左右に無茶苦茶に動かされます。なんとか脱出しようと手足を動かしてもがくものの、前進したかと思いきや、身体ごとひっくり返されたりします。

このような状況では、運よく洗濯槽の壁につかまって、よじ登って脱出を図れることはあるかもしれませんが、ほとんどはその努力もむなしく、ただ水流にされるがまま翻弄されることになるでしょう。

すなわち、１匹の蟻であるあなたにとって、洗濯槽の水流はコントロールできない状況です。これが非秩序系です。

極端なたとえ話ですが、環境・状況をコントロールできるか／できないかによって、対処法が異なってくることが感覚的につかめるのではないでしょうか？　その対処法の違いを意思決定の違いとして明確化しているのがクネヴィンフレームワークです。

大規模火災に見舞われているなど、わかりやすく制御不可能な環境・状況に身を置いているときは、結果的に非秩序系にふさわしい意思決定と行動をするでしょう。

しかしこのフレームワークでは、わかりやすい環境・状況に身を置いていないとき、私たちは非秩序系を秩序系と見誤り、誤った意思決定を下してしまう可能性があることが示唆されています。

たとえば、企業におけるＭ＆Ａによる合併後の混乱がこれに当たります。企業合併の一般的な目的は、それぞれの会社の強みを活かし合うことでシナジーを起こし、重複した業務を集約することで成果を上げることです。しかし、実際にはシナジーが生まれないばかりか、かえってコストが膨らんでしまう、会社を支えてきた優秀な人材が次々と辞めてしまう、元の会社の文化が壊れてしまうといった負の影響に見舞われ、取り返しのつかない状況になってしまっているケースも多々見受けられます。

これは、合併を取り巻く因果関係は、「社員１人ひとりの感情や思惑」「個々の業務を取り巻く特殊事情」「会社で導入しているシステムの統合」など、当初の認識以上に複雑に絡み合っているにもかかわらず、それを軽く見たか、制御可能なものであると思い込んだことから起こっているのです。

この状況の捉え違いによって誤った意思決定が生じる意味について「郷に入っては郷に従え」という諺になぞらえて考えてみましょう。この諺は「その土地（または集団）に入ったら、自分の価値観と異なっていても、その土地（集団）の慣習や風俗に合った行動をとるべきだ」という教訓を示しています。裏を返せば、「これまでとは違う土地（集団）に入ったのに、これまでと同じ行動をとっていたら、その土地と不協和が生じ、問題を起こしてしまう」ことを意味しています。

この「土地」の部分を「文脈（状況）」と言い換えると、クネヴィンフレームワークが示唆していることがよりわかりやすくなります。

つまり、**「これまでとは違う文脈（状況）に入ったのに、これまでと同じ行動をとっていたら、その文脈（状況）と不協和が生じ、問題を起こしてしまう」**ということです。

厄介なのは、土地（集団）の場合は、「別の場所に来たこと」が体験的にわかりやすいのに対し、文脈（状況）の違いはわかりづらく、誤認しやすくなります。その一例が先ほどの企業におけるM&Aになります。つまり、「郷に入っては郷に従う」必要があるのですが、自分たちが郷（非秩序系）にいることにそもそも気づけないケースが多いのです。

つまるところ、**「環境変化の激しさとは何を意味するのか？」という問いに対する答えは、「私たちのコントロール能力を超えた環境・状況において、その変化に振り回される」**ということです。

私はそれを**「環境の変化が激しいとは、私たちの対応能力を超える形で、私たちを取り巻く環境や状況が変化することを意味する」**と表現しています。環境・状況をコントロールできるか／できないかという秩序系と非秩序系の違いをより深く理解するために、それぞれの領域について解説していきましょう。

秩序系

自明（Clear）

自明は因果関係が明確であり、問題が起こってもルールを決めたり、外部から成功事例をベストプラクティスとして持ち込んだりすることで対処可能な領域です。つまり、標準化やマニュアル化によって問題解決していきます。

この領域における対処パターン（ある問題に対する典型的な行動）は「感知→分類→対応」です。これは起きている状況に気づいた後で、既存のルール・手順はどの分類に当たるのかを判断しさえすれば、あとはその手順に従って解決できることを意味しています。数多くのキャストが働くディズニーランドでは、マニュアルが徹底されていることが有名です。顧客のトラブルだけでなく、混雑時の入場制限方法、ミッキーマウスの出没パターンなど、さまざまなケースが明示されており、アルバイトスタッフであったとしても高度なオペレーションができるようになっています。

この自明の領域は、そうした標準化・マニュアル化されているものだけでなく、外れた自転車のチェーンの修理など、因果関係をその場で明確にして対処できるようなものも当てはまります。たとえ自転車修理の専門家でなくても、外れたチェーンを戻す程度であれば、車輪を回しながらその構造をつぶさに見ていくことで、何をどのようにすれば直せるのかは大体わかります。つまり、経験のない事態であっても、因果関係が単純であれば基本的に誰でも対応できるのです。

煩雑（Complicated）

煩雑は因果関係を明確にするために分析や専門性を必要とする領域です。ここでも他での成功事例を活用できますが、自明領域との違いは、ベストプラクティスとしてそのまま採用するのではなく、グッドプラクティスとして参考にする点です。たとえば、「レシピに沿った料理」と「虫垂炎の手術」の違いを考えるとイメージしやすくなるでしょうか。料理の場合は、レシピの手順に従えば、たいていはそのまま料理を完成させることができます。しかし、虫垂炎の手術の場合は、術式は確立しているとはいえ、患者1人ひとりの状態が異なっているために、成功事例をそのまま当てはめようとしても通用しない可能性があります。ただ、外科医はこれまでの経験や外部の成功事例を参考にすることはできるのでそれらは「グッドプラクティス」となります。

また、この領域での因果関係は専門性があるからこそ判別可能という特性もあります。外科医にとって虫垂炎の手術は、マニュアル化も進んでいることもあって、研修医でもある程度執刀できる基礎的な分野に位置づけられているようです。しかし、医者ではない人たちにとってみると、そこにどんな因果関係が潜んでおり、何をどこまでメスで切ってよいのか、そもそもメスで身体を切る前に何をする必要があるのか、それをやらなかったらどうなるのかといった因果関係までは知識もなければ理解もできません。もっといえば、手術ができないだけでなく、そもそも「腹痛の原因が虫垂炎かどうか」の判断もできません。

このように、素人には無理でも専門家であれば因果関係を判断して制御できることから、「秩序系」に位置づけられています。

この領域の対処パターンは、「感知→分析→対応」となっており、自明領域との違いは「分類」が「分析」になっていることです。グッドプラクティスを参考にしながらも、個別具体の事象に対して分析を加えて初めて、対処が可能になります。

非秩序系

複雑（Complex）

複雑は因果関係の仮説を後から立てることはできても、正解を見つけ出すことができない領域です。

代表例は戦場、市場、生態系、企業文化といったものです。因果関係を明確にできない理由はいくつかあり、「因果関係が複雑に絡みすぎているために原因を1つに特定できない」「自分の行動そのものが予測不可能な形で自他に影響を与える」などが挙げられます。

たとえば、「社員が言われたことしかやらない」という指示待ちの企業文化に悩まされる会社を考えてみましょう。これらは、社員の能力の低さ、主体性のなさ、視座の低さ、当事者意識のなさといった形で、「社員の側」に原因があるとみなされがちです。もちろんそういった原因はあるかもしれませんが、残念ながらそれほど単純ではありません。

実は会社のほうに原因がある場合の例を挙げてみましょう。

- 経営陣からのトップダウンが激しく、次から次へと仕事が舞い込んできて、社員が自ら主体的に動く余地がそもそも奪われている。
- 人事評価制度や報酬制度が、与えられた職務以外の仕事をしても評価につながるようになっていないだけでなく、そもそも業績目標が高いために、与えられた職務以外のことに手をつけていると評価が下がる可能性が高い。
- ヒエラルキーに基づく統治が確立しており、上意下達で物事が進められるようになっている。従って、部下による独断の行動自体が上司の計画を狂わせることになり、多方面に調整するためのコストが膨大にかかってしまう。

- 創業者である社長はカリスマ経営者であり、その視座の高さにかなう人材が役員も含めて誰もおらず、対等に議論できる人がいない。結果的に社長の一存で物事が決まることが多く、役員以下全員が、顧客ではなく「上」を見て仕事をするようになる。
- 事業内容として、医療メーカーなど人間の生命に関わる精密機器を製造していたり、金融業など政府による規制下で行われている事業であったりするために、そもそも間違いが許されず、定められたルールに従うことが優先されやすい。
- 過去に、社内で声の大きい役員に対して異を唱えた社員が、次から次へと閑職へ追いやられた事象が発生したことがあり、「出る杭は打たれるどころか粛清される」という認識が生まれ、その警戒心が今も続いている。
- これまで何度もＭ＆Ａが繰り返されており、異なる企業文化を持つ人が社内に多数いるため、コミュニケーションが成り立ちづらく、社内調整にかかる労力が大きすぎる。
- 以前、大規模な不祥事でニュースに取り上げられた結果、巨額の賠償金が発生しただけでなく、全社的にマスコミに叩かれ、風評被害も含めて顧客が離れていった経験がある。そのため、会社全体として目立った動きをして失敗をするよりも、堅実な仕事をして失敗しないほうが奨励される雰囲気になっている。

これらはよく見られるものですが、どれも影響が大きく、特定の原因を見定めれば対処できるという類の単純な問題ではありません。また、影響の大きい原因は他にも数多くあります。しかもそれらがお互いに影響し、絡み合っているのが一般的です。

さらに、明らかに「原因は社員の側」だと見えているものでも、社長が良かれと思ってとった行動や何気なくとっている行動が社員を「言われたことしかやらない」状態にさせているというように、社長自身が原因の一端を担っていることもあります。

たとえば、社員の側が「言われたことしかやらない」ので、社長は少しでも行動を変えさせようと、いろんな手段を矢継ぎ早に繰り出して物事を進めようとします。そのように進めようとすればするほど、中間管理職は社長の「ご乱心」や「思いつき」に現場が振り回されないようにするために面従腹背と繰り返したり、社長の指示に対してイエスでもノーでもない姿勢を示したりするようになります。少なくともそうすれば、自分が納得していない施策を現場に伝えて部下の信用を失うようなリスクは回避できます。

さらに、社長が現場に過剰な口出しをしてくるのを防ぐため、部長は部下に対して「迂闊な行動をせずに上司である自分にきちんと報連相するように」と部下に言って聞かせるようになるかもしれません。そうすると、部下も上司や周りに迷惑がかからないように、上司の指示に従います。

このような慎重姿勢が広がれば広がるほど、社長の目からは現場の動きが鈍いように見えてしまうため、また業を煮やしてトップダウンで指示を発令し、また同じパターンが繰り返されることになります。

こうしたケースは、トップ、中間層、スタッフの全員がそれぞれ良かれと思って取り組んだ結果、「言われたことしかやらない」文化が根付いてしまうのです。

このように複雑領域は、自明、煩雑とはまったく次元が異なります。世の中に数多くの経営書がありながらも、人と組織の問題に悩み苦しむ経営者が絶えないのは、まさに複雑だからである、といえるでしょう。

そのため、こうした企業文化の問題は、いろいろな情報を参考にして仮説を立てることはできるかもしれませんが、全貌を把握するのは不可能だという認識に立ちながら、体当たりでぶつかっては、なんとか手探りで進んでいくしかありません。

この対処パターンは、「探索→感知→対応」と表現されています。

ここでいう探索のことを、クネヴィンフレームワークでは「セーフ・フェイル（Safe-fail）」と呼んでいます。これは屋台骨が崩れなくても済むくらいの失敗をしてみることを指しています。何かしらの反応を得て、そこから感知したことに対応していくということです。

私はこれを「潜水艦におけるアクティブソナー」に例えてお話ししています。潜水艦は海の中で軍事作戦を遂行していますが、水圧からの保護のために窓がなく、そもそも光も届かない深部では見える範囲に限界があります。

そんな中で潜水艦は、音を頼りに前進していきます。アクティブソナーと言われる探信音を発信し、反射音から近くにある物体や生き物の位置や動きを探るそうです。潜水艦にとって海の中は、到底すべてを把握することができない得体のしれない場所であるため、かすかな手触りを頼りにしながら次の動きを決めざるを得ないのです。

それと同様に、複雑の領域においては、「意思決定者の理解力」を「環境・状況の複雑さ」のほうが凌駕してしまっているということです。

だからこそ、アクティブソナーを打つように、セーフ・フェイルを繰り返しながら前進を図ることになります。それを繰り返していく中で、徐々に因果関係が解明できるようになっていくと、複雑から煩雑の領域へと移行できるようになります。

カオス（Chaotic）

カオスは、因果関係が不明確であると同時に、それを明らかにすること自体が意味をなさない領域です。「今、ここにある危機」に対応しなければいけないほど混乱しているので、体系的な知識を入手する暇もなく、すぐさま行動を起こさざるを得ません。

これは、大震災が起きた直後の被災地の状況を思い浮かべると理解しやすいでしょう。倒壊した家屋の中に閉じ込められている人がいたり、火災があちこちで起きていたりする状況においては、因果関係のパターンを発見することよりも、文字通り救出や消火などの「止血」対応が優先されます。

この領域の対処パターンは、「行動↓感知↓対応」です。これは一時的な秩序を確立するために行動し、安定を見出せる領域を感じ取り、カオスを複雑に変えていくために対応していく、という意味です。

この対応の具体例として、２０１１年に東日本大震災が起こったときに、不足物資など現場で必要な情報共有が急速に進み、支援ネットワークが全国に広がっていった状況を思い浮かべるとわかりやすいでしょう。

日本社会は１９９５年の阪神・淡路大震災を経験していたものの、それをはるかに凌駕するほど広範囲で深刻な打撃が津波や原発事故によってもたらされているという、文字通りカオスな状態に陥っていました。

これに対して、いち早く現地に飛び込んだ支援者たちが救援活動を行いながら、現地の情報をインターネットで拡散していくことで、徐々に不足物資の見える化や、ボランティアスタッフの配置や作業指示などの構造化が進み、支援ネットワークが確立されていきました。

つまり行動を起こすからこそ、次に何をどうしたいかが見えてくるのです。そして混乱が収束してくると、カオスから複雑の領域へ移行していきます。

その他

混迷（Confused）

４つの領域の中央に位置する混迷は、他のどの領域が適用されるかが明確ではない状況を表しています。この領域は、以前のバージョンでは、無秩序（Disorder）と呼ばれていました。

混迷領域にいるにもかかわらず、自分たちが４つの領域のどこにいるのかを早計に判断してしまうと、誤った意思決定をしかねません。しかしながら、自分たちが混迷領域にいることに気づけず、４つの領域のいずれかにいると誤認し、人によって領域判断が分かれてしまうことがあります。その結果、情勢判断や意思決定に対する見解が分かれたり、派閥の対立が生まれたりすることで、不協和が場を支配していきます。

この領域から抜け出すための秘訣は、状況を細かい構成要素に分解し、それぞれについて他の４つの領域のどれに当てはまるのかを吟味していくことです。そうすることで、リーダーは文脈に応じた適切な方法で意思決定を行い、対処できるようになります。

環境変化が激しい状況は、この４領域の中でも「非秩序系（複雑－カオス）の領域」にあります。ここで留意したいのが、クネヴィンフレームワークでは、意思決定者が置かれている文脈（状況）は固定されたものではなく、推移していくと捉えている点です。

コロナ禍は、パンデミックが始まってから事態が落ち着くまで、４領域を推移していきました。２０１９年12月の武漢での感染拡大からわずか4か月後の２０２０年4月7日に、日本では最初の緊急事態宣言が出されました。どんなウイルスなのか、感染力や致死率がどのくらいなのか、既存の治療薬で効果があるのか、ワクチンは開発可能なのか、開発できるとしたらどのくらい時間がかかるのかなどすべてがわからない、まさに「カオス」な状態でした。当時はほとんどの人が家で過ごし、外に出歩く人はまばらで、通常混雑しているような時間帯であっても電車はいつも空いているような状況でした。

そのうち、「感染状況を数値化する」「施設を安全なゾーンとリスクのあるゾーンに色分けする」「ソーシャルディスタンスを取る」「体温計測などの行動ルールや違反したときの罰則を規定する」など、さまざまな試行錯誤が行われていきました。つまり「複雑」の領域に移行したといえます。

複雑の領域は失敗もつきものです。初期対応の失敗例の1つに、当時の安倍政権が約２６０億円をかけて日本の全世帯にマスクを2枚ずつ配布した、「アベノマスク」という俗称もつけられた取り組みが挙げられるでしょう。

当時はマスク需要が急速に伸びてしまったことから、医療用マスクすらも入手困難になっていました。そのための緊急措置でしたが、蓋を開けてみると、サイズが小さすぎて使える人が少なく、全世帯に配布する前に市販のマスク生産が需要に追いついてしまい、結果的に政府が調達した布マスク全体の3割近い８３００万枚（１１５億円相当）が配りきれないまま残りました。さらに、２０２０年8月から２０２１年3月にかけての保管費用が、約6億円にのぼることも判明しています。

このように大きな損失を生みましたが、当時の複雑領域の状態ではある程度仕方のない失敗だったともいえます。日本の失敗事例を見て同様の手段はとらないように参考にした国があったとしたら、全人類の視点からすれば、まさに一種のセーフ・フェイルの一環だったと捉えられるのです。

その後、専門家の意見を反映した、段階ごとに体系化された政策決定がなされるようになっていきました。それは「煩雑」の領域に移っていることを示しています。

2023年以降はワクチンの普及に伴って重篤化するリスクが下がり、治療薬も流通しつつあることから、対応がパターン化される「自明」の領域に移っていきました。

ここまでクネヴィンフレームワークについて触れてまいりましたが、改めて押さえておきたいのは、秩序系（煩雑－自明）と非秩序系（複雑－カオス）の違いです。

それは「因果関係が明確にできるか／できないか」であり、言い換えれば「環境・状況をコントロールできるか／できないか」であることは先述した通りです。

ここで重要なのは、**非秩序系においては、環境・状況の複雑さが、私たちの認知や能力を圧倒的に凌駕してしまっている**点です。

複雑の領域で潜水艦の例を挙げましたが、潜水艦にとっては、広大で視界の効かない深海に圧倒的に支配されている状況であり、潜水艦のほうから海流を変えるようなことはできません。それがわかり切っているからこそ、逆に潜水艦では、ソナーをうまく使って状況を感知しながら前進するという意思決定が成り立ちやすくなります。

それに対して地上にいる私たちは、「環境・状況のほうが自分たちを凌駕している」という認識が欠けることがあります。自然災害に見舞われているようなカオスの状態であればそういう理解は得られやすいですが、複雑領域を煩雑領域と混同して、「因果関係の解明やベストプラクティスを参考にすれば環境・状況をコントロールできるはずだ」と誤認することもよくあります。

先述したM&Aによる企業合併はまさに混同の例です。複雑領域にある企業合併は、本来ならセーフ・フェイルを繰り返しながら反応を手探りで探しつつ、徐々に煩雑の領域へと移行していく必要があります。しかし往々にして「2つの会社が1つになる」というわかりやすいゴールに向かって一直線に進んでいけるはずだと考え、状況を要素分解して1つひとつ理論的に解決していけば合併は成功する、という単純な思考に陥っているのです。

なお、この領域の認識が複数のステークホルダーのあいだで異なっている場合、混迷領域に入ってしまうこともありえます。混迷領域にいることを自覚できていればよいですが、そうでない場合はそれぞれの状況認識と対処パターンを持ち込むため、さらに状況を複雑化させてしまいます。これも、環境変化の激しさによって翻弄されている一例といえるでしょう。

環境変化の激しさの意味を考えるうえで、もう1つ重要な観点があります。それは、コロナ禍のように非秩序系から秩序系に移行できたとしても、他の「第3の都合」により、別の非秩序系の状況に陥る可能性は常にあるということです。

たとえばウクライナ戦争がその典型例でした。2022年1月時点では、経済界では「やっとコロナ禍が落ち着いてくる。これから本格的に経済回復だ」と信じられていました。実際、2022年のお正月のニュースでは、経団連の重鎮たちが口を揃えて、「コロナ後の経済回復」を述べていました。しかしながら、その予想に反して2か月も経たないうちにウクライナ戦争が起こり、物価高騰などにつながり、またも非秩序系に引き戻されてしまいました。

このように第3の都合はさまざまに存在していることから、いつどんな形で非秩序系の領域が展開されていくのかを、注意深く捉えていく必要があるでしょう。

「VUCAワールド」のバズワード以上の意味とは？

ここまで、「環境変化の激しさとは何を意味するのか？」という問いへの答えとして、「私たちの対応能力を超える形で、私たちを取り巻く環境や状況が変化することを意味する」ということを解説してきました。しかし、これだけですと単に現象を分析しただけなので、「だから、何？」と思う人もいるかもしれません。

ここからは「環境変化が激しいことで何がどうなるのか？」という問いに対して考察を深めていきましょう。

私はこの問いに対して、

※ BANI：脆弱性（Brittle）、不安（Anxious）、非線形（Non-Linear）、理解不能性（Incomprehensible）の頭文字をとった造語。

「私たちの対応能力を超える形で環境変化が進むことで、次から次へと迫りくる目先の問題に振り回されるだけでなく、対応が後手に回り続けてしまう。その状態が続く結果、自分たちの首を自ら絞めることになり、手遅れによる破綻を引き起こしうる」

という答えにたどり着いています。

この意味について順を追って説き明かしていきましょう。

まず取り上げたいキーワードが「**ＶＵＣＡ**」です。これは現代の環境変化を物語る言葉として、今や多くのメディアや書籍で使われており、聞き飽きたと感じる人もいるでしょう。また、近年ではＶＵＣＡに代わるものとしてＢＡＮＩ※という言葉も生まれてきているほど、環境変化の激しさをめぐってさまざまな議論が繰り広げられています。

グーグルトレンドで調べてみると、日本では２０２０年あたりから検索数が急上昇しています（**図１-３**）。

私自身、２０１７年頃からさまざまな講演や研修の機会でこの言葉を使用していますが、コロナ禍が始まる２０２０年以前において、その本質的な意味を肌感覚で実感されているという人はあまり多く

図1-3　「VUCA」のトレンドワード推移

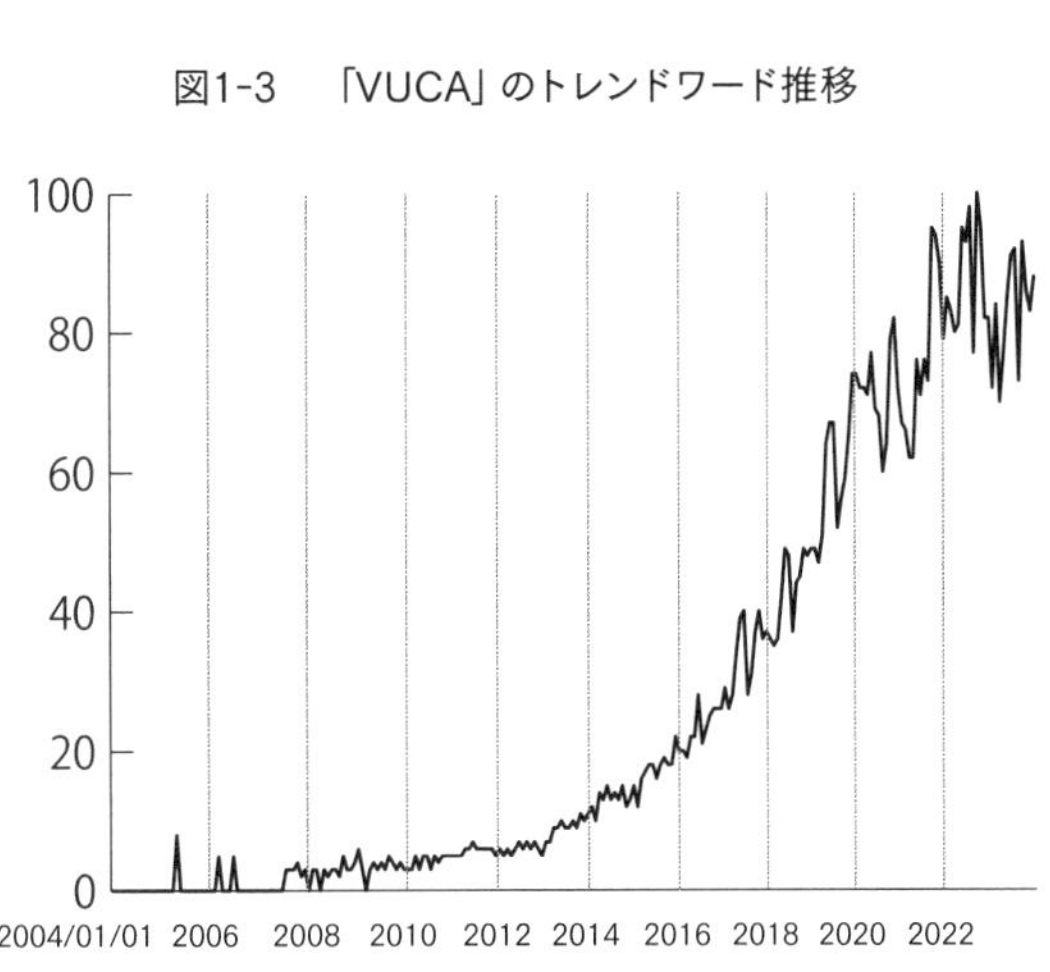

出所：Google Trends 2024年4月3日時点のデータをもとに作成

なかったように思います。

ＶＵＣＡという言葉は、「変動性（Volatility）」「不確実性（Uncertainty）」「複雑性（Complexity）」「曖昧性（Ambiguity）」の頭文字をとってつくられ、１９８７年にウォーレン・ベニスとバート・ナナスがリーダーシップ研究の中で使用したのが語源とされています。その後、アメリカ陸軍戦略大学で紹介され、２００２年頃から軍事教育の一環として頻繁に使われるようになったといわれています。２０１０年にユニリーバなどの経営者がアニュアルレポートで使用し始め、ダボス会議でも人類が直面する現状を「ＶＵＣＡワールド」と称されたこともあり、ビジネス業界にも広がっていきました。

しかし、この言葉は当初、単なるバズワードとして受け取られがちでした。それは、意味が抽象的で「わかったような、わからないような」感覚を残すだけでなく、当たり前のことのように見えたからではないかと考えられます。

その結果、多くの人がこの言葉の意味を「要は変化が激しいということでしょ？」という程度にしか捉えていませんでした。

従って、コロナ禍以前は、「変化が激しい時代になっているのは前からそうだし、新しいキーワードで大げさに表現しようとしているだけ」という冷めた見方が大半でした。しかし、検索結果のグラフが指し示すように、コロナ禍以後はこの言葉の意味を実感し始めた人が増えていったのではないかと思われます。

私はこのことを仕事の現場でも実感しており、ＶＵＣＡについての解説の表現をほとんど変えていないにもかかわらず、近年は聴衆の皆さんの食いつき度合いが明らかに変わってきています。

とはいえ、依然として、この頭文字4つの意味が「わかったような、わからないような」という感覚を持っている人も多いことでしょう。

詳しい解説は、コラム「VUCAは現代だけの特徴なのか？」に譲り、ここでは、VUCAワールドが持つバズワード以上の意味とは何かについて考えてみましょう。

VUCAの頭文字の言葉は、それぞれ次のような意味を指しています。

変動性（Volatility）……不安定で、振れ幅が大きく、極端で、急な変化
不確実性（Uncertainty）……どっちに転ぶのかわからない、どうなるのかわからないという先行きの不透明さ
複雑性（Complexity）……多数の要因と相互関係が絡み合う複雑さ
曖昧性（Ambiguity）……情報の曖昧さと、一般的解釈の困難さ

これでもまだ、つかみどころがないと感じる人もいるでしょう。私はVUCAワールドが表す意味の端的な表現として、**「全知全能ではない人間の認知と能力の限界を超えて起きる混乱」**と言い換えています。

私たちがもし「全知全能」であるならば、すべてのことを見通し、すべてのことに対処できるので、

どれだけＶＵＣＡな環境であろうとも問題にはなり得ないはずです。

しかし、すべてを知ることができないという「認知の限界」と、すべてに対応する能力を持ち合わせていないという「能力の限界」があるからこそ、私たちはＶＵＣＡワールドに翻弄されることになるのです。ＶＵＣＡの変動性・不確実性・複雑性・曖昧性のそれぞれが、認知と能力の限界に関連しています。不確実性と曖昧性は、主に「認知の限界を超える状況」を、変動性と複雑性は「能力の限界を超える状況」を意味すると考えると、よりシンプルにＶＵＣＡワールドという時代が何であるのかが見えやすくなります。

つまるところ、私たちは**「何が起きているのかも把握できず、対応しようにも手に負えない事態に翻弄され続けていく時代」**に投げ込まれているということです。そして、残念ながら気候危機による自然災害、テクノロジーの急速な進化と競争の激化、格差による分断、汚染、食糧難、地政学的な混乱、その他の事情によって、その度合いは緩まることなく、今後さらに激しさを増し続けていくでしょう。

それは、年を追うごとにニュースで「想定外」「記録的」「甚大な影響」という言葉が増えていることからも、その不可逆なトレンドがうかがえます。

言い換えれば、私たちはいくら計画性をもって個々の行動を積み重ねたとしても、それを台なしにするような想定外の事態によって積み木崩しにされ、その崩された積み木を片付けているあいだにもまた、次なる破壊的な衝撃によってすべてを台なしにされる状況の中に生きているということです。

これは大げさな脅し文句ではなく、実際にすでに始まってしまっています。２０１８年7月に発生した西日本豪雨災害では死者数が200名を超え、平成に入ってから初めて100名を超えた「平成最悪の水害」と言われました。しかしそのわずか1か月後には25年ぶりに非常に強い勢力を保ったまま日本列島に上陸した台風21号が発生し、関西国際空港が水没しました。また、2020年においては、コロナ禍の真っただ中に、九州四国地方で豪雨災害が発生し、熊本県球磨川が氾濫して大規模な水害が生じました。

気候変動由来の自然災害だけに着目しても、次から次へと危機的状況が押し寄せてきており、今後もますます激しさを増すことが想定されます。これに加えて、地政学的な変動やグローバル競争といった他にも甚大な影響をもたらす動きは絶え間なく生じていることからも、私たちを取り巻く状況は情け容赦なく、積み木崩しを群発させていくことでしょう。

私たちにとってのこれからの「日常」は、平穏無事な日々のことを指すのではなく、**「想定外」「記録的」「甚大な影響」と付き合っていく日々のことを意味する**と考えるときが来ているのではないでしょうか？

VUCAワールドによってはまり込む「火消し自滅」

「環境変化が激しいことで何がどうなるのか？」を知る下準備として、VUCAワールドについて長々と解説を続けてきましたが、ここからその問いへの答えを探っていきます。

結論からお伝えすると、次のような表現になります。

「全知全能ではない人間の認知と能力の限界を超えて起きる混乱が私たちに襲い掛かることで、組織はもちろんのこと、個人の生活にも自己破壊的な問題の発生パターンを常態化させやすくなる」

別の表現でいえば「私たちの対応能力を超える形で環境変化が進むことで、次から次へと迫りくる目先の問題に振り回されるだけでなく、対応が後手に回り続けてしまう。その状態が続く結果、自分たちの首を自ら絞めることになり、手遅れによる破綻を引き起こしうる」ということになります。

これが、私の導き出した答えです。

VUCAワールドにおける環境変化の激しさは、単なる他社との競争を意味していた時代とは程度がまったく異なります。認知と能力の限界を超える衝撃によって、せっかく立てた計画が片っ端からご破算にされてしまう事態が文字通り全方位から生じるところが、これまでの変化とは決定的に違っているのです。

特に自然災害などによる未曾有の事態による被害、自社のITシステムが大規模化し、複雑化しすぎたことによるトラブル、個人情報の漏洩やその脆弱性につけ込まれるハッキング被害、激しさを増す競争や複雑化した業務によって疲弊した社員が起こす不祥事といった「甚大なる被害」は、規模の大小を問わず、もはやどんな企業であっても起こりうるのです。

これらを私は**「緊急・重要な問題」**と呼んでいますが、当初立てた計画を投げうってでも即座に対応

※ スティーブン・R・コヴィー『完訳 7つの習慣』（フランクリン・コヴィー・ジャパン訳、キングベアー出版、2013年）

せざるを得ない問題であり、企業経営や組織運営の喉元に向けられるナイフのように突如として現れ、強烈な脅しをかけてくるのです。

『7つの習慣』※の著者スティーブン・コヴィーによって体系化されたといわれている「時間管理マトリクス」（図1-4）は、仕事の優先順位付けに役立つもので、文字通りタイムマネジメント（時間管理）の効果を高めるものとして広く受け入れられてきました。しかし、それに加えて現代のVUCAワールドにおいては、別の教訓が浮き彫りになりつつあります。

コヴィーが体系化した時代はいわば秩序系の時代であり、このマトリクスは「余計なことはせず、きちんとタスクを見極めて対処すればきちんと成果が出る」というビジネスパーソンとしてのたしなみを教えてくれていたのです。

しかし、次から次へと患者が運び込まれてくる救急病棟のような状態、もしくは、次から次へと燃え広がる山火事に対応している消防隊のような状態に、あらゆる組織が陥っているとしたらどうでしょうか？

「緊急・重要な問題（緊急領域）ばかりをやっていてはダメだよ。緊急

図1-4　時間管理マトリクス

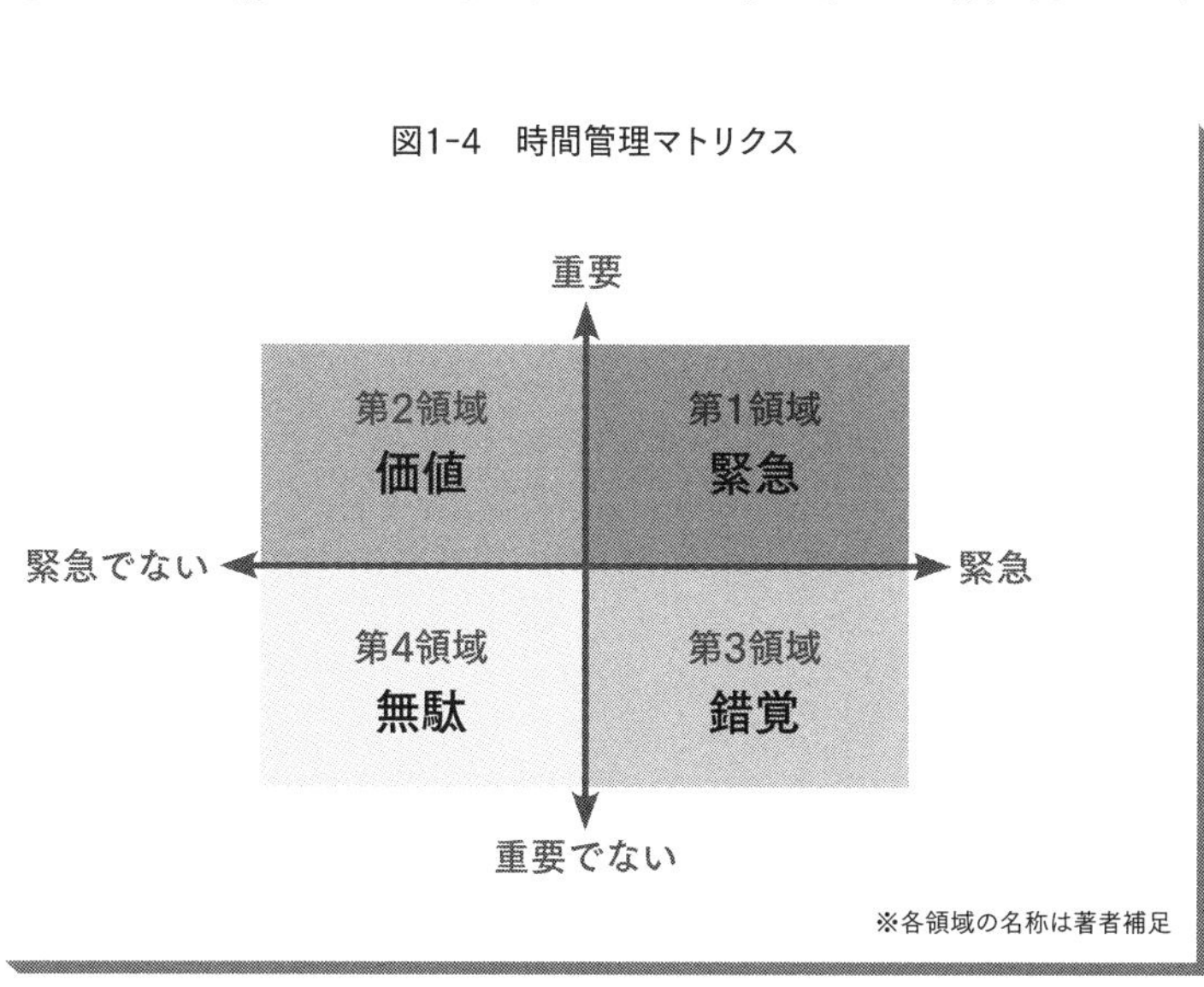

※各領域の名称は著者補足

でない・重要な課題（価値領域）にも手をつけないと」と言われても「わかってるよ!! でも、それどころじゃないんだ!! 放っておいてくれ! そんなものはあとだ、あと!」と叫びたくなるでしょう。

これは決して大げさな表現ではありません。実際に、コロナ禍での緊急事態宣言への対応は、多くの企業にとって「今、ここにある危機」であり、用意周到に練ってきた計画はそっちのけで、まさに緊急対応に集中せざるを得なくなりました。また、感染対策に追われるだけでなく、急速に迫りくる不景気の波に耐えるべく、生き残り策を取らざるを得なくなっていきました。それは、豪雨被害による自然災害においても同様です。

つまり、私たちは今後、「緊急・重要な問題（緊急領域）」に対して、**選択の余地なく対応せざるを得なくなる事態**に次から次へと遭遇するということです。

それによって私たちは、3つの側面で悪循環に陥ってしまいます。

余力の消耗……「緊急・重要な問題（緊急領域）」という火消しの対処に追われているうちに、自社が抱えるリソースを食いつぶしてしまう

後手による首絞め……未来の可能性の種となる「緊急でない・重要な課題（価値領域）」に対応できていないために後手に回り、未来の火種を自らまいてしまう

無創造による無価値化……付加価値創出活動ができていないため、やがて自滅する可能性が高くなる

これは、**「火消し自滅」**ともいうべき由々しき問題です（**図1-5**）。

火消しをしなければ、事態は深刻化します。しかし、そればかりをやっていると、「緊急でない・重要な課題（価値領域）」に取り組むリソースを消耗させてしまいます。そして未来の可能性を生む取り組みが後手に回り、逆に未来に問題の火種をまき散らすことで自分自身に火事を起こしてしまうのです。最終的には、何も付加価値を生み出せない無価値な企業として市場から駆逐されてしまいます。

これはもはや、「タイムマネジメントを適切に行う」といった悠長な話ではなく、今や「構造的な蟻地獄からいかに脱却できるか」という生死を分ける問題を投げかけているのです。しかし、火消し行為自体は基本的に付加価値を生んでいないにもかかわらず、それで前進しているかのような誤認を生むので、火消しの依存症に陥ってこのサイクルを慢性化させてしまいます。そして、これは企業のみの話ではなく、個人の生活にも同様のパターンとして出現しやすくなります。

図1-5　火消し自滅

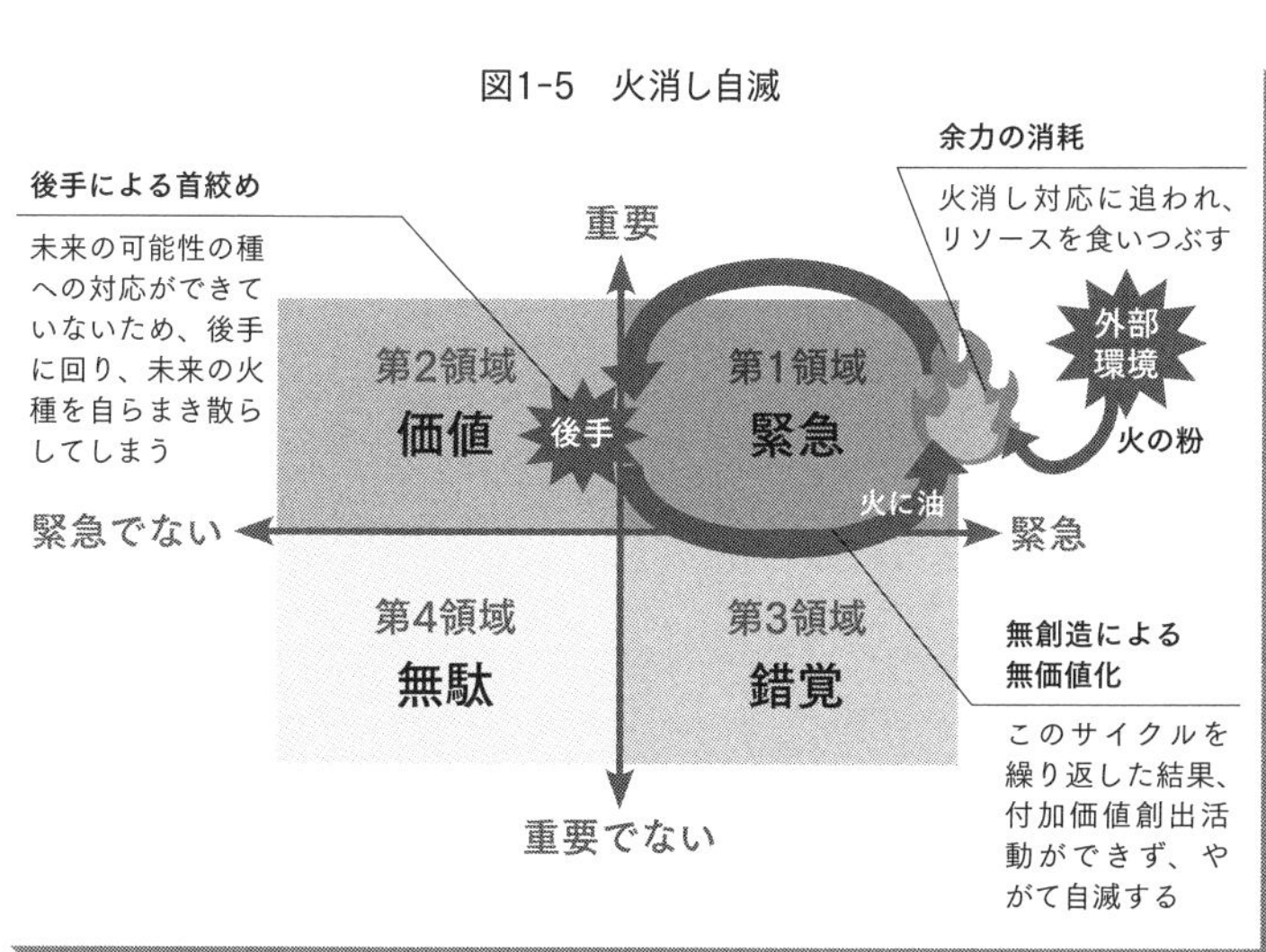

火消し自滅の陰にある罠

「救急病棟や消防隊がそうした緊急状態に追われるのはわかるが、企業ではそこまでの切迫感があるとは思えない。火消し自滅は、危機感をあおっているだけで現実味が今一つ感じられない」と思う人もいるかもしれません。確かに、救急病棟や消防隊ほど1分1秒を争うような事態は、多くの企業で年中起きているわけではないでしょう。しかし、私はほとんどの企業や組織が、この構造的な蟻地獄にはまり込みやすい4つの条件を備えており、それが大きな問題だと考えています。

- 今すぐ価値領域を手掛けなくても、すぐには自社が立ち行かなくなるとは認識しづらい
- 価値領域を手掛けず後手に回ることによる副作用も、無創造による無価値化の影響も、後になって現れる
- 価値領域を手掛けることによる付加価値の創造の難度は高くなっており、かつ時間を要する
- 緊急領域の対処自体も会社としては仕事としてみなさざるを得ない

これらの条件は、いずれも価値領域の優先順位を上げて適切に対処していくことの難しさを表しています。

会社としては、「付加価値を創造し、顧客やさまざまなステークホルダーに選ばれなければやがて存

続できなくなる」ということに異論を唱える人は少ないでしょう。しかし実際には、頭ではわかっていても取り組むことができず、結果的に顧客から選ばれなくなり、いずれ企業寿命が尽きて倒産の憂き目にあう会社は後を絶ちません。

それらの会社のすべてが必要な努力を怠って悠長に構えていたとは考えづらいでしょう。むしろ、普段の業務に上乗せする形で、自然災害、コロナ禍、ウクライナ戦争などの影響への対応を余儀なくされており、それでもなんとか乗り越えようとしているのであれば、十分すぎるほど仕事をしています。

しかし、火消し自滅の構造には、厄介な罠が隠れています。それは、単に付加価値を出していないだけでなく、

「緊急・重要な問題（緊急領域）に追われているうちに、いつしか仕事をしている気になってしまい、付加価値を創出していないことに気づけない、もしくは麻痺したまま自滅しやすい」

ということです。

そもそもＶＵＣＡワールドと呼ばれる前から競争は激化しており、デジタル化が進むことでせっかく生み出した付加価値も模倣され無価値化されやすく、顧客の好みも多様化したこともあいまって「売れづらい時代」になっていました。そう考えると、１９９０年代以降、選ばれ続けることが困難を極めていく時代に突入していたといえます。

それに追い打ちをかけるように、ＶＵＣＡワールドが矢継ぎ早に放ってくる緊急・重要な問題（緊急領域）に翻弄される時代となってしまいました。

これを受験生に例えるなら、競争が激しい難関校に入るためには勉強を死ぬほどやらないといけない（＝そもそも売れづらい時代）のに、離婚危機にある両親の不和の仲裁、重大な事故で怪我を負った家族の看病、部活動の試合直前にチームメイトが問題を起こして出場停止処分になるかどうかの状態に追い込まれるといった事態に次々と巻き込まれている（＝緊急・重要な問題である「緊急領域」の対処に追われる）ようなものだといえるでしょう。それこそ「勉強している暇なんてない」という状態です。

受験生であれば、「勉強できていないので合格から遠ざかる」という感覚は比較的持ちやすいでしょう。しかし、残念ながら多くの企業組織は必ずしもそうとは限りません。火消し作業が大掛かりで、緊急性を問うものになればなるほど、それを片付けていくことは前進だと誤認してしまいやすいですし、「火消しだろうと何だろうと、勤務時間中に業務として割り当てられた以上は、対価を払われるべき仕事だ」という認識が当然ながら生まれます。

従って、会社側としては火事によって打撃を被り、付加価値を生まない火消しや復旧にコストをかけなければ立ち行かなくなっていきやすくなります。それに加えて、社員は「付加価値を生んでいない現実」に自分事として向き合う感度が鈍くなり続けるという問題にぶち当たることになるのです。

ここに、ＶＵＣＡワールドにおける経営と組織運営の難しさが潜んでいます。

もし、問題の原因が作業者自身だけのものであり、たとえば仕事が非効率で時間管理ができておらず、緊急・重要な問題（緊急領域）ばかりの対応に追われているのであれば、「お前は仕事をやってない！仕事のやり方を見直せ！　さもなければ、降格か減給だ！」と指摘するのは合理的だと思いたくなるかもしれません（実際にそんな表現をしたらパワハラとして罰せられる可能性がありますが）。しかし、会社全体に問題を生み出す原因があり、外部から飛んでくる火の粉や、過去に後手に回ったことによる副作用が生んだ問題に追われているのだとしたら、個人に責任を擦りつけるわけにはいきません。

そして、社員の側からしてみても、「外部環境の厳しさや過去の対応による副作用によって問題が生じており、それが故に会社全体として付加価値が創出できていないことに胸を痛めてくれ」と言われても、どだい無理な注文だと感じても不思議ではないでしょう。

こうしたことを踏まえると、「自滅」と一言でいっても、必ずしも本人たちの怠惰とは言い切れない、根深い問題であることがおわかりいただけるのではないでしょうか。

これが「環境変化が激しいことで何がどうなるのか？」という問いに対する答えの意味です。

「私たちの対応能力を超える形で環境変化が進むことで、次から次へと迫りくる目先の問題に振り回されるだけでなく、対応が後手に回り続けてしまう。その状態が続く結果、自分たちの首を自ら絞めることになり、手遅れによる破綻を引き起こしうる」

という答えは、単に外部から飛んでくる火の粉を振り払えないだけでなく、自らも問題を生む製造装置になってしまうということを指しています。

「環境変化が激しいことで何がどうなるのか？」を見極めなければ、個々人の意思や能力の問題に矮小化してしまう可能性があるのです。

激しい環境変化の陰で、見落とし続けていることは?

それでは最後に「環境変化の意味をつかみ損ねているが故に、見落とし続けていることがあるとしたらそれは何か?」という問いを考えていきましょう。

これも結論から言えば、「環境変化の激しさと人間の持つ特性によって私たちは根深いジレンマを突きつけられている。しかし、それに気づけておらず、対応するためのエネルギーを消耗し続けている」ということです。私はこれを「計画のジレンマ」と呼んでいます(図1-6)。

この計画のジレンマとは、計画をめぐって相反する要件の板挟みになってしまう状況を指します。

図1-6　環境変化の激しさが突きつける計画のジレンマ

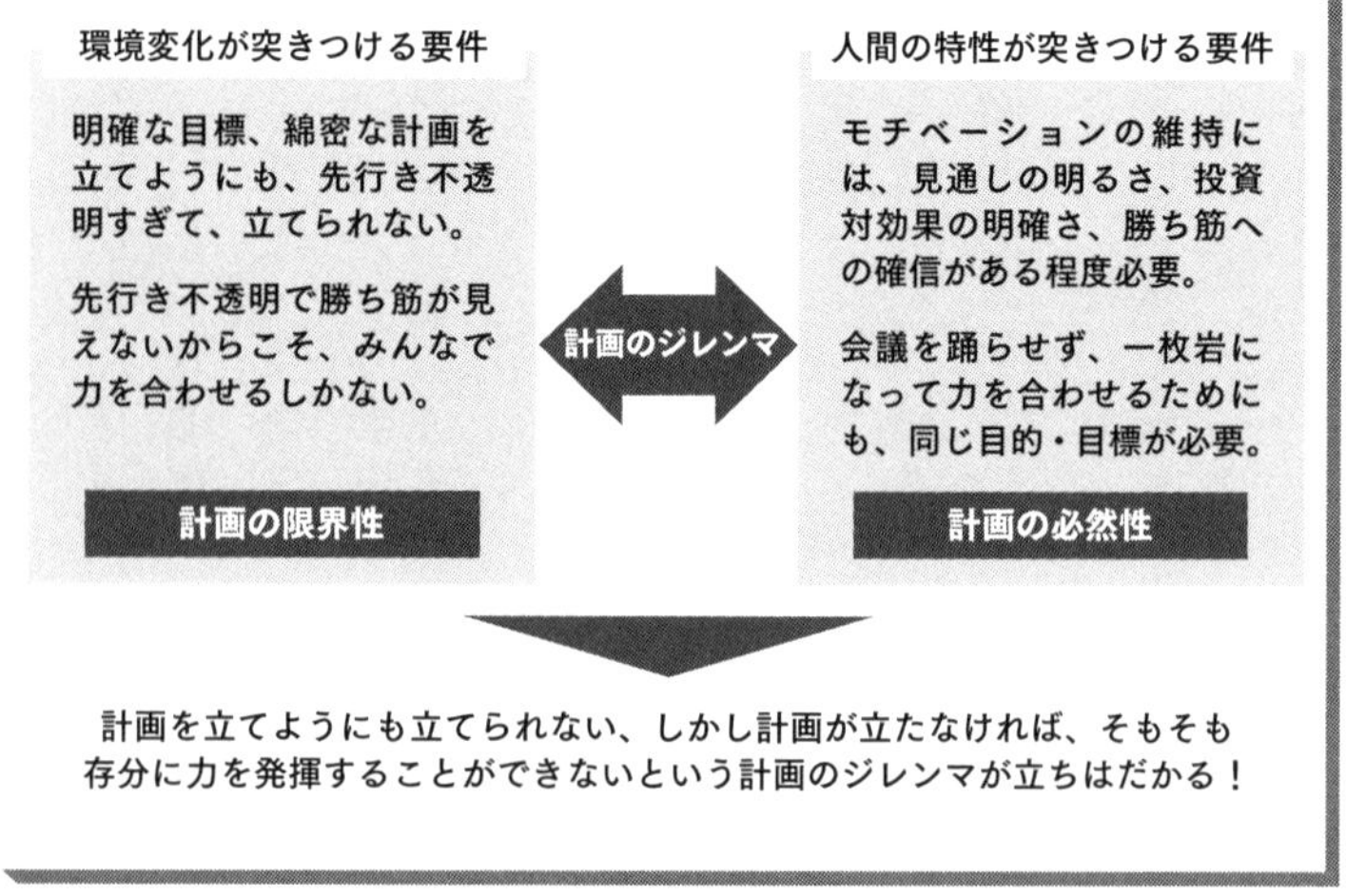

環境変化が突きつける要件		人間の特性が突きつける要件
明確な目標、綿密な計画を立てようにも、先行き不透明すぎて、立てられない。 先行き不透明で勝ち筋が見えないからこそ、みんなで力を合わせるしかない。	計画のジレンマ	モチベーションの維持には、見通しの明るさ、投資対効果の明確さ、勝ち筋への確信がある程度必要。 会議を踊らせず、一枚岩になって力を合わせるためにも、同じ目的・目標が必要。
計画の限界性		計画の必然性

計画を立てようにも立てられない、しかし計画が立たなければ、そもそも存分に力を発揮することができないという計画のジレンマが立ちはだかる!

激しい環境変化が突きつける要件

- そもそも先行きが不透明なので、明確な目標も綿密な計画も立てられない。何らかの目標や計画を設定したとしても、それ自体が無意味化することを前提として取り組むしかない。
- 認知と能力の限界を超えて環境・状況が変化するため、カリスマ的なリーダーや個人のスーパープレーに期待することにも限界があり、みんなで文殊の知恵を生み出し、力を合わせて前進するしかない。

人間の特性が突きつける要件

- 人々のモチベーションを継続的に維持していくためには、見通しの明るさ、投資対効果の明確さ、勝ち筋への確信がある程度、確保されている状態が必要である。
- 共同作業をしていくうえで、会議を踊らせず、話し合いを成立させ、一枚岩になって力を合わせられる状態にしていくためには、目的・目標の共有が必要である。

総合すれば、前者の激しい環境変化の要件は「計画の有効性を高めることには限界がある。そんな状況だからこそ、みんなで力を合わせて試行錯誤を繰り返しながら乗り越えるべきだ」と計画の限界性を訴えているのに対して、後者の人間の特性は「ある程度、算段がつかないと全力を尽くそうにも尽くせない。複数の人々の話が噛み合わなければ協力できないので、目的・目標の共有は欠かせない」と計画の必然性を訴えています。

計画を立てようにも立てられない（計画の限界性）、しかし、そもそも計画が立たなければ存分に力を発揮できない（計画の必然性）という計画のジレンマは、大規模な組織の運営から一生活者としての個人まで、幅広い形で私たちの前に解決困難な壁として立ちはだかっているのです。

計画のジレンマは、当たり前のことを述べているように見えるかもしれませんし、大した問題には感じられないかもしれません。

しかし、火消し自滅へのはまり込みは、この計画のジレンマを見落とし、乗り越えられないことによって加速していきます。なぜなら、計画は私たちにとって問題解決の土台であるにもかかわらず、それが成立していないために問題解決を図れないだけでなく、次から次へと未解決の問題が積み残されていきます。さらに、なんとかしようと闇雲に取り組んだとしても、将来それが副作用として別の問題を生み出してしまうからです。従って、この計画のジレンマは、非秩序系のＶＵＣＡワールドを生きる私たちにとって、避けては通れない難題なのです。

本章のポイント

- 環境変化の激しさは、第3の都合に影響を受けながら、私たちの認知と能力の限界を超えて環境・状況が変化することを意味する
- クネヴィンフレームワークは、環境・状況がコントロールできる秩序系と、コントロールできない非秩序系を理解するのに役立つ
- 環境変化の激しさに、私たちの認知と能力が追いつかないが故に、緊急・重要な対応に追われ、火消し自滅にはまり込み、リソースを食いつぶす可能性が高くなっている
- 計画の限界性と計画の必然性によって引き起こされる計画のジレンマが、火消し自滅へのはまり込みを加速させるが、そのジレンマに気づけていないケースがほとんどである

Column 1 VUCAは現代だけの特徴なのか

本書では、「現代の私たちは非秩序系のVUCAワールドに生きている」ということを前提に話を展開しています。しかし、この前提そのものに違和感を覚える方もいるかもしれません。

実際に、以下のような声もよく聞きます。

「そもそも本当に今になってVUCAワールドになったといえるのだろうか？　これまでも人類は環境変化に翻弄され、幾多の試練にさらされてきたことを思うと、昔からVUCAワールドだったのではないか？」

「認知の限界を超えて展開するのがVUCAワールドなのだとしたら、VUCAワールドという固定された定義の枠に当てはめて、認知すること自体ができないのではないか？　それは遂行的矛盾だ」

本コラムでは、改めてVUCAの意味を掘り下げ、「VUCAと呼ばれる前の世界と現代では何が違うのか？」について考察を深めていきます。

まず、VUCAが指す意味を「環境の変化が激しい」と単純化して捉えてしまうと、その本質を見誤ってしまうということについては、第1章で述べた通りです。VUCAを構成する4つの言葉の意味を深掘りしていくことで、「環境変化が激しいことで何がどうなるのか？」を具体的にイメージできるようになるでしょう。

なお、この解説にあたっては、これまで言及されたさまざまな文献を参考にしながら、独自の解釈も加えています。

変動性（Volatility）――不安定で、振れ幅が大きく、極端で、急激な変化

変動性が表す意味は、振れ幅が大きく、極端で、急な変化です。すなわち、せっかく方針として決めたことが台なしになるくらい前提が崩れることを意味しています。2020年のコロナ禍、そして2022年のロシアによるウクライナ侵攻はわかりやすい事例でしょう。

2019年末時点で、新型コロナウイルスのパンデミックがこれほど長期的に世界に影響を及ぼすと予測した人はほとんどいませんでした。

そして2022年1月、ウクライナ侵攻前の日本では、コロナ禍の収束による景気回復を見込んだ企業が事業拡大計画を立てていることが盛んに報じられていました。そのわずか1か月後に世界が一変することになるとは、誰も夢にも思わなかったのです。

それぞれの「激震」だけでも予想をはるかに上回っていたにもかかわらず、それがたった2年間のうちに2度も生じているというのがまさに、変動性という、振れ幅が大きく、極端かつ急激な変化を表しているといえます。

「要は変化が激しいことではないか？」と思われがちですが、変動性の本質とは、変化の影響がそこかしこに広がり、末端になればなるほど大きくなる点にあります。それは、海の波が最初は小さくても、浜に届く頃には大きく育つのと同じです。

緊急事態宣言や外出自粛によって、飲食業界や旅行業界が打撃を受けていることは盛んに報じられていましたが、その裏ではユニフォームやテーブルクロスなどの洗濯の注文を受けるクリーニング店が倒産に追い込まれる、アルバイトで生計を立てていた学生が学費を払えなくなって退学せざるを得なくなるなどといった影響が出ていました。

他にも、輸送時のコンテナ不足により物流停滞→輸送料の値上がり→干し草の輸入減少→家畜や動物園用の餌が大幅に不足するという影響の連鎖もありました。

この厄介なところは、変化の始まりの時点では、末端にどれほど大きな影響を及ぼすのかを想像しづらいため、その影響を過小評価してしまったり、自分事として考えることが難しかったりする点です。

ミクロからマクロまでのあらゆる動きが相互に影響し合うことで、揺らぎを発生させるのが変動性の特徴です。

不確実性（Uncertainty）——どっちに転ぶのかわからない、どうなるのかわからないという先行きの不透明さ

不確実性について研修などで説明しても、コロナ禍以前は「未来のことがわからないのは当たり前ではないか？」とピンと来ない人が大半でした。

しかし、わずか1～2か月でパンデミックが起こり、世界中の都市がロックダウンした2020年3月前後に、まさにこの不確実性の意味を誰もが痛感したのです。「コロナ

はそもそもどういうウイルスなのか」「予防は可能か」「ワクチンはいつできるのか」「医療崩壊はするのか」「ロックダウンはいつまで続くのか」「経済に影響する範囲や時期はどのくらいなのか」などを見通すことは困難でした。

この不確実性が厄介なのは、未来が自分たちにどんな影響を及ぼすのかを認識しづらい点です。

もちろん、認識できる不確実性もあります。たとえば、信頼していた直属の上司が急に異動になった場合に、「次に来る上司はどんな人かわからないし、うまく関係を築けるか不安だ」と気に病むとしたら、本人はその不確実性を認識しているといえるでしょう。

しかし、たとえば気候危機の影響で世界中で山火事が頻発していますが、「富士の樹海でも山火事が起こるかもしれない」と気に病む人はほとんどいないのではないでしょうか。実は、富士山麓では毎年山火事防止の野焼きが行われているほどで、温暖化によって思わぬ山火事になる可能性はあるのです。それが生じた場合の日本経済への影響は計り知れないものになりえますが、現時点では大多数の人にとっては「認識されていない不確実性」といえるでしょう。

このように不確実性とは、先行きが見えないために、「今、そこにある危機」として実感できない、そして気づいたときには甚大な影響が及んでしまうということを意味しているのです。

複雑性（Complexity）――多数の要因と相互関係が絡み合う複雑さ

複雑性の一般的な定義は、考慮に入れるべき要素の数が多く、それらが多様で、かつ複雑に関連し合っている状態を指します。言い換えれば、大量の多様な要素が複雑に絡み合っている状態です。

これだけの説明では、その意味の本質がつかみづらいですが、U理論提唱者のC・オットー・シャーマーが使っている考え方が参考になります。

彼は著書の中で、複雑性を3つに分類して整理しました（**図1-7**）。以下はオットー・シャーマーの説明を私なりに噛み砕いた表現にしています。

1　ダイナミックな複雑性

原因と結果のあいだに、必然的に時間的、空間的隔たりが生じること。因果関係の連鎖のすべてを把握することが難しく、あらゆる要素同士が相互に影響し、もつれ合っている。そのため、部分最適の解決策は有効ではなく、むしろより多くの問題を生じさせる可能性が高い。

2　社会的な複雑性

さまざまなステークホルダーの利害や世界観の違いが生み出す複雑性。その違いがあるため特定の解決策への合意が得られづらく、時に対立が深まってしまう可能性もある。

3　出現する複雑性

非連続な変化であり「問題の解決策が未知である」「問題の全貌がまだ明らかになっていない」「誰が主要なステークホルダーかよくわからない」という特徴を持つ。そのため、過去の解決策やルールが未来において機能しない可能性が高い。

これらの3つの複雑性に共通するのは、問題の解決が

図1-7　3つの複雑性

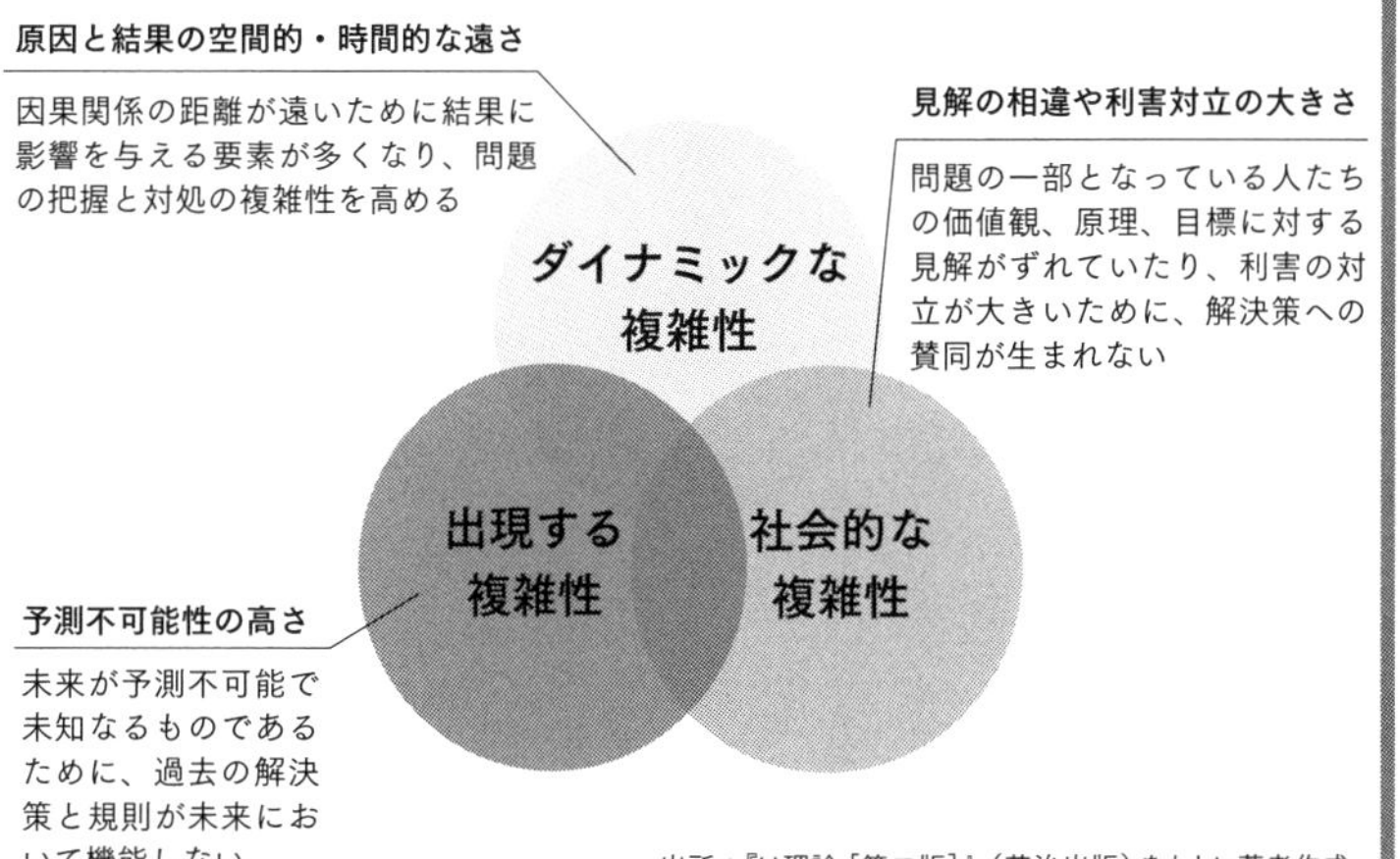

出所：『U理論［第二版］』（英治出版）をもとに著者作成

一筋縄ではいかないことです。

複雑性が低い状態においては、全貌が見えやすく、部分最適の解決策が有効です。それに対して複雑性が高まると、全貌が見えず、部分最適の解決策は通用しません。あるいは、短期的に効果があるように見えても、長期的には逆効果となる場合もあります。

こうした複雑性の高い状況に直面すると、私たちは思考停止に陥って途方に暮れたり、反応的に対応したり、最悪の場合はパニックに陥ったりします。

曖昧性（Ambiguity）——状況や問題の正体がわからないまま誤認し、錯綜する

曖昧性は、最も捉えづらい概念です。実際、この言葉に対する解釈は、論文によって若干異なっており、中には不確実性との区別が明確でないものもあります。

曖昧性の一般的な定義を総合すると「情報が曖昧で、それが何であるのかに対する一般的な解釈を施すことが困難な状態」といえます。『ロングマン現代英英辞典』においては「the state of being unclear, confusing, or not certain, or things that produce this effect」（不明確、紛らわしい、または確実でない状態、またはこの効果を生み出すもの）と定義されています。

これらの定義を合わせるなら、何かを「曖昧である」というとき、「物事の側でまだ輪郭が形成されていない」か、「形成されていたとしても認知が追いついておらず、曖昧に見えているか」のいずれかであると考えられます。

こういった性質は、他の3つの要素（変動性、不確実性、複雑性）にもあるものです。一方で、他の3つが表現しきれていない「曖昧さ」があるのです。

特に不確実性との違いが重要です。不確実性は、物事がどっちに転ぶのかわからないという確率論的な予測不可能性のことを指しています。それに対して曖昧性は、「解釈の難しさ」を述べています。つまり、仮に情報を得ていたとしても、それを何と判断してよいのか、判断をつけようがない、もしくは解釈が分かれてしまっており、正体や真実そのものを見誤る可能性が常にある、ということです。

たとえば「過労自殺」の問題について考えてみましょう。その事象としては、過重労働や職場の人間関係上のストレ

スなどが精神的疾患を引き起こし、自死に至るケースとして認識されています。

しかし、他にもさまざまな「原因」が指摘されてきました。企業側が労働時間の短縮や適切な休暇制度の導入、心理的なストレスに対するケアといった対策を行っていない「企業側の環境整備不足」。過度な競争をあおることや、成果主義の追求、格差の拡大といった「社会の文化や構造の歪み」。自分の体調や休暇を管理できないという「自己責任」などなど。

このように同じ事象をとっても「それが何であるのか？」「その原因は何か？」「どういう対策が必要なのか？」といった解釈が分かれ、折り合いをつけるのが難しいのが曖昧性なのです。

過労自殺は、少なくとも「それが何であるのか？」への共通理解は明確であり、原因と対処法をめぐる解釈の違いに留まっている分、曖昧性の度合いとしては比較的わかりやすくなっています。しかし、たとえば国際政治における安全保障、海洋資源の汚染・枯渇、少数民族に対する差別や文化の破壊など、その実態がつかみづらいものは数多くあります。また曖昧性には、すでにその現象は生じているものの、言葉すらも与えられていないために十分に認知されていない領域も存在しているという意味も含まれています。

これらのＶＵＣＡの各要素の定義を踏まえて、ここからは「ＶＵＣＡと呼ばれる前の世界と現代では何が違うのか？」を検討していきます。

まず、明確にしておきたいことは、環境・状況に翻弄されているということは、非秩序系（複雑－カオス）であることを示しているのであり、必ずしもＶＵＣＡであることを意味しないということです。クネヴィンフレームワークで示されている通り、非秩序系（複雑－カオス）と秩序系（煩雑－自明）は状況の変化によって推移することから、いつの世でも非秩序系の状態に見舞われてきており、それを秩序系としてコントロールできるように、人類は取り組み続けてきました。

これからも人類は非秩序系の状況を秩序系として取り扱えるように、何らかの取り組みを続け、それが功を奏することもあるでしょう。

「昔から世の中は、ＶＵＣＡワールドなのであって、今さら始まったわけではない」という主張の背景には、「環境・状況に対して人類は常に小さく非力であり、翻弄されてきた。一見平穏に見える時代が戦後数十年あっただけであり、長い人類の歴史においては、ほんの一瞬の出来事だ」というもっともな論拠があります。確かに人類は環境・状況に翻弄されてきたために、環境変化の激しさと人間の相対的な力関係から考えれば、「これまでの時代も人類にとってはＶＵＣＡだった」という主張は間違っているとはいえません。

しかし、間違ってはいないけれども、**言語化による識別価値を小さく見積もっている、もしくは、ＶＵＣＡという用語が適切であるかどうかに目を奪われすぎている**可能性があります。

「世界は昔からＶＵＣＡだ」という主張は、「癌のステージⅠであろうとステージⅣであろうと、癌は癌だ」と表明しているのと似ているのです。

確かに、ステージⅠもⅣも癌です。しかしながら、ステージⅠとⅣでは対処法が大きく異なるので、その区分がなければ不適切な治療が横行することになりかねません。言葉による区分は、遭遇している現実に対する理解の解像度を上げ、より柔軟な対応を生み出していくうえで非常に重要です。癌という区別だけで一くくりにしてしまうのではなく、ステージを区別する言葉として医学界で共通認識を得るからこそ、救える命を救うことができ、救えない命だとわかったうえで残された時間とどう向き合うのかを考えることが可能になるのです。

「世界は昔からＶＵＣＡか、否か」という議論は端的に言えば、論点がずれているのではないかと思うのです。

重要なポイントは、それを論点とするよりも、**「ＶＵＣＡワールドという言葉を使ってまで、わざわざ言及せざるを得ないような特別な違いは以前と比べてどこにあるのか？」**を問うことのほうが重要なのではないでしょうか。つまり、癌のステージⅠとステージⅣの違いを明確にすることと似たプロセスになります。

それは「①構造の違い」「②度合いの違い」「③範囲の違い」という3つの違いです。以下、ＶＵＣＡという言葉が生まれる前の状況を「ＶＵＣＡ以前」、この言葉が生まれた後の状況を「ＶＵＣＡ以後」として、それぞれ解説していきます。

① 構造の違い

ＶＵＣＡ以前と比べて、ＶＵＣＡ以後は**因果関係の連鎖に影響を与える要因に「物理的な違い」**が生じています。

私たちは常に物理的な制約の中で生きています。酸素がなくなれば窒息死してしまいますし、激しい濁流に飲み込まれれば溺れてしまいます。あるいは、高速で走っている列車で急ブレーキをかけられれば、慣性の法則で乗客の身体がぐっと投げ出されてしまいます。こういった物理的な環境に対して、有効な手段を用意できない限り、抵抗できる範囲は限られていきます。

平たく言えば、**VUCA以後では私たちが抗える限界を超えて物理的な制約が生じている**ということです。

では、物理的な違いにはどんなものがあるのでしょうか。それは、「世界的な人口の爆発」「資源の減少」「汚染の増加」「生物多様性の減少」「テクノロジーの進化」といった事象です。１つひとつの変化自体も大きいですが、それが相互依存関係にあるという構造になっているので、私たちはますますその影響を避けることはできません。

それを、「ガラス張り列車」という架空の乗り物で例えてみましょう。その列車は四方が割れやすいガラスで囲まれた構造になっています。大きなガラスの箱が列車のように走っているとイメージするとよいでしょう。そして、この列車は単に割れやすいだけでなく、すし詰めになるほど乗客であふれ（世界的な人口の爆発）、吊り革が足りず（資源の減少）、床が油で滑りやすく（汚染の増加）、乗客の身体的能力も低下し（生物多様性の減少）、時間が経つにつれて、どんどん高速で移動するようになっている（テクノロジーの進化）、といった感じです。

ＶＵＣＡ以前は、乗客は比較的少なく、吊り革も十分にあり、列車のスピードも緩やかでした。列車が急ブレーキをかければ、乗客は倒れることには変わりません。ただ、その対抗手段が取れる余地が十分にあるかどうかに違いがあるのです。ＶＵＣＡ以後、本当に対抗手段が乏しいのかどうかについては議論の余地があるかもしれません。それでも見逃せないのは、物理的な違いによって生まれる構造の違いが、異なる現象を生み出すということです。

②度合いの違い

これは「①構造の違い」によって生じるものです。癌のステージⅠとⅣでは後者のほうがはるかに重い症状が出るように、VUCA以後はさまざまな事象の影響度合いがVUCA以前と比べ物にならないくらい高まり続けています。しかもその度合いは、「力の大きさ」「伝達速度の速さ」「混乱の大きさ」が掛け合わさる形で増幅していきます。

SNS上での遠く離れた誰かの何気ない投稿が、自死を引き起こす原因となるようになりました。これは身近な例の1つです。

他にも、2022年2月に始まったロシアのウクライナ侵攻は、即座にエネルギー価格と食料価格が高騰しました。特に小麦の価格が高騰したことで、どれだけ遠く離れた国であっても、貧困国や貧困層は2〜3か月も経たないうちに、一気に生活苦に追いやられています。それだけでなく、スリランカでは急激な物価高騰により、大統領公邸を占拠するほどの激しいデモが生じた結果、ラジャパクサ大統領が国外逃亡し、政権は事実上崩壊するまでの事態に発展しました。それはわずか6か月のうちに生じています。

遠く離れたどこかで起きた出来事が、私たちの身の回りの状況に対して、想像をはるかに超えるほどの大きな衝撃を即座に与える。これがVUCA以後の特徴の1つであるといえるでしょう。

③範囲の違い

これは「構造の違い」と「度合いの違い」によって引き起こされています。範囲とは「物理的な距離」と「時間的な永続性」です。まず、「物理的な距離」について考えてみましょう。VUCA以前も世界中が結びついているとはいえ、例えるなら複数の糸電話によってつながっているような時代でした。一方、VUCA以後は技術革新が幾何級数的に伸びた結果、毛細血管が人体の隅々まで届いているように、地球全体のマクロレベルからミクロレベルまで因果の連鎖が結びついている時代です。そのような世界においては、どこかの些細な出来事が文字通り地球の隅々にまで影響を及ぼします。

次に「時間的な永続性」について考えてみましょう。先ほど構造の違いとして挙げた「資源の減少」「汚染の増加」「生物多様性の減少」は、将来の世代にとって不可逆的な影響を及ぼしています。それによって、VUCAの4要素すべての度合いが激しくなっているのです。気候変動による自然災害が世界中で急激に増えているのは、誰もが実感しているでしょう。

つまり私たちは、将来の世代の生きる選択肢を奪い続け、生まれたときから逃げ場のない「ガラス箱列車」に放り込んでいるといえるのです。

以上が「VUCAワールドという言葉を使ってまで、わざわざ言及せざるを得ないような特別な違いは以前と比べてどこにあるのか？」の回答となります。誤解を恐れずに一言でその違いを表現するならば、**「変動性、不確実性、複雑性、曖昧性が単なる環境・状況の特性に関する表現に留まらず、それ自体が問題の大きな原因となっていること。そして、それによって引き起こされた問題がさらに変動性、不確実性、複雑性、曖昧性を増幅させやすくなっていること」**といえるでしょう。それが意味することは**「喉元過ぎれば熱さを忘れる」という悠長な状態ではなく、「喉元を過ぎたと思ったら、前に飲み込んだ熱さのせいで、次は高熱で溶かされた鉛がやってくる」**ともいえます。

厳しい現実に焦点を当てているが故に、悲観的に捉えすぎているように見えたり、「マイナス面ばかりではなく、プラスの側面にも目を向けるべきだ」と言いたくなったりするかもしれません。

実際にプラスの側面は間違いなくあります。しかし、それは癌のステージⅣになったことで、家族との絆が深まるといったことが起こりうるのと同様で、癌による苦しみが消えるわけではありません。

私たちに問われていることは、「VUCAワールドという言葉を使ってまで、わざわざ言及せざるを得ないような特別な違いがあるのだとしたら、それは何であるのか。そして、それにどのように向き合い、適応していけるのか」です。

このように考えると、我が身を振り返り、力を合わせていくための重要な警鐘として活用していくことで、その言葉としての本来の価値を際立たせることができるのではないでしょうか。

VISION PROCESSING

CHAPTER 2

私たちは、どんな変化を強いられているのか？

VUCAワールドにおける新しい行動様式

第1章で述べてきた通り、私たちは非秩序系のVUCAワールドの中で計画のジレンマに陥り、火消し自滅へとはまり込みやすい状態になっています。

この状況に対して、何をどうしていけばよいのでしょうか。

残念ながら、「これさえやれば、万事解決！」という魔法のような特効薬はありません。しかし、外してはいけない勘所、いわゆる「レバレッジポイント」はあります。

レバレッジポイントとは「てこの支点」という意味で、小さな力でも大きく状況を動かせる場所を指します。レバレッジポイントは、問題症状の近くにあるとは限らず、直感ではわかりにくいことが多いものです。

症状自体がレバレッジポイントでない場合、たとえば胃の調子が長い間悪いからといって、「胃薬を飲み続ける」という対処法ではほとんど解決できません。その症状を抑えられても根本治療にはなっておらず、場合によっては副作用によって別の症状が悪化する可能性もあります。

もし、胃の調子の悪さが「ストレス」から来ているのであれば、誰かに話を聞いてもらったり運動をしたりすることで症状が治まるかもしれません。もしくは、「慢性的な食べすぎによる内臓の疲労」が原因であれば、断食も効果的かもしれません。

こうしたレバレッジポイントへの働きかけは、健康のみならず、自分自身の生活全般、人間関係、チームや組織、社会といったあらゆる領域に存在しています。

たとえば日本の自動車業界では、品質向上のためにまずは工場内の清掃や整備に力を入れよう、という取り組みが行われています。清掃や整備は、一見すると自動車の品質向上とは関係ない作業のようにも見えますが、実際には大きな効果があったことが実証されているのです。清掃や整備により、工場内の整然とした環境が維持され、人々の作業意欲や品質意識が高まったため、品質向上につながったのです。

このようにレバレッジポイントは、「直感的にはわかりづらい」「盲点になりやすい」のが特徴です。また、それに働きかけても効果が発揮されるまでに「時間の遅れ※」を伴うこともあります。

では、非秩序系のＶＵＣＡワールドにおいてレバレッジポイントが存在するとしたら、それはどこにあるのでしょうか？　そのヒントは、第１章で説明したクネヴィンフレームワークの対処パターンに描かれています。それぞれの領域における対処パターンは以下のようなものでした。

秩序系

自明……感知↓分類↓対応

煩雑……感知↓分析↓対応

※ 時間の遅れ：システム思考の概念であり、何らかの行動の影響がある程度の時間の経過の後に生じることを指す。

非秩序系

複雑……探索→感知→対応
カオス……行動→感知→対応

興味深いのは、秩序系領域では「感知」という状況の認識から始まっているのに対し、非秩序系では、「探索」と「行動」という、自分から動くことから始まっている点です。

環境・状況をコントロールできる秩序系においては、起きていることを感知して受け止めつつ、過去の成功パターンに当てはめて「分類」する、あるいは状況や原因を「分析」することによって対処できます。

それに対して非秩序系では、環境・状況のコントロールは実質不可能であり、場合によっては自分たちの認知と能力の限界をはるかに超えて展開します。そのため、頭であれこれ考えるよりも前に「まず、行動」を起こして環境・状況に働きかけ、その反応をうかがいながら手探りで物事を進めていくことを推奨しています。

複雑領域においては、屋台骨が崩れなくても済む失敗である「セーフ・フェイル」をしながら解決策を「探索」し、カオス領域においては一も二もなくその場から離れるか緊急事態に対処する「行動」を起こすことになります。この**「まず、行動」こそが非秩序系のVUCAワールドを生きる私たちに求められる新しい行動様式**です。

いずれにせよ、この「まず、行動」が示唆しているのは「予め綿密に計画を立てて、狙った通りに結果を生み出すという秩序系の取り組み方に限界があるため、とにかく行動を起こしてみて〈瓢箪（ひょうたん）から駒〉を出すしかない」といえるでしょう。

もちろん、「まず、行動」や「瓢箪から駒を出す」といっても、当てずっぽうに行動したり、運任せを意味しているわけではありません。

あくまで、ある程度の仮説を立てて多少の失敗を許容しつつ、直面している課題に対して直感的かつ実験的なアプローチも採用することで、予想外の成果や解決策へのヒントを得ることを前提に行動を起こすということです。

言い換えれば、自分の脳内にある思考を超えた答えやヒントを見つけるために、自分の既存の枠を超えた行動を起こし、答えやヒントに出合えるまで、あの手この手を使って挑戦し続けるということです。

もし、そうだとしたら、後はいかに「瓢箪から駒」を出せる行動をやり続けられるかにかかっています。

これが非秩序系のVUCAワールドにおけるレバレッジポイントとなります。

計画のジレンマを超え、「まず、行動」を起こし続けるために欠かせない視点

「瓢箪から駒が出るまで、〈まず、行動〉を起こし続ける」拍子抜けするくらいにシンプルな原則ですが、計画のジレンマにおける「計画の必然性」がこの実践を妨げます。

第1章で述べたように、私たちには「見通しの明るさ、投資対効果の明確さ、勝ち筋への確信がある程度確保されてこそ、モチベーションが継続する」、そして「目的・目標を共有できるからこそ力を合わせられる」という人間の特性があります。

最近では、費用対効果を意味する「コスパ（コストパフォーマンス）」をもじって、時間対効果を表す「タイパ（タイムパフォーマンス）」という言葉が生まれましたが、これは即座にリターンを求める傾向が強くなってきたことを表しています。

「瓢箪から駒が出るまで、〈まず、行動〉を起こし続ける」という原則は、コスパ、タイパとは真逆の概念なのです。

また、必ずしもコスパやタイパを気にしなくとも、成果の兆しが見えない中で行動し続けるのは、多くの人にとって心理的負担が大きいものです。従って、「まず、行動」を起こしたとしても、終わりがまったく見えなければ、やがて心が折れてしまうでしょう。

だからといって、諦めたら「火消し自滅」に陥り、次から次へと襲ってくる重要かつ緊急な問題に追われる状態になるだけです。

計画のジレンマを乗り越えて、「まず、行動」を起こし続けられるようになるために、私たちは何を根本的にアップデートすべきなのでしょうか？

それが、**「未来との向き合い方」**です。

結局のところ、問題をややこしくしているのは、非秩序系の世界の中で秩序系のやり方を押し通そうとしていることにあります。それはまるで、一切日本語も英語も通じない、アフリカのどこかの村で暮らすのに、日本語だけで生活し続けようとすることと似ています。

つまり、「郷に入っては郷に従う」ことをせず、これまでのスタイルのままで挑もうとしていると考えると、ヒントが見えてきます。

従来型の、秩序系の世界の中で通用してきた未来との向き合い方は、**「自分にとって都合のよい未来が得られるかどうかを見極め、それが叶わないのであれば、行動を止めるか減らす」**というものです。

見通しの明るさ、投資対効果の明確さ、勝ち筋への確信、そして、目的・目標の共有は、結局のところ、自分にとって都合のよい未来を手繰り寄せようとする、すなわち、環境・状況をコントロールしようとする姿勢を強化させます。その結果、コスパ、タイパに縛られることになります。

ところが非秩序系のVUCAワールドは、コスパやタイパを約束してくれるとは限りません。仮にその算段がついたとしても、急拡大した飲食チェーンが、まさにその規模故にコロナ禍で苦しんだように、以前は効率的だと考えられた判断が生み出した結果（リターン）が、数年後に自分の首を絞める原因となるかもしれないのです。つまり、コスパやタイパは特定の期間において成立しているに過ぎないので、長い目で見ると本当に効率がいいかどうかはわからないことが増えてくるといえるでしょう。「人間万事塞翁が馬」という諺があるように、よいことも悪いことも予測がつかないのです。

従って、「勝ち筋が見えるかどうか」「コスパ、タイパがいいか」を判断するような、秩序系と相性がよい未来との向き合い方に依存するのではなく、非秩序系にあったやり方も身につけていく必要があります。

「瓢箪から駒が出るまで、〈まず、行動〉を起こし続ける」ために必要となる未来との向き合い方とはいったい何でしょうか。

勝ち筋に依存し、コスパ、タイパのいい行動ばかりをするわけでもなく、無計画で出たとこ勝負な行動に陥らないために求められる未来との向き合い方。

それは、以下のようなものだと私は考えています。

「いつ何時であっても可能性にあふれた未来を見据え、何度くじけようとも何度でも立ち上がり、力を合わせながら、創造のための試行錯誤をし続けられるようになること」

秩序系における未来との向き合い方は「いつかどこかの未来を結果として手に入れようとする姿勢」であっても十分に機能してきました。それに対して、非秩序系における未来との向き合い方には、「今、この瞬間に自らを沸き立たせる未来をプロセスとして生き続ける姿勢」が求められることになります。
「未来をプロセスとして生き続ける姿勢」とはどういうものでしょうか。それは、一流のアスリートが、思うように結果の出ない状態が続いていたとしても、自らを奮い立たせて何度でも挑戦を続ける姿に似ています。彼らは、「勝てるゲームなら全力で取り組むが、勝てないゲームなら手を抜く」とは考えず、将来の見通しがどうであれ、全身全霊で勝負して、その結果を受け止めて前進し続けていこうとするでしょう。

非秩序系のＶＵＣＡワールドを生きる私たちにとって、こうした一流のアスリートたちのスタンスが道標となるのではないでしょうか。自分にとって都合のよい未来、つまり勝ち筋やリターンの見通しがつくかどうかで行動を決めるのではなく、「どうすれば自らをエンパワーメント（奮い立たせる）しながら、次なる一歩を踏み出し続けるしなやかさと力強さを身につけることができるのか」が問われているのです。

未来との向き合い方を変えるビジョンプロセシング

この新しい未来との向き合い方が、本書のメインテーマである「ビジョンプロセシング」です。これは私の造語で、もう少し端的にまとめた定義が以下となります。

ビジョンプロセシング
いかなる環境・状況であろうとも、自分自身や周囲の主体性と創造性の解放を可能にする姿勢と手法

抽象的な表現になりましたが、ビジョンプロセシングと対をなす従来のアプローチが「ゴールセッティング（目標設定）」です。

ゴールセッティングでは、文字通り何らかの目標を設定して、その実行を目指します。その前提となっているのは、「ゴールを掲げれば、何をどうすればよいのかが明確になり、あとはタスクを積み上げていけば目標に近づける」というものです。いわゆるＰＤＣＡサイクル※は、まさにゴールセッティングのパラダイムで生まれた手法でしょう。

これらは、特にビジネスを成功させるための基本常識のように扱われていますが、あくまで秩序系の領域において有効な手段です。

※ PDCAサイクル：計画（Plan）→実行（Do）→評価（Check）→改善（Action）を繰り返すことで品質を高めるアプローチ。

ゴールセッティングは非秩序系のＶＵＣＡワールドにおいては次の限界を抱えやすくなります。

1　そもそも何をゴールとすべきなのか定義しづらい（不確実性、曖昧性）
2　ゴールを目指している最中に環境・状況が変わりすぎて、掲げたゴールの達成が困難か不可能になる（変動性）
3　ゴールを目指そうとしてさまざまな取り組みを始めるものの、因果関係が複雑に絡みすぎて思うように前進しないか裏目に出てしまう（複雑性）
4　複数のステークホルダーの協力が必須となる場合、そもそも何をゴールにするのかの合意形成が難しくなる（複雑性）
5　掲げたゴールを達成したものの、因果関係が複雑に絡みすぎているが故に、その副作用によって自分たちの首を絞めることになる（複雑性）
6　1～4の状況が続くことで、自分自身とステークホルダーのモチベーション維持が難しくなる（心が折れやすくなる）

私は自社においてもコロナ禍が始まった2020年に、まさにこの限界によって経営上の難題を抱えることになりました。私たちは個人向けのセミナーと法人向けのコンサルティング（意思決定支援、人材開発、組織開発）事業を展開していますが、いずれも人に集まって対話してもらうことを前提としていた

ため、コロナ禍で当時話題となった「3密（密閉、密集、密接）」に抵触してしまい、事業の根幹が崩れてしまいました。

もともとゴールセッティングのやり方で目標を管理していたわけではなく、時代の状況やニーズに合わせて事業を構築していたので、急激な環境変化への柔軟性を備えているつもりではいました。しかし、コロナ禍の「3密回避」の制約は想定以上のダメージだったのです。

そして、まさに上記の1〜6の問題が起こりました。

1　何を事業運営の柱としてよいかわからない
2　セミナーの年間計画が白紙になる
3　オンラインセミナーに移行しようにも、他のオンラインセミナーが急増したために差別化が難しくなった
4　新しい方向性を打ち出そうにも、メンバー内でやりたいことや今後の仮説が異なるために一枚岩化しづらくなる
5・6　窮地を脱するために急いで新しいことを始めるものの、メンバー間の歩みが揃わず険悪なムードが漂う

最初の1年間は答えが見えないことに苦しんでいましたが、メンバー同士で対話や内省の機会を積み

重ねた結果、２年目以降に事業形態の変化や新規事業を見出してなんとか活路を見出すことができました（その経験の多くが、これから本書でお伝えすることの土台となっています）。

私の会社ではゴールセッティングのやり方ではなかったと述べましたが、それでも急激な変化にはまったく同じ問題が降りかかってくるのです。ましてや、日常的にゴールセッティングに慣れている会社では、数年経ってもまったく活路が見出せないことは十分に考えられます。私たちの会社がもし、もともとゴールセッティングのみを信奉していたとしたら、おそらくもっと長期間にわたって低迷し、場合によっては立ち直れないほどの致命傷を負っていたことでしょう。

もちろん、非秩序系においてゴールセッティングがまったく無効になるわけではありません。たとえば、複雑の領域においては「探索」から活動が始まりますが、探索のゴールを設定して前進を図ることで何らかの効果を見込むことはできるでしょう。しかし、「探索」自体は情勢を把握してあたりをつけるために行うものであるため、そこで設定されたゴールは便宜的なものに過ぎません。

大事なポイントは、**「ゴールを設定し、それに向かって邁進（まいしん）すれば、いつか達成できる。そして、そのゴールを達成すれば明るい未来が待っている」**という前提に縛られている点にゴールセッティングの限界があるということです。

ここまで読んで、次のような反論が浮かぶ方もいるでしょう。

「ゴールセッティングとＰＤＣＡサイクルの限界というが、ゴールを細かく見直し、ＰＤＣＡサイクルを高速に回せばよいのではないか？」

実際に私が講演などでゴールセッティングとPDCAサイクルの限界について述べると、必ず同様の質問が出ます。

しかしVUCAワールドでは、次のような課題が常につきまとうのです。

- ゴールを細かく見直して再設定し続けられるほど、情勢をきちんと把握できているのか？
- ゴール未達の状態が続いても、心が折れずにモチベーションを維持できるのか？
- その都度再設定されるゴールに対して、ステークホルダーの合意を得続けることはできるのか？

これらに対して明確な答えを出すことは非常に難しいのです。従って、**ゴールを細かく見直し、PDCAサイクルを高速に回すことができるならそれに越したことはないが、そもそもそれをやり続けること自体が難しい**のです。

結局のところ、ゴールセッティングとPDCAサイクルの限界が示していることは、「いつかどこかの未来を〈結果として〉手に入れようとする姿勢そのものの限界」です。

ビジョンプロセシングは、そうしたゴールセッティングとPDCAサイクルの限界を乗り越えるべく生み出した考え方です。

勝ち筋が見えない、あるいは見通しがつかない状態であっても、瓢箪から駒が出るまで「まず、行動」を起こし続けるしかないのであれば、どうすればそれが可能になるかを考えるしかありません。そこからは何度三振をしても打席に立ち続けるバッターや、何度マットに沈められても立ち上がるボクサーの姿がおぼろげながらに浮かんでくるのではないでしょうか。

ビジョンプロセシングはそうした強くてしなやかな軸を身につけ、質の高い試行錯誤を行えるようにするための姿勢であり手法なのです。

ビジョンプロセシングの原理と3つのパラダイムシフト

ここまでゴールセッティングと比較しながら説明してきましたが、まだよくわからないという感覚になる方も多いかと思います。

それこそが非秩序系のVUCAワールドの難しさです。

秩序系は環境・状況をコントロールできることから、やり方（How）を学んで実践を繰り返して習熟していくか、それを知る専門家に委託すれば対処できます。たとえば、教習所に通って自動車免許を取ることは前者にあたります。教習所に通い始めた頃は、さまざまな操作がおぼつかなくても、繰り返しの習熟によって最後には鼻歌を歌いながら運転することも可能になります。しかし自動車を修理するとなると、より長期的な学習が必要となるため、専門家に委託することが多いでしょう。

それに対して非秩序系は、やり方（How）を洗練する必要があるのは当然のこと、「まず、行動」を可能にし続けていくための姿勢を培うことが必要です。これは単に個人が変わればいいというわけでもなく、自分自身や周りの人たちの認知・思考・感情・文化といった内面の領域自体も変化の対象となります。

たとえば、これまでも何度か述べているような、「いつかどこかの未来を〈結果として〉手に入れようとする姿勢」自体を変えることは容易ではありませんし、そもそもそれを変える必要があると心から納得することも難しいかもしれません。そのため、ビジョンプロセシングは単純なやり方（How）に留まるものではなく、「パラダイムシフト＝物事の観点そのものの転換」に重点を置いています。

ここでいうパラダイムとは**「特定の時代や分野において、不動のものとされていた主流の考え方や支配的な価値基準」**という意味で使用しています。その考え方や価値基準ががらりと転換するのが、パラダイムシフトです。

つまり、ビジョンプロセシングが可能にしようとしていることは「未来との向き合い方に対するパラダイムシフト」です。これをパラダイムの定義と組み合わせて表現するなら、以下のようになります。

私たちが（とりわけ集団や組織において）、〈未来〉とどのように向き合うべきかに関する、これまでの時代において不動のものとされていた主流の考え方や支配的な価値基準そのものの転換

もう少し砕けた表現で言うなら、「未来とどう向き合うべきかについて、常識と思われるものが覆されること」を可能にしようとしています。

人類史上、絶対的な真理とされていた「常識」が覆されることで、まったく新しいものの見方や考え方が登場し、それによって生活様式もがらりと変わるということは何度もありました。

代表的なものは、天動説から地動説への転換でしょう。「太陽が地球の周りをまわっている」というパラダイムを生きていた時代の人たちにとって、「地球が太陽の周りをまわっている」という新しいパラダイムはにわかには信じがたいものだったはずです。自分の目に映る景色としては毎日太陽のほうが動いているようにしか見えないからです。さらに、宗教の教えにも関わるものであったため、非常に嫌悪感を抱く人もいたでしょう。

これが新しいパラダイムに触れたときの私たちの通常の反応です。まず混乱し、心理的な抵抗が生じ、それが拒絶や嫌悪まで発展することもあります。

しかし、そのパラダイムがいったん変わってしまうと、元には戻れないばかりか、その新しい「常識」に基づいてさまざまな物事が構成されていきます。

地動説へのパラダイムシフトがなかったら、月に人が到達することもなければ、地球を周回する人工衛星のデータを使って天気予報の精度をこれほど高めることもなかったでしょう。

未来との向き合い方の違いを理解すること自体は、天動説を信じる人たちが地動説を理解するほど難しいものではありません。しかし、頭で理解できることと実践とのあいだには大きなギャップがあります。従って、ビジョンプロセシングでは１つの原理と３つのパラダイムシフトとして構成し、その理解と実践がより容易になるように体系化を図っています（図２-１）。

ビジョンプロセシングは、原理やパラダイムシフトという言葉を使っているものの、私の経験に依存した仮説に過ぎません。

それでも、私自身がコンサルタント、コーチ、ファシリテーター、そしてリーダーシッププロデューサーとして、U理論を始めとした社会科学研究の中で体系化されてきた理論を土台としながら、さまざまな変容手法を組み合わせ、クライアント企業に対してソリューションを提供する中で培ってきた実践知です。そのため、すべてに賛同できなくても、何かしら参考になる部分があることを願っています。

従って、本書を読み進めるにあたっては、真偽を検証するという観点よりも、「もし、これらの原理やパラダイムから今の状況を捉えてみると何が見えてくるだろうか？」「これらの原理やパラダイムを実際に活用してみたら、今までとは異なるどんな変化が生まれうるか？」という観点で読み進めて、実践できそうなアイデアが浮かんだらぜひ取り入れてみてください。

本書として大切にしていることは、非秩序系のVUCAワールドにおいて「セーフ・フェイル」の質と量を高めるきっかけを読者に届けることです。それを繰り返すことで「いつ何時であっても可能性にあふれた未来を見据え、何度くじけようとも何度でも立ち上がり、力を合わせながら、創造のための試行錯誤をし続けられるようになること」が可能になると信じています。

それでは、ビジョンプロセシングの原理と3つのパラダイムシフトについて概要をお伝えし、次章から掘り下げていきましょう。

原理――問題処理から創造への転換（第3～5章）

私たちは、よりよい状態になることを願って何らかの変化を起こそうとします。しかしながら、多くの場合「不快な状態」を脱するための行動を起こしてしまいがちです。その行動によって「自分が本当に望んでいる状態」に近づけるのかを検証していないため、結果的に問題を増やしてしまうことも少なくありません。

これまでのパターンを超えて、創造を可能にする変化の秘訣は「本当に大切にしていることを存在させようとする」ことにあります。

非秩序系のＶＵＣＡワールドにおいて不快な状態に陥りやすいからこそ、問題処理から創造に転換することが求められます。

パラダイムシフト１――ビジョン（第６章）

私たちは、これまでいつかどこかの未来を「結果として」手に入れようとしていたので、ビジョン自体も**「よりよい状態になることが約束された到達すべき未来」**として位置づけられていました。そのビジョンは秩序系であればある意味で「答え」であり、そこに向かって迷うことなく前進すればよかったといえます。

図2-1　ビジョンプロセシングの原理と3つのパラダイムシフト

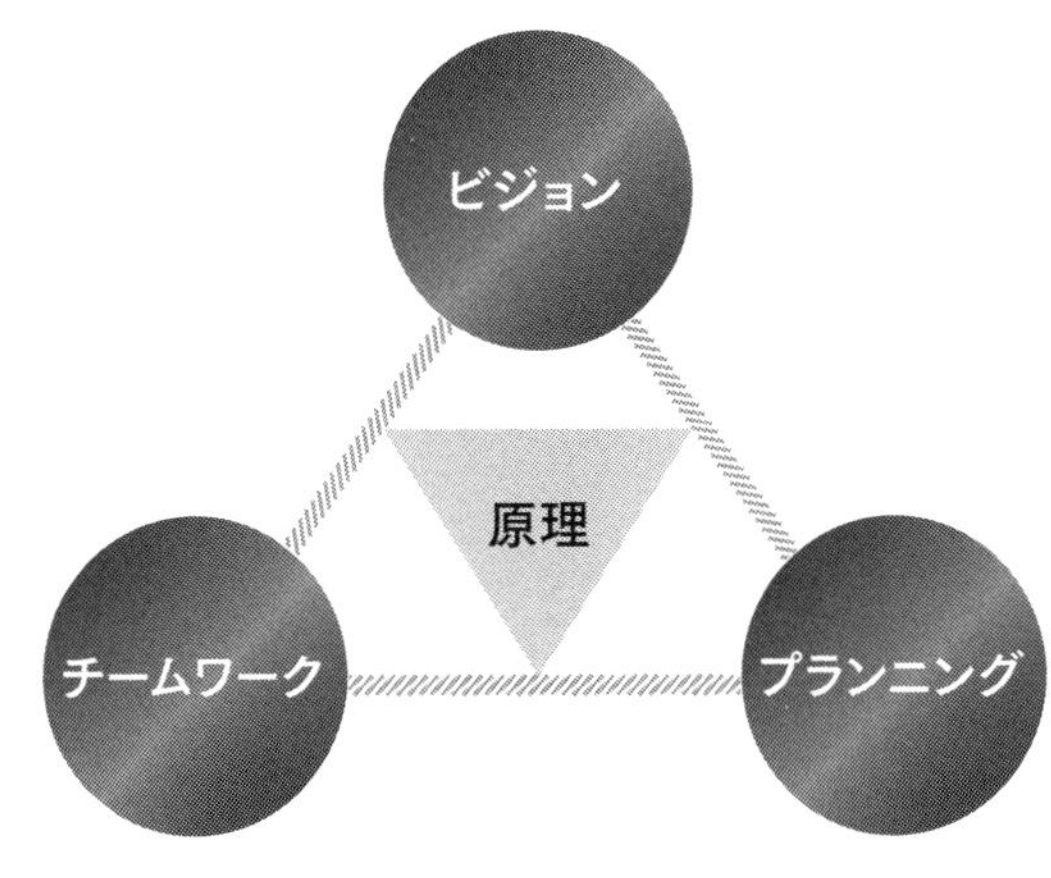

しかし、非秩序系のVUCAワールドは、「約束された未来を描くこと」「その未来に到達すること」「その未来に到達しさえすればよりよい状態になることが可能になる」といったやり方や期待を満たしづらい環境・状況になります。

そのため、ビジョンのパラダイム自体を変えることが問われています。新しいパラダイムとは**「今、この瞬間に自他の主体性と創造性を解放する未来」**です。それは「答え」というよりも自分の内側にあるものを引き出す**「問いを誘発するもの」としてのビジョン**を位置づけることになります。

パラダイムシフト2——プランニング（第7章）

秩序系のプランニングは「環境・状況はコントロールできる」という前提で構築されます。到達点である目標を定め、現状とのギャップを明確にし、そのギャップを埋めるための計画をつくって実行することで前進していきます。これは登山に似ていることから、私は「山登り型プランニング」と呼んでいます。

それに対して、非秩序系のVUCAワールドにおいては、刻一刻と状況が変わって今後の見通しも立てづらいため、山登り型プランニングが通用する状況は限定的になります。とはいえ、行き当たりばったり、出たとこ勝負、あてずっぽうに行動をしていてもどこかで壁にぶつかります。そうした綿密すぎる計画とも計画なしの無鉄砲さとも異なるプランニングを、サーフィンになぞらえて「波乗り型プランニング」と呼んでいます。波に乗れている状態をイメージし、軸となる体幹をしっかりと持って、微細な波の動きを感じ取りながらサーフボードの舵を切って波に乗るように、ＶＵＣＡの荒波をうまく乗りこなすプランニングのパラダイムです。

パラダイムシフト3――チームワーク（第8章）

偉業の背景には、必ずと言っていいほど、強い絆で結ばれ、それぞれの強みを活かし合いながら活動するチームの存在があります。どんなプロジェクトに取り組むときも、私たちは「こんなチームができたらいいな」と思い浮かべるでしょう。

しかし、強豪の野球チームがある日突然サッカーを強いられるとしたらどうなるでしょう。突きつけられる課題自体が大きく変わってしまい、そのチームの能力とかけ離れたものが求められるようになっているとしたら、その強豪チームはそもそも機能するのでしょうか？

環境・状況をコントロールできる秩序系においては、固定化されたいつものメンバーで課題に取り組むことは可能です。しかし、非秩序系のＶＵＣＡワールドにおいては、そもそも解決すべき課題が大きく変わり、求められるスキル要件も一気に変わることが起こりえるのです。

そうした激しい環境変化に合わせて課題解決を図るためには、固定化されたメンバーではなく、メンバー自体の頻繁な入れ替えが求められます。最強チームをつくるための「チームビルディング」がこれまでのパラダイムだったのに対し、人の入れ替わりを前提としながらも、即座にチームワークを可能にする「チーミング」が新しいパラダイムとして求められています。

従って、「チームを育ててパフォーマンスの発揮を促す」というチームワークから、「その課題解決によりふさわしいメンバーでパフォーマンスを即座に生み出す」というチーミングへのパラダイムシフトとなります。

ビジョンプロセシングの原理と3つのパラダイムシフトは、すべて実現しなければならないものではなく、置かれている環境・状況によって重視すべき領域は変わっていきます。それでも、その状況に応じて立ち戻るべき軸として原理と向き合い、それぞれのパラダイムに取り組んでいくことで、しなやかで変化に強い対応ができるようになっていくでしょう。

本章のポイント

- 非秩序系のＶＵＣＡワールドにおける新しい行動様式は、「瓢箪から駒が出るまで、〈まず、行動〉を起こし続ける」ことにある
- 計画のジレンマを乗り越え、「まず、行動」を起こし続けられるようになるためには、未来との向き合い方をアップデートする必要がある。それは「いつ何時であっても可能性にあふれた未来を見据え、何度くじけようとも何度でも立ち上がり、力を合わせながら、創造のための試行錯誤をし続けられるようになること」を意味する
- ゴールセッティングとＰＤＣＡサイクルの組み合わせは、非秩序系のＶＵＣＡワールドにおいては限界があり、それを超えるものがビジョンプロセシングである
- ビジョンプロセシングは、いかなる環境・状況であろうとも、自分自身や周囲の主体性と創造性の解放を可能にする姿勢と手法であり、１つの原理と３つのパラダイムシフトから成り立っている

Column 2

時間管理マトリクスの意味を捉え直す

第1章で触れた時間管理マトリクスは、物事の優先順位をつけていくうえで非常に参考になります。「自分たちは本当に緊急でない・重要な問題（価値領域）にきちんとフォーカスできているのか？　他の領域に囚われていないか？」を問うことで、立ち止まって軌道修正できるからです。

本文では「緊急度」に注目して議論を展開しましたが、VUCAワールドにおいては「重要度」についても2つの留意点があります。

重要度を決めることの難しさ

緊急度は締め切り、すなわち時間的猶予の有無によって決まります。時間的猶予がないほど緊急度が高まる、というのはイメージしやすいでしょう。

それに対して「何を重要だとみなすのか？」という価値の重みづけによって重要度は決まります。当たり前のように見えますが、そもそも答えの見えづらい時代において、何を重要だとみなすべきなのでしょうか。これは非常に難しい問題です。

経済成長を是とする世界においては、「売上、利益や株主価値の最大化」が重要度の尺度として用いられてきました。しかし、気候変動対策が待ったなしの現代においては、いたずらな成長戦略は、価値どころか害しか生まない可能性があります。

私たちは緊急・重要な問題（緊急領域）に時間を奪われすぎているという感覚を抱きがちですが、そもそも本当にそうなのでしょうか？　つまり、自分たちが重要だとみなしていても、実際には緊急・重要でない問題（錯覚領域）にはまり込んでいる可能性があるのです。

重要度が激しく変わる可能性

また、激しい環境変化の中では、現在は重要なものでも近い将来には重要でなくなってしまうということもありえます。第1章で述べたように、AIの進化によって会計士のような専門的職種でも消失する可能性がある、というのはその一例です。これは職種だけでなく、ビジネスや組織の存在意義も同様に問われるようになるでしょう。つまり、どれほど自分たちが「私たちがこれに取り組むことに意味がある」と言い張ろうとも、他者にとっては重要なものでないとみなされる可能性があるのです。

これが示唆しているのは、これからの時代は「そもそも私たちは、何を重要だとみなすべきなのか？」「そもそも私たちに求められている価値とは何なのか？」を常に問い直す必要があるということです。

以上の2点から、ＶＵＣＡワールドで価値領域に取り組むためには、「重要度」と「価値」との向き合い方そのものをアップデートすることが問われているといえるでしょう。

VISION PROCESSING

CHAPTER 3

ビジョンプロセシングの原理

目に見えない領域まで目を向ける

第2章では、ビジョンプロセシングとは「いつ何時であっても可能性にあふれた未来を見据え、何度くじけようとも何度でも立ち上がり、力を合わせながら、創造のための試行錯誤をし続けられるようになること」を目指して体系化を図ってきたものだと述べました。

ビジョンプロセシングを体得すれば、まさにサーファーが波に乗るように、激しい環境変化に対してしなやかな対応を行えるようになります。

しかし、秩序系（煩雑－自明）に有効なゴールセッティングと比較して、ビジョンプロセシングは決してわかりやすいものでもなければ、身につけやすいものでもありません。

ゴールセッティングよりもビジョンプロセシングのほうが難しいのは、非秩序系のVUCAワールドで求められる能力の難度がそもそも高いからです。

秩序系においては、環境・状況がコントロール可能なため、やり方（How）が洗練されていけば対処できるようになりますが、非秩序系はやり方（How）を洗練する必要があるのは当然のこと、「まず、行動」を可能にし続けていくための姿勢、すなわち自分自身や周りの人たちの認知・思考・感情・文化といった内面の領域自体も変化の対象となるという点について第2章で論じました。

本章ではまず、この点についてもう少し掘り下げながら、ビジョンプロセシングの原理について探究していきます。

私たちが生きている世界は、物質・物体・事象など、実際に目にしたり触れたりすることができる「目に見える領域」だけでなく、認知・思考・感情・文化といった「目に見えない領域」が存在しています。「目に見える領域」は、ある行動に対する結果を予測することが比較的容易です。たとえば、大量生産可能なコップなどの商品を製造し流通させる場合は、どんな材料を使うかや、在庫管理や流通の方法などの計画を立てる手法や技術は確立されており、再現可能です。

そのため、複数のステークホルダーのあいだでも現状認識とゴールに関する合意を得やすくなり、状況をコントロールできるようになります。

それに対して「目に見えない領域」は、いくつかの厄介な特性があるが故に、扱いづらいのです。

- **現実認識の歪曲性**――目に見えない領域の中で解釈されていることと、目に見える領域で実際に起こっていることには差異があるが、その差異の度合いを正確に理解できないか、そもそも差異に気づかない場合がある
- **問題発生要因の無自覚性**――目に見えない領域で生じていることの中には、無意識下に埋め込まれているものがあり、それが自分自身や周りの状況に影響を与えていることに気づかず、問題の未解決状態を継続させるか問題を複雑化させてしまう
- **自己制御の限界性**――認知の歪み、感情的な揺らぎ、わだかまりや囚われといった目に見えない領域で生じていることの中には、自ら扱いきれず、自分自身が振り回されてしまうものがある

- **実感・理解の一致不可能性**――目に見えない領域で起きている現象に対して、他者は憶測ができても、当人とまったく同じように感じたり理解したりすることはできない
- **他者介入の限界性**――他者の目に見えない領域に対して、こちらから働きかけることには限界がある

これらの厄介な特性が絡み合うことによって生じる問題は、国際情勢のようなマクロレベルから、合併後の組織の混乱、部署間の軋轢・対立といったメソレベル、夫婦関係、親子関係、上司－部下関係などの日常生活で生じるミクロレベルまで、さまざまなレベルで発生しています。

たとえば極端な例ですが、複数社がコラボレーションする新規事業で、長年一流ホテルでコンシェルジュとして働いていた人と、ネットゲーム配信会社のエンジニアとして働いている人が同じチームになったとします。2人の顧客意識の違いは、きわめて大きい可能性が高いでしょう。コンシェルジュにとっては目の前のリアルな顧客に対して「お客様」や「ご贔屓客」として接するのに対して、エンジニアにとってはオンラインの見えない顧客を「ユーザー」や「リピーター」、場合によっては「ダウンロード数」などの数字として捉えるかもしれません。こうした内面感覚の違いは、お互いに違いがあるということはわかっても、実際にどのように違うのかを相手と同じレベルで理解し合うのは至難の業です。

「目に見えない領域」の問題は、他者とのあいだでだけではなく、自分自身の内面で起こることも多くあります。

たとえば意思決定の責任が大きくなればなるほど「自分はどうすべきかわからない」という感覚を抱いた経験は誰にでもあるでしょう。あるいは良かれと思ってとった行動が、思わぬ悪影響を及ぼしたり他者から反発を買ってしまったりしたときは「なぜこうなってしまったのかがわからない」と困惑するでしょう。

いずれの場合も、「目に見えない領域」に対する認知も能力も追いついていないことが混乱の元になっています。

どんなレベルの問題であっても、こうした厄介な特性が絡み合うが故に、的外れな解決策を講じる、関係者の合意形成や協働が破綻する、問題がより複雑化するなど、事態が悪化する状況に陥ることもよくあります。

従って、**目に見えない領域を扱うべき問題であればあるほど、対処が難しくなる**のです。

非秩序系のVUCAワールドは、これらの「目に見えない領域」への対処を私たちに突きつけてきます。

第２章で述べた「瓢箪から駒が出るまで、力を合わせて〈まず、行動〉を起こし続けること」という行動様式も、内面に目を向けることの重要性を示唆しています。その理由は、この文章を分解して意味を考えると見えてきます。

「瓢箪から駒が出るまで」↓失敗が続く状況が続いたとしてもモチベーションを維持し続ける
「力を合わせて」↓勝ち筋が見えず、同じ目的・目標を抱きづらい中で協働をし続ける

「まず、行動」→現状認識もできず見通しも立たず、全員が納得しきれていないという、認知と思考が追いついていない状態であったとしても、前進し続けることが求められる

これらはどれも認知・思考・感情・文化などに関係しています。

内面という「目に見えない領域」を取り扱わざるを得なくなる時点で、次のような問いが自分（たち）自身に突きつけられるのです。

- **自分はどうしたいのか？**
- **自分には何が見えていて、何が見えていないのか？**
- **自分には何が問われているのか？**
- **自分は何をするのか？**
- **自分には何ができるのか？（自分はどのように手掛けるのか？）**

ビジョンプロセシングが原理と3つのパラダイムシフトによって構成されている理由は、まさにここにあります。どれも、目に見えない領域を適切に取り扱い、自分自身に矢印を向けられるようになるための道標となることを目指しているからです。

それではこれから、ビジョンプロセシングの世界に足を踏み入れていきましょう。

ビジョンプロセシングの核となる原理

「創造すること」と「問題を処理すること」の根本的な違いは簡単である。問題を処理する場合、私たちは「望んでいないこと」を取り除こうとする。一方、創造する場合は、「本当に大切にしていること」を存在させようとする。これ以上に根本的な違いはほとんどない。

ピーター・M・センゲ
（マサチューセッツ工科大学上級講師 「学習する組織」提唱者）

これは「グローバル経済において望ましい未来を創り出す」[※]という論文の中で掲載されている言葉です。

ビジョンプロセシングの核となる原理は、このピーター・M・センゲの言葉が土台となっています。

センゲは、環境変化に適応しつつ、創造を可能にする組織モデルとして「学習する組織」という概念を提唱したことで知られています。学習する組織は、5つのディシプリンによって構成されており、個人の学習と組織の学習が相互に連動し、補完していくことで組織全体の成熟と革新を可能にしていく姿が描かれています。

また、センゲはマサチューセッツ工科大学（以下、MIT）の組織学習センターの設立に携わり、同センターには「U理論」提唱者のC・オットー・シャーマーも研究員として在籍していました。両氏は

※ SoL, “Creating Desired Futures in Global Economy,” *Reflections Volume 5*, 2003.

共同プロジェクトをいくつも手掛けていたことから、2人の世界観には共通事項が多くあります。

U理論は、内的変容から外的変革を起こすプロセスに着目したイノベーション理論です。従来のイノベーション理論が行動や方法、すなわち、目視できる領域に限定されて論じられていたのに対し、U理論は行動の主体者やステークホルダーの内的状態がイノベーションの成否に影響を及ぼすことを示した点に独自性がありました。また、学習する組織とも親和性が高く、5つのディシプリンを実践していくための土台づくりとしても活用されています。

私は2005年にU理論に出合い、2007年から日本における啓蒙活動を行っており、組織開発ファシリテーターとしてクライアント企業にU理論と学習する組織の実践を支援してきました。

U理論は画期的なアイデアでしたが、抽象度が高く難解なため、活動を始めたばかりの私はどうすればわかりやすく伝えられるかを日々苦心していました。そのときに出合ったのが、先述したセンゲの言葉でした。「これはまさに、U理論が可能にしようとしていることを一言で表現している！」と感じ、それまでU理論の探究で深めたものとつながった感覚になったことを今でも覚えています。

U理論では内的状態を4つに区分していますが、問題を増長させ、自らを破壊へと追いやってしまう内的状態と、インスピレーションを喚起し、協働を可能にし、創造につながる内的状態の違いを表現しています。誤解を恐れずに端的に言えば、前者は「囚われの状態」であり、後者は「フロー／ゾーン状態[※]」です。

図3-1はその4つの内的状態を表していますが、主にレベル1とレベル2の一部が「囚われの状態」

※ フロー：心理学者ミハイ・チクセントミハイが提唱した概念。ある活動に完全に没頭し、行為と意識が一体化して極度に集中し、時間の経過を実感できなくなる心理状態であり、自己意識が消え、内在的な動機付けが高まる。スキルと課題の難度が適切なバランスにあるときに生じやすいとされている。

ゾーン：フローと同様に高度な集中状態を指す概念。フローが楽しみながら没頭する状態であるのに対し、ゾーンはフローよりも覚醒度が高い、つまり課題や目標達成に向けて強く集中する状態を指す。周りの雑音や気がかりなことを完全に排除し、目の前の課題に100％集中できるとされている。たとえばスポーツ選手がピークパフォーマンスを発揮する際の意識状態が当てはまる。

図3-1　U理論における内的状態の4つのレベル

内的状態レベル	傾聴の種類	各レベルにおける話し手・聴き手の感覚	関係の感覚
レベル1 （ダウンローディング）	判別的 断定的	自分の過去の経験によってつくられた枠組みに当てはめながら相手の話を聞いており、頭の中で話の先読みをしたり、反論を組み立てていたり、評価・判断を相手に対して抱いていたりする状態。 自分の側はよく話を聞いているつもりになっているが、相手は話を聞いてもらえないという体験に残されやすい。	・赤の他人 ・単なる知り合い ・必要がなければまったく話さない ・敵対関係
レベル2 （観る/シーイング）	分析 観察的	自分の経験が及んでいないこと、自分にはわかっていないことがあることを自覚しており、注意深く相手の話を聞いている状態。 聞いている自分の側には、新しい「情報」が得られた感覚がある。相手の側には「自分が言いたいことを話した」感覚は残るが、「相手と通じ合えた」感覚はない。	・情報交換相手 ・共同で作業をする相手 ・ビジネスライク ・発信者・受信者
レベル3 （感じ取る/センシング）	共感的	相手の気持ちが、自分のことのように「リアルに」感じられながら聞いている状態。話を聴いている側は、相手のことでありながら、自分のことのように感情が湧き上がっており、「我が事」になっている。相手の側には「自分のことがわかってもらえている」という感覚を得られ、相手への信頼感が高まる。	・気心知れた仲間 ・大切な仲間 ・悩みの相談相手 ・心の味方
レベル4 （プレゼンシング）	生成的	「今、この瞬間」に「場」と一体感を実感している状態。自分とその場にいる他の人との境界線がなくなった感覚があり、自分の身体の一部のように周囲を感じられることもある。 深い確信に満ちた想いが全員に湧き上がる。	・家族に似た深い絆 ・絶対的な信頼 ・同じ釜の飯を食う ・同志

※図に示された2種類の円のうち、大きな円はメンタルモデルや固定観念といった「既存の枠組み」を意味し、小さな円はその時点での当人の注意が向けられている先を意味する。

出所：『U理論［第二版］』（英治出版）をもとに筆者作成

であり、次第にレベル3〜4に進むにつれて「フロー／ゾーン状態」になっていくことを示しています。レベル4の状態には浅いものから深いものまであるため、常にゾーンになるわけではありませんが、フロー状態にはなっているといえるでしょう。また、ゾーン状態になっているときは、レベル4になっていると考えてよいでしょう。人は囚われているとき、「ああでもない、こうでもない」と頭の中で繰り広げられる雑念に振り回されながら、自分にとって不都合な状態を回避し、少しでも都合のよい状態に自分を近づけようとします。これは「望んでいないことを取り除こうとする」心理的作用であるといえます。

それに対し、「フロー／ゾーン状態」は、余計な雑念に囚われることなく、「今、この瞬間」に集中しています。好きなことに取り組んでいると時間が経つのを忘れてしまうくらい没頭していたという経験をお持ちの方も多いでしょう。「好きなことに集中している」状態は、「本当に大切にしていることを存在させようとする」姿勢の表れでもあります。U理論では、好きなことへの取り組みだけに留まらない、「本当に大切にしていることを存在させようとする」ことによる、創造の可能性を提示しています。

当事者たちの内的状態によって決まるという考えは、すぐにはピンと来ないかもしれませんが、私たちは日常生活において、そこかしこで過去のパターンの繰り返しを目の当たりにしています。

たとえば、「夫婦や恋人といつも同じ話題でけんかをする」「子どもが勉強をしないので、ついつい口やかましく言ってしまう」「経営会議や部門会議で今後の方向性などについて話し合う時間を確保するものの、何年も前から同じ話題を繰り返して参加者が辟易（へきえき）としている」といった経験は少なからずあるのではないでしょうか？　このどれも内的状態に関係しています。

重要なポイントは、自分の意見がどれだけ正当なものに見えても、自分の頭によぎっている「いつもの台詞」を口にするだけでは誰の心にも響かない、ということが起きてしまうことです。私たちは「また、いつものやり取りだ……」と思うような場面に幾度となく遭遇するものの、私たちの内的状態がパターン化を引き起こしているのに気づいていないケースがほとんどです。

シャーマーは、**「その意見が正当で間違いのないものであれば、その問題は解決しているはずなのに、なぜ、問題は解決されないばかりか、同じパターンが繰り返され、時には悪化の一途をたどってしまうのか？」**という謎にメスを入れたのです。U理論はそうした過去のパターンを超えて、インスピレーションを迎え入れるプロセスを明確にしています。U理論に関する詳しい解説は関連書籍※に譲りますが、ここで着目したいのは、U理論で実現しようとしていることを一言で表すと、先述したセンゲの言葉に集約されるということです。

「〈望んでいないこと〉を取り除こうとする内的状態」と「〈本当に大切にしていること〉を存在させようとする内的状態」、この2つの違いがどんな影響を及ぼすかについて見ていきましょう。

会議の7割は何も創造していない？

私は企業での組織開発のプロジェクトにおいて、このセンゲの「創造と問題処理の違い」の言葉をよく

※『人と組織の問題を劇的に解決するU理論入門』（PHP研究所）、『U理論［第二版］』（英治出版）など。

ご紹介しています。その度に「あなたの会社で行われている会議の何割くらいが〈創造＝本当に大切にしていることを存在させようとする〉で、何割くらいが〈問題処理＝望んでいないことを取り除こうとする〉だと思いますか？」と問いかけて、「創造1：問題処理9」のように比率で答えてもらっています。

極めて簡易な調査ではありますが、ほとんどの人が「創造3：問題処理7」の比率に手を挙げます。つまり、7割の会議は「望んでいないことを取り除こうとしている」だけだと多くの人が認識していることになります。逆に言えば、7割の時間が「創造していない活動」となっている可能性があるのです。

7割の時間も創造していないと言われると、「そんなことはないはずだ」と感じる方もいるかもしれません。

しかし、実際に創造していないかどうかの真偽を問う前に、自社の会議の様子を思い起こしてもらうと、実は多くの議題が「望んでいないことを取り除こうとする」ような内容になっていないでしょうか。

- 業績目標を達成する見込みが立たないが、どうしたらいいのか
- 従業員のエンゲージメント調査で「会社に対する信頼」が低いのはなぜか
- 部署間の連携が進まず、タコつぼ化してしまっている状況をどうしたら打破できるのか
- 若手のモチベーション低下を何とかできないのか

などなど、私の支援先で行われる会議でも、多くがこのような話し合いをしています。

また、表面上はそう見えない議題であっても、実質的には「望んでいないことを取り除こうとしている」ケースも多くあります。

- 競合商品とどう差別化するか
- 在庫リスクをどうしたら減らせるか
- 新しい中期経営計画をどうしたら浸透させられるか

などのテーマです。

これらは一見まっとうな議題であり、何の問題もなさそうです。しかし、「なぜその議題が大事なのですか？」と尋ねると、次のような答えが返ってくることがほとんどです。

- 競合商品とどう差別化するか ↓ 差別化しないと、競合に負けて市場シェアを失ってしまうから
- 在庫リスクをどうしたら減らせるか ↓ 余剰在庫を抱えたままでいると、在庫費がかかるだけでなく、場合によっては破棄せざるを得なくなり、財務負担となるから
- 新しい中期経営計画をどうしたら浸透させられるか ↓ 中期経営計画に対して社員1人ひとりが腹落ちしていないと、計画が自分事にならず、待ちの姿勢になってしまうから

どの理由にも「望んでいないことを取り除こうとする」姿勢が表れているといえます。

ここで、「そうした事業推進上の課題解決をすること自体が創造していないというのであれば、創造する会議とはいったいどういうものか？　そもそも、問題を解決することの何がおかしいのか？」という疑問が浮かぶでしょう。

これはまさに本質的な問いであり、これから掘り下げながら「本当に大切にしていることを存在させようとする」ことの意義やビジョンプロセシングの重要性を考えていきたいと思います。

まずは、「創造とは何か？」について言及する前に、「望んでいないことを取り除こうとする」ことの限界について触れるところから始めましょう。

望んでいないことを取り除こうとすることの限界

そもそも、望んでいないことを取り除こうとするというのは、なぜ、問題処理に過ぎず、創造につながらないといえるのでしょうか。

ここでまず明確にしておきたいのは、問題処理と問題解決の違いです。

問題処理……厄介なことを取り除こうとしたり、厄介なことを避けたりするためにとる行動

問題解決……問題の真因を探り、問題症状を消滅させるだけでなく、問題の再発を防止したり、

場合によっては新たなイノベーションを生み出したりするような活動

つまり、問題処理は問題症状の除去や緩和にしかなりませんが、問題解決は創造を可能にする余地があるという点に違いがあります。

その点を踏まえたうえで、5つの観点から望んでいないことを取り除こうとすることの限界について考えてみましょう。

A「望んでいないこと」は解決すべき真の課題とは限らない
B「望んでいないこと」を取り除いても原状回復程度にしかならず、さらなる進歩を保証しない可能性が高い
C「望んでいないこと」を取り除いても、望んでいる状態に近づくとは限らない
D「望んでいないこと」を取り除くことは、問題の上乗せを引き起こす可能性がある
E「望んでいないこと」を取り除くだけの作業は、モチベーション維持や協力依頼に限界がある

A「望んでいないこと」は解決すべき真の課題とは限らない

「望んでいないこと」は、解消されるに越したことはないように思われます。しかし、「目に見える領域」で認識できている問題症状と、「目に見えない領域」にある真の原因がその場所にあるとは限りません。

たとえば、顔のシミを気にしている人がいたとして、シミを化粧で隠したりシミ取りの手術をしたりすれば一時的に見えなくすることはできます。しかし、そもそもシミは加齢、睡眠不足、偏食、運動不足、長期間にわたるストレスなどが原因だったりするため、シミを一時的に隠したり取り除いたりしても、また次のシミが出てくるということは十分起こりえます。

私たちは、目に見える問題症状が不快であればあるほど、そのことを一刻も早く取り除きたいという衝動にかられやすくなります。ただし、真の原因は違うところにあることは十分理解しつつも、当面のあいだ見えなくなれば十分と自分自身で納得できるものであれば、さほど大きな問題とはいえません。

しかし、致命傷に至らせるような厄介な問題症状の中には、症状の不快さに囚われ、真の原因を見誤ったり、見逃したり、まったく気づけなかったりすることで、手遅れになるものも少なくないのです。

以前ある知人女性から、症状と真の原因の見誤りの難しさを痛感したエピソードを伺いました。彼女の夫は50代はじめに、「背中が痛いなあ」と訴えるようになりました。本人も彼女も「歳のせいだろう」というくらいにしか思っていなかったために、整体に通ってなんとかしのいでいました。しかしあるとき激痛が走り、病院で検査を受けたところ末期癌であることが判明し、わずか数か月後に亡くなられたということでした。背中の痛みを訴えられるようになってから1年後のことでしたが、癌による痛みを加齢によるものとして見誤ってしまっていたのです。その見誤りについて彼女は大変悔やまれていました。問題症状の誤認により、文字通り致命傷になってしまったという悲しい出来事です。

1人の人間の身体ですらこうした見誤りは起こってしまうので、さまざまな問題症状が起こる会社経営においては必然的に見誤る可能性は高くなるのです。

　昨今の例でいえば、若手のモチベーション低下やシニア層のパフォーマンス悪化などが問題症状として取り上げられやすいですが、これらは今そこにある「望んでいないこと」であり、すぐにでも解決したくなるものではあります。

　しかし、厄介なことに「少子高齢化による人口減少」「国際情勢」「気候危機」「グローバル競争」「参入障壁の崩壊」「事業やビジネスモデルの限界」など外部環境の要素だけを取り上げても、さまざまな原因が潜んでいるかもしれません。それに加えて、社内の内部環境においてこれまで行われてきたさまざまな取り組みや出来事が蓄積し、そのしわ寄せ症状として上記の問題が表れている可能性は十分あります。

　ある会食でご一緒した方から興味深い話を伺ったことがあります。その方は中堅企業に勤めており、会社の中でエースと目され、表彰されていたにもかかわらず、近々会社を辞められるとのことでした。その理由は次のようなものでした。

「いろいろあるんですが、やっぱり会社に将来性を感じないことだったんですよね。それを特に感じたのが、3年前の年度初めに開催された全社キックオフ合宿のときだったんです。私の入社前は株式上場して、飛ぶ鳥を落とす勢いだったみたいなんですけど、ここ数年は業績が低迷してどんどん株価も下がっていってたんですよね。社長は大株主だったこともあり、その状態に忸怩(じくじ)たる思いがあったとは思うのですが、キックオフ合宿の冒頭のあいさつで、〈我々の会社は、一時は株価が○○○円までいっていたのに、今では5分の1の△△△円にまで下がっている。そのせいで、私の資産も大幅に減った〉と言ったんです。その発言が出た瞬間、全体が凍りついちゃって。私もそれ聞いた瞬間に〈あ、この会社は、もう先ないな〉って思ったんですよね。正直、〈あなたの資産が減ったことなんて関係ないよ〉って。そのときから、会社を盛り立てようとがむしゃらに頑張ってきた思いも冷めちゃったんですよね」

結果としては社長の失言がきっかけだったかもしれませんが、こうしたちょっとした振る舞いの積み重ねによって優秀な社員が流出し、問題と向き合わない受け身の社員が残り、高年齢化が進み、その結果として若手のモチベーション低下やシニアのパフォーマンス悪化が起こってしまうということは十分に起こりえます。そう考えると、これらの問題に対してすぐに効果のある特効薬を発見するのは極めて難しいことが、ご理解いただけるのではないでしょうか。

「そんな給与泥棒のような社員は辞めさせてしまえばよいのではないか?」という意見もあるかもしれません。実際に、希望退職者の募集やリストラの断行などの施策はよく行われています。

しかし、これらは文字通り「望んでいないことを取り除く」だけであり、シミ取りの施術をするのと本質的には同じです。リストラは痛みを伴う分、上層部はその後の活性化を期待しますが、悲しいほどにその期待は見事に裏切られてしまうところに会社経営の難しさがあります。

その「望んでいないこと」がどれだけ不快な症状であろうとも、自分たちが取ろうとしている施策がシミ消し・シミ取りに陥っていないのかの検証がなければ、やがてもっと大きな代償を払うことになりかねないのです。

B「望んでいないこと」を取り除いても原状回復程度にしかならず、さらなる進歩を保証しない可能性が高い

「望んでいないこと」の多くは、不快さを伴う問題症状となりますが、まずはこれらを取り除かないとままならない、という状況もあります。

「水道の蛇口が壊れて水が噴き出ている」「交通事故にあって意識不明の重体になっている」「自社の売上の大半を占める重要顧客が突如倒産したため、キャッシュフローが急速に悪化し、一気に黒字倒産の危機に陥っている」など、第1章で紹介した時間管理マトリクスにおける「緊急・重要」の問題は、事の大小を問わず多く発生します。

意識不明の重体のような状態においては、一命をとりとめて九死に一生を得られれば、それだけで価値が大きいといえるでしょう。

しかし、企業のように事業を通じて成果をあげてこそ価値があるとみなされるような存在は、「緊急・重要」な問題であろうとも、単に「望んでいないこと」を取り除こうとしているだけであれば、付加価値を創出しているとはいえないでしょう。

わかりやすい例でいえば、オリンピックでのメダリストを目指す選手であれ、プロ野球の選手であれ、アスリートは怪我をしてしまうと、自分のプレーに多大なる影響が及び、出すべき結果から遠のいてしまいます。

怪我は何としても治さないといけませんが、治っただけでは、よくても怪我をする前の自分の状態に

戻るだけです。ライバルたちと0・1秒を競い合っているようなアスリートは、原状回復までの時間分、遅れをとってしまうのです。

このように、「望んでいないこと」の中には取り除かなければならないものがあるとはいえ、厄介なおまけがついてくるのです。それは、実際は原状回復に留まるだけで付加価値を生んでいるわけではないのに、「価値ある仕事をした」という気になってしまうということです。特に、組織の規模が大きくなればなるほど、末端の社員は上から指示される仕事をこなすことを求められるので、そういう意識を持ちがちです。

ここにも会社経営の難しさが表れています。

取り除かざるを得ない「緊急・重要な問題」への対応には、社員への給与や外注費などのコストがかかります。つまり、やむを得ない治療費を払っているだけの状態です。「処置しなければ致命傷になるんだったら、立派な前進じゃないか」と思われるかもしれませんが、企業もオリンピックでメダルを狙うアスリート同様、他社との競争にさらされており、長期間にわたって付加価値を生まなければ存続すらも危うくなるのです。

2020年に突如訪れたコロナ禍によって多くの企業は、まさに生き残りをかけた対応に追われましたが、リモートワーク対応など「緊急・重要な問題」の処置に追われただけの企業と、同時に付加価値の創出に取り組んだ企業との差は、10〜20年後の明暗を分けていくことでしょう。

繰り返しになりますが、どれだけその「望んでいないこと」が喫緊の課題であろうとも、それは付加価値創出、すなわち「創造すること」になっているとは限らず、よくて原状回復に留まることが多いことを肝に銘じておく必要があるでしょう。

C「望んでいないこと」を取り除いても、望んでいる状態に近づくとは限らない

これはBと似ていますが異なります。

Bは「緊急・重要な問題」を指しており、Cでは「緊急・重要でない問題」に対処するケースを指しています。

前者の場合は、時間的なコストは払うものの、望んでいる状態に近づくためにまずは原状回復しなければ何も進まない、という側面があります。オリンピックで金メダルを目指すアスリートにとってみれば、怪我を治すのはマイナスを0に戻すに過ぎませんが、それでもなお、そこから先の＋10にするための貴重な前進であることには変わりありません。

しかし、「望んでいないこと」を取り除いても、望んでいる状態に近づくとは限らない場合があるのです。

それは、時間管理マトリクスにおける「緊急・重要でない」、つまり「錯覚」の領域にあたる場合です。「錯覚」という表現は、この状況を非常に的確に表しています。事態の緊急さに目を奪われて、重要でないことに手を出してしまっている人は、それが「緊急・重要な問題」だと錯覚してしまっているのです。つまり、本人は無駄なことをしている自覚がありません。

よくよく考えてみると、「緊急・重要でない」領域に人が囚われるのは、不思議です。なぜ、そもそも重要でもないのに、その人の中で「緊急」と位置づけられてしまうのでしょうか。それは主に３つの理由が考えられます。

1 **締め切りが迫っている**

締め切りまでに仕上げることだけに意識を奪われてしまい、冷静な判断ができない、もしくは、十分な情報を得て熟慮する余裕がないことに起因します。これはある意味、錯覚に陥ってしまうのは仕方ないといえるでしょう。突如発生した緊急事態であればあるほどパニックにもなりやすく、十分な情報がないまま見切り発車で対応せざるを得ないこともありうるからです。

2 **重要度を見極める力が不足したまま締め切りが設定される**

上司に指示されたまま作業をしているものの、そもそもの目的などを確認していなかったために、「自分は上司に振り回されて不要なことをやらされているのではないか」と感じる人は非常に多いでしょう。これは若手社員であれば、まだ仕事に慣れていないだけの場合もあります。

しかし、経営者であろうとも、重要度を見極める力が不足していることはよくあります。複雑性の高い経営という仕事において、「今何をすべきか」を見極めるのはそもそも難しいことなのです。最終意思決定者である社長に必要なものとして、自分自身の哲学、人間観、人生観、歴史観などが挙げられますが、いずれも本質を見出して重要度を見極める力と関係するからです。それが不足していると、会社全体が不要なことに翻弄される羽目になるでしょう。

3 不快なものをすぐ取り除くべきという衝動にかられる、あるいは快をもたらすものをすぐ手に入れたくなる

これによって、その問題を「緊急」に位置づけてしまうのです。1〜2は、設定されてしまった締め切りによって翻弄されるのに対し、これは自分の衝動によって翻弄されることを意味しています。

そもそも人の行動原理はほとんどが「不快を避けて、快を求める」ことです。たとえば、冷蔵庫を開けたときに食材が腐って異臭を漂わせていれば、即座にそれを捨てたくなるでしょう。もしくは、待ちに待った商品が発売されるとなったら、すぐに売り切れなくても発売当日に並んでまで購入しようとします（これらは、実際に緊急とは限らないという意味では、「緊急でない・重要でない」という「無駄」の領域になるものもありますが、その点の吟味は話を複雑にしすぎてしまいますので、ここでは「錯覚」の領域として扱います）。

このように「錯覚」の領域に囚われてしまうのは、つまるところ「望んでいないことを取り除こうと

する」動きになってしまっているからです。重要度を見極めないまま「緊急」だと錯覚してしまうのは、なにもしないまま締め切りが過ぎてしまった後に不快な状態を味わうという、「望んでいないこと」を回避しようとしているからなのです。

この不快さに囚われて、望んでいないことを取り除くために無駄にリソースを食いつぶしてしまう状況をもう少しわかりやすく理解するために、自家用車に乗って家族でドライブに行くことを想定してみましょう。

いざ出かけようとすると、車にいろんな問題が見つかったとします。「車体に引っかき傷がついている」「バンパーが少しへこんでいる」「窓ガラスの端側に油膜がついている」「ウィンドウが少し割れている」「後ろの座席に食べ差しのお菓子が散乱している」などなど。1つひとつの問題は不快かもしれませんが、すべてを解決しなければドライブの目的地にたどり着けないわけではありません。それこそ、すべての問題に対処していたら時間がかかりすぎてドライブどころではなくなるでしょう。

つまり、「望んでいないことを取り除こうとする」からといって、家族でドライブの目的地にたどり着くという「望んでいる状態」に近づくとは限らないものがあるのです。上記の例だと大した話ではないように見えるかもしれませんが、VUCAワールドの中で不快さに翻弄され続ける私たちは、タイヤのパンクや、ガソリン漏れといった「緊急・重要な問題」に次々と襲われ、締め切りに追われ続ける日々を送っていくうちに、バンパーのへこみや車体の傷といった重要でないものにまで気を奪われて、それにリソースをつぎ込んでしまっているかもしれないのです。

不快だからといって、それを取り除くことが前進になるとは限らない。このことは、ＶＵＣＡワールドを生きる私たちは、常に何かしらのフラストレーションを抱えながら前進することを余儀なくされることを意味しています。残酷に響くかもしれませんが、一方で、すべての不快なことを取り除かなくても前進は可能である、ということでもあるのではないでしょうか。

いずれにせよ、「不快さ」とうまく付き合う力をこれまで以上に養っていくことが問われることになるでしょう。

Ｄ「望んでいないこと」を取り除くことは、問題の上乗せを引き起こす可能性がある

自傷行為でない限り、私たちが行う活動や施策は「自らをより不幸にすること」ではなく、「よりよい人生や成果」を目指しているはずです。その目的が達成されなければ「やり方が適切ではなかった」と判断するでしょう。つまり、「やり方が適切かどうか」に着目しやすいのです。

その判断自体は間違ってはいませんが、物事の一側面しか見ていない可能性があります。なぜなら、どんな施策であっても、なんらかの二次影響が生まれうるからです。二次影響は、自分にとってプラスなものもマイナスなものもあります。またその度合いは、大規模になることもあれば、些細なものに留まることもあります。しかし、些細な影響なものでも、積み重なると大きな影響まで発展するものもあります。

ここで注目したいのは、

- どんな施策であっても、基本的には二次影響が生まれうる
- 二次影響はマイナスなものになりうる

ということです。

マイナスな効果は副作用とも呼ばれています。「そんなつもりはなかったのに……」「良かれと思ってやったことが裏目に出た」「踏んだり蹴ったり」といった言葉で表現される状況は、副作用の一例です（もし、その結果がプラスなものなら、「嬉しい誤算」などと表現します）。これは、身近な人間関係においても起こってしまうことなのです。

場合によっては「こんなことになるなら、何もしないほうがましだった」というほどひどい副作用が表れることもあります。

たとえば、会社の風土改善の施策で考えてみましょう。昨今は「ブラック企業」や「パワハラ上司」という言葉が浸透しつつありますが、企業はそのような問題を起こさないように対応を迫られ、残業を厳しく禁止し、パワハラに対する罰則規定を設けるようになりました。その結果、過剰にプレッシャーをかける職場は減っていきました。違法な働き方やメンタルヘルスの問題を引き起こすような状況が改善されたことは望ましいといえますが、それによる副作用が生じ始めています。

その1つの象徴的な例が、意欲ある若手の中で「ゆるい職場」に危機感を覚える人が増えている、と

いう調査結果です。２０２２年２月11日のリクルートワークス研究所のレポートは次のように報告しています。※

実際に、大手企業の新入社員にインタビューをすると、「叱責は一度もない。パワハラにあたるかもしれないと上司が感じているのか、不思議なくらいなかった」「今どきの子には厳しくしても意味ないからね、と親戚の子どものように扱われている」「体育会系でもっとしごかれるかと思ったがそんなことはなかった」といった声が聞こえる。また、その結果としてか、「社外で通用しなくなるのでは、と思っている。部署全体で仲が良く、正直居心地は良いが、本音ではこのままで自分は大丈夫なのかと感じている」「成長機会が想像したよりちょっと少ない」といった不安の声も聞こえている。

職業生活について、回答者自身の認識を聞いた結果では、「自分は別の会社や部署で通用しなくなるのではないかと感じる」という質問に対して「そう思う」と回答した人の割合は、現在の新入社員の48・9％に及んでいます（**図３-２**）。

こうした状況について、私がいくつかの会社の人事担当者に尋ねてみたところ、実際に上記のような理由で退職する若手も増えているということでした。

職場のブラック化を避ける、パワハラの発生を防ぐという「望んでいないこと」を取り除こうとした

※ リクルートワークス研究所「大手企業の新入社員が直面する職場環境を科学する」、2022年２月21日。https://www.works-i.com/project/youth/environment/detail001.html

結果、意欲ある若手社員を離職させてしまう副作用が生まれる事態は、まさに会社にとって痛手です。

こうした副作用は因果関係としては比較的わかりやすいでしょう。しかし、中にはあまり大きな影響に見えないものであっても、積もり積もって厄介な副作用を引き起こすことがあるのです。

たとえば社内で不祥事が起こったとき、個々人のモラル低下によるものだと考えて、行動を正すよう注意喚起するメッセージを全社に発信したり、スローガンを壁に貼ったりする施策はよくあります。

しかし返ってそれが、「結局、経営層に問題があるって認めないのか」と現場から非難されるばかりか、リーダーとしての姿勢を疑われて信頼を失い、さらに社員のモチベーションが下がり、それによってモラルも下がっていってしまうという場面を何度も見てきました。残念なことに、上記の例に限らず、不祥事の対応によって悪循環に陥っているケースは非常に多くみられます。

不祥事はとてつもなく不快な「望んでいないこと」だからこそ、取り除くだけの問題処理に終わらせないことが何よりも重要なのです。

図3-2　現在の職業生活における状況（そう思う計）

	2019-2021年卒
このまま所属する会社の仕事をしていても成長できないと感じる	35.0%
自分は別の会社や部署で通用しなくなるのではないかと感じる	48.9%
学生時代の友人・知人と比べて、差をつけられているように感じる	38.6%

出所：リクルートワークス研究所「大手企業の新入社員が直面する職場環境を科学する」

E「望んでいないこと」を取り除くだけの作業は、モチベーション維持や協力依頼に限界がある

ここまで紹介してきたA～Dに関しては、いずれも「望んでいないこと」を取り除こうとする活動が、望んでいる状態を実現していくうえで十分ではなかったり、そもそも的外れな施策であったり、悪影響を及ぼしたりしてしまうといった内容になっています。つまり、施策の「質」に問題があることに言及しています。それに対して、ポイントEは、活動の「量」の問題を表現するものです。

そもそも不快なことに自発的に関わり続けたい人はあまりいないため、その作業を継続することに限界があります。もちろん、問題を放置なんてできない、なんとかして再発を防止したいという思いから、何とか頑張って継続できる人はいます。しかし、それは特定の個人の使命感に依存していることが多く、本人のキャパシティを超えた時点で燃え尽きてしまうのです。これでは持続的な活動は生み出せません。

また、個人として生み出せるパフォーマンスには限界があるため、より大規模に活動を持続していくためには、他者の協力が欠かせません。

「望んでいないこと」を取り除こうとするための一時的な協力依頼は確かに可能ですが、関わる人たちの心をワクワクさせる、その活動に関わることで自分自身や周りの明るい未来が待っているという感覚が生まれない限り、どこかの時点で意欲は下がってしまうでしょう。

結局のところ、「望んでいないこと」を取り除こうとする作業は、生存本能に駆り立てられて取り組んでいるだけに過ぎず、自分自身や周りの前向きなエネルギーを引き出しづらくなるのです。「片付い

たら終わり」という問題処理の姿勢でしか物事に関わっていないのだとしたら、「さらにもう一歩先まで行ってみよう」という創造的な行動は促されづらくなるでしょう。

ここまで「なぜ、〈望んでいないこと〉を取り除こうとすることは問題処理にしかならず、何も創造しないといえるのか？」についてさまざまな角度から検証してきました。総括すると、**不快を避けようとしても、本当の創造的な活動を見出すためのヒントにはならない**ということです。

その不快な感覚は、「何かを変える必要性」を訴えてはくれているものの、それが「創造に向かう施策」を指し示しているわけではないのです。

つまり私たちに問われているのは、**「〈何かを変える必要性〉を敏感に察知したうえで、そのまま問題処理にはまり込まず、知恵を活かして創造につなげられるかどうか」**であるといえるでしょう。

「存在させようとする」大切さとは？

「問題処理＝〈望んでいないこと〉を取り除こうとする」という表現は感覚的にも理解を得られやすいですが、「創造＝〈本当に大切にしていること〉を存在させようとする」という表現に対しては、よくわからないという声も聞きます。

たとえば、「会社や組織を運営していくうえで、存在させるべき本当に大切なことは何か？」と問いかけてみると、どんな答えが浮かぶでしょうか。よくある答えが、「企業理念」「ビジョン」「ミッションステートメント」などです。

企業のホームページを見てみると、必ずと言っていいほど、理念・ビジョン・ミッションステートメントなどが掲載されています。それらは会社の根幹をなす「本当に大切にしていること」であるはずなのに、大半の人が7割の時間を問題処理に当てていると感じているように、本当にそれらを仕事の中心に置いて創造的な活動に集中している企業は多くありません。

創造的な活動を実現するためには、強烈にみんなを引っ張るリーダー、あるいは優秀な人が集まるチームが必要だという感覚を抱く人はいます。そうではなく、特定の有能な個人に過度に依存せずに、**1人ひとりの主体性や創造性が継続的に引き出され、持続的な創造を可能にする要因**とはいったい何なのでしょうか。

それが「本当に大切にしていることを存在させようとする」という言葉に表れています。「存在させようとする力」が乏しければ、理念やビジョンは時間の経過と共に形骸化していくでしょう。しかし、たとえば毎朝理念を唱和しても「存在させようとする力」が上がるとは限りません。

私は、「大切にしているものを存在させようとする」という言葉は、次のように噛み砕いて表現できるのではないかと考えています。

大切にしているものを立ち戻るべき場所として常に真ん中に置き続け、折に触れてそれを明示しながら、さまざまな検討を行い意思決定できるようにする

予定された会議の直前にもう一度周知することを「リマインド」と言いますが、「大切にしているものを日々の仕事の中でリマインドできるようにする」とも言い換えられます。

私たちは心に余裕がなくなるほど、不快なことに囚われるあまり目の前のことにしか手がつかなくなっていきます。そして本来の目的を忘れて、どんどん脱線していくのです。

会議中に、誰かの発言に囚われて思考が止まらなくなったり、突然上司から「忘れないうちに聞いておきたいんだけど、○○の件ってどうなったの？」と本来の議題とは関係のない疑問が出されて話が脱線していったりした経験は、誰にでもあるのではないでしょうか。そうした囚われや脱線に陥ったときに有効なのは、「そもそも何がしたかったんだっけ？」と原点に立ち戻る問いです。この「そもそもの問い」こそが「存在させようとする」行為の1つです。

- そもそも今、私（たち）は何を念頭に置くべきなのか？
- そもそも今、私（たち）は何をやりたくて、この取り組みを手掛けているのか？
- そもそも今、私（たち）はどんな状態になりたかったのだろうか？

こうした問いでも十分に強力ですが、さらに「本当に大切にしていること」を組み込むと、より直接的に深く考えられる問いになります。

● そもそも何があれば、〇〇という本当に大切にしていることを実現できるのか？

一見、型にはまった問いのようですが、次のように具体的に文章をつくってみると、即答することが難しく、思わず自分の内面に問いかけたくなる感覚を得られるかと思います。

「そもそも何があれば、〈顧客に最高の感動体験を届ける〉という本当に大切にしていることを実現できるのか？」
「そもそも何があれば、〈One for All, All for One〉という本当に大切にしていることを実現できるのか？」
「そもそも何があれば、〈すべての命が大切にされる社会の創造〉という本当に大切にしていることを実現できるのか？」

こうした「本当に大切にしていることを存在させようとする問い」は、なかなか答えが出せないので、考え続けるのは難しいかもしれません。それでも、自分の内面の奥深くに答えを求め、これまでの自分では解を出していなかった領域に手を伸ばしたくなるような感覚も、同時に湧き上がってくるのではないでしょうか。

「産みの苦しみ」という言葉がある通り、そもそも上記のような問いは即答できる類いのものではなく、悩み苦しみながら見出していくものであり、より創造的な活動に近いのかもしれません。こうした新しい領域の解に手を伸ばさせるような問いと向き合い続けていくことそのものが、「大切にしていることを存在させようとする」プロセスであり、単なるまぐれあたりに終わらない創造を可能にしてくれるのです。

「本当に大切にしていること」は何か？

先ほど、会社や組織において「本当に大切にしていることは何か？」と尋ねると、「企業理念」や「ビジョン」という答えがよく返ってくると述べましたが、これは突き詰めて考えるとなかなか難しい問いです。センゲは「本当に大切にしていること」について明確に定義していませんが、「深い目的意識」とつながるために、以下のような問いから始めるべきだと説いています。

- 私たちはなぜここにいるのか？
- 世界をより望ましい場所にするために、私たちは何を創り出そうとしているのか？
- もし私たちがいなくなったら、誰がどんなふうに困るだろうか？

このようにして見出された深い目的意識は、まさに私たちを未来へと導く道標となるものでしょう。センゲはまた、「制約を見極めることが創造への道を解放する」と述べています。経営コンサルタントで映画監督でもあるロバート・フリッツの「無限大のカンバスに絵を描く画家は1人もいない」という言葉を引用し、制約によってはじめて創造が可能になるのであり、自分を取り巻く現実を正しく認識することの重要性を説いています。

この2つが「本当に大切にしていること」に関わっていると考えた場合、私は次のように再解釈することで理解がしやすくなるのではないかと考えています。

深い目的意識……情熱や感性を刺激し、モチベーションや共感・共鳴を引き起こすビジョンとしての「心の羅針盤」

制約……………表層に表れている問題症状ではなく、深い洞察によって導き出し、解決の優先順位を上げることでより幅広い効果を期待できる「本質的な課題」

感性を刺激するとは、いわば作家にとってのインスピレーションといえます。それがないまま、何かを形にしたとしても、それは単なる模倣か過去の焼き直しに留まるでしょう。

インスピレーションだけだとまだ抽象的な表現なので、人生や仕事など何らかの活動において「方向性を示すもの」という意味を込めて、「心の羅針盤」と表現しました。

センゲの言及している制約は、お金や時間といった文字通りの制約を意味していると考えられます。物理的な制約を課されることで、何とか知恵を出そうと創意工夫をするでしょう。しかし、そうした制約はいつも存在するわけでもなければ、創造のために無理やり制約をつくるというやり方も有効とは限りません。ここでいう制約を「自らに課された何か」であると拡大することでより適用範囲が広がります。つまりは、制約を課題と言い換えているのですが、問題処理と区別するため、「本質的な課題」としています。そうすることで、より課題解決に近づけるようになり、創造につながるものと考えています。

心の羅針盤を持てているとしても、現実的な制約を認識して具現化する力がなければ、単なる思いつきか、絵空事に留まることになります。現実をシビアに捉えながら、「何が本質的な課題なのか？」を自らに問うことで、制約の中から創造を可能にする道を見出せるのではないでしょうか。

従って、**「心の羅針盤」と「本質的な課題」は創造活動の両輪である**といえるでしょう。

「心の羅針盤」と「本質的な課題」という2大要素

「心の羅針盤」と「本質的な課題」は、次のような特性を持っています。

創造を可能にする「本当に大切にしていること」の2大要素

心の羅針盤……「自分（たち）はいったいどんな存在なのか」「自分（たち）は何をしたいのか」「自分（たち）は何をやろうとしているのか」「自分（たち）が心から求めていることは何なのか」といった問いの答えそのもの、もしくは答えへの指針となりうるもの

本質的な課題……自分（たち）が遭遇している問題症状、ないしは解決すべきだと感じている課題の背景や深層にある、より普遍的で影響範囲の大きい要因、もしくは事象発生の原理原則を踏まえながら定義された課題

いずれの要素も、少し入り組んだ表現になっているので、1つひとつ掘り下げていきましょう。

心の羅針盤

人生の目的を突き詰めていくと「人は何のために存在するのか」「存在する意味はあるのか」「どう生きるべきか」といった実存的な問いにたどり着くと言われています。しかし、こうした問いについて考えようとすると、選択肢が広すぎる、抽象的で答えづらいと感じるかもしれません。

ここで、表現を変え「どんな死を迎えたいのか」という問いにしてみると、もう少し選択肢が絞り込まれる感覚はないでしょうか。

死を迎える間際には、走馬灯のように人生のさまざまな場面が思い出されると言いますが、もしそれが事実だとした場合、「もうちょっと売上を上げたかったな」「あの上司に仕返ししたかったな」などと考えながら死にたいと思う人は稀なのではないでしょうか。

これは当たり前のようにも思えますが、よくよく考えてみると、非常に興味深いことが見えてきます。今の生活の中で私たちの心は「○○しなければならない」「○○が終わらないと気が気でない」といった考えで支配されています。しかし、死ぬ間際に考えたい問題ばかりかといえば、そう思えないものが大半でしょう。

逆に、「こんなふうに人生を閉じたい」というイメージが明確になればなるほど、「この人生でよかったな」「人に支えられた人生だったな」といったように、自分の中で満たされた感覚に包まれて死を迎えられるだろう、と想像できるのではないでしょうか。

「こんなふうに人生を閉じたい」と思えるようになると、少しでもそこに近づきたいという思いが湧きやすくなるようです。そこから、「そのために日々をどのように過ごしたいか」に思いをはせると、気持ちが穏やかになる、あるいは晴れやかになる、ワクワクするといった「今が満たされた感覚」になると言われています。そうした感覚を呼び起こすようなものが、まさにその人にとって「本当に大切にしたいこと」になるのではないでしょうか。もちろん、死ぬ間際でなくても、「満たされた感覚」を呼び起こす要素はあります。

それがどんなものであれ、私たちの心の奥底には、こうした要素が存在しているのです。そして、「満たされた感覚」を呼び起こす要素が自分の中で明確になればなるほど、それを大切にしたいと強く思えれば思えるほど、それを実現・体現したいという意欲が芽生えていきます。

そうしたものを私は**「心の羅針盤」**と呼んでいます。

会社や組織であれば、理念やビジョンが本当の意味での心の羅針盤になっているかどうかを考えてみてください。社員の１人ひとりが理念やビジョンに共感・共鳴している状態であればあるほど、心の羅針盤として機能し、創造を可能にしていきます。それに対して、理念やビジョンが飾りになってしまっていると、心の羅針盤として機能しているとはいえないでしょう。「理念やビジョンがまさに私たちであり、それを実現したい」という気持ちに至れていないのです。

理念やビジョンを刷新するとき、よく話題に上がるのがそれをいかに「浸透」させられるかです。しかし多くの会社や組織では、感情や感性を刺激しようとするよりも、「なぜ、この理念やビジョンであるべきなのか？」「理念やビジョンはどんな内容か？」といった理屈を理解させようとしがちです。理屈はもちろん大事ですが、心の羅針盤として１人ひとりの心が共鳴していなければ、結局のところ、理念やビジョンを実現・体現したいという意欲は育まれません。「本当に大切にしていること」が単なる文字の羅列や頭の理解に終わらないためにも、「心の羅針盤として位置づけられているかどうか」に真剣に向き合う必要があるでしょう。

本質的な課題

先述した通り、「心の羅針盤」が感性的なものであるのに対し、「本質的な課題」は理性的なものです。まず、「本質」の意味について考えていきますが、辞書で調べると次のように表現されています。

1　物事の根本的な性質・要素。そのものの、本来の姿。「―に迫る」「―を見きわめる」
2　哲学で、存在するものの基底・本性をなすもの。
3　論理学で、思惟の対象を定義する諸限定。類・種のごとき普遍をさす。

私は経営コンサルタントとしてキャリアをスタートしていますが、先輩社員から「物事の本質を考えろ」「それはビジネスの本質を外している」といった表現で、厳しく指導されました。経営コンサルタントでなくても、「経営の本質は何か？」「物流の本質は何か？」など、さまざまな仕事において「本質」が問われることは多くあるでしょう。

しかしながら、「そもそも本質とは何か」について明確に定義することはあまりありません。上記のように辞書を引いても、やや抽象的な表現に留まっています。私は特にビジネスや仕事において、「本質」とは次のような定義になると考えています。

本質とは、ある対象領域内において、論理的に結論を導き出すうえで、反論の余地が乏しく、強固な前提となりうる、より普遍的な要素、ないしは原理原則

「論理的に結論を導き出す」とは、言い換えれば「論理的な思考法を用いる」ということです。ビジネスの現場で最もよく使われるのが、前提を積み上げて結論を出す演繹（えんえき）法か、事実の推論によって結論を出す帰納法です。

論理的な思考は必ずしも難しいものではなく、実は小学生のあいだでも日常的に使われることがあります。たとえば、「運動会のリレーレースで最後に走るのはクラスで1番足が速い子だよね。だから、いつも体育のかけっこで1番を取っている田中君が、リレーでも最後の走者になるね」という推論は演繹法に基づいています。また、「このクラスの生徒全員が山田先生を大好きだよね。だから、今度転校してくる生徒も、きっと山田先生のことを好きになるだろうね」という意見は帰納法だといえます。

基本的にほとんどの人は、演繹法か帰納法で結論を導き出しているものの、前提が間違っていたり、論理が飛躍していたりすると、その結論の精度が下がることになります。

とくに演繹的思考では、前提が現実とずれていると的を外すことになります。それが行きすぎると「思い込み」になることもあります。

よく「あの人は本質が見えていない」という言葉で人物評価をすることがありますが、それは（その評価が妥当かどうかはさておき）その人が思考の前提とする目のつけ所を誤っており、かつ、それに気づいて

いないことを意味しています。

このように「本質」が話題になるとき、その「普遍性＝さまざまな角度からの検証に耐えうるだけの強固さを持った前提であるかどうか」が問われやすいのです。多様な視点からの批判に耐えられるほど考え抜かれたものであるからこそ、前提として機能するのであり、的外れな思考になるのを防ぐことができるのです。

その「本質」の定義を踏襲した形で、「本質的な課題」を表現すると次のようになります。

本質的な課題とは、問題の解消や解決、または状況の改善を図ることを目指して、論理的に結論を導き出すうえで、反論の余地が乏しく、強固な前提となりうる、より普遍的な要素、ないしは原理原則を貫く形で定義された課題

小難しく見えますが、端的に言えば、**「その本質的な課題を扱えば、より根本的な解決や前進が期待できるのか?」**という厳しい検証に耐えうるかどうかがポイントとなります。

しかし、これは容易(たやす)いことではありません。そもそも「本質を突いているかどうか」の認識が難しいのです。

たとえば、他社の買収でありがちな失敗事例について考えてみます。既存事業が伸び悩んで市場としても拡大が見込めない状況にあるという理由から、他の分野で強みを持つ他社を買収して収益基盤をつ

くる、という戦略をとる会社は少なくありません。

笑い話のようですが、中期経営計画として掲げた売上目標に到達しない見込みが強いので、帳尻を合わせるために他社を買収するというケースも実際に見てきました。

たいていは、買収によって見かけ上の売上規模は拡大するものの、やがて買収先が思うように収益を上げられなくなります。その穴埋めのために既存事業のなけなしの利益をつぎ込まざるを得なくなるのですが、結局のところは共倒れを防ぐために再度売却することになった、という話は山のようにあります。

しかも、失ったのは収益だけではありません。もともと買収先にいたエース級の社員は事業低迷によって退職し、買収元の社員すらも「自分たちで稼いだ収益が自社に投資されずに、まともな結果も残せない会社に垂れ流されている」と不満を持って辞めていくという事態につながることもあります。誰も得をせず、失う必要のないものまで失ったという意味で、まさに泣きっ面に蜂状態でしょう。

しかし、買収がうまくいかなかったと嘆くことはあっても、そもそもの発端が課題設定の失敗にあったと認識することはほとんどありません。

買収を判断するときの課題設定は、たとえば次のようなものがあります。

「既存事業が伸び悩んでおり、マーケット自体の成長率も限界に達しているので、新しい事業領域を広げる必要がある」

これは、一見すると間違っていないように見えますが、実際には大きな落とし穴があります。たとえば「顧客」や「社会」といった視点が欠けており、「自社の都合」しか語られていません。わかりやすく言えば、「他社を買収してまで大きくなることで、誰がどんなふうに嬉しくなるのか？」という根本的な問いに答えられていないのです。京セラ創業者の稲盛和夫は、「動機善なりや、私心なかりしか（その動機は善なるものか。利己的な心は混じっていないか）」と自らに問えという教訓を残しています。

彼が第二電電を立ち上げる際に、当時の電電公社（現在のＮＴＴ）が通信事業を独占している状態に対して「１社独占であるが故に、高額な通信費を顧客が負担し続けなくてはならない状態はおかしい」と思い、何度も「動機善なりや、私心なかりしか」と自らに問うた結果、事業立ち上げに踏み切ったという有名な逸話があります。

このエピソードからも、稲盛氏は常に「京セラの強みや基盤を活かして、儲けられる事業は何か？」と考えるのではなく、「京セラの強みや基盤を活かすからこそ、社会や顧客のお役に立てることは何か？」「顧客や社会は京セラとして活動をしてきた我々にどんなことを手掛けてくれと訴えているのだろうか？」といった問いに向き合い続けたのではないかと思います。

その結果、「適正な競争が通信費の適正化と品質向上を促すことができ、顧客により利便性のあるサービスを提供することができる」といった本質的な課題にたどり着いたのでしょう。第二電電はその後合併を通じて現在のＫＤＤＩとなりますが、今もなお主要な携帯会社として競争しながら事業継続しており、本質的な課題を見誤らないことがいかに重要かを物語っているでしょう。

創造への４つの段階

ここまでは「心の羅針盤」と「本質的な課題」について述べてきました。それでは、これらを活かしてどのように創造活動が進んでいくのでしょうか？　私は、創造するプロセスには4つの段階があると考えています。

- 段階1　問いによる意識の方向づけ
- 段階2　リソースの解放と具現化
- 段階3　人の力の結集と持続的な推進力の解放
- 段階4　自己刷新への足掛かり

段階1　問いによる意識の方向づけ

前述した通り、創造とは端的に言えば「無から有を生み出す」ことです。

最初は「無」、つまり何もない状況からなんらかのインスピレーションを得るところから始まります。それは雷に打たれ、啓示を得たかのような感覚のときもあれば、「ん？」という微かな感覚のときもあるでしょう。また、それは視覚的なイメージとして脳裏をよぎることもあれば、言語や身体感覚で感じることもあるかもしれません。なんであれ、その人の中で「新しいもの」として体験されることはすべて創造的なインスピレーションといえます。

もしそうであれば、いかに日常生活でインスピレーションが湧きやすい状態をつくるかがポイントになります。アイデア発想法に関する方法論や知恵は山のようにありますが、どの方法も既存の思考の枠を超えることを目指しています。なぜなら、思考の枠の中で生まれた考えには、真新しさがないからです。思考の枠に留まっているかどうかは、「過去に何度も登場したお決まりの答え」か「自分が考えつきそうなことか」といった観点で検証することで判断できます。

インスピレーションはまさに、その思考の枠の外側から湧いてくることによって、真新しさ、すなわち無から有を生み出すための創造の種を運んできてくれます。そう考えると、思考の枠の外側からインスピレーションを得られる秘訣を知ることができれば、創造に近づくことができそうです。

その秘訣の1つが「問い」です。

「質問」と「問い」の違いを厳密に定義することは難しいですが、ここでは便宜的に次のように区分します。

質問……自分自身の過去の情報・知識や経験に基づく知恵や知見により、回答が可能／不可能を判別できる疑問

問い……自分の既存の枠組みでは即答できず、記憶や想いを深くたどったり、自分自身のさまざまな観点を検証したりしながら、自分なりの洞察を得ようとする働きが生まれる疑問

たとえば、

「昨日の朝ごはんは何を食べた？」

「今のホンジュラスの大統領は誰か？」

と尋ねるのは、覚えているかどうか、知っているかいないかを尋ねていることになるため、「質問」になります。

また、

「あなたが今後、手掛けたいことはなんですか？」

と尋ねられたとき、過去に繰り返し考えてきて即答できるようなら、これも「質問」になります。

それに対して、

「あなたが死を迎えるそのときまで、〈これだけは心に刻んでおきたい〉と思うことは何か？」

「１００年後の未来から見て、我々の会社に突きつけられていることがあるとしたらそれは何か？」

「私たちが抱えているすべての問題を３つに集約して表現するとしたら、どんな表現になるか？」

といった、即答ができず、自分の内側に意識が向けられ、思わず沈思黙考してしまうようなものが「問い」です。

お気づきかもしれませんが、「質問」と「問い」の境界線は極めて曖昧です。「あなたが今後、手掛けたいことはなんですか？」でも、沈思黙考して深く自分に尋ね、これまでとは異なる答えが生み出せるのだとしたら「問い」になりますし、「あなたが死を迎えるそのときまで、〈これだけは心に刻んでおきたい〉と思うことは何か？」に対しても、即答できるのであれば「質問」となります。従って、疑問文の内容だけで「質問」か「問い」かが決まるとは限らず、それが生まれた文脈や、疑問を投げかけられた側の受け取り方によって「質問」なのか「問い」なのかが決まります。

そして、「問い」は私たちの関心に方向を与えていきます。その答えを得るまでに、数日から数か月、あるいは数年から数十年かかることがあるかもしれませんが、その「問い」が深く刺さるものであればあるほど、心の奥底に刻まれ、その答えが自分なりに得られるまで、意識的、無意識的に関心が向けられ続けていくことになります。

つまり、「問い」とは自分が思いもよらなかった深い部分に目を向け、考えさせてくれるものなので、まさに思考の枠の外側からインスピレーションを喚起する可能性が高いのです。

まとめると、段階1の「問いによる意識の方向づけ」とは、「心の羅針盤と本質的な課題に関する〈問い〉を自分の中で根づかせていく営み」といえるでしょう。本書でもさまざまな視点から問いとして活用できそうなものを随所に記載しているので、ぜひ参考にしてみてください。

段階2　リソースの解放と具現化

段階1で向き合う問いが「本当に大切にしていること」に近いほど、その問いの答えを得て具現化しようとするエネルギーが高まります。

高校野球の選手は、「甲子園に出たい！」と夢を抱き、強く願うからこそ、少しでも上達するために厳しい練習に耐え抜く力を引き出していきます。また、我が子の難病を治すためなら、自分の人生を懸けてでも治療するためにあらゆる手を尽くそうとする親もいるでしょう。

「本当に大切にしていること」が、心の羅針盤として強く響き、本質的な課題を貫くものであるほど、行動の「質」も「量」も上げていこうとします。

このように、問いと向き合うことで自分自身の内側から高い質と量のエネルギーや行動が引き出される状態を、「リソースの解放」と呼んでいます。うまくリソースを解放できていない状態のときは、そもそもの問いが適切でなく「問題処理」に留まっているため、リソースの無駄遣いになってしまう可能性があります。そのときは段階１に戻ってじっくり問いと向き合うとよいでしょう。

そして、その解放されたリソースを頼りに、適切な結果が出るまで試行錯誤を続けていくことでさまざまなアウトプットが具現化されていきます。

これは、一時的な気分の盛り上がりに依存するような「勢い任せ」の行動とは一線を画しています。「本当に大切にしていることを存在させようとする」からこそ、高いエネルギーが湧き上がるだけでなく、冷静に情勢を判断して適切に軌道修正しようとする動きが生まれます。こうした粘り強さが段階１の問いによって迎え入れたインスピレーションに適切な形を与えていきます。

段階３　人の力の結集と持続的な推進力の解放

段階１～２は、主に個人の内面で起こるプロセスであるため、１人で実現できる創造活動であればそれだけでも十分に機能します。しかし、そもそも1人でできることには限界があります。「早く行きたければひとりで進め、遠くに行きたければみんなで進め」というアフリカの諺の通り、より大きな創造のためには複数の人の力が必要です。たとえもともと誰か1人の中で生まれたアイデアやリソースであっても、それを集団の力として育てていく必要があるのです。

マーチン・ルーサー・キング・ジュニア牧師の「私には夢がある」の演説は、人々の力を大規模に結集させた好例でしょう。彼は黒人の人権が認められていなかった時代において、「白人にやり返してやろうぜ！」と煽るのではなく、「共生する社会」を夢として語りました。黒人の子どもと白人の子どもが一緒に食卓を囲んでいる光景といった彼のビジョンは、「心の羅針盤」としても「本質的な課題」としても申し分のない力を持ち、人々の心を動かし、力を結集させました。

そして、存在させようとしている「本当に大切にしていること」が、本物であればあるほど、それを発した人の限界を超えることもあります。キング牧師のビジョンは、彼が死してもなお、後の人々に継承されていき、社会を変える創造的な活動を可能にしています。

複数の人が協働しようとするとき、いくつもの壁が立ちはだかります。そもそも他者を巻き込めるのか、みんなの意欲を高く保てるのか、困難にぶち当たったとしてもそれを乗り越えるだけの知恵と力を引き出せるのか、といったことです。しかしこれも結局のところ、「集団としてインスピレーションを得て、行動の質と量を高め続けていけるのか」という問題なのです。

「本当に大切なこと」が「心の羅針盤」としてしっかりと人の心を打つものであればあるほど、共感・

共鳴を起こし、行動を引き出すことができます。また、「本質的な課題」を貫いているものであればあるほど、議論の前提が強固なものとなり、話し合いを積み重ねながら結論を導き出しやすくなります。つまり、心に響き、頭の理解が進むことで、共創を可能にしていくのです。

また、その取り組みが長期化したり、規模が拡大したりしていくにつれて、「本当に大切にしていることを存在させようとする」営みが欠かせなくなります。少人数で始めた頃は、阿吽（あうん）の呼吸で物事を進められますが、長期化と規模の拡大によって、「本当に大切にしていること」の認識がずれたり、議論や行動が脱線したりすることは珍しくありません。

場合によっては、対立が生まれて誰かが犠牲にならざるを得ない、という状況に陥ることもあります。そうした困難な事態に陥ったときに、そもそもの原点に立ち戻るうえで旗印となるのが「本当に大切にしていること」です。「本当に大切にしていることを存在させようとする」ことが集団の行動と質と量の向上を下支えする、すなわち創造性の土台となるのです。

段階４　自己刷新への足掛かり

インスピレーションに形を与え、それを拡大していくだけであれば、段階1～3で十分機能します。しかし、外部環境が激変するVUCAワールドにおいては、常に計画の変更を余儀なくされるだけでなく、事業内容を大きく変えるか撤退するかを判断をする必要に迫られることもあります。

まさにコロナ禍では飲食業界全体が大打撃を受けましたが、大企業も例外ではありませんでした。

「和民」などの居酒屋チェーンを展開していたワタミは、多くの店舗を焼肉店に変えました。想定外の影響と振れ幅の大きさが、大手企業に生死をかけるほどの業態転換を短期間に強いたのです。交通事故のような一時的な衝撃に終わるのではなく、地殻変動的変化が急激に生じるのだとしたら、目先の問題に翻弄されて、場当たり的な対応をしていると即座に致命傷を負いかねません。

「どうすればこの状況を乗り切れるか?」ではなく、「今、自分たちに本質的に問われていることは何か?」という問いと向き合わなければ、場当たり的な対応に終始してしまうことになるのです。

人は状況が悪くなると気分も下がり、気力を奪われがちになります。状況が悪化するほど、各自の状況の捉え方や思惑に違いが生じ、コミュニケーションが成立しづらくなり、場合によっては離脱するメンバーも出てきます。「見ている方向がバラバラだ」「ギスギスしている」「お互いにいがみ合っている」「裏で悪口を言い合っている」などは典型的な症状といえるでしょう。まるで自分たちが遠心分離機にかけられているかのように、バラバラになっていくのです。

そんなときに、「心の羅針盤」と「本質的な課題」が軸になることで、「今、自分たちは何をしようとしているのか」という認識を共有しやすくなります。それが結果的に、遠心分離機の力に負けないくらいの結束を生み出すのです。

心の羅針盤、つまり企業における理念やビジョンは、安定している状況ではコロコロ変わるものではないですが、変化の激しい時代には見直さざるを得ない場合もあるでしょう。

それは存在意義そのものの見直しであり、より社会に貢献しようとするからこそ、自らの立ち位置を変えることに意味が生じます。たとえば、ある会社が「顧客に極上のひとときを提供する」という理念を掲げていたとしましょう。しかし、台風被害などによる自然災害が増え、ダメージを受けた地域社会や顧客がもはやそれを求める余裕をなくしているのだとしたら、独りよがりなものになってしまいます。

そんなときに、改めて社会環境における自分たちの存在意義を問い直して、「地域の人々に安心と安全をお届けする」といった理念に変えることになるかもしれません。

このように、「自分たちにとって本当に大切にしていることは何か？」と問うことで、「心の羅針盤」と「本質的な課題」が見直され、自己を刷新することが可能になっていくのです。

そうすると、結果的にそれが新たな問いを生み、また段階1から創造のサイクルが始まるでしょう。生物は自己刷新しながら進化していくと考えると、激しい変化が生じている状況においても、「本当に大切にしていることを存在させようとする」取り組みによって変化に適応しながら前進していくことができるといえるでしょう。

本章のポイント

● 非秩序系のVUCAワールドでは、「目に見えない領域」を扱うことが余儀なくされる。ビジョンプロセシングは目に見えない領域を適切に取り扱い、自分自身に矢印を向けられるようになるための道標となることを目指している

● ピーター・センゲの「創造と問題処理の違い」で示された「〈本当に大切にしていること〉を存在させようとする」がビジョンプロセシングの原理である

● 「〈望んでいないこと〉を取り除こうとする」ことが問題処理に留まる理由は、問題解決の的を外し、副作用を増加させるのに加え、モチベーション維持や協力依頼に限界を生じさせることにある

● 「〈本当に大切にしていること〉を存在させようとする」ことにより、行動の質と量を継続的に高めることになり、創造につながる

● 「本当に大切にしていること」は「心の羅針盤」と「本質的な課題」で構成される

Column 3

パーパス経営に欠かせない着眼点とは？

「パーパス経営」という用語が近年注目されるようになりました。2010年代以降、ネスレを始めとして提唱する企業が増え、日本でも関連書籍が多数出版されるようになりました。

一方で、企業理念や、ミッション・ビジョン・バリュー・ミッションステートメントのような言葉はこれまでも存在していました。他にも「ウェイ活動」「クレド」「カルチャー（企業文化）」「社是」「風土」「行動規範」「ブランド」といった関連概念も数多く存在しています。しかし、中には形骸化しているのも多く、「パーパス」も一時的な流行やいわゆるバズワードのように捉えられることもあります。

「パーパスとは何か？」「パーパスをどのように策定し、社内に展開すればよいのか？」といった内容面の議論については他の書籍に譲るとして、本コラムでは「パーパスについて考えるうえで、何を本質的な着眼点とすべきなのか？」について考えていきます。

パーパスは一般的に「その組織の存在目的（存在意義）」と定義されています。当然ながらこれまでも、どんな組織であっても何かしらの目的は存在していたはずです。そのため「これまでの理念やミッションといったい何が違うのか？」と疑問に思う方もいるでしょう。

そうした疑問を解消するうえで本コラムで提示したい着眼点とは、「〈パーパス〉という特殊用語によって、これまでの用語との差別化を図らざるを得なくなった背景は何か？」です。その背景にはいくつかありますが、中でも大きいのが「気候変動を始めとした社会課題の増大」です。社会課題の増大に伴って、「利己的な目的・目標を掲げて、環境破壊、人権侵害などに加担するような企業や組織は支持しない」という意識のもと、市民の目はますます厳しくなっています。

つまりパーパスには、「利他的な性質を含んでいるかどうか」が問われているのです。もちろんこれまでの「理念」「ミッション」もそうした意味で捉えられてきましたが、パーパスに求められる利他性のレベルが格段に上がってきているという意識が必要です。

たとえば、ある老舗の食品メーカーが「一生の思い出になるような〈おいしい！〉の瞬間をお手頃価格でお届けします」という理念を掲げていたとします。実際にその会社が最高の味を生み出し、徹底的にコストを削減して価格を抑えることで高い顧客満足度を得ているとしたら、理念と一貫した結果を残しているといえるでしょう。

しかし、コスト削減のために、海外に工場を乱立してCO_2を大量に撒き散らし、原材料の生産者に対して厳しい値下げを要求した結果、児童労働の蔓延、農薬や化学肥料の過剰散布による土壌の貧栄養化などが起こっているとしたらどうでしょうか。これは、私たちの未来や誰かを犠牲にしながら、現在の「おいしい！」を実現していることになり、たとえるなら「あちこちから多額の借金を抱えながら、豪遊しまくっている」ようなものです。

従って、「誰に対して、何をもって利他であるといえるのか？」を厳しく問い直すことが求められているのです。もちろん、あらゆるパーパスがこうした環境問題や人権問題に焦点を当てたものばかりではなく、自社の文化の特性を表現しているものもあります。とはいえ、『パーパス』という特殊用語によって、これまでの用語との差別化を図らざるを得なくなった背景は何か？」を考える際に、この価値観の変化を見逃すことはできないでしょう。つまり、「どんなパーパスか」だけでなく、「その組織の活動が本当にパーパスに沿っており、かつ社会課題の解決に役立っているのか」も見られるようになっているのです。

会社は存続するだけで、雇用を生み、納税しているという価値を提供しています。一方で、いたずらな事業拡大は取り返しのつかない影響を地球環境に及ぼす可能性が高いでしょう。タイム誌の表紙を飾り「経営の神様」のように扱われていた成功者が、数十年後には「環境汚染の戦犯」として烙印(らくいん)を押される日が来てもおかしくはありません。「誰かや地球環境を犠牲にしてでも、自社が存在するだけの価値はいったいどこにあるのだろうか？」

こうした厳しい問いを自らに投げかけ、徹底的に向き合い、それをど真ん中に据えた経営ができるのか？　それがパーパス経営における欠かせない着眼点であり、これからの時代における「本当に大切にしていることを存在させようとする」プロセスの根幹であるといえるでしょう。

V I S I O N
P R O C E S S I N G

CHAPTER 4

本当に大切なことⅠ
心の羅針盤

心の羅針盤の確立の鍵を握る「やりたいサイクル」と「やらねばサイクル」

前章では、ピーター・センゲの「創造＝〈本当に大切にしていること〉を存在させようとする」という言葉をご紹介し、そこから導き出された「心の羅針盤」と「本質的な課題」がビジョンプロセシングの核となる原理であると述べました。本章では「心の羅針盤」を自らの土台としていくために大切な観点と、その探究方法について考えていきます。

そもそも、なぜ「心の羅針盤」が必要なのでしょうか？　それがあることで、私たちの行動にどんな影響があるのでしょうか？

そのメカニズムを「やりたいサイクル」と「やらねばサイクル」で説明していきます。

「好きこそものの上手なれ」や「この仕事は〈やらされている感覚〉ばかりで意欲が湧かない」と表現されるように、私たちは「やりたいか、やりたくないか」がモチベーションに影響を与えることを感覚的に知っています。そのサイクルを表したのが**図４-１**です。

一見当たり前のことのように見えますが、ここで着目したいのは、**「やりたいサイクルとやらねばサイクルがどんなメカニズムで回っていくのか」、そして「それがどんなふうに周囲に影響を及ぼし、創造や崩壊のメカニズムを引き起こしていくのか」**という点です。

パフォーマンスと学習効果を高める「やりたいサイクル」

「やりたいサイクル」の出発点となるのは、図の上にある「純粋な目的」です。心の羅針盤はまさに純粋な目的の１つといえます。これがモチベーションの源泉となることで、「もっとやりたい！」という思いが生まれて行動につながり（達成意欲による行動）、「できた！」と実感し（前進と達成感）、「私（たち）はもっとやれる！」と自信をつけていきます（自己肯定・効力感）。その結果、自身の「純粋な目的」をもっと推進しようというエネルギーが高まり、さらにやりたいサイクルが回っていくのです。

そして、このサイクルが回れば回るほど達成感や自信を深めていくので、失敗に対する耐性が強くなり、どんな結果でもそれは「学ぶ機会」であると捉えられるようになっていきます。学習によって意識や能力の成長が進むので、まさに「好きこそものの上手なれ」の状態となっていくのです。

図4-1　やりたいサイクルとやらねばサイクル

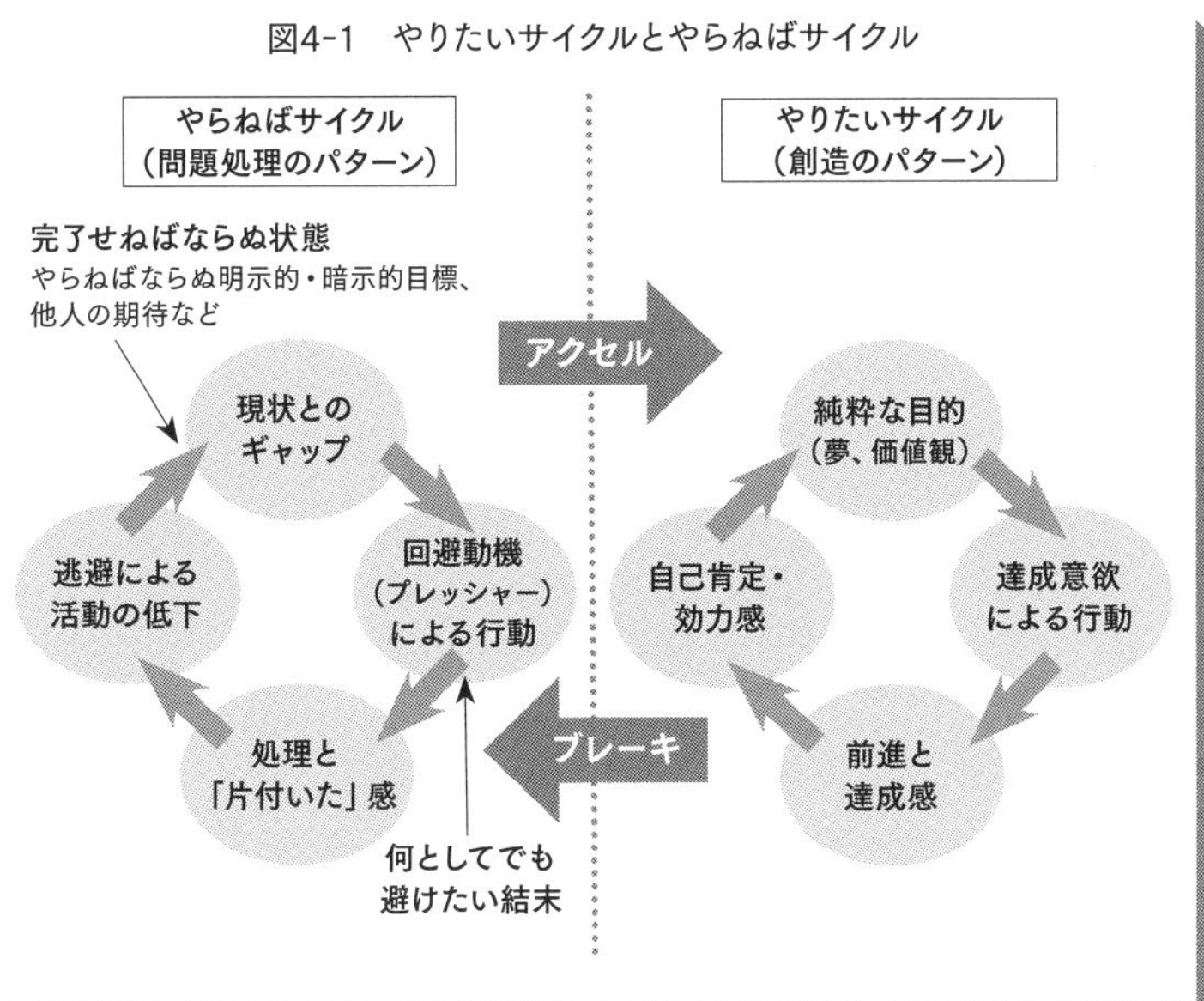

無自覚な恐れによって駆動する「やらねばサイクル」

それに対して「やらねばサイクル」は、より複雑なメカニズムで回っています。

このサイクルが発動するのは、「完了せねばならぬ状態」に対して「現状とのギャップ」が大きくなったときです。なぜなら、「現状とのギャップ」が大きくなるにつれて「自分がもしそのギャップを放置したままだと〈何としてでも避けたい結末〉に遭遇してしまう」、つまり「このままだとまずいことが起きる」という懸念や恐れにいつの間にか駆られてしまうからです。この懸念や恐れを自分自身が抱いていることに対して、ほとんどの場合、本人は気づいていません。自覚を伴わないまま、振り回されてしまうのです。

その結果、「回避動機（プレッシャー）による行動」が生じます。この行動は何らかの成果を生む可能性はありますが、たいていは単に問題処理に終始するので、「やっと終わった……」という徒労感だけが残ります。そして、疲れやストレスを避けるために無理をしないようになるので、「逃避による活動の低下」が起こっていきます。

活動の低下は、すなわち状況の放置を意味します。そのため「完了せねばならぬ状態」が根絶されない限り、いずれ「現状とのギャップ」は大きくなり、また重い腰を上げて行動するというサイクルへとはまっていきます。

見逃せないのは、「完了せねばならぬ状態」が根絶しない原因には、大きく2つのタイプがあるということです。1つは「部屋がきれいに片付いた状態」「経費精算が無事に終わった状態」「上司からの依頼／期待に応えられた状態」「適正体重を維持する」など、一度完結したとしても、繰り返し発生するタイプです。このタイプの「完了せねばならぬ状態」は、その状況に身を置いている限り、ものによっては生きている限り発生するものです。従って、放置しておけば必ず、「現状とのギャップ」が生じます。

もう1つのタイプは、根絶される可能性を秘めているにもかかわらず、的を外し続けてしまうが故に、「完了せねばならぬ状態」がいつまで経っても終わらない、もしくは一見完了したように見えても、根本解決に至っていないので、「完了せねばならぬ状態」が別の形で表れてしまうものです。これは「面倒なことからいち早く解放されたい」という回避動機によって突き動かされている、すなわち「望んでいないものを取り除こうとする」という問題処理の姿勢に陥ってしまうために、根本解決に向けた創意工夫がなされず、対症療法に終始することを意味します。

わかりやすい例で言えば、部下が期待通りのパフォーマンスを出さないというギャップを認識しても、本人への指導や育成は手間がかかる上に、その部下の業績未達の分を上司としてカバーし続けるのは重荷に見えてしまい、それらの手間や重荷から逃れるように異動や退職を促すといった「厄介払い」をすることがあります。そうしたやり方は一時的な安心感は得られるかもしれませんが、結局のところ、「上司としてのマネジメント能力を高める」という本質的な課題に取り組んでいないことになります。そのため、次の部下でも期待通りのパフォーマンスが出せなくなる、あるいはパフォーマンスが高い部下にようやく出会えたとしても、上司としての自分に魅力を感じてもらえず、むしろ相手が異動や退職という手段をとって自分の元から去ってしまうこともあるでしょう。結局のところ、「部下が期待通りのパフォーマンスを出せている」という「完了せねばならぬ状態」には、いつまで経っても至れないことになります。

やらねばサイクルの厄介な点は、**「完了せねばならぬ状態」が発生することはある程度は避けられないにもかかわらず、意欲が高まらないために学習が進まない**ことです。それだけでなく、完了に向けて取り組むことに気が進まず、腰が引ける、受け身の姿勢になるといった形で、**先送りを繰り返したり、プレッシャーに苛まれながら過剰なストレスを抱えて燃え尽きたりする、という問題も引き起こしてしまう可能性が高い**ことです。

組織への影響

ここまでは、やりたいサイクルとやらねばサイクルの個人への影響について語ってきました。しかしこれは組織にも影響を及ぼします。やりたいサイクルで活動をしている人は、生き生きとしているので周りにもいい影響を与えるようになります。近くにいる人は「この人と一緒に働きたい」「私も自分のやりたいこと（純粋な目的）を中心に据えて活動したい」と思えるようになります。つまり、誰もが「本当に大切にしていることを存在させようとする」組織になっていくのです。

それに対して、やらねばサイクルで活動をしている人は、いくら個人としてのパフォーマンスが高くても、慢性的にストレスにさらされ続けています。それでも平常心でいられる人であれば、特段問題にはならないでしょう。しかしそうでない人は、過剰なストレスを慢性的に抱えていればいるほど心に余裕をなくし、それが表情や雰囲気、態度に表れるようになります。そうした人は、周りから見ると「近寄るなオーラ」が出ているように見えてしまい、「あの人は忙しそうだし、自分なんかがおいそれと関わらないほうがいいんじゃないか……」と余計な気を遣わせることになります。それだけでなく、貧乏ゆすりをする、舌打ちをする、声を荒らげるなど、苛立ちが態度に出てしまうと、周りを委縮、警戒させることになります。これが行きすぎてしまった結果、パワハラとして通報されてしまうことも少なくありません。

人によっては、燃えつきた結果、あらゆることへの意欲を失ってしまうこともあります。それを見ている周りの人たちは、「あの人のやる気のない態度に嫌気がさす」「自分だけ頑張っていることが馬鹿馬鹿しくなる」「その環境にいると自分がダメになる気がする」のような感覚を抱くようになり、「こんな職場からは一刻も早く脱出したい」と思う人も出るかもしれません。

本人にとっては、「やらねばならぬ」というプレッシャーから解放されるためにも、１人で抱え込まずに周りの協力を得られる状態にできたほうがよいにもかかわらず、周りを遠慮、警戒、委縮、反発、離脱させてしまい、より孤立して１人でやらなければならない状態に自らを追い込んでしまうのです。

このようにやらねばサイクルは、状況が厳しければ厳しいほど、孤立を深めさせ、周りとの関係性にまで影響を及ぼすため、本人はよりやらねばサイクルで対処せざるを得ない状況が強化されてしまいます。それだけでなく周りの人にとっては、負のオーラを出している人と一緒に働かざるを得ない状態自体がやらねばサイクルとなってしまいます。まさに、ミイラ取りがミイラになるがごとく、やらねばサイクルはどんどん感染していくのです。

やらねばサイクルが蔓延しているチームや組織では、「本当に大切にしていることを存在させようとする」ことからどんどんと離れていき、やりたいサイクルが一向に回らず、行きすぎれば手の施しようがなくなっていくことは容易に想像がつくのではないでしょうか？

従って、非秩序系のVUCAワールドにおいては、個人であっても組織であっても、心の羅針盤（純粋な目的）を中心に据えてやりたいサイクルで活動できているかどうかが、ますます問われることになるのです。

ちなみに、わかりやすさを重視して2つのサイクルを対比させて説明していますが、実際には完全に切り離されているわけではなく、混ざり合って展開することも多々あります。「産みの苦しみ」という言葉がある通り、その活動の大枠はやりたいサイクルであっても、個別の作業がやらねばサイクルになることもあります。また、逆に生活のためにお金を稼がないといけない状況にあって、大枠の活動はやらねばサイクルであっても、日々の一部の仕事は非常に意義を感じられるやりたいサイクルになっていることもあります。

つまり重要なのは、「どのようにやりたいサイクルの割合を増やしていくか」なのです。

やらねばサイクルに陥らせる「役割の自己」と「闘争・逃走反応」という特性

ではなぜ、私たちはやらねばサイクルに囚われてしまうのでしょうか？

このことは、人間として成長する際に社会と馴染んでいく過程で身につけた特性と深く関わっている、と私は考えています。その特性とは「役割の自己」と「闘争・逃走反応」です。

私たちは１人の個人でいる以上に、ある状況下において、何かの立場や役割の視点で考え、行動しています。そして、たいていはそれに対して無自覚です。「経営者」や「管理職」などの役割はまだわかりやすいケースですが、道端に出れば「通行人」になり、自動車を運転すれば「運転手」になります。あるいは家族の中では「親／子／妻／夫」といった役割をそれぞれ担っているでしょう。

生後間もない赤ちゃんが役割に染まり切ることはありません。なぜなら、自分が置かれている立場・役割を認識するような認知能力が存在していないためです。赤ちゃんが「自分は赤ん坊なんだから、今はちゃんと泣いておいたほうがいいな」と考えることはないでしょう。

私たちは幼少期から思春期までのあいだに、社会に適合していく、つまり「社会化」していきますが、その発達過程の中で、状況に応じて「役割」と「自分」を同一視する考え方をとるようになるといわれています（これは複雑なメカニズムのため、過度な一般化には問題がありますが、ここでは多くの人に自然に備わった特性であることを説明するためにあえて簡略化しています）。

私たち人間は社会的な動物であるため、生存戦略として他者と協力しようとします。逆にいえば、社会から完全に孤立してしまうと死ぬ危険にさらされるため、「周りから受け入れられる術」を学ぶようになっています。そうしていつの間にか、「社会の中で求められる役割をきちんとこなさなければ、周りの反感を買って群れから追い出されてしまう。そうならないためにも、求められていることに応えなくてはならない」と思い込むようになるのです。

つまり、人が社会性を帯びて「役割の自己」を獲得していくのは生存戦略の結果であり、人間の自然な特性なのです。生物としての進化の過程の中で、将来を予測できる思考力を持ち、道具と言葉を使って共同生活によって生き残ることを選んだホモサピエンスは、何歳になっても赤ん坊のように自己中心的に行動する人たちばかりにならないように構築されていったということなのでしょう。

しかし、いくら生き残るために必要であったとしても、「私は周りに合わせることが生きがいです」という人は、あまりいないのではないでしょうか。「ありのままの自分を受け入れて、自分らしく生きよう」とは最近よく聞く言葉ですが、これは役割の自己に合わせて生きていくことの窮屈さから逃れたいという風潮のようにも感じられます。

役割の自己ではない、唯一無二のその人自身を私は「本来の自己」と位置づけています。これはもともと英語の「authentic self」の訳です。原語にはさまざまな定義がありますが、本書では「心の羅針盤」と関連づけた独自の意味として捉えています。

先述した通り、私たちは「経営者」「管理職」「通行人」「親／子／妻／夫」といった形で場面に応じてその役割を変えています。場合によってはそのことを自覚しないまま、その役割の人が考えそうなことや悲喜こもごもの感情を味わっているのです。「経営者の孤独」「中間管理職の悲哀」「ママ友同士の夫の悪口」などは、単なる「あるある話」に終わらないくらい、ほとんどの人が判を押したように似たような思考や感情を抱き、似たような振る舞いをします。改めて考えてみると、これはとても不思議な現象です。人間は誰もが個性を持ち、唯一無二の存在であるにもかかわらず、なぜかその役割にはまり込むと同じ思考や行動をなぞってしまうのです。

そのように考えてみると、役割がもたらす思考や感情、振る舞い以外のものとはいったい何でしょうか。その領域にあるものを私は本来の自己と呼んでいます。

丁寧に自分自身の内面を見つめれば見つめるほど、ほとんどが役割の自己としてしか振る舞っていないことに気づきます。それほど役割の支配力は強いのです。それらをすべて取り払ったところにあるものが本来の自己であり、本当のその人らしさが表現されている状態になります。そうした本来の自己を生きられるようになると、人は自分の軸を保つことができるようになります。ここでいう自分の軸とは、強い信念やこだわりといったものというより、柳の枝が風に吹かれるとそれに合わせてしなっていくものの、風がやめば元の状態に戻れるという「強さ」と「しなやかさ」を兼ね備えたものを指しています。

つまり、**他者の評価や環境の変化に抗うわけでもなく、だからといって迎合するわけでもないという、周囲に寄り添いながら自分自身を生きることができる状態**となります。そうした「強くてしなやかな軸」があるからこそ、難しい状況であったとしても現実から目を背けず、自分を見失うこともないため、突破口を見つけ出す確率が上がりやすくなる、と私は考えています。

肩の力が抜けて、自然体でいられることの大切さは頭ではわかるものの、その状態に到達することはなかなかできません。１人の柔道家として武道を極めることを目指しながらも、オリンピック出場選手として金メダルを獲得することを期待されているという「選手」としての役割も担っている場合、金メダルを獲れるか獲れないかに一切囚われない境地に達するまでには長い修業が必要なことは、想像に難くないでしょう。そのくらい私たちは役割の自己にはまり込みやすいのです。

そして、役割の自己にはまり込んでいればいるほど、やらねばサイクルに陥りやすくなります。なぜなら、役割の自己になった途端に、役割の自己が果たそうとする目標、すなわち完了せねばならぬ状態を目指してしまうからです。本来の自己が心の底から望んでいることとは関係なく、役割の自己として目標に向き合わざるを得なくなる。そうしたメカニズムがやらねばサイクルを常態化させてしまいます。経営者であれば会社の成長と存続を図ろうとし、管理職であれば自分の部署の業績を高めようとする、といった具合です。もちろん、職務放棄という形で目標から逸脱することもありますが、それも完了せねばならぬ状態に縛られているからこその逃避であると考えられるでしょう。

このように、役割の自己になるだけで、完了せねばならぬ状態に縛られてしまいますが、それ以外にもやらねばサイクルの呪縛が働くメカニズムがあります。それが闘争／逃走反応です。

生存のメカニズムとしての闘争／逃走反応

私たち人間は生物としてのさまざまな機能を持ち合わせていますが、それらは生命の維持、すなわち、死を遠ざけて生き残れるように構築されています。

これらの構造について近年では、脳科学、精神生理学などの分野で詳しく研究されるようになりました。とりわけ、脳や身体に影響を与える自律神経に関する研究は飛躍を遂げています。ノースカロライナ大学精神医学教授のスティーヴン・ポージェスが1994年に提唱した「ポリベーガル理論」では、私たちは命に関わる脅威にさらされると、「闘争／逃走反応」か「凍りつき反応」のどちらかをとることを説明しています。これらの自律神経は、特に捕食動物から身を守るために発達したものです。

闘争／逃走反応は、交感神経が活性化することで、脅威となっている対象や状況を変えようと働きかける（闘争）か、それを避けようとする（逃走）というものです。一方の凍りつき反応は、副交感神経の一部を構成している背側迷走神経（はいそくめいそう）の活性化により起こるものです。捕食動物からの攻撃に対して闘うことも逃げることもできなくなったときにその神経が活性化し、死んだふりをすることで相手に油断を与え、脅威が過ぎ去るのを待つといった防衛行動をとるのです。

興味深いのは、私たち人間は、今でもこうした交感神経、背側迷走神経に影響を受けているということです。現代社会において捕食動物に襲われる危険はほとんどないにもかかわらず、脅威を感じていったんスイッチが入ってしまうと、生存システムに乗っ取られてしまうのです。

凍りつき反応は自分の対処能力をはるかに凌駕した事態に陥ったときに発生するのに対し、闘争／逃走反応は日常生活の中で頻繁に発生し、やらねばサイクルの回避動機を生み出しているのです。

すでに述べたように私たちは、「完了せねばならぬ状態を放置すると大変なことになる。最悪の結末になるに違いない」という心の奥底にある懸念や恐れにいつの間にか振り回されてしまっていますが、これはいわば自分自身を脅している状態です。この「大変なこと」が現実になる場合もありますが、ほとんどはその危険性を過剰に見積もっており、ときには妄想レベルにまで発展することもあります。

このような、過剰に深刻に思い描いている将来イメージを、私は「シリアスビジョン」と呼んでいます。私たちはシリアスビジョンに対して無自覚なだけでなく、それを掘り起こしたとしても、あまりにも極端すぎて周りからは荒唐無稽なものに見えることもあります。

本人もそのシリアスビジョンは「普通に考えたらありえないことだ」と頭ではわかっている一方で、自分の中には強固たるイメージが根付いており、その未来を避けたいという抵抗感があることにはっきりと気づいています。

「やりたいことをやればいい」のは本当か？

ここまで役割の自己と闘争／逃走反応がやらねばサイクルに影響を与えるメカニズムを説明してきましたが、「そんなに難しく考えなくても、シンプルに本来の自分を出してやりたいサイクルを回せばいいのでは？」という声が聞こえてきそうですが、ことはそう単純ではありません。

今では仕事でも人生でも「できるなら、自分のやりたいことをやったほうがいい」という意見を述べる人が増えているように思います。特に2000年代以降に社会人になったミレニアム世代ではその傾向が強いようです。以前、あるゲームメーカーの人事担当者から興味深い話を伺いました。入社2年目の社員から「なんで、仕事でやりたくないことをやらないといけないのかわかりません」と正面切って言われて、うまく反論できなかったというのです。

一方で、「みんながやりたいことだけやっていても、会社は回らない。そういう甘えを助長するように煽るのは社会的にどうかと思う」と考える人もいるでしょう。「仕事だからこそ、やりたいことをやるべきだ」という意見と「仕事なんだから、やりたくなくてもやるべきことがある」という意見はどちらも一理あるため、簡単に決着をつけられないのです。

私自身、この論点について長年にわたって思考し、さまざまな意見の方と議論を重ねてきましたが、結局のところたどりついたのは、「仕事だからこそ、やりたいことをやるべきだ。ただし、それには条件がある」という結論です。

私はこれからの時代においては「やりたいことをやるために、さまざまな物事をやらざるを得ない」と考えています。これは仕事だけでなく、プライベートの領域においても同様です。

「やりたいことをやろう」という言葉が時に未熟に聞こえてしまうのは、「好きなことだけをやって、それ以外のことはやらなくていい」、もしくは「趣味のようにやりたい程度にやればいい」と聞こえてしまうからです。実際に、先ほど述べた人事担当者が若手に反論したい気持ちになったのは、そうした「甘さ」が相手に透けて見えてしまったからではないかと思います。

これについて、キャリア研修でよく使われる「Will－Can－Shouldモデル」を使って説明しましょう（図4-2）。「したいこと（Will）」「できること（Can）」「すべきこと（Should）」の3つの円の重なりが大きい仕事についたほうが、充実感をもって成果を上げられるといわれています。

「やりたいことだけをやる」という状態は、「Will」と「Can」が大きく重なった状態といえます。現代ではテクノロジーの進化によって、趣味を実益に変えられるようになっています。実際、ゲームなど自分が好きで得意なことを動画で配信して収益を得るユーチューバーは世界中で増えています。

しかし、非秩序系のVUCAワールドでは、「やりたいことを実益につなげる活動」であっても、本質的にはこれまで述べてきたような既存の職業と同じリスクを抱えています。

たとえば、以下のような課題が次々と降りかかってくるからです。

- 続々と新しいユーチューバーが生まれて非常に激しい競争環境にさらされる
- ティックトック（TikTok）のような新しく登場するプラットフォームに、すばやく適応する必要がある
- 秒単位で変化するユーザーの嗜好やブームに振り回される
- AIによってより面白いコンテンツが簡単に生み出される

図4-2　Will-Can-Shouldモデル

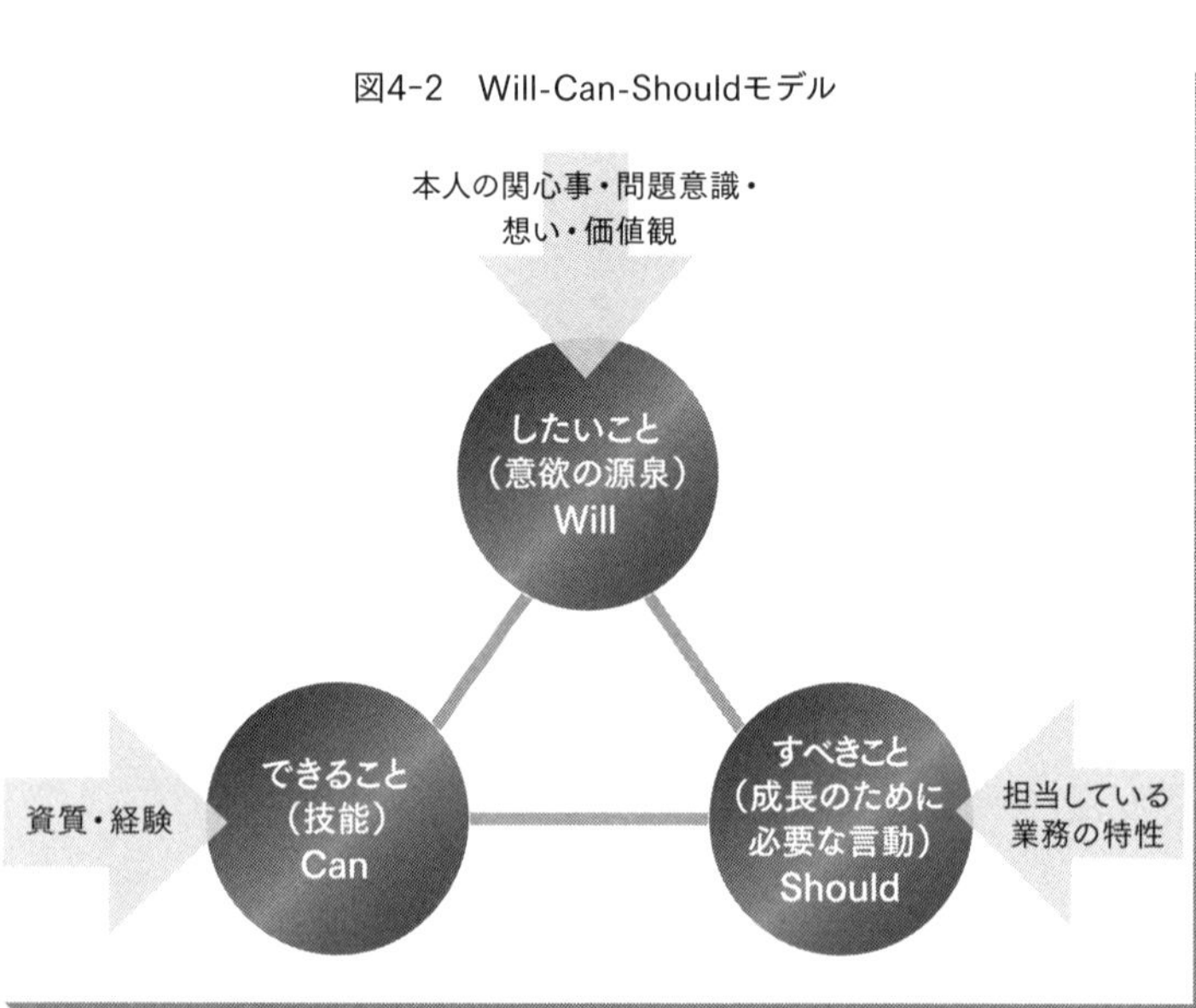

ようになると、自分の独自性がなくなってしまう

特に、ＡＩ、ロボットソーシングなどによる職業消失は深刻な現実を突きつけています。

２０１３年に発表された、イギリスのオックスフォード大学のマイケル・Ａ・オズボーンとカール・ベネディクト・フレイによる研究が話題になりました。彼らは、10～20年以内には、アメリカの労働人口の47％が就く職業が機械に代替可能になるという試算を出したのです（図４-３）。日本においても野村総合研究所が、オズボーンおよびフレイとの共同研究を行い、日本の労働人口の約49％が就いている職業が機械に代替可能になるという試算結果を発表しました。もちろん、この研究結果の妥当性に対してさまざまな議論が展開されており、別の試算結果も出ています。

予測の精度に対しては検証の余地はありながらも、既存の職業が消失する可能性があることは否めないでしょう。

図4-3　機械化される可能性の高い職業（上位20位）

1　テレマーケター
2　不動産の権原審査係
3　裁縫師
4　数学技術者
5　保険引受人
6　時計修理技師
7　貨物代理店
8　納税申告書作成業務者
9　写真処理作業員および処理機械操作者
10　新規口座開設係
11　図書館技術者
12　データ入力担当者
13　タイミングデバイスの組立ておよび調整者
14　保険請求処理および保険契約書の管理事務者
15　証券取引、その他の金融取引に関連する事務業務者
16　注文処理業務者
17　ローンオフィサー（ローン申請審査・評価・承認係）
18　自動車損害保険鑑定人
19　スポーツの審判
20　銀行窓口係

出所："THE FUTURE OF EMPLOYMENT: HOW SUSCEPTIBLE ARE JOBS TO COMPUTERISATION?" (Carl Benedikt Frey and Michael A. Osborne) Appendix

特に、ChatGPT[※]やMidjourney[※]といった生成ＡＩがリリースされたことで、職業消失の感覚を強めた人は多いのではないでしょうか。また、興味深いことに、これらの生成系ＡＩの登場により、オズボーンのリストでは代替可能性が低いとされていた、クリエイターやデザイナーといった美的センスが問われるような職業自体の存続も危ぶまれるようになりました。

こうした想定外の職業の消失は、今後も生じる可能性は十分あるでしょう。

これらが意味しているのは、「したいこと（Will）」「できること（Can）」が高度に一致していたとしても、それを必要としてくれる人がいなくなる、つまり報酬をもらえる仕事として成立しなくなる可能性がある、ということです。

私が驚いたのは、会計士・会計監査役の消失確率が94％もあることでした。もちろん、会計というアルゴリズムが明確な仕事がＡＩによって取って代わられやすいということは、言われてみれば当然です。しかし、私は学生時代に頭脳明晰な同級生たちが、会計士の資格をとるために、まさに寝食を削って勉強をしていた姿を見ていたため、いとも簡単に彼らの仕事が消失してしまうことに心情的に受け入れがたい感覚をいだいたのです。彼らは文字通り自らを追い込んで、「できること（Can）」を築いてきたのですが、今後はそれ自体が不必要になると言われてしまっているわけです。

これは職業に限らず、業界レベルでも起こっています。自動車業界では、脱炭素社会の実現に向けた風潮と電気自動車の普及によって、今後ガソリン車は求められなくなっていくでしょう。各社が電気自動車の開発にしのぎを削っていますが、既存のガソリン自動車製品で得ていたシェアが簡単にひっくり

※ ChatGPT：OpenAIが開発した高度な人工知能言語モデルで、GPT（Generative Pre-trained Transformer）シリーズの一部。膨大なテキストデータで訓練され、多様なトピックに対する自然な対話や情報提供が可能。文章生成、翻訳、要約、質問応答など幅広い用途に利用され、ユーザーとの対話を通じて適切な応答を生成することができる。

※ Midjourney：主にゲーマー向けに開発されたチャットツールDiscord上で動作する画像生成AIサービス。2022年7月にベータ版がリリースされ、短期間で注目を集めた。テキストプロンプトから高品質な画像を生成できる。

返される可能性は常にあるのです。

　これが残酷なまでの現実です。

「ここまで長々と書かなくても、AIとかのテクノロジーによって競争が激化したり、職業が消失したりするなんて当たり前の話じゃないか」と思われる方も多いかもしれません。しかし、私がこれまでお目にかかったビジネスパーソンの中で、「自分の職業が他の誰かや何かに取って代わられる、あるいは消失する」という可能性を直視している人は非常に少ないと感じています。

　消失可能性のある職業として挙げられていないからといって、自分の職業が安泰だと考えるのは危険です。なぜなら、テクノロジーの力を駆使して思いもよらないところから競争相手が出現する可能性があるからです。

　この誰の身にも降りかかりうる残酷なまでの現実として最もお伝えしたいことは、**「したいこと(Will)」と「できること(Can)」がたとえ現時点で一致していたとしても、新たな「すべきこと(Should)」にチャレンジをし続ける必要がある**ということです。たとえば、会計士は「AI会計システムの導入コンサルタント」に転身すべきかもしれません。そして、やっとのことで転身できたとしても、さらなる転身を迫られることもありえます。

　極端に言えば、これまで野球をしていたと思ったら、突然種目がサッカーに変わり、サッカーにようやく慣れたと思ったら、今度はラグビーになってしまうようなものです。これまでの「できること(Can)」が無効化されて、「すべきこと(Should)」との一致が図られなくなってしまうのです。

「それは仕事を中心に考えすぎているのではないか？　別にお金をたくさん稼がなくても質素な暮らしで満足するなら、やりたいことだけをやっていけるはずだ」という反論が起きるかもしれません。しかし残念ながら、この認識も「甘い」と私は考えています。これは「正常化バイアス」※が関わっています。

これからの私たちは、どの国であっても気候変動の影響下にあります。自然災害に被災するリスクは、世界中のどこに住んでいようと、まさにロシアンルーレットのように誰にでも降りかかりうる状況になっています。直接的な影響がなくても、社会・経済・政治のあらゆる側面で間接的な影響は広がっています。2023年時点でも、ウクライナ戦争の影響や、世界各地で生じている水害や干ばつによって農作物の収穫が不足して、食料の価格が高騰し始めています。

私たちはいつ何時、このように対応を余儀なくされる事態、すなわち「やりたくなかったとしてもやらざるを得ないこと」に見舞われてもおかしくはない時代に突入してしまっているのです。豪雨によって自宅が土砂災害にあっているのに「がれき撤去は自分のやりたいことではないのでやらない」と言ってはいられないでしょう。

つまり、自分の実力が通用し続けるとは限らない、世の中で活躍の場を与えられるとは限らない、そして、対応を余儀なくされる事態に見舞われる現実を直視して、新たな「すべきこと（Should）」と向き合って自らの「できること（Can）」を変えたり、伸ばしたりせざるを得ないのです。

そしてそれは、変化への耐性が強い一部の人たちを除いて、多くの人にとって心身への負担を強いることになるでしょう。

※ 正常化バイアス：認知バイアスの一種であり、自分にとって都合の悪い情報を無視したり過小評価したりするという認知の特性を指す。社会心理学、災害心理学などで使用されるケースが多く、自然災害や火事、事故、事件などといった自分にとって何らかの被害が予想される状況下にあっても、それを正常な日常生活の延長上の出来事として捉えてしまい、都合の悪い情報を無視する、「前例がない」「自分は大丈夫」「今回は大丈夫」「まだ大丈夫」などと過小評価するなどして、逃げ遅れの原因となっている。

「やりたいことしかやりたくない」という時代の風潮と、「やらねばならぬ」ことに適応できなければ先がないという時代の要請が、ジレンマとなって私たちにのしかかっているのです。

「やりたいか、やりたくないか」のジレンマを乗り越える

これまで述べてきたようなジレンマをどう乗り越えていけばいいのでしょうか？　私は次の3つのステップがあると考えています。

1　「やりたいか、やりたくないか」の視座を高める
2　過去の囚われから解放される
3　未知のもの、わからないものを受け入れる

1　「やりたいか、やりたくないか」の視座を高める

これはよく知られる「3人の石工の話」がヒントになります。経営学者のピーター・ドラッカーを始め、多くの人がさまざまなバージョンをつくっていますが、そのうちの1つを紹介します。※

3人の石工がレンガを積む作業をしている様子を見て、通りがかりの人が「あなたは何をしているのですか？」とそれぞれに尋ねてみました。

※ ドラッカーによる引用は『現代の経営（上）』（ダイヤモンド社）に収録されているが、本書で紹介したバージョンとは少し異なる。

1人目の石工Aさんは「見ればわかるでしょう。レンガを積んでいるんですよ」と答えました。

2人目の石工Bさんは「大きな聖堂をつくっているんです」と答えました。

3人目の石工Cさんは「訪れる人々の心が安らぐような祈りの場をつくっています」と答えました。

どの回答も間違っていませんが、「どのようにその仕事を捉えているか」という視座の高さには差があることがわかるでしょう。

一般的にこの逸話は「仕事への姿勢の違い」を示すものとして紹介されがちですが、「VUCAワールドでどう生きるか」という視点でも示唆に富むエピソードです。

石工Aさんの視点は、「レンガを積む」という具体的な作業にしか目が向いていないので、環境変化によって「レンガを積む」という作業が不要になったりその効果が失われたりすると立ち往生してしまいます。

石工Bさんの場合は「大きな聖堂をつくる」というより大きな目的で捉えているので、「レンガを積む」以外にも自分が取り組むべきことは何かを考えやすくなるでしょう。しかし、ここにも限界が隠れています。「大きな聖堂」はある意味で手段に過ぎず、そこに訪れる参拝者が望んでいること、すなわち受益者のニーズがどんなふうに変わりうるのか、場合によってはそのニーズが消失する可能性があるのかに目を向けられていません。つまり、「大きな聖堂をつくりたい」という考えに囚われて、「小さな聖堂をつくるのは意味がない」と思い込んでしまい、実際には「大きな聖堂」のニーズが消失しかけていることに気づかないかもしれません。これは自動車メーカーで「自社の最高級車に搭載できる史上最高のエンジンを創りたい！」と夢見ていたエンジニアが、「そもそも、ガソリンで動くエンジンはいらない」と言われてしまうようなことです。その意味で、こうしたスタンスも「やりたい、やりたくない」の範囲が限定的になってしまっている例です。

一方で、石工Ｃさんの視点は一見、当たり前のことにも見えますし、お高く止まっているような表現にも思えるかもしれません。現実世界の会話の中で、実際にＣさんのように回答するかどうかはともかく、このような捉え方をしているかどうかには明確な差があります。

つまり、「訪れる人々の心が安らぐような祈りの場をつくる」という目的に焦点が当てられていると、それを実現する手段の幅が広がり、より柔軟に仕事に向かえるようになるのです。大聖堂でなくても、町の小さな聖堂でもいいし、もしかするとまったく異なる形態の建物でもいいかもしれません。

手段に対するこだわりが少なくなるので、「やりたいか、やりたくないか」だけに縛られづらくなり、「やる必要があるか、ないか」という異なる観点も持つことができるようになります。

こうした心境に至れると、大きな環境変化が起きたとしても、新しい手段を模索しようとする意欲も湧き、結果的に柔軟な対応ができるでしょう。あるいは、他の人から些細なことのように見える「レンガ積み」にも長期的に意欲をもって取り組むことができるのです。

従って、「やりたいか、やりたくないか」の視座を高めるとは、「目的意識を高める」と言ってもよいでしょう。

より高い視座の目的意識があれば、より柔軟に手段を捉えやすくなります。その柔軟性が高いほど、創造のための試行錯誤が幅広くできるようになれます。つまり、視座が高まれば「本当に大切にしていること」が新たに明確になり、創造的な活動につながっていくのです。

2 過去の囚われから解放される

私たちは、人生の過程で知らず知らずのうちに「自分はこういう人間だ」「〇〇はこうあるべきだ」という認識や価値観を育んでいます。それが正しいかどうかは実際のところはわからなかったとしても、そうした考えは、思考や感情、身体感覚にすらも影響を与えます。

たとえば、過去に失敗した経験から「自分はチャレンジしても成功しない」という思いが刻み込まれていれば、次に挑戦したいと思っても気乗りしなくなるどころか、拒絶したくなってもおかしくはありません。

あるいは「貧乏になりたくない」という囚われがあると、お金が絡む話に過敏に反応して、本来の目的を見失ってしまうこともあるでしょう。

いずれにしても重要なのは、囚われに影響を受けた意思決定は、本来の自己から選択したものではないということです。従って、「本当に大切なこと」とはいえない可能性が高いのです。

この過去の囚われは厄介ですが、時間をかけて丁寧に向き合えば、そこから解放される可能性は十分にあります。もちろん、重度のPTSDなどに苦しんでいる場合は、素人判断で対処するのは危険ですが、軽いものであればやり方さえ身につければ自分で扱えるものもあります。そのためにも、日々の生活の中に時間と場所を確保し、自分自身とじっくり向き合う内省を積み重ねていくことが必要なのです。

３ 未知のもの、わからないものを受け入れる

未知のものへの拒絶は、たいていは生存本能としての闘争／逃走反応の恐れから生じるものです。しかし、繰り返し述べているように既知のものでも安全とはいえないＶＵＣＡワールドでは、未知の領域に飛び出す好奇心や勇気が必要です。

そこで１・２のステップが関わってきます。視座が高いほど手段へのこだわりが少なく幅広い選択肢を求めようとし、囚われから解放されているほど自由な選択ができるようになるので、好奇心や勇気に従って一歩踏み出すことができます。

言い換えれば、「１ 視座を高める」と「２ 過去の囚われから解放される」が達成できれば、「３ 未知のもの、わからないものを受け入れる」ことに対しても、よりオープンなスタンスで臨めるようになります。

そうすることで、より視座の高い「やりたいこと（Will）」に向かって、さまざまな選択肢（CanとShould）を探究しながら前進できるようになるのです。

やりたいサイクルを加速する「アクセルポイント」やらねばサイクルからの解放を促す「ブレーキポイント」

それでは、「1　視座を高める」「2　過去の囚われから解放される」は、具体的にどのようにして実現できるのでしょうか？

その鍵はやらねばサイクルとやりたいサイクルの中にあります。

それぞれのサイクルの中で、「ここの部分が変われば、サイクル全体が大きく前進する、あるいは抑制できる」というポイントがあります。てこのようにある1点の小さな変化が全体に影響を及ぼす要素は「レバレッジポイント」と呼ばれています。私はそのレバレッジポイントがどちらのサイクルにも存在すると考えており、それぞれ「アクセルポイント」「ブレーキポイント」と呼んでいます（図4-4）。

やりたいサイクルにおけるアクセルポイントは、心の羅針盤である「純粋な目的・夢・価値観」です。これが明確になればなるほど、内発的動機が生まれて推進力が高まります。この純粋な目的・夢・価値観と向き合うプロセスを通じて、結果として「視座が高まっていく」ようになります。

一方で、やらねばサイクルのブレーキポイントである「何としてでも避けたい結末」は、無意識に自分に課している制約であり、やりたいサイクルを妨げ、やらねばサイクルへと強く引っ張る根本原因の1つとなっています。それと向き合うプロセスでは、必ずといっていいほど「過去の囚われ」が影響していることが多く、それを手放すことでブレーキポイントを外せるようになるのです。

従って、アクセルポイントとブレーキポイントのいずれも適切に扱えるようになることが重要です。

自分の内面を見つめ内省するという意味ではどちらも同じですが、取り組む内容は大きく異なっているため、これからそれぞれについて解説していきます。

アクセルポイントの3つのレベル

「純粋な目的・夢・価値観」は、さらにその捉えている範囲の違いによってさまざまなレベルに区分けすることができます。私は「パーパスレベル」「価値観・ビジョンレベル」「アウトカムレベル」という3つのレベルで捉えています（図4-5）。図で表しているように、それぞれを樹木の根・幹・葉になぞらえています。

パーパスレベル（根）

その人の人生全体を貫く大目的であり、存在意義そのもの

図4-4　アクセルポイントとブレーキポイント

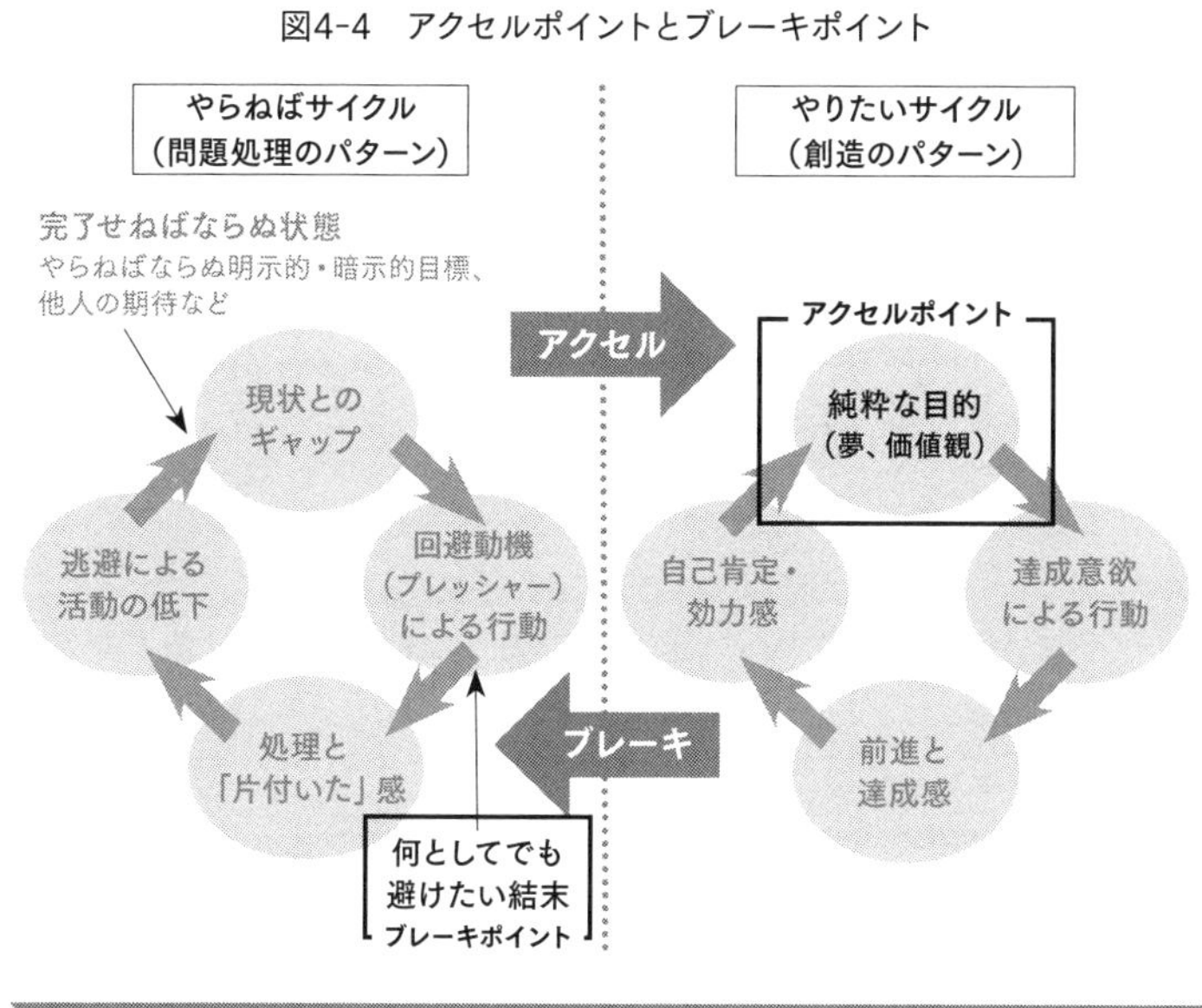

です。たとえば、「私は一度きりの人生においてどんな自分であり続けたいのか？」「私がこの世からいなくなることで、世界から失われるものは何か？」のような問いへの答えです。人生という長い時間をかけて探究していくテーマであり、時には出会いい頭的にふとしたきっかけで明確に見えてくることもあります。基本的には、パーパスが一度確立されると、表現が磨かれていくことはあっても内容として大きく変わることはあまりありません。このパーパスがしっかりと確立されていればいるほど、価値観・ビジョンレベルやアウトカムレベルがぶれづらくなります。たとえパーパスを自覚できなくても、その人にパーパスがないわけではありません。その人は人生のさまざまな場面で知らず知らずのうちにパーパスに根差した振る舞いをとっている可能性は十分あります。

価値観・ビジョンレベル（幹）

これは「私は日々、何を大切にし、何を目指しているのか？」という問いへの答えとなるものであり、その人が置かれている状況やライフステージによって変わることもあります。たとえば、家族を持つ、大病を患う、長年勤めた会社を辞める、壮年期になり人生の折り返し地点に差し掛かるなど、人生におけるターニングポイントに遭遇した際に価値観が変わった、という体験をする人は少なくありません。「成長が重要」という価値観や「あの目標を達成したい」というビジョンに邁進していた人が、ある時点から「家族と健康を最も大切にする」人生を送るようになるといったケースです。

変わるといっても個人差はありますし、よりパーパスの領域に近づけば変わりにくい価値観やビジョンもあります。あくまで相対的ではありますが、パーパスレベルと比較すると、意識を向ける対象や時間がより具体的なものと捉えるとよいでしょう。

アウトカムレベル（葉）

これは、「私が現在取り組んでいる活動において、どんな状態にたどり着きたいのか？」のような問いへの答えとなるものです。ここでの「活動」とは、日常生活における日々の仕事から、数か月、数年にわたるプロジェクトの場合もあります。規模の大小にかかわらず、明確な始まりと終わりがあるものです。

具体的に思い描くアウトカムとは、たとえば次のようなものになるでしょう。

- 今日の最終プレゼンでは、お客様があっと驚くような提案をして、受注を確定させよう
- 今年の年末年始の家族旅行では、家族みんなで観光地のカウントダウンに参加して、次の1年が楽しみになるような時間

図4-5　アクセルポイントの3つのレベル

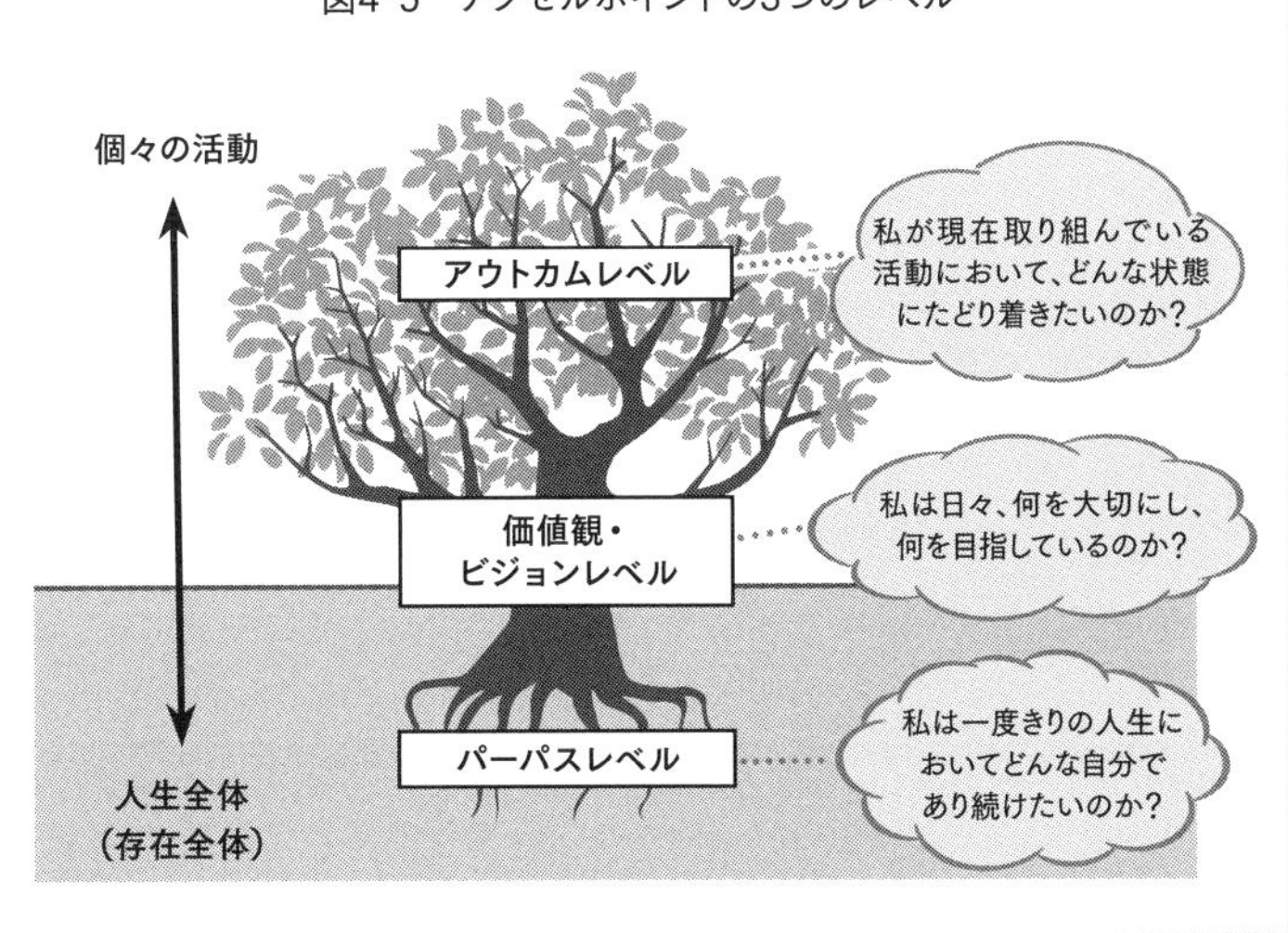

にしよう

● これから取り組む社内改革プロジェクトでは、みんながそのプロジェクトを自分事として捉えて、「この会社は意欲がある人は何でもチャレンジできるんだ」という気持ちになれるようにしよう

毎週の定例ミーティングであってもアウトカムを描くことは可能ですし、そうした取り組みは「本当に大切にしていることを存在させようとする」ことにつながります。

しかし現実には、目の前の仕事や問題処理に追われることにほとんどの時間を費やしてしまいがちです。そのため、アウトカムを個人でもチームでも日々確認できるような習慣や仕組みを取り入れて、自然とアウトカムへの意識を高められるように慣らしていくことが大切です。

パーパスレベルの探究

ここまで3段階のレベルについて述べてきました。図では根っこにあるパーパスレベルの確立がなければ、価値観・ビジョンレベル、アウトカムレベルが生まれないように見えますが、そうではありません。日々の業務の中では、アウトカムが最もイメージしやすいですし、それと向き合うことで価値観・ビジョンやパーパスが見えてくることもあります。重要なのは3つのレベルに関心を寄せようとしているかどうかです。

アウトカムレベルの探究法については、ビジョンプロセシングの原理と３つのパラダイムシフトを包括するSOUNDメソッドの中に盛り込まれているため、第９章で説明しています。

本章では、その土台となるパーパスレベルと価値観・ビジョンレベルの探究法について説明していきます。

パーパスレベルのアクセルポイントは、前述したように自分自身の存在意義に関するもの、言い換えれば「私は一度きりの人生においてどんな自分であり続けたいのか？」「私がこの世からいなくなることで、世界から失われるものは何か？」といった問いの答えになるものです。

世の中にはさまざまな探究法が紹介されているので、いろいろ試してみたうえで自分にしっくりくるものを選択するのをおすすめします。パーパスは曖昧な故に、たとえば「２時間でパーパスを見つけるワークショップ」などへの参加で言語化できたとして、それに納得できることもあれば「何か違うな」と感じることもあります。

それは単に手法が合わないか、そもそも探究するタイミングではない場合もあります。そのため、しっくり来るものが見つからないからといって焦る必要はありません。しかし、「自分のパーパスは何か？」と意識しながら日々を過ごすこと自体は、やりたいサイクルに近づいていくために重要です。

ここでは取っ掛かりの１つとして、私自身も資格を取得し、組織開発コンサルティングの現場においても活用している「トゥルー・パーパス・コーチング（True Purpose Coaching）」という手法について簡単にご紹介します。この手法は海外で注目を集め始めていますが、考案者のティム・ケリーは、パーパスます。

を知る方法として「啓示型」「間接手法型」「直接手法型」という3つのタイプに分かれると説明しています。

啓示型は、ある瞬間に雷に打たれるかのように、突然自分のパーパスを悟るというものです。こうした経験は誰にでも起きるわけではなく、偶然によるところが大きいので手法化できません。

間接手法型は、主に過去の経験から探っていくものです。自分がどんな人生を歩んできたのか、自分の価値観とは何かを掘り下げながら、意味を見出していくプロセスになります。

ケリーは間接手法型と直接手法型の違いを、地震の「揺れる音」と「震源地」になぞらえて説明しています。間接手法型がパーパスを知るうえで頼りにしている情報は、地震が発生した際の「物が揺れる音」のようなものであるのに対して、直接手法型は「震源地」にアクセスするようなものであるとしています。

パーパスに関連する経験（地震）は、人生の中で何度か発生しているという前提に立ったとき、いわばその痕跡を探究するのが間接手法型です。しかし、それはあくまで痕跡からの推測によるものであるため間接的だとケリーは述べています。それに対し、震源地に直接アクセスすることができれば、より純粋なパーパスに触れられるという考えから考案されたのが直接手法型となります。その震源地にあたるもの（ないしは、震源地から情報を得られる存在）を、「信頼に値する源（トラスティッド・ソース）」呼んでいます。

私たちは重要な意思決定や難しい局面に差し掛かったときに、何かに祈ったり、胸の奥に尋ねたりするようなことを少なからず行うのではないでしょうか。このように、いつの間にか心の拠り所として判断を仰ぐ場所を信頼に値する源（トラスティッド・ソース）と位置づけています。

トゥルー・パーパス・コーチングでは、より意識的にその場所にアクセスできるようにするために、信頼に値する源（トラスティッド・ソース）に名前をつけることを推奨しています。たとえば私は、自分自身の信頼に値する源（トラスティッド・ソース）を「ローザ」と呼んでいます。昔飼っていた犬の名前をつけた人もいます。

名前をつけたら、「パーパスの素材」について信頼に値する源（トラスティッド・ソース）と自分の中で対話をしながら探っていきます。パーパスの素材とは、自分自身の存在の本質を描く「エッセンス」、自分が他者に対して貢献する「ブレッシング」、自分が世界に対してすべきことである「ミッション」、自分が世界に対して何を伝えたいかという「メッセージ」の4つから構成されます。

信頼に値する源（トラスティッド・ソース）と対話するというプロセスはほとんどの人にとって馴染みがありませんが、実際にやってみると自分が本来やりたいことやありたい姿について、「客観的・俯瞰（ふかん）的視点から本質を伝える声」として体験されることが多いようです。最初はこの手法に戸惑われる方がほとんどですが、先述した通り、多くの人が大きな意思決定を迫られた際に自分自身の奥深くに問いかけた経験があることから、次第に慣れていきます。

トゥルー・パーパス・コーチングは細かい問いやプロセスが体系化されているので、コーチの助けを借りながら進めるのが効果的です。それ以外にも、英語ではありますが、ケリーの著書やウェブサイトからも情報を入手できるので、参考にしてみてください。※

※ 書籍：Tim Kelley, *True Purpose: 12 Strategies for Discovering the Difference You Are Meant to Make*, Transcendent Solutions Press, 2009。ウェブサイト：https://www.truepurposeinstitute.com/

価値観・ビジョンレベルの探究

価値観とビジョンについて、本書では次のように表現しています。ビジョンについては次章でより詳細に取り上げます。

価値観……自分自身が日々の生活や行動の中で常に大切にしようとしている、満たそうとしている思い
ビジョン……自分自身が実現したいと願っている未来の姿

この定義では、価値観とビジョンは「意識を現在に向けるか、未来に向けるか」の違いを重視しています。価値観は「現在」に、ビジョンは「未来」に意識を向けています。こうした違いはあるものの、ビジョンが描く未来の姿が、現在の自分の価値観とかけ離れたものになることはほぼないでしょう。

なぜなら価値観とは、自分の人生のどの場面でも「大切にしたいこと」であるため、ビジョンで描く未来の姿でもその価値観を満たそうとしているはずだからです。

言い換えれば、自分の価値観が明確になっていればいるほど、それが満たされた未来のイメージを描きやすくなるといえるでしょう。

これはビジョンを描くのが苦手だと感じている人にとっては朗報です。ビジョンを描くことに抵抗が

ない人であれば、「あなたの夢は何ですか？」「〇年後にあなたはどうなっていたいですか？」という問いかけに対しても、淀みなく答えられるでしょう。

それに対して、ビジョンを描くことが苦手な人は、「そもそも未来のことは想像できないからビジョンも考えられない」という人もいれば、何らかのビジョンを描いたとしても「どうせ自分には実現できるわけがない」と諦めたり、「理想の未来に向かって頑張らなければと思うだけで気が重くなる」といった感覚に襲われたりする人もいます。場合によっては、心の奥底に過去の失敗や非常に痛みを伴った体験などのトラウマを抱えているため、あるいは現状が厳しすぎて一切身動きがとれないため、といった背景からビジョンを描くことに強く抵抗していることもあります。

そうした人にとっては、無理にビジョンを描こうとするのではなく、自分自身の価値観を明確にしたうえで、日々の生活の中でそれが満たされるように行動していくことが有効です。

私自身、２０００年にコーチングを学び始めた当初は、とにかくビジョンを描くのが苦手でした。内省やコーチングを受けることを継続してきましたが、ほとんどがビジョン創造というよりは、過去のトラウマの解除や価値観の確認などに費やされていたのです。そうした過程を経て、２０１４年にようやく会社のビジョンらしきものを言語化できました。今ビジョンを描くのが苦手だと思っている人でも、まずはできることから少しずつ取り組んでみてください。

価値観・ビジョンレベルのアクセルポイント発見方法
――バリュー・ドリームフォーカス法

これから具体的なステップとして、コーチングに活用されるNLP（神経言語プログラミング）のテクニックを参考に私が開発した「バリュー・ドリームフォーカス法」を紹介します（ワークシートはダウンロードが可能です）。※

概要

この手法は、比較的簡潔に価値観・ビジョンレベルのアクセルポイントを明確にできるように設計されています。まず、自分自身の心が動きやすい場面（本書では映画や小説などを題材とします）を元に、どんなところが心を動かすのかを何度も問い、同じ答えが繰り返し出てくるようになるまで行います。その繰り返される答えが、自分自身の根っこにある価値観の1つとなります。その次に、「あらゆる制約が取り払われ、何でも可能だとしたら」という仮説のもと、その価値観が十分に満たされている未来の姿を思い描くことでビジョンを明確にしていきます。

※ 本ワークの解説動画の視聴とワークシートのダウンロードは以下のURLから申し込み可能です。QRコードは巻末に記載されています。
https://www.authentic-a.com/campaign-visionprocessing-sheet

STEP 0　**紙とペンを用意する**

このワークでは、何度も同じ問いを自分自身に問いかけます。文字に書かず、頭の中だけで取り組もうとすると、内省が浅くなりますので、必ずメモを取るようにしてください。パソコン、スマートフォン、タブレット端末などでも構いませんが、少しでも感覚を刺激しやすくするために、基本的には手書きでメモすることを推奨します。

STEP 1　**自分の心が動きやすい場面（シーン）の共通点を探る**

映画、小説、演劇、漫画といった物語のワンシーンや、スポーツ観戦やドキュメンタリーなどの実際の場面において、自分の心が動きやすい状況の共通点にはどのようなものがあるかを考えて、メモに残してください。

「心が動く状況」としては、「感動する」「胸が躍る」といったポジティブな感覚のほうが後のステップにつながりやすいですが、「憤り」「悲しさ」といったネガティブな感覚であっても掘り下げることは可能です。

ネガティブな感覚が浮かぶのは、「本当は満たされてほしい状況があるけれど、それが満たされない」ことによって引き起こされる場合がほとんどです。そのときは「そもそもどんな状況が満たされていてほしかったのか」を探ってみてください。次のステップでは、その「満たされていてほしい状況」を活用することになります。

共通点例

A　危険を冒してまで、仲間が主人公を助けに行こうとする
B　いくつもの苦難を乗り越えて、偉業を達成する
C　調子に乗ってあれこれ取り組むうちに、あれよあれよとうまくいく

STEP 2　その共通点が自分の心を動かす理由や要因を掘り下げる

ステップ1で見出した共通点が、なぜそんなにも自分の心を動かすのかについて探究します。以下の質問例に対する答えをメモに残してください。質問例はいずれか使いやすいものを選んでください。

質問例

○○にはステップ1の共通点を記入します。

2-①　○○があなたの心を動かすのは、あなたの心の奥底で何を大切にしている（望んでいる）からだと思いますか？

2-②　これまでの人生の中で、○○に似た場面に遭遇したことはありますか？　その場面のことを、目を閉じてありありと思い出すと、どんな気持ちや想いが自分の内側で広がっていくのを感じますか？

2－③　○○が満たされた場面について、死を迎えるその日まで、自分でそれを体現できたり、何度も立ち会える機会に恵まれたりできるとしたら、自分の内側にどんな想いがあふれると思いますか？

STEP 3　ステップ２の回答の奥底にある思いを掘り下げる

ステップ２の回答について、以下の質問例に対する答えをメモに残してください。質問例はいずれか使いやすいものを選んでください。

なお、③～⑥について考えづらい場合は、質問されている状況が現実になっている場面を具体的にイメージしてみるとよいでしょう。さらに⑤と⑥に関しては、感覚を自分の内側で膨らませる、つまり増幅させることが重要となるので、頭で考えるよりもどんな感覚が沸々と湧き上がってくるのかに意識を向ける必要があります。

質問例

△△にはステップ２の回答を記入します。

3－①　△△があなたにとって大切なのは、あなたの心の奥底で何を大切にしている（望んでいる）からだと思いますか？

3－②　△△があなたの心に響くのは、あなたの中で何を大切にしている（望んでいる）からだと思いますか？

3-③　△△を大切にすることによって、あなたの中でどんな想いが湧き上がり、満たされる感覚になりますか？

3-④　△△を日々実感しながら生きられると、あなたの中でどんな想いに満たされると思いますか？

3-⑤　△△（という感覚）があなたの中で十分に満たされると、次にどんな想いが湧き上がってきますか？

3-⑥　△△（という感覚）があなたの中で十分に満たされると、どんな感覚が湧き上がってきますか？

STEP 4　回答と質問を繰り返し、同じ回答が繰り返されるまで続ける

ステップ3の回答に対して、さらにステップ3の質問例を問いかけて、その回答をメモに残してください。質問は前回のものと同じものでも、違うものでも構いません。その回答を得たら、また質問を行うという形で繰り返してください。

これを繰り返していくうちに、何度も同じ回答が生じるようになったら、そこでストップします。その繰り返される回答が価値観となります。

STEP 5　ステップ４で明確になった価値観が十分に満たされた理想の未来を思い浮かべる

ステップ４で明確にした価値観が、思う存分、十分に満たされた未来を「ビジョン」として想像します。

ここで複数の価値観を当てはめてみて、それらすべてが満たされた未来を描くことも有効です。

このワークの回答例は**図４-６**に掲載しています。

STEP 4 回答と質問の繰り返し	STEP 5 理想の未来のイメージング
3－① 質問　「人は人として大切にされていい」があなたにとって大切なのは、あなたの心の奥底で何を大切にしている（望んでいる）からだと思いますか？ 回答　**人には生きる権利がある** **3－②** 質問　「人には生きる権利がある」があなたの心に響くのは、あなたの中で何を大切にしている（望んでいる）からだと思いますか？ 回答　**人は誰でも生まれてきたことを祝福されていい** **3－⑤** 質問　「人は誰でも生まれてきたことを祝福されていい」（という感覚）があなたの中で十分に満たされると、次にどんな想いが湧き上がってきますか？ 回答　**「おめでとう」と「ありがとう」で満たし、満たされたい** **3－②** 質問　「〈おめでとう〉と〈ありがとう〉で満たし、満たされたい」があなたの心に響くのは、あなたの中で何を大切にしている（望んでいる）からだと思いますか？ 回答　**人とのつながり** **3－⑥** 質問　「人とのつながり」（という感覚）があなたの中で十分に満たされると、どんな感覚が湧き上がってきますか？ 回答　**人は存在しているだけで奇跡** **3－③** 質問　「人は存在しているだけで奇跡」を大切にすることによって、あなたの中でどんな想いが湧き上がり、満たされる感覚になりますか？ 回答　**「おめでとう」と「ありがとう」で満たし、満たされたい** ▶ 同じ文言が繰り返されたため、最後の回答が価値観となる	質問 あらゆる制約が取り払われ、何でも可能で「〈おめでとう〉と〈ありがとう〉で満たし、満たされたい」という実感を味わうことを十分に満たせる未来に到達できるとしたら、それはどんな未来ですか？ その未来の自分の目には何が映り、誰がどんなふうに振る舞っているのでしょうか？映画のワンシーンのように答えてください。 回答 **1人親世帯で育ったうえ、ヤングケアラーになったために、自分の夢をあきらめてしまいそうになった子どもがいる。** **そういった境遇の子でも、「どんなふうに自分は生きていきたいか」を発信することで、それを支え合える社会が生まれており、私も仕事を通じてその実現の一助を担っている。** **数年後にその子たちから、「自分の道を歩んでいる」と報告してくれている手紙をもらい、「私でも役に立てている」と嬉しく思い、一緒に働いている仲間たちと泣きながら抱き合い、祝福している。**

図4-6　バリュー・ドリームフォーカス法の質問・回答例

STEP 1 心が動きやすい場面の共通点の明示		STEP 2 共通点が心を動かす要因の探究	STEP 3 奥底にある思いの掘り下げ
共通点例 A	危険を冒してまで、仲間が主人公を助けに行こうとする	**2－①** 質問　「危険を冒してまで、仲間が主人公を助けに行こうとする」があなたの心を動かすのは、あなたの心の奥底で何を大切にしている（望んでいる）からだと思いますか？ 回答　**絆を尊重して育むこと**	**3－①** 質問　「絆を尊重して育むこと」があなたにとって大切なのは、あなたの心の奥底で何を大切にしている（望んでいる）からだと思いますか？ 回答　**人は人として大切にされていい** ▶ この回答をSTEP 4の例で使用
共通点例 B	いくつもの苦難を乗り越えて、偉業を達成する	**2－②** 質問　これまでの人生の中で、「いくつもの苦難を乗り越えて、偉業を達成する」に似た場面に遭遇したことはありますか？　その場面のことを、目を閉じてありありと思い出すと、どんな気持ちや想いが自分の内側で広がっていくのを感じますか？ 回答　**自分のやってきたことは無駄ではなかった**	**3－④** 質問　「自分のやってきたことは無駄ではなかった」を日々実感しながら生きられると、あなたの中でどんな想いに満たされると思いますか？ 回答　**心の赴くままに生きていい**
共通点例 C	調子に乗ってあれこれ取り組むうちに、あれよあれよとうまくいく	**2－③** 質問　「調子に乗ってあれこれ取り組むうちに、あれよあれよとうまくいく」が満たされた場面について、死を迎えるその日まで、自分でそれを体現できたり、何度も立ち会える機会に恵まれたりできるとしたら、自分の内側でどんな想いがあふれると思いますか？ 回答　**自分はツイていて、何だかんだでうまくいく**	**3－⑤** 質問　「自分はツイていて、何だかんだでうまくいく」（という感覚）があなたの中で十分に満たされると、どんな感覚が湧き上がってきますか？ 回答　**何でもできるという全能感**

ブレーキポイントの解除からアクセルポイントが出現する

アクセルポイントの発掘プロセスは、前向きな側面を探究するため比較的取り組みやすいものになっています。それに対して、ブレーキポイントの解除はネガティブな側面を扱うため、心理的抵抗が生じやすく、一筋縄ではいきません。そうした抵抗を上手に取り扱いながら、自分自身の内面を掘り下げていくという、より複雑なプロセスとなります。

ブレーキポイントには症状の軽いものから、PTSDなど重いものまで幅広く存在しており、場合によっては専門的な治療が必要な場合もあります。ここで紹介する方法は、あくまで軽い症状を扱うものに留まるという点にご留意ください。

ブレーキポイントは、目の前の出来事を脅威とみなす、すなわち恐れを誘発する「何か」です。その恐れを手放すことでやりたいサイクルが回りやすくなる、というのは先述した通りです。

これは活動を停止させるというよりは、自動車におけるサイドブレーキのように「前に進みづらくさせる」ものだと私は捉えています。サイドブレーキをかけたままアクセルを踏むと、自動車は前に進みはするものの、膨大なエネルギーを費やします。それと同様に、自分でも気づかないうちにやりたいサイクルを回すのにも過剰な労力をかけている状態に陥っているのです。

それに加えて、ブレーキポイントが存在していることで、アクセルポイントが発掘しづらくなることもあります。より正確にいえば、ブレーキポイントを手放さなければ、アクセルポイントが「出現しない」状態です。これはU理論において、手放さなければ、プレゼンシングという、深い静寂の中で新しいビジョンや意図を出現する未来として迎え入れる状態になれないのと同じです。

先ほど述べたアクセルポイント探究法は、自分の内面に「もともとあったもの」を宝探しのように発掘するプロセスです。それに対して、ブレーキポイントを手放すことで出現するアクセルポイントは、過去の延長線上ではない「可能性の未来としての自分」になるので、「今までの自分では考えたこともなかったもの」になることも少なくありません。しかも、考えたことがないにもかかわらず、完全に新しい要素が自分に加わるというよりは、「本当の自分はこういう人間だったんだ」と納得するようなものになります。

以前、某製薬会社の管理職向けに弊社のオーセンティックリーダーシップ研修を提供した際に、30代の女性参加者が興味深い体験をされていました。

そのプログラムには、ギャラップ社が提供する「クリフトンストレングス（通称ストレングス・ファインダー）」という個人の潜在的な強みを診断するツールを組み込んでいました。

その女性の診断結果では1位の強みが「未来志向」になっていたのですが、彼女は当初、それに納得できないと発言しました。未来志向は文字通り、未来をイメージする資質であり、ポジティブでワクワクするような未来を描き、それを実現するために現在があると認識する傾向が強いことを意味しています。

彼女は、「自分は未来を描くのは苦手だし、あまり未来についても前向きに考えられない」と述べました。それに対して私は、「まだ開花していないポテンシャルを持った資質かもしれないので、まずはいったん、自分には未来志向があるかもしれないし、そうでないかもしれない、と柔らかく受け止めるようにしてみてください」と伝えました。

翌日、U理論に基づいたブレーキポイントを扱うワークを行いました。

彼女もワークに取り組み、奥底にあるブレーキポイントを自ら発掘し、それを手放すことができました。その次に、自分自身の内側から湧き上がってくる言葉を迎え入れる、というワークを行ったところ、彼女の口から出たのが「私は未来です」という言葉だったのです。

彼女はその言葉に驚きつつも、嬉しそうな顔をされていました。

私は彼女に「昨日は、未来志向ではないとおっしゃっていましたが、今日は〈私は未来です〉というアクセルポイントが見つかったようですね」と伝えてみました。

そうすると彼女は次のように答えました。

「そうなんです。〈私は未来です〉なんて、以前の私なら絶対に口にするような言葉ではありません。なのに、内側から湧き上がってきたものとして声に出してみると、とてもしっくり来ています。硬い、硬い土を掘って、取り除いていたら、そこに小さな芽があったというような、不思議な感覚です」

このエピソードは、ブレーキポイントは単に邪魔なもので取り除くべき、というだけのものではないことを表しています。

ブレーキポイントは1つではありません。幼少期からのつらい体験が積み重なっているほど、多くのブレーキポイントを抱えている人もいます。そういう人は、やらねばサイクルに支配されやすくなっている場合もあります。

しかし、だからといってその人の人生が他者より劣っているわけではありません。他の人よりも厳しい人生を歩んでいるかもしれませんが、その試練があるからこそ、特別な人生の目的が存在する可能性は大いにあるのです。たとえば虐待や弾圧の体験があるからこそ、同じような境遇にいる子どもたちを救いたいと立ち上がる人です。

そうした方々は、多くの人との支えあいの中で、ブレーキポイントを少しずつ手放し、自分自身のアクセルポイントを発掘して、そうした活動の原動力にしているといえるでしょう。

このようにブレーキポイントを手放して過去の経験を乗り越えるプロセスは、その人が人生の目的を生きていくための確固たる軸を構築してくれますが、本人だけでなく周囲にも影響を及ぼします。周りの人たちは、本人が苦しいプロセスを乗り越えてきたこと、あるいは乗り越えようとしていることに敬意を抱くようになり、その取り組みへの覚悟に共感を覚え、応援したいと思えるようになるのです。

すでに述べたようにブレーキポイントは取り扱いが難しく、手放すには長い時間がかかる場合もあります。そのため、これから紹介する方法がうまく機能しなかったとしても、焦る必要はありません。「どれだけ時間がかかろうとも、その先には唯一無二のアクセルポイントが待っているかもしれない」という好奇心をもって取り組んでもらえると効果的です。

ブレーキポイントの解除――「拒絶の自己」受容法

概要

「拒絶の自己」とは、過去の囚われから生み出され、自分自身に対して貼りつけてしまった否定的なレッテルなようなものだと考えてください。たとえば「私は臆病だ」と自己評価を下している人は、過去に挑戦したが大失敗した経験や、周囲から「お前は根性がない」「意気地がない」などと言われ続けた経験が影響していたりします。

私たちには、右利き・左利きのように、個体差としての特性があります。「私は左利きだ」というのは客観的な事実ですが、実は自分が臆病か勇敢かを客観的に測定することは難しいのです。しかしあくまで誰かとの比較によって「どちらかというと臆病だ」という判定を下すことはできます。

それが転じて「私はいつも臆病だ」と絶対的事実のように観念化してしまうと、「臆病だから新しいことにチャレンジしないようにしよう」という制約が生じてしまうのです。

ただし、制約を生むからといって、その拒絶の自己が絶対的に悪いものだと考えないようにしてください。「私は臆病なので悪い存在だ」という考え自体も拒絶の自己になるからです。むしろ、単に過去のある時点で仕立て上げたレッテルに過ぎない、というスタンスに立つことが大切です。

これから紹介するワークは、「悪いものを取り除く」のではなく、自動車のサイドブレーキを下ろすのと同じように、「ブレーキを効かせる場面ではないところで、ブレーキがかかっているものを解除する」というものになります。善し悪しの判断をいったん保留して、リラックスできる状況で、「どんな場面であればブレーキを解除できるだろう」という好奇心をもって取り組んでみてください（ワークシートはダウンロードが可能です）[※]。

STEP 0 自分自身に集中できる環境を確保し、紙とペンを用意する

このワークでは、自分自身の顕在意識にはほとんど出てこない、無意識下にある「目を背けたくなる自分」を掘り下げます。

従って、周りの目が気になったり気が散ったりする環境にいると、ワークを思うように進められなくなる可能性があります。それを避けるためにも、自分自身に集中できる環境（パーソナルスペース）をしっかりと確保して、誰にも気を遣わなくて済む環境を用意してください。また、ステップごとに書き留めていくとワークを進めやすくなるので、紙とペンを用意してください。

※ 本ワークの解説動画の視聴とワークシートのダウンロードは以下のURLより申し込みが可能です。QRコードは巻末に記載されています。
https://www.authentic-a.com/campaign-visionprocessing-sheet

STEP 1 不平・不満を感じた場面を思い起こす——入口を決める

自分自身が不平・不満を感じた場面を思い起こしてください。特に、数年にわたる職場の人間関係など、不快な感情がある程度の期間にわたって継続しているものを題材として選ぶと、以降のステップに取り組みやすくなります。

もちろん、「道端ですれ違った人と肩がぶつかってムッとした」という瞬間的なものでも構いませんが、いずれにしても思い出すと心がザワザワする題材を選ぶのがよいでしょう。

STEP 2 自分の中で渦巻く内的台詞(モノローグ)を書き出す——妄想に焦点を当てる

ステップ1で思い起こした場面の中で、自分自身が抱えていた文句や愚痴などを、小説や漫画の内面の声（内的台詞(モノローグ)）のように表現し、紙に書き出してください。

この内的台詞(モノローグ)は、次の4つの観点でそれぞれ考えてください。必ずしも4つすべてを埋める必要はありませんが、できるだけ多く書くと次のステップに進みやすくなります。

①他者・状況への責め（批判・侮辱）

他者や状況に対して抱えている文句・不満や、相手への蔑みなどの声。

②自分自身に対する否定（自己否定）

その状況をつくり出してしまった自分、状況を変えられずにいる自分、言いたいことを言えない自分に対して、否定したりふがいなく感じていたりする声。

③言い訳や正当化（自己正当化）

その状況になってしまっていること、その状況に甘んじてしまっていることに対しての言い訳や正当化の声。

④切り捨て・切り替え（合理化・逃避）

その状況になってしまったことに対して、不快な感情を継続させずに気持ちを切り替えたり忘れたりするために行う、自分自身に対する理屈づけや肯定的な意味づけ、あるいは逃避しようとする声。

STEP３　シリアスビジョンを掘り起こす――妄想を掘り下げる

ステップ１で思い起こしたのは、何かしら自分にとって受け入れがたい場面であるといえます。受け入れがたいという感情は、自分自身が「こんな結末は絶対に避けたい」と心の奥底で恐れている最悪の結末（シリアスビジョン）を妄想していることによって起こります。そして、生存本能から、「この状況を放置してしまうと、シリアスビジョンにたどり着いてしまう」という警戒心が生まれ、不平・不満という形で具体化するのです。

ステップ3ではこのシリアスビジョンを掘り下げていきます。シリアスビジョンは普段の生活の中ではほとんど自覚することはないため、何度も自分に問いかけることが必要です。

質問例

「もし、○○という事態にうまく対処できず、その状況を受け入れざるを得なくなったら、次に何が起きてしまうと思っているか？」

初回はステップ1で思い起こした場面を○○に入れ、2回目以降は直前の問いから得られた回答を入れてください。

これは、問いから得られる回答が「人生の終わり」のように見える場面が出てくるまで繰り返します。このワークに取り組むときには、以下3つのポイントがあります。

ポイント①「起こるはずがない」と思うような場面であったとしても、それを恐れている感覚があるなら掘り下げる

この繰り返しの問いかけによって得られる回答は、繰り返しの回数が進むごとに「そんなことは絶対に起こるはずはない」と思うほど極端なものである可能性が高くなります。もしそう思うようなものであったとしても、自分の中で「そうなっては困る」と拒絶する感覚や恐れている感覚があればそれは扱うべき場面であり、問いかけを繰り返してください。

ポイント②　場面に対する「対策」を考えるのではなく、坂道を転がり落ちるように状況が悪化していく様子を想像する

このステップで出てきた回答に対して、「そんな場面になるなら、あとはこうすれば解決できる」という「対策」を知らず知らずのうちに考えがちです。

たとえば、「上司の失敗を何でもかんでも自分のせいにされてしまう」といった回答になったときに、「そうなる前に会社を辞めればいい、別の仕事を探せばいい」と考えるかもしれません。現実的にはその行動しかないとわかっていたとしても、今回のワークの目的は、あくまで心の奥底にある妄想を掘り下げることです。従って、「逃げられないまま、坂道を転がり落ちるように状況が悪化していったら、次に何が起きるのか」をイメージしながら問いを繰り返していってください。

ポイント③　問いの繰り返しを途中で諦めずに、自分にとってこれ以上の最悪の結末はないというところまで掘り下げる

この問いかけは、数回で終わることはなく、通常は10回以上、多い場合で20回以上繰り返すこともあります。自分の内面を掘り下げる作業となるため、回数が多くなると疲れてきますが、ご自身にとって「これ以上最悪な結末はない」と思えるところまで掘り下げてください。

また、最終的に「○○になって死ぬ」という場面を回答することもありますが、そこは注意が必要です。なぜなら、「まあ、人は誰しも死ぬから別に大したことはないか」と自分で納得してしまうこともあるからです。

その場合、死の場面を迎える前に、「重病を患った結果、激痛に耐えながら死の恐怖におびえる日々を過ごすことになる」など、自分がどんな場面を具体的に恐れているのかを丁寧に掘り下げる必要があります。その場面を明確に描ければ描けるほど、「これ以上、恐れていることはない」という結末にたどり着きやすくなります。その場面にたどり着くことができれば、繰り返しの問いは終了となります。

STEP 4　最悪の結末（シリアスビジョン）と結びついている「拒絶の自己」を掘り起こす——正体を突き止める

最悪の結末（シリアスビジョン）が自分の中で妄想として存在しているのは、過去のある時点

（特に幼少期）において、この妄想に関連したイメージを自分に取り込んでしまったことが影響しています。その刷り込みが起こった原因は、虐待やいじめを受けたといったつらい経験の場合もあれば、たまたま怖い映画を見たといった経験の場合もあります。本人の記憶の有無にかかわらず、「いつかどこかで刻まれてしまったもの」と捉えてください。

また、それが単なる妄想に過ぎないのに振り回されてしまうと感じているなら、そこには「拒絶の自己」が関わっています。なぜなら、その妄想がどれだけ恐ろしいものであったとしても、「自分はどんな困難でも乗り越えられる」という感覚を持てていれば振り回されることはありませんが、「そんな事態に陥ってしまったら、こんな自分ではなす術がない」と心の奥底で思っていると、結果として妄想に振り回されることになるからです。

そのため、「シリアスビジョンに少しでも近づかなくて済むように、やらねばサイクルを回す」というメカニズムが働くのです。

逆をいえば、その拒絶の自己を解消できれば、その妄想であるシリアスビジョンに振り回されなくなり、やらねばサイクルからも抜け出しやすくなります。

拒絶の自己も、シリアスビジョンと同様に潜在意識に刻み込まれてしまっているため、掘り下げを行う必要があります。

シリアスビジョンについては、同じ質問を何度も繰り返すことで自分の妄想を浮き彫りにしましたが、拒絶の自己の掘り下げは、シリアスビジョンの場面をありありとイメージしたときに、自分の内側で湧き上がる感覚を言葉にします。

たとえば、私たちは大きな失敗をしたときに、何かしら落ち込んだりショックを受けたりしますが、「自分は頭が悪いから、こんな失敗をやらかしちゃうんだ」とか、「また、やっちゃったなあ。ほんと、自分って要領悪いよな」といった形で少なからず自分を責めてしまうことは誰しもあるでしょう。

この原理を使って、シリアスビジョンから「拒絶の自己」を掘り起こしていくのです。

シリアスビジョンは人生そのものに失敗した姿に他ならないので、この場面に自分が最終的に陥ってしまったら、自分を責め立てたり、自分に失望するような気分を抱いたりします。そのときに、自分はどんなふうに自分を全否定してしまうのかを想像します。

その場面に自分が陥ってしまった状況をありありとイメージして、不快な感覚を自分の中で再現できたら、次のいずれかの問いを自分自身に投げかけてください。頭で考えるのではなく、自分に投げかけてふっと湧き上がる感覚をつかまえてください。もし答えがうまく出てこなかったら、何度か自分に問いかけてみるようにしてください。

△△には、ステップ3で描いた最悪な結末を入れます。××に入る言葉は、自分の気質や性質のようなもの、遺伝子レベルで生まれる前から刻まれていたと自分が思う特質、運命として定められていたように感じるものなどを書いてください。

①結末の原因を自分に帰結させる方向での探究

「〈自分は所詮、××な人間だから、△△という結末に至ってしまったんだ〉と自分を責めるとしたら、自分がどんな人間であることが原因だと思うだろうか？」

②結末に打ちひしがれた結果、自分を全否定する方向での探究

「〈△△という結末を迎えてしまった自分は、結局のところ××だ〉と自分を全否定するとしたら、自分のことをどんな存在だと表現するだろうか？」

STEP5　拒絶の自己を手放す場面をイメージする——拒絶の自己をリリースする

拒絶の自己を手放すとは、「自分で自分に貼ってしまった否定的なレッテルを剥がす」という意味です。いろいろなやり方がありますが、ここではイメージを使った方法を紹介します。

この拒絶の自己は、しっかりと自分自身に貼りついてしまっているため、自分自身の代えがたい性分や本性であるかのように感じてしまいます。特に、このレッテルが生まれた背景が、「弟が他の友達にいじめられているのを目撃したのに、自分は助けにいかなかった」というような、耐え難い過去に根差しているものであればあるほど、容易には手放せません。

従って、「一度で手放せるようなものでもなければ、今は、手放さないほうがいいものもある」というくらいの気持ちで取り組んでください。

このイメージを使った方法は、拍子抜けするくらいシンプルです。ステップ4で言語化した拒絶の自己と、そこにつきまとっているネガティブな感覚を箱や風船などの容器に入れ、どこかの場所で空に放ったり、土に埋めたり、海や川に流したりする様子をイメージするだけです。そのイメージをした結果、自分の心がスッと軽くなり、拒絶の自己の言葉を思い浮かべても嫌な気分にならなければ、それで成功です。

私は昔、「私は愛される才能が欠けている人間だ」という拒絶の自己を発掘したことがありました。そして、この言葉とそこにつきまとっているネガティブな感覚を風船に入れて、空高く飛ばしていくことをイメージしました。その風船は高く高く舞い上がっていくものの、それだけではネガティブな感覚が消えなかったので、さらにイメージを膨らませ、空の彼方で天使たちがやってきて、その風船を優しく空に溶かしてくれるようにイメージしました。そうすると、ふっと軽くなった感覚があり、先ほどの「私は愛される才能が欠けている人間だ」という拒絶の自己の言葉を思い浮かべても、嫌な感覚が出てこないようになりました。

このワークの回答例は**図4-7**に掲載しています。

第4章では、「本当に大切なこと」の1つである心の羅針盤を存在させようとするとはどういうことなのかについて触れました。重要なポイントは、心の羅針盤を「存在させようとする」とは、単に理念やビジョンを掲げればよいという意味ではなく、アクセルポイントの発見とブレーキポイントの解除という、両面での取り組みが必要になるということです。

何より大切なのは、やらねばサイクルに陥って、問題処理に走ってしまうことは、極めて人間らしいプロセスであるということです。そのように捉えることで、やらねばサイクルに陥ること自体を否定することなく、人間の特性としてうまく付き合っていくくらいの気持ちの余裕を確保できるようになるでしょう。

STEP 4 拒絶の自己の究明	STEP 5 拒絶の自己を手放すイメージング
①か②のいずれかの方法を実施 ① **結末の原因を自分に帰結させる方向での探究** 質問　「自分は所詮、××な人間だから、ただ、虚空を見つめているだけの廃人状態になり、生きる屍となっているという結末に至ってしまったんだ」と自分を責めるとしたら、自分がどんな人間であることが原因だと思うだろうか？ 回答　**自分は所詮、自堕落な人だからだ** ② **結末に打ちひしがれた結果、自分を全否定する方向での探究** 質問　「ただ、虚空を見つめているだけの廃人状態になり、生きる屍となっているという結末を迎えてしまった自分は、結局のところ××だ」と自分を全否定するとしたら、自分のことをどんな存在だと表現するだろうか？ 回答　**自分は結局のところ、運に見放された人間だ**	① **拒絶の自己の言葉とこの言葉につきまとっているネガティブな感覚を箱、風船、ガラス瓶、袋などの容器に入れることをイメージする** 「私は自堕落な人だ」という拒絶の自己の言葉とネガティブな感覚を木の箱に入れることをイメージする ② **その容器を解放したい場所に移動するイメージをする** 「私は自堕落な人だ」が入った木の箱を持って、断崖絶壁の海に行くことをイメージする ③ **その容器を消し去る（消え去る）うえで、最も自分の中ですっきりしそうなやり方を考える** 木の箱にダイナマイトをくくりつけ、断崖絶壁の場所から遠くに投げて、はるか彼方で爆破し、その残骸が海に舞い散る ④ **③で考えたやり方で、実際にその容器を遠くに追いやる行為をイメージする。もしそれでもネガティブな感覚が消えない場合は、他の方法を試すか、少しアレンジを利かせる** 木の箱にダイナマイトをくくりつけ、断崖絶壁の場所から遠くに投げ、岸からもロケットを打って、ダイナマイトの爆破とロケットによる粉砕を同時に行い、木端微塵にする ⑤ **④のイメージをした結果、拒絶の自己の言葉とネガティブな感覚が薄れたかどうか確認する** 「私は自堕落な人だ」という言葉を思い浮かべても、他人事な感覚がする、何も思い浮かばない感覚になるかどうかを確認する

図4-7　「拒絶の自己」受容法の質問・回答例

STEP 1 不平・不満の明示	STEP 2 内的台詞の書き出し	STEP 3 シリアスビジョンの発掘
上司であるS課長は指示がいつも曖昧な上に、部長からの指示を自分たちに丸投げしている。 その指示の意味を尋ねてもまともな回答は返ってこないので、こちらが汲み取ってなんとか仕事を回している。 にもかかわらずS課長は、部長に対しては自分がうまく采配したかのように振る舞っており、部長のご機嫌を取りながら自分の手柄にしようとする。	**① 他者・状況を責める声（批判・侮辱）** S課長は、部長の前でいい顔するだけじゃなくて、何もやっていないくせに自分の手柄にしようとするところが人として尊敬できないし、本当に許せない！ **② 自分自身を否定する声（自己否定）** 私はいつも上司に恵まれないし、何をやっても報われる感じがしない。上司に楯突くだけの力も勇気も持ち合わせていない自分が情けない。 **③ 言い訳や正当化（自己正当化）** この状況を変えられるなら変えたいけど、会社のヒエラルキーの中では、上司が無能なら部下としてはどうしようもない。サラリーマンなんて所詮、会社の言いなりになるしかないんだから、本気を出して取り組むと馬鹿を見るだけだ。 **④ 切り捨て・切り替え（合理化・逃避）** 上司に対していろいろ愚痴を言うのは時間の無駄だ。仕事は仕事として割り切って、自分のキャリアにとってプラスになるものだけを見極めて、粛々と取り組めていればそれでいい。	質問１　もし、「上司であるS課長の指示が曖昧な上に自分の手柄にしようとする」という事態にうまく対処できず、その状況を受け入れざるを得なくなったら、次に何が起きてしまうと思っているか？ 回答１　**S課長が図に乗るだけでなく部長は誤解したままになるので、トラブルが起こったら私のせいにされる** 質問２　もし、「S課長が図に乗るだけでなく部長は誤解したままになるので、トラブルが起こったら私のせいにされる」という事態にうまく対処できず、その状況を受け入れざるを得なくなったら、次に何が起きてしまうと思っているか？ 回答２　**職場で肩身が狭くなり、モチベーションが下がって仕事のやる気を失う** ▶以下、上記と同様に質問を繰り返す 回答３　**会社に出社できなくなり、引きこもりがちになり、メンタル不調で長期休職することになる** 回答４　**会社を辞めざるを得なくなり、社会で自立して仕事をやっていく自信を失い、家から一歩も出られなくなる** 回答５　**身なりが汚くなり、友人にも会う自信を失い、自分は息をしているだけの存在だという絶望感に苛まれる** 回答６　**早く人生を終わらせたいという衝動に駆られるようになり、自殺未遂を繰り返し、自分への強烈な嫌悪感から何も感じられなくなる** 回答７　**ただ、虚空を見つめているだけの廃人状態になり、生きる屍となっている** ▶本人にとって、「これが本当に自分の恐れている最悪の結末だ」とたどり着いた時点で問いかけを終了し、最後の回答をシリアスビジョンと設定する

本章のポイント

● 私たちの行動は主に「やりたいサイクル」と「やらねばサイクル」のいずれかであるが、心の羅針盤を確立していることで、やりたいサイクルが回りやすくなる

● やりたいサイクルを回せていればいるほど、学習効果も高く成果も生じやすいが、人間としての生存戦略によって恐れが生じ、やらねばサイクルが回りやすくなる

● 「役割の自己」へのはまり込みによって生じるやらねばサイクルから脱却し、「本来の自己」によるやりたいサイクルを回せるようになるためのレバレッジポイントが「アクセルポイント」と「ブレーキポイント」である

● アクセルポイントには、３つのレベル（パーパスレベル、価値観・ビジョンレベル、アウトカムレベル）がある

● ブレーキポイントの解除は、自分自身の内面にある恐れの根源と向き合い、それを手放すプロセスをたどることによって可能になる

Column 4

本来の自己／役割の自己の統合とオーセンティックリーダーシップ

本文内では、わかりやすさを重視して「本来の自己」と「役割の自己」を対比しながら書いているので、「本来の自己を生きているほうがよく、役割の自己に染まらないほうがいい」と思われるかもしれません。

しかし実際には、それぞれ独立した概念であり、共存可能な関係にあります。つまり、「本来の自己を生き、役割の自己としての役割も果たしている」といった状態は成立しうるのです。これを掛け合わせると、図表で示されているように4つの象限で表現することができます（**図表4－8**）。

A　自己一致したリーダー

これは、自分らしく自然体でありながらも、自分が置かれている立場・役割をわきまえた言動ができる人のことを意味しています。

自分の立場・役割にかかる責任が重いほど、周囲は「その立場にある人はこうあってほしい」という期待を抱きやすくなります。また、周囲の実際の期待がどうであるかにかかわらず、本人がその期待を解釈してその立場にふさわしい振る舞いをしようとすることもあります。とくに「社長」「事業部長」「校長」といった組織のリーダーや、子どもが生まれて「親」という立場になると、本人が抱くプレッシャーは並大抵のものではありません。

たとえば「社長」は、「ビジョンを示す」「社員に分け隔てなく接する」「適切な意思決定をすばやく下す」「対外的な広告塔になる」など、幅広い期待を背負うことになります。そんな期待や重責を背負いながらも、肩の力が抜け、自分らしく自然体でいられるような人が自己一致したリーダーです。

「そんな人は本当にいるのか？」と思われる方もいるかもしれませんが、数多く存在しています。たとえば、ソフトバンクグループの孫正義会長もその1人ではないでしょうか。彼は個性的な人物であることは遠目で見ても伝わってきますが、長年にわたって大企業のトップを務めながらも、ニュースで取り上げられたりＳＮＳで炎上したりするような失言や失態は現時点ではあまり見られません。東日本大震災のときに、原発のあり方をめぐっての発言で物議をかもしたことはありますが、それは多様な意見のぶつかり合いの結果であり、「役割の自己を果たしていない」とは言い難いでしょう。

それに加えて、100年後のビジョンを自分の言葉として語る活動も積極的に行っており、それをインターネット上に公開することで、社員以外の人からも共感を得るというインパクトを創り出しています。そのことからも、自分の成し遂げたいことを実現するためにも、立場・役割と積極的に向き合っていることがうかがえます。

言い換えれば、自己一致したリーダーとは、役割の自己にのみ込まれているというより、自分らしさに根差した願いや想いを役割という手段を通して自己表現しているようなものです。オーケストラの楽団員がそれぞれ担当する楽器の演奏を役割としてしっかりと担っていながらも、自由に自分自身を表現するのと似ているといえるでしょう。

B　社会性のない異端児

これは、自分らしくは生きているものの、立場・役割といった外部の枠組みに無頓着か、囚われたくない人のことを指します。いわゆる「我が道を行く」タイプですが、極端なケースは、余計な失言を繰り返して立場を失う政治家もこの領域に当てはまるといえます。

アップルの創業者スティーブ・ジョブズのように、異端児であるからこそ既成概念を覆し、イノベーションを起こすリーダーとして価値を発揮する人もいます。そのため、社会の成長と変化のためには一定数必要な人材であるともいえます。

一方で、自分の立場や役割に求められる期待を十分に満たしていないために、周囲に積もった不満や反感が爆発してしまうこともあります。

実際スティーブ・ジョブズは、一時的にアップルから追い出されました。その決議をとった経営陣の中には、ジョブズ自身がアップルに勧誘した人もいました。このケースに限らず、組織の拡大に伴って、ベンチャー企業の横暴な振る舞いに我慢できなくなる人が増えて、どんどん人材が流出していくといったことはよく起こっています。

そもそも起業家には、誰かに命令されたり縛られたりするのが嫌だからこそ、自分で会社を興したという人も少なからずいます。遅刻をしたり、会議机の上に両足をあげたり、気分で指示を変えたりするといった言動は、企業規模が小さいうちはメンバー同士の関係性も構築できているので受け入れられ、「個性の強い人」としてそれ自体がアピールポイントになる場合もあります。しかし、規模が大きくなれば誰もがそれを受け入れるわけではなくなるのです。

C 素顔のない職務遂行家

これは、自分に与えられた立場・役割をしっかりと遂行しようとする人です。そのわきまえた態度は、物事を進めるという意味では非常に重要ですが、他者との協働が欠かせない仕事になるほど、限界を抱えやすくなります。なぜなら、どんなに合理的な振る舞いであっても、その人の想いや気持ちが他者の心に響かなければ、周りから得られる協力も限定的になる可能性

図4-8 セルフ・クワドラント

本来の自己	果たしていない（役割の自己）	果たしている（役割の自己）
生きている	**B 社会性のない異端児** 「自分らしさ」を重視して自分に嘘をつかない生き方をしているものの、役割遂行に対する責任感や、その役割として「すべき振る舞い」を軽視しがちになる。型に囚われない形式で遂行できる特別ミッションには力を発揮する可能性はあるが、組織規範に基づくマネジメントには向かない可能性が高い。	**A 自己一致したリーダー** ステレオタイプのリーダー像に縛られることなく、本来の自己の魅力を表現しながらも、役割の自己として「すべきこと」も成し遂げられるリーダー。「本当に思っていること」と「言っていること」が一致していることにより、周囲の心に響きやすく、力を結集できる。
生きていない	**D 自己不信の囚人** 職務上の役割を遂行できていないために、成果を生み出せていない上に、自分を見失っている可能性が高いため、自己不信に陥ってしまう可能性がある。場合によっては軸のない自分を責めて精神的負荷が高まり、出口のない状況が継続しやすくなる。	**C 素顔のない職務遂行家** 合理性を追求し、課せられている役割を効率よく果たそうとする。 合理的に定義された「すべきこと」を重視するあまり、立場や建前の発想に陥りやすくなり、官僚的な振る舞いに偏る可能性が高い。また、周囲はその人の真意が見えず、「べき論」でしか語られていない感覚になるため、「頭ではわかるが、心に響かない」という状況になりやすくなる。

が高いからです。

私はときどき、「上司を信用できない」という声を聞くことがあります。その理由の中で意外と多いのが、「上司が何を考えているのかわからないから」というものです。つまり、発言の意味は理解できても、上司の本心が見えず、どうしたいのかがわからないというのです。中にはその感覚が積もり積もって、「自分が懸命に取り組んだとしても、いつか上司にひっくり返されるのではないか」という不安を抱く人もいました。

もちろん、そうした疑念を抱いてしまう部下のほうにも問題はあるでしょう。ただしここで強調したいのは、「本心を語らない、自然体でないという態度そのものが、周りの意欲や関係性に影響を及ぼしうる」ということです(なお、仕事上の関係なのだから上司には合理的な判断さえやってもらえれば感情など不要だと思う人もいるので、この領域の人全員が、必ずしも常に周囲に疑念を抱かせるわけではありません)。

また、C領域の人は、自分を立場・役割と同一化しすぎてしまった結果、本当の自分がわからないことを自覚していないケースもあります。その場合、自分自身がなんとなく充実感を得られず、どこかで無理をしているという感覚を抱きながら走り続け、最終的に燃え尽きてしまうこともあります。

いずれにせよ、周りの期待にきちんと応えられている分、表面的には問題がないように見えてしまうところが厄介なところです。

D　自己不信の囚人

本来の自己も、役割の自己も生きられていない人です。すなわち、自分らしさや、本当の自分が何なのかもわからなくなっている、場合によっては何がしたいのかもわからず、周りの目ばかりを気にして委縮しているといった状態になっています。それに加えて、役割の自己も果たせていないので、自尊心を失いやすく、周りからも必要とされていない、迷惑をかけているという感覚を抱きやすくなっています。

この自己不信の囚人は、本来の自己と役割の自己の両方の側面において自信を持てる土台を失っています。この状態が長く続くと、完全に覇気を失い、メンタルヘルスの問題を抱え、鬱になってしまうこともあります。

多くの人は「自分は自己不信の囚人になどならない」と思っているでしょう。もちろん、本来の自己を生きていなくても、Cの素顔のない職務遂行家のように役割の自己を果たしていれば、ある程度は自分の居場所を保つことができるので、アイデンティティを見失うリスクは相対的に低いでしょう。

しかし、非秩序系のVUCAワールドは、いつどんな形で自分たちが積み上げてきたものを破壊されるのかわからない時代です。言い換えれば、私たちの誰もが役割の自己を果たせない状況に投げ込まれうるということです。そのときに有効な手を打てなければ、自己不信の囚人へと転落することになります。

現代社会においては誰もが鬱になる可能性があるといわれていますが、そのリスクは今後ますます高まっていくでしょう。実際に、私の知人の会社ではコロナ禍の最中に、社長自身が不確実な将来に対するプレッシャーから鬱になって休職をしたという話をいくつか耳にしました。そうしたことからもわかるように、役割の自己を果たしていることによって支えてきたアイデンティティは、非秩序系のVUCAワールドにおいては砂上の楼閣であるといえるでしょう。

このように、本来の自己と役割の自己は対立概念ではなく、共存したりしなかったりします。従って私たちに問われているのは、本来の自己か役割の自己かの二者択一ではなく、その両立、すなわち自己一致したリーダーになれるかどうかなのです。

本来の自己を生きている人は、自分の想いや願いを中心に据えて活動できているため、やりたいサイクルが回っているといえます。それは自己一致したリーダーも社会性のない異端児のいずれも当てはまりますが、両者の違いは役割の自己を果たしているかどうかにあります。つまり自己一致したリーダーとは、やりたいサイクルを回すと同時に、周囲からの明示的もしくは暗示的な期待と責任をまっとうしようとする人であるといえます。

これは言い換えれば、「自分らしさとリーダーシップが統合されている状態」であり、それを体現することは「オーセンティックリーダーシップ」と呼ばれます。さまざまな定義がありますが、簡潔に説明しましょう。

オーセンティック（authentic）には、「真正の」「正真正銘の」などの意味がありますが、リーダーシップ文脈では「その人本来の姿」、すなわち本来の自己を指しています。

従来のリーダーシップ論の多くが、役割としてのリーダー像に着目してきました。つまり、「リーダーとはかくあるべし」という前提のもと、やり方（doing）としてどのように振る舞うべきかを定義し、そこに到達しようとするモデルです。

それに対してオーセンティックリーダーシップは、画一的なリーダー像ではなく、唯一無二の存在である自分自身のあり方（being）を見出し、それをしっかりと生きるほうが、より自然かつ効果的にリーダーシップを発揮できるという前提に立っています。

もちろん、リーダーという立場にある以上は役割の自己も果たさなければなりません。本文で示したアクセルポイントである「純粋な目的」、つまりパーパス、価値観・ビジョン、アウトカムといったものが明確になっていればいるほど、そして、それを適切な形で表明できていればいるほど、本来の自己と役割の自己が統合されていきます。

それが、「本当に大切にしていることを存在させようとする」創造力を生み出し、周囲の人たちにも広がっていきます。それがオーセンティックリーダーとしてのあり方です。

オーセンティックリーダーシップは、やり方（doing）よりもあり方（being）に焦点を当てていることから、どうすれば確立できるかがイメージしづらいという声もよく聞きます。しかし、「やらねばサイクル」から「やりたいサイクル」への転換プロセスを通じて、役割の自己としての責任をどのように活かせるかを問い直していけば、オーセンティックリーダーシップに近づくヒントが得られるでしょう。

VISION PROCESSING

CHAPTER 5

本当に大切なことII
本質的な課題

本質的な課題を見抜く力を養うためのヒント

第3章では「本当に大切なこと」には、「心の羅針盤」と「本質的な課題」という2つの要素があることを述べました。心の羅針盤は感性的なものであり、「可能性にあふれた未来へと近づきたい」という衝動を呼び起こし、新たな創造へと私たちの行動を駆り立てます。

一方の本質的な課題は、理性的なものです。心の羅針盤として描いた「可能性にあふれた未来」に近づくために、目をつけるべき場所を特定する、すなわち的を定めるうえで非常に重要な役割を果たすのです。

いわば、心の羅針盤がエンジンなら、本質的な課題はハンドルなのです。

本章では、この本質的な課題をどう考えていけばよいかを掘り下げていきましょう。

私は第3章において、次のように定義しました。

本質的な課題

自分（たち）が遭遇している問題症状、ないしは解決すべきだと感じている課題の背景や深層にある、より普遍的で影響範囲の大きい要因、もしくは事象発生の原理原則を踏まえながら定義された課題

この定義は、目に見えている具体的な事象や問題症状というよりも、その背景や深層まで見通したうえで抽象化することを強いているためイメージしづらいという声も聞きます。

「より普遍的で影響範囲の大きい要因、もしくは事象発生の原理原則」とは、どんなものなのでしょうか？　次のジョージ・バーナード・ショーの言葉は、どんな観点に立って考えれば（どんな問いをもって取り組めば）本質的な課題にたどり着きやすくなるのかを示す１つの例です。

ありのままにしかものを見ない人は、「なぜ、そうなのか？」と問う。
ありえなかったものを創り出せる人は「なぜ、そうでなくてはならないのか？」を問う。

この言葉はイノベーションの本質を突いています。「なぜ、そうでなくてはならないのか？」という問いによる厳しい検証に耐えられれば耐えられるほど、その課題設定は、より本質、つまり、より普遍的で影響範囲の大きい要因、もしくは事象発生の原理原則に近づけるものになります。

この問いを自らに立てることに長けていた人物の１人が、アップルの創業者であるスティーブ・ジョブズです。彼はアップルを立ち上げた初期から、あらゆる電子デバイスにオン・オフを切り替えるスイッチがついていることを疑問に思い、それをアップル製品からなくしたことで有名です。今となっては当たり前の仕様となっていますが、それまでのすべてのデバイスには「ＯＮ／ＯＦＦ」という記述が必ず存在しており、様式は違ったとしても物理的に切り替えるようになっていました。誰も不思議に思わなかったその常識を超えるべく、アップル製品からそのスイッチを失くし、「自動的にスリープ状態になる機能」を生み出しました。今となっては当たり前の「スリープ機能」が、当時は「ありえなかったもの」なのです。

「なぜ、オン・オフスイッチが備わっているのか?」と尋ねれば、「電子デバイスに電源(電池)から電流が流れるようにする必要があるから」といった答えが返ってくるでしょう。その問いで考える限り、「オン・オフスイッチはそもそもいらないのではないか?」という疑問にはたどり着きません。

それに対して、「なぜ、オン・オフスイッチでなくてはならないのか?」という観点に立てると、「スイッチがなくてもいいのではないか?」という疑問を投げかける余地が生まれ、新しいことを模索できるようになるのです。スティーブ・ジョブズは、スイッチに留まらず、電子機器につきものだった「分厚い取扱説明書」や、それまでの携帯用音楽プレイヤーでは当たり前だった「外部記憶媒体(カセットテープやMDなど)」もなくしました。

そして極めつきは、スタイラス・ペンではなく指で画面操作を可能にしたことでしょう。彼がアップルに復帰した当時、類似の携帯情報端末を操作するためにはスタイラス・ペンが欠かせませんでした。しかしジョブズは「スタイラス・ペンはすぐに失くしてしまうし、そもそも人間には指というデバイスがあるじゃないか」と言い放ったそうです。

つまり「なぜ、スタイラス・ペンがなくてはならないのか?」という疑問に真正面から向き合い、タッチパネル式のデバイスを発明したのです。

「なぜ、そうでなくてはならないのか？」という問いを突き詰めていくと、イノベーションを可能にする２つの気づきが得られます。


「なぜ、そうでなくてはならないのか？」の問いから生まれる気づき

1　現状維持を支持する積極的な理由は存在していないこと
2　現状を形成する本質的な理由／価値が存在していること

「なぜ、そうでなくてはならないのか？」という問いを突き詰めていくと、**「現状であるべき積極的な理由は、実は存在していなかったのだ」という結論に至る**ことがあります。これが１つ目の気づきです。この気づきを得られると、その後**「現状維持に積極的な理由がないのなら、他にどんな実現形態がありうるだろうか？」**という問いを考えられるようになり、そこから新たな選択肢を生み出す可能性が高まるのです。スリープ機能やタッチパネル式のスマートフォンも、こういった気づきから生まれたといえるでしょう。

　そうした気づきのプロセスは、製品開発といった特別な状況でなくとも、日常業務はもちろんのこと、日常生活の中でも再現可能です。たとえば、「なぜ、この戸棚の中にグラスを収納しておかなくてはならないのか？」と自らに問うてみると、積極的な理由はなく、行きがかり上そうなっていたというのはよくある話です。より具体的には、たまたま今の家に引っ越して来たときに、片付けが面倒くさいので、「とりあえず、ここにしまっておこう」とグラスを戸棚に置いただけなのに、その後配置換えを行うこともなく、何十年経っても、その場所にグラスが置かれるようになっているといった感じです。

そうした「行きがかり上そうなっただけ」の状態に対して、新しくチームに加わった人から、「そもそもなぜ、このやり方にこだわっているんですか？」と問われて答えに窮し、「確かに、今までのやり方でなくてもいいのに、なぜ気がつかなかったんだろうか？」と問い直すこともあるでしょう。そうした「行きがかり上の罠」を脱し、変化を生み出すきっかけをくれるのが「なぜ、そうでなくてはならないのか？」という問いの持つ力です。

2つ目の気づきは、**「現在の状態でなくてはならない本質的な理由／価値は〇〇にある」**というものです。たとえば、「なぜ、自動車のヘッドライトは2つなくてはならないのか？」という問いを突き詰めてさまざまな経緯や歴史的背景を調べていくと、「2点照射することで、照らし出す対象の影の発生を少なくすることでドライバーの視界を広げることができるため。さらに、車体の前面を2つの目を持つ生物の顔に近づけることで、歩行者や対向車のドライバーの注意をすばやく引くことができるため」といった回答に至るかもしれません。

特に興味深いのが「車体の前面を2つの目を持つ生物の顔に近づけることで歩行者や対向車のドライバーの注意をすばやく引くことができる」という点です。自動車の前面部分は、ヘッドライトが目玉として位置づけられているような生物の顔に見えます。一説によれば、人間は本能的に生物の顔により早く反応するようになっており、そうした特性を使って事故を未然に防ごうとしているというのです。同様の検討は二輪車でもなされており、生物の顔に見えるようにヘッドライトを2つつけた製品も登場しています。

この気づきがなぜイノベーションにつながるのでしょうか？　それは、この本質的な理由／価値が他に転用できるようになるからです。

「2つの目を持つ生物の顔に似せることで人の注意を引きやすくなる」という特性を応用することで、たとえば老人養護施設で転倒防止や障害物の注意喚起をするために、文字を認識しづらい入居者向けに、思わず目を奪われるような生物の顔に似せたデザインをするといった工夫が可能になるかもしれません。

また、「なぜ、そうでなくてはならないのか？」の問いから生まれる2つの気づきは、他者を巻き込むうえでも重要です。何か創造的な活動に取り組もうとするとき、現状維持の積極的な理由が欠如しているほど、そして、多角的な視点から捉えた、批判思考に耐えられるだけの本質的な理由／価値が明確になっていればいるほど、「そういうことなら取り組む意味がある」と周りの人たちに納得感が生まれて協力を得やすくなります。

逆に、周囲が心から納得していないために協力者が生まれず、改革がとん挫した場合、その要因の1つが「なぜ、今、この取り組みでなければならないのか？」という問いへの答えを明確に言語化できていないことはよくあります。

企業買収のケースで考えてみましょう。

「なぜ、今、他社を買収するのか？」という問いのままでは、「既存事業の伸び悩みがあり、マーケットの成長も鈍化しているので、新しい事業領域を広げる必要があるからだ」というありきたりの答えにしか到達しない可能性が高いでしょう。

それに対して、**「なぜ、今、他社を買収するという手段を取らなくてはならないのか？」**と問うことで、「買収を進めることの積極的な理由はあるのか？」「買収以外にも方法があるのではないか？」といった形で課題設定の検証が始まるかもしれません。

あるいは、「我々の〈地球にやさしいものづくり〉という理念に照らしたときに、環境負荷を低減するためにはAIなどの先端技術の活用は必要不可欠だ。そのためにもテクノロジー活用の高い専門知識が必要になるが、自社努力では難しい。そのため、我々のビジョンと共鳴でき、事業上の親和性も高い会社を買収することが近道なのだ」といった、より本質的な課題設定に至る可能性もあります。

どんな手段であれ、なんの問題も起こさない完璧な手段は存在しません。しかし、**「我々が今、取り組まなければならない課題は何か？」**という問いから始まり、**「なぜ、その課題に取り組まなければならないのか？」**という問いに昇華する力を養えれば養えるほど、激しい環境変化に耐えるための課題解決能力を高めることができるでしょう。

一度きりの問題症状と繰り返しの問題症状を切り分ける

ジョージ・バーナード・ショーの「なぜ、そうでなくてはならないのか？」の問いは、**「目に見えるようにしか物事を捉えない」「解釈しやすいようにしか解釈しない」という思考の罠を超えていくことの重要性**を説いています。

この罠から抜け出せると、「より普遍的で影響範囲の大きい要因」、あるいは「事象発生の原理原則」といったものを見抜けるようになります。

そのために役立つ手法・理論が、システム思考とインテグラル理論です。

システム思考では、物事の表層ではなく深層を捉えるとはどういうことなのかを説明した「氷山モデル」（**図5-1**）を活用します。

最上部の「出来事」とは、実際に私たちが目の当たりにする現象です（より正確には、実際には目に見えない感情や思考なども「出来事」に分類されますが、ここでは理解しやすくするためにより簡潔に説明しています）。

図5-1　氷山モデル

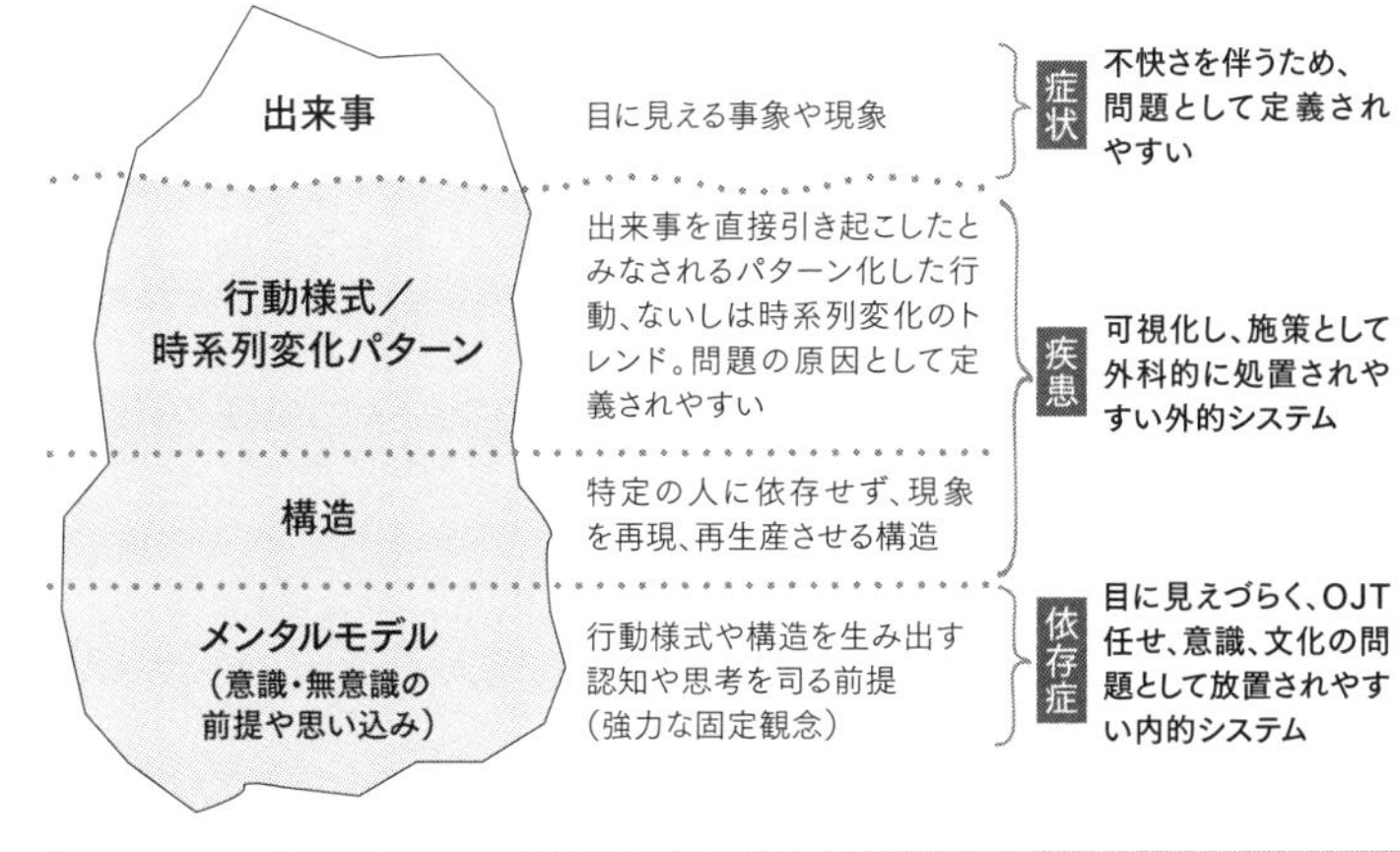

ニュースで報道される内容はすべてこの「出来事」にあたるものと考えてよいでしょう。
私たちは日々さまざまな出来事を認識しています。「首脳会談が開催される」「豪雨被害によって家屋150棟が倒壊する」「日本人がノーベル平和賞を受賞する」「円相場で1ドル×××円を超える」「身近な地域で強盗殺人事件が起きる」といった大きな出来事もあれば、「戸棚を締めようとして指を挟む」「電車の網棚に荷物を忘れる」「いきつけのレストランでお気に入りの料理を食べる」「会社の定例会議で上司が欠席する」といった小さな出来事もあります。

そして、それらの出来事が自分にとってポジティブなものもネガティブなものもあれば、どちらでもないものもあります。私たちは幼少期の頃から物事を因果関係で捉えようとします。幼少期は「僕のテストの点数が悪いとお父さん・お母さんが不機嫌になる」「友達のA子さんは服が好きだから、いつもおしゃれをしている」といったシンプルな理解から始まりますが、成長と共に複雑な因果関係を理解するようになっていきます。

とはいえ、基本的には「AだからBだ」という直線的な因果関係として理解することが多いでしょう。直線的な因果関係とは、たとえば「その容疑者個人が金に困っていたから、犯行に及んだのだ」といった考え方です。

どれだけたくさんの原因が存在していたとしても、「ある1つの原因さえなければその結果は起こらなかった」という考え方は、直線的な因果関係の理解といえるでしょう。

それに対してシステム思考では、氷山の一角である「出来事」が繰り返し発生しているとき（一見無関係の出来事であっても）、同じ水面下にある氷山の塊によって生じているという捉え方をします。

たとえば、老人をターゲットにした強盗事件が繰り返されているとき、格差社会で生じている貧困の連鎖やインターネットでの闇バイトの横行などが影響を及ぼしているといった具合です。出来事を一過性の物事として捉えず、再現可能性、再発性、連鎖性に着目します。それらを支えているのが、「行動様式／時系列変化パターン」「構造」「メンタルモデル」となります。

これらは次のように医療用語になぞらえると理解しやすくなります。

症状……出来事
疾患……行動様式／時系列変化パターンと構造の一部
依存症……構造の一部とメンタルモデル

私たちは、目の前の出来事が不快であればあるほど、それを即座に取り除こうとします。たとえば、以下の通りです。

- 発熱した　↓　解熱剤を飲む
- 電車の網棚に忘れ物をしたことに気づく　↓　鉄道会社に連絡をして忘れ物を引き取りにいく
- 体重が増えてきた　↓　酒量を減らし、数日間は夕飯を食べないようにする

- 小学生の子どもが宿題もせずにゲームに夢中になっており、長時間が経過している　↓　ゲームを止めるように注意する
- クライアントとの面談時間に中途入社向けの採用面接を入れてしまい、予定をダブルブッキングさせてしまう　↓　どちらかにお詫びをしてスケジュールを再調整する
- 会議で発言する人が偏っており、一度も発言していない人がいた　↓　その人に話を振る

各文章の前半にあたる部分が出来事であり、「症状」となります。そして後半の部分が、その症状を取り除くための「対症療法」となります。たとえば、発熱が単なる軽い風邪の症状であったり、網棚への荷物忘れがたまたま生じたものであったりすれば、「対症療法」での解決で十分です。

しかし、発熱や物忘れが頻繁に発生すると注意が必要です。対症療法はその場しのぎの対処にしかなっておらず、問題症状の根絶に至っていません。

これは言われてみれば当然と思うかもしれませんが、**私たちは問題症状が緩和されると、「問題が解決された」「問題自体が終わった」**とみなしがちです。

このことから、症状の根絶のために手を打つことはあまりないのです。さらにいえば、症状の繰り返し自体が問題であることや、そもそも繰り返しに気づいていないこともあります。

先述した症状の例は、どれもが繰り返される可能性が十分あるものです。

発熱が癌や免疫系の疾患に由来しているとしたら、解熱剤を飲んでも根治には至りません。同様に、

網棚への荷物忘れ、体重の増加、ダブルブッキング、発言の偏りのいずれも頻繁に繰り返されているのであれば、前述のような対症療法を施したところで再発する可能性は高いでしょう。

ここで私たちが肝に銘じる必要があるのは、**症状緩和のための対症療法は症状の根絶に至らないだけでなく、そもそも問題（課題）の定義が間違っている**ということです。

私たちは不快なものであればあるほど、その症状を問題として定義しがちです。「網棚に荷物を忘れた！」「体重が増えた！」「ダブルブッキングをしてしまった！」という症状は確かに不快であり、即座に解消したくなります。しかし、「網棚に荷物を忘れたこと」「体重が増えたこと」「ダブルブッキングを起こしたこと」を問題として定義してしまうと、収束を図った時点で解決したとみなしてしまいます。

この姿勢のままでは、同じ条件が揃うと再び同様の症状を起こしてしまう可能性が高いのです。

行動様式／時系列変化パターンへの気づきが深層に迫る第一歩

システム思考の氷山モデルは、こうした問題（課題）定義の失敗を防ぎ、より適切な定義に近づくための観点を提供してくれています。

その第一歩が、「行動様式／時系列変化パターンに気づく」です。

結局のところ、**「繰り返しに気づいていないか、気づいていても無視する／軽んじていることが問題症状の根絶に至らない理由である」**ともいえます。従って、まず必要なのは繰り返し自体に気づき、その影響の大きさを自覚することです。

「行動様式」とは、当事者たちが繰り返す行動パターンのことを意味しています。「時系列変化パターン」とは、その繰り返しが起こる周期をグラフで表現したものになります。以下に例を挙げましょう。

行動様式

- 体重が増加しているので会食を断りたいと思いつつも、友人から声をかけられると嬉しくなってしまい、断り切れずに参加する
- お酒を飲み始めると気持ちが大きくなってきて、「今日ぐらいはいいか」と思ってお代わりをしてしまう
- 酔いが回って来るにつれて、おつまみを食べ続けてしまう
- 体重が減っていないことがわかり切っているので体重計には乗らない

時系列変化パターン

以下のような変化をグラフ化したもの。

- 体重や体脂肪率の変化
- 会食の頻度

時系列変化パターンは、株価や為替の値動きを表示したチャートを思い浮かべるとわかりやすいでしょう。

こうした行動様式は、個人の行動だけでなく集団においても見られます。


「うちの役員はみんな社長のイエスマンばかりだ」

「うちの組織はタコつぼ化している」

「声の大きい人の意見ばかりが採用される」

「結局は社長の鶴の一声で決まる」

「うちの社員はみんな事なかれ主義だ」


といった、組織を揶揄するような言葉で表現されるものは、いずれも何らかの行動様式を示唆しています。なぜなら、一度きりの現象ではなく、何度も繰り返されているからです。

厄介なことに行動様式は、どれだけ目について不快だったとしても、根深くパターン化されたものであればあるほど、ゲーム中毒の子どもを叱っても止めさせられないのと同様に、対症療法の効果はほとんど見込めません。

では、どうすれば問題を根絶できるのでしょうか？　その鍵が「構造」と「メンタルモデル」の領域にあります。

出来事を再現・再発させるメカニズムとしての構造

「構造」とは、出来事を再現・再発させるか、関連事項を誘発させるメカニズムのようなものです。特にシステム思考ではこのメカニズムを、円環状の「因果ループ図」で表現します。この因果ループがメカニズムとして発動したときに、それに関連する現象が再現・再発しやすくなると捉えます。

たとえば、さきほどの体重の増加症状を表現したものが**図5-2**です。因果ループ図は3つの要素・記号で構成されます。

変数……増えたり減ったりする要素
矢印線……順行あるいは逆行の因果関係を表す
二重線……時間の遅れを表す

変数は、図では「目標とする減量値」「実際の減量値」「ダイエットに伴う不快さ」などで表現されています。

矢印線について順行とは、起点側の変数が増えれば（減れば）矢印側の変数も増える（減る）、という正の相関関係を示すものです。逆行とは、起点側の変数が増えれば（減れば）矢印側の変数が減る（増える）、という逆の相関関係を示すもので、こちらの場合のみ図では「逆」という文字を付記しています。

時間の遅れを表す二重線は、図では「ダイエット実施頻度と質」と「実際の減量値」を結ぶ矢印線の真ん中に記載されています。これは、「ダイエット実施頻度と質」の増減が、「実際の減量値」に影響を及ぼすまでに時間がかかることを意味しています。

このループ図で表現されているメカニズムは、下側の「ダイエット成功ループ」が回ればダイエットに成功しますが、上側の「コミットメントなし崩しループ」が回ってしまうと、「まあいっか」と目標がどんどんなし崩しにされ、最終的にはダイエットに失敗することを意味しています。そして、そのなし崩しを引き起こすのが「ダイエット台なしループ」です。

この因果ループ図は当たり前のことのように見えるかもしれませんが、「体重が増えてきた」という問題症状に対して、「酒量を減らし、数日夕飯を食べない」という対症療法がいかに機能しないかを表現していま

図5-2　ダイエットなし崩しループ

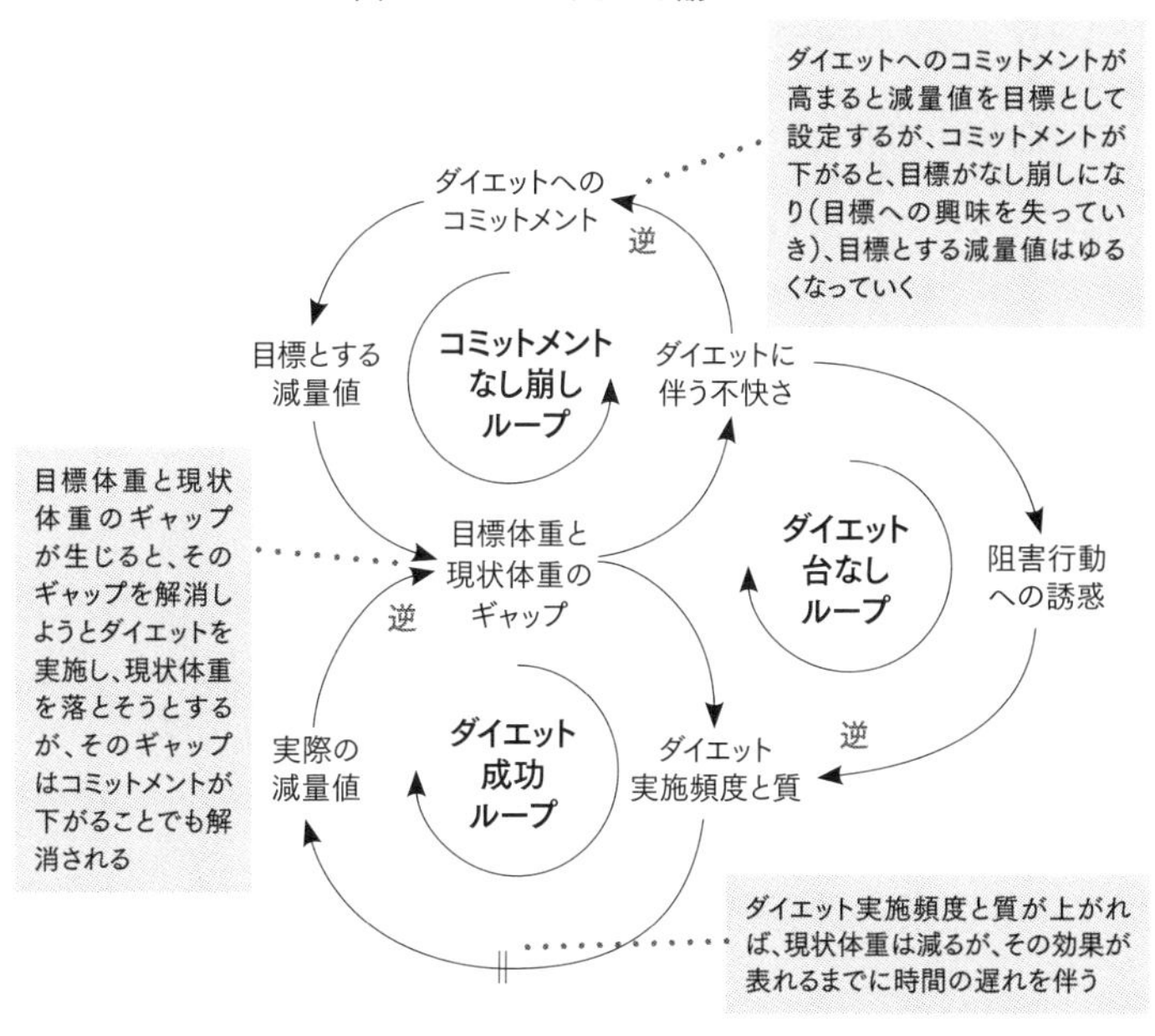

す。なぜなら、ダイエット実施頻度と質による効果が表れるまでの時間の遅れを考慮していないからです。

数日のあいだだけ飲酒や食事の量を減らしたからといって、すぐに体重が減るわけではないため、体重の増加という不快さがずっとつきまとうことになります。

その不快さから逃れようとするあまり、「今日くらい、いっか」という気持ちになってついつい食べる、飲む、運動頻度を減らす、体重計にきちんと乗らないという阻害行動へと駆り立てられてしまうのです。

従って、「体重の増加」という問題症状に対する「本質的な課題」の1つは、次のようになります。

問題症状……………体重の増加
本質的な課題……時間的遅れのあるダイエット効果が生じるまでに、不快な感覚がつきまとった結果、阻害行動が増え、コミットメントがなし崩しにされる

いかがでしょうか。単純に見えるダイエットであっても、いかに問題（課題）の定義が失敗しているのかがわかるのではないでしょうか。

人間の脂肪の燃焼には時間を要し、不快な感覚に長くは耐えられないという当たり前のメカニズムを自覚しないままダイエットに踏み切っても、途中で挫折してしまうか、結局リバウンドしてしまいます。

このメカニズムこそが、「疾患」レベルに当たるものです。発熱という症状が癌や肝硬変などから生

じているとしたら、いくら解熱剤を飲んでも一時しのぎにしかならないのは、癌や肝硬変によって身体のメカニズム自体に異常が生じているからです。自己治癒力がメカニズムとして働いているうちは、少々の発熱は放っておけば治りますが、それに不具合が生じているのであれば別のメカニズムが働いていることになります。身体症状であれば医学的診断によって判別しやすいのですが、ダイエットや組織の問題のように、人の行動や感情など判別しづらい変数によって生じるメカニズムは、至るところに存在しているのです。

つまり、構造に課題がある場合は、構造にアプローチしない限り、問題の根絶は難しくなるということです。

ダイエットの失敗は、脂肪燃焼メカニズム、生理的メカニズム、心理的メカニズムが相互に影響し合った結果の産物です。

従って、ダイエットを成功させる秘訣は、「体重の増加」を問題として定義するのではなく、「脂肪の燃焼効率の向上」「不快な感覚の軽減」「ご褒美としての快感の適切な設定」として課題を再定義することです。

私自身もダイエットに何度も失敗した後に、数年前にようやくこの課題の再定義に至って、習慣づけることに成功しました。

まず心がけたのは、不快な感覚を軽減するために、とにかく「無理をしないこと」です。最初の頃は「ご飯をいつもより少しだけ減らす」「お腹が空いたら先にサラダを多めに食べてお腹を満腹状態にし、ご褒美に少しだけおいしいものを食べる」「こまめに体重計に丁寧に乗って少しでも前進したら自分を褒める」ということを行いました。

特に、自分を褒めるのは脳科学的にも効果があるようです。以前ある脳科学者が「脳は快楽主義者で、起きたことのすぐ直後に褒めるとその直前の動作を繰り返したくなるようになっている」とテレビで言っていたのを思い出し、体重計に乗った直後に、「予定通り体重をちゃんと計ったのはえらい」など、細かな動作に対しても自分を大げさに褒めるようにしました。それに効果があったのかわかりませんが、実際に少しずつ行動が変わり、今では毎朝のランニングと筋トレをするようになっています。

私よりも運動をされている方はたくさんいらっしゃるので、この実績自体はまったく大したものではないのですが、「不快を減らして、快感を適切に増やすことをやり続けた結果、リバウンドなく生活習慣が変わっていった」という点が着目していただきたいポイントです。

依存症レベルの課題を引き起こすメンタルモデル

構造のさらに奥底にあるのが「メンタルモデル」です。これは意識・無意識の前提であり、言い換えれば強力な固定観念となっているものです。第4章で触れた拒絶の自己も、メンタルモデルの一種です。**私たちの思考はメンタルモデルに影響されて展開し、それが構造や行動様式を生み出していく**のです。

そのため氷山モデルでは、最も深い層に位置づけられています。

「あの人は思い込みが激しいから、言動にもそれが表れている。でも本人は自覚していない」と思ったことはないでしょうか。その思い込みがまさにメンタルモデルであり、行動様式に表れているのです。

メンタルモデルに良い／悪いはありませんが、自分の中で繰り広げられる思考に確実に影響を与えるうえ、無意識下に埋め込まれていると自分自身は気づきづらいという点に注意が必要です。

無自覚なメンタルモデルに気づいたとき、多くの人は「うわ！　自分はこんな固定観念を持っていたんだ！」と驚きます。

中には隠したくなるものもあるでしょう。あるいは周りから「君って、○○って思ってない？」と言われて初めて、「え？　それって当たり前のことじゃないの？」とまったく疑いもしないものもあります。

隠したくなるメンタルモデルとは、たとえば「相手にバレなければ何をやったっていい」「うまく調子を合わせておけば嫌われなくて済む」「余計なことに口出しすると面倒が増えるだけだ」というものです。

それに対して、疑いもしないメンタルモデルとは「与えられた仕事に対して成果を出さなければ、やがて周りから見放される」「経営の命題は成長と存続だ」「自分らしくいられることが幸せだ」「嘘つきは信用を失う」といったようなものです。

こうしたメンタルモデルがあることで、その人の思考や行動がある程度パターン化していくのはイメージしやすいのではないでしょうか。

「相手にバレなければ何をやったっていい」というメンタルモデルがある人は、浮気をしたり、上司の目が届かないところで仕事をサボったりするかもしれません。

「うまく調子を合わせておけば嫌われなくて済む」というメンタルモデルがある人は、いつもニコニコしているものの、表面的に話を合わせるだけで、決して本音を言おうとしないかもしれません。「与えられた仕事に対して成果を出さなければ、やがて周りから見放される」というメンタルモデルがある人は、真面目に働くもののどこか余裕がなかったり、周りの人への不信感を抱いていたりするかもしれません。

そして、こうしたメンタルモデルは、ある特定の思考や行動に影響するだけでなく、特定の構造を生み出し、その生み出した構造によってさらに他のメンタルモデルが生み出されたり、既存のメンタルモデルが強化されたりします。

たとえば、「経営の命題は成長と存続だ」というメンタルモデルを持つ経営者は、会社に目標管理制度を導入し、株式上場を目指すかもしれません。目標管理制度という仕組みを運用するメカニズムも構造となります。また、株式上場を実現すれば、情報開示など法令上のさまざまなルールを課せられた、上場企業としての構造に組み込まれます。従って、「経営の命題は成長と存続だ」というメンタルモデルに沿った構造が生み出されていくのです。

それだけでなく、目標管理制度や上場企業に課せられるルール自体が、さらに「経営の命題は成長と存続だ」であるというメンタルモデルを強化していきます。

なぜなら、目標管理制度を厳格に運用すればするほど、良くも悪くも「目標を達成した人はすばらしく、達成できていない人はダメだ」という認識が生まれるうえ、目標達成している人が多ければ成長している感覚があり、目標達成していない人が増えれば成長や存続が危ぶまれる感覚が増すからです。

さらに、株主からは業績を順調に伸ばすことが期待されるため、文字通り「経営の命題は成長と存続だ」という思いは強くなっていくでしょう。メンタルモデルによって特定の行動様式や構造が生み出されますが、それ自体は問題ではありません。しかし、特定のメンタルモデルに端を発する問題症状は、再発する可能性が高くなります。

これは「依存症」レベルの課題となります。依存症レベルの課題が厄介なのは、仕組みやルール、つまり構造を変えても症状の再発を抑えづらい点にあります。たとえば癌や肝硬変という疾患によって発熱が生じている場合、癌の摘出手術や肝臓移植によって解決できるように思われるかもしれません。しかし、その患者がそもそも癌や肝硬変になった原因がアルコール依存症だったのだとしたら、それが克服されない限り、肝臓が移植によって入れ替わったとしても、根本的な解決にはなりません。

組織の問題もこれと似ています。実際、「余計なことに口出しすると面倒が増えるだけだ」というメンタルモデルを持つ社員が多い会社では、事なかれ主義や自分の仕事だけこなすという行動様式が生まれやすくなります。その結果、経営側が「目標の未達成」という症状をなんとかしようと目標管理制度を入れたとしても、社員側は自らの目標値を予め低く設定して目標を達成しやすくするような「制度の抜け道を探す」行動様式を生み出すこともあります。

その結果、「目標がいつも低く設定されて成長しない」「そのような会社の風土に嫌気がさして意欲ある社員が辞めていく」といった新しい症状を生み出すことになるのです。

システム思考では、メンタルモデルが構造に与える影響を可視化するために、因果ループ図の中に吹き出しの形でメンタルモデルを記述します。

先ほどのダイエットなし崩しループにメンタルモデルを追加したものが**図5-3**です。これはあくまで一例であり、個人によってメンタルモデルは異なるので、ぜひご自身でループ図を書いてみることをおすすめします。

大事なポイントは、吹き出しに書かれているようなメンタルモデルを持っている人であればあるほど、このダイエットなし崩しループにはまり込みやすくなるということです。

従って、ここにも「体重の増加」という症状に対する本質的な課題が依存症レベルとして存在しています。

問題症状…………体重の増加

本質的な課題……「無理をしてやるまでもない」「新たなストレスを抱えるのはよくない」といったさまざまなメンタルモデルの影響により、ループの再現が強化されている

つまり本質的な課題は1つとは限らず、複数存在しうるのです。なんであれ重要な点は、「より普遍的で影響範囲の大きい要素」ないしは、「物事の原理原則」を貫いた課題として定義されているかどうかです。

メンタルモデルは、浅いものから根深いものまであります。浅いものであれば、「こういうメンタルモデルが自分にはあったんだ！」と気づいたり、それが思い込みに過ぎないことを示す事例を知って「言われてみればそれは根拠がないな」と気づいたりすることで克服できる場合もあります。

たとえば「新たなストレスを抱えるのはよくない」というメンタルモデルによって、ダイエットに伴うストレスへの抵抗感が生じます。しかしこのメンタルモデルは、「現状維持をしておけば新たなストレスは生まれない」という前提に立っています。とはいえ現実生活においては、ダイエットをしなければ「自分が太っている」と認識することになるので、ストレスを自ら再生産してしまうのです。すなわち、「現状維持をしておけば新たなストレスは生まれない」とは言い切れないことがわかります。

従って、ダイエットによってストレスを感じるか、

図5-3　ダイエットなし崩しループのメンタルモデル

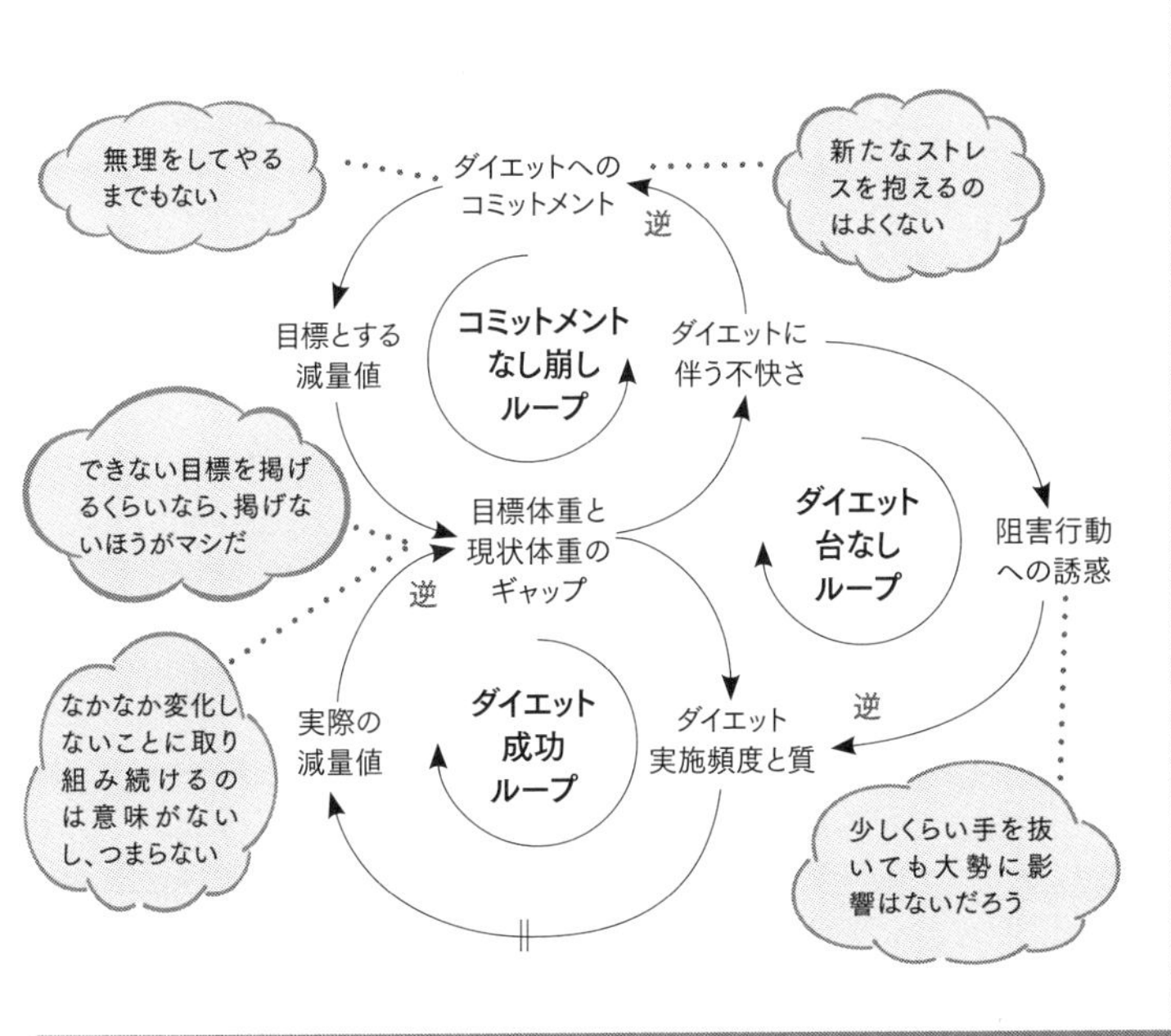

現状維持による肥満によってストレスを感じるかの違いになります。「どちらにしてもストレスを感じるならどちらを選択するのか？」ということです。

このような思考のプロセスを通じて、「言われてみればそうだ」と思い、これで「新たなストレスを抱えるのはよくない」という囚われから解放されるのであれば、それは浅いメンタルモデルであったといえるでしょう。

それに対して「できない目標を掲げるくらいなら、掲げないほうがマシだ」というメンタルモデルが、過去の囚われから生じた根深いものであったらどうでしょう。たとえば、学生時代に生徒会長になると決めて立候補した結果、惨敗に終わるどころか、周りから白い目で見られたという経験があり、「二度とあんな恥ずかしい思いや惨めな思いをしたくない」という気持ちが生じたことから始まっているのだとしたら、なかなか克服はできないでしょう。

その場合は、腰を据えて第4章で紹介した過去の囚われからの解放やトラウマ解消のワークを行ったり、日々の生活の中で「また、あのメンタルモデルが発動しているな」と気づき、その行動を変えようとするのではなくありのままを受け入れるような取り組みをすることで、いずれ癒やされるのを待つしかないこともあります。

少なくとも、自分にそういったメンタルモデルがあることに気づくだけで、むやみに同じ轍を踏むことは少なくなるので、それだけでも問題症状の再発頻度は減っていくことになるでしょう。

以上が、システム思考に基づく、深層にある本質的な課題の見極め方です。

私たちがいかに目に見えるようにしか物事を捉えないのか、あるいは解釈しやすいようにしか解釈しない傾向があるのか、そしてそれらが思考の罠となって問題症状を再発させるのかはイメージできたでしょうか。

ただ、システム思考を身につけるには、基礎的な知識と実践方法を学んだうえで、自らの手で少なくとも１００個程度の因果ループ図を書く必要があると言われています。個人差はあったとしても、そのくらいの労力はかかるものと考えておいたほうがいいでしょう。

とはいえ、現在は書籍や講座に限らず、ユーチューブなどでもわかりやすいシステム思考の解説がありますので、それらを活かしながら、できるところから始めていくことをおすすめします。

インテグラル理論「４象限」による統合的な視点の取り入れ方

システム思考に加えて、本質的な課題を見極めるヒントになるのが、アメリカの思想家であるケン・ウィルバーが提唱したインテグラル理論における、４象限（クワドラント）の考え方です。

この４象限の活用範囲は広く、その価値の大きさは語りつくせないほどです。そのためシステム思考同様、４象限自体も深く解説しようとするとそれだけで１冊の本が書けてしまいます。従ってここでは、まずは「目に見えるようにしか物事を捉えない」「解釈しやすいようにしか解釈しない」という思考の罠から抜け出すためのヒントという観点に絞ってご紹介します。

ケン・ウィルバーは、「目に見えない領域（内面）ー目に見える領域（外面）」と「個ー集合」という2軸で4象限をつくることにより、私たちが遭遇する森羅万象のすべてを表現できると提唱しました（**図5－4**）。彼は1つの事象や問題を取り扱ううえでも、この4象限のすべての象限から捉え、アプローチすることで真に統合的な解決が図れることを示唆しています。

たとえば、「若手の離職が止まらない」という組織内の問題症状について、4象限で考えてみましょう。

図5-4　インテグラル理論4象限

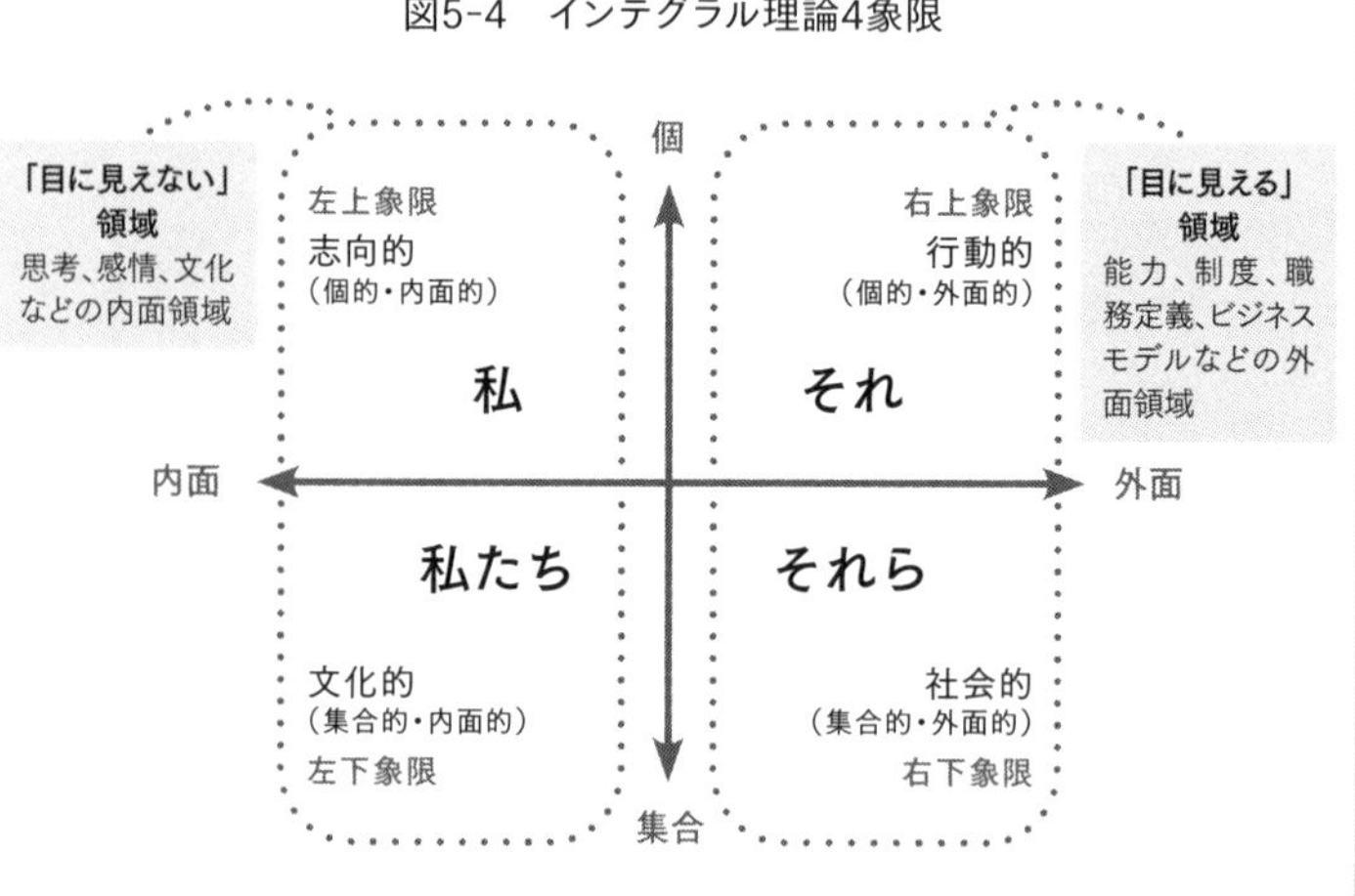

出所：ケン・ウィルバー『インテグラル理論』（日本能率協会マネジメントセンター）をもとに筆者作成

個的・内面的の領域（左上象限）——個人の認知・思考・感情など

- 「ブラック企業では働きたくない」「会社の仕事だけに縛られるつもりはない」という若手の心情
- 「中間層が機能していない」「みんな目先のことしか考えておらず、視座が低い」という経営者の本音
- 「自分がなんとかしなければ」「自分がやるしかない」と上層部と現場の板挟みになる中間管理職の苦悩

個的・外面的の領域（右上象限）——個人の行動・能力・職務定義など

- 「与えられた仕事のみを行う」「価値創出ではなく、タスクをこなすことだけに焦点を当てる」という若手の行動
- 「トップダウンの意思決定の連発」「組織変更指示の頻発」という経営者の行動
- 「抱え込みと叱責」「放任と過干渉の両極端な関わり」「パワハラ発言」「メンタルヘルスを恐れての表面的な応対」という中間管理職の行動

集合的・内面的の領域（左下象限）——ムード・関係性・文脈・文化など

- 「業界トップの誇り」「会社の伝統」「忖度と先送り」という文化

- 「主力製品は聖域」「声の大きい人の意見だけが通る」「役員は社長の取り巻きでイエスマン」という組織の文脈
- 「雑談のない関係」「困っている社員がいても見て見ぬふり」「古参と新参のすれ違いや対立」「トップとナンバー2の軋轢（あつれき）」といった関係性

集合的・外面的の領域（右下象限）――事業環境・製品・業務プロセスなど

- 「業績の悪化」「頻発する組織変更」「M＆Aの副作用」など会社の状況
- 「時代遅れの製品」「リコールの発生」「顧客満足度の低下」という製品の問題
- 「技術革新による競争激化」「参入障壁の破壊」「グローバル競争」といった競合の動静

こうした事象の1つひとつだけでも厄介ですが、これらが玉突きのように因果関係の連鎖を経た結果、「若手の離職」を引き起こしているのです。

図5-5では、分析したい対象を真ん中に配置し、その対象に関連した要素を各象限で列挙しながらそれぞれの因果関係を線で結んでいます。この手法を「4象限分析」といいます。

ここでは主に会社に関連する問題だけを挙げていますが、実際には「親の介護」「鬱による休職経験」「住宅ローンなど個人的なお金の問題」「職場内の恋愛／不倫関係」など、よりプライベートな事象も要素として絡んできます。

この4象限で物事を捉えようとすると、キリがないという感覚に襲われるかもしれませんが、それでも視点が偏った思考の罠から少しでも脱却できるという価値はあります。

4象限分析は、ある事象に対してどこに目をつけるべきなのかを浮かび上がらせてくれます。また、関係者と一緒に4象限分析を行いながら対話を繰り広げていくことで、課題に対する共通認識が養われていきます。

シンプルな手法ではありますが、「本質的な課題」により迫るきっかけを与えてくれる強力なツールとなりますので、ぜひお試しください。

図5-5　若手の離職をめぐる4象限分析

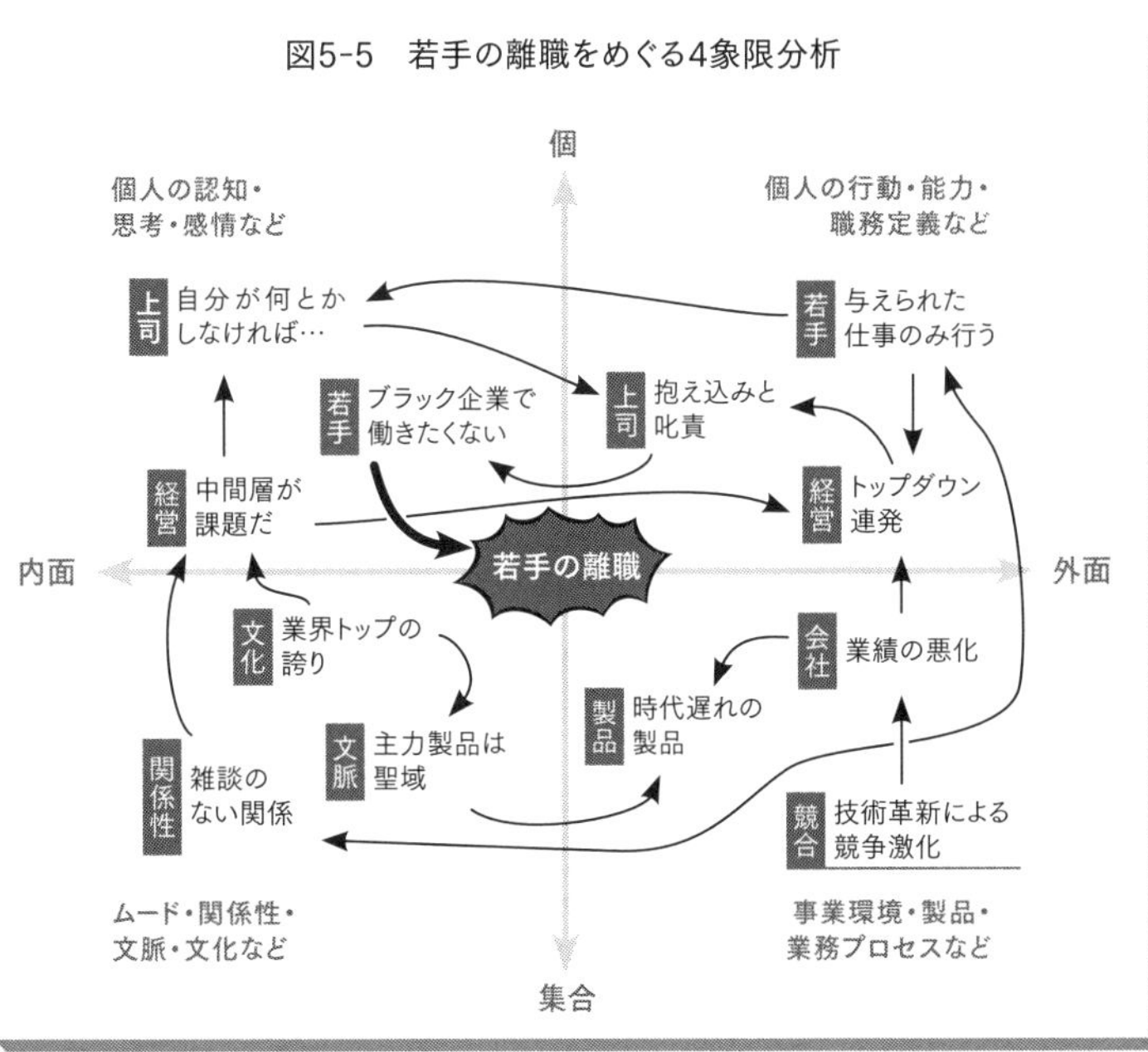

システム原型「うまくいかない解決策」を活用した本質的な課題の探究方法

本質的な課題を探るうえで、システム思考とインテグラル理論が有効であることを述べましたが、いずれも習熟するための学習と実践には時間を要します。

そのため特にシステム思考では、少しでもわかりやすく理解を深められるように、体感ワークや補助ツールなどが数多く存在しています。そのうちの1つが「システム原型」です。これは人間の認知能力では把握しづらいシステムの複雑さを簡略化して表現したもので、これを使うことでシステムをよりよく理解し、どう介入すればいいかが考えやすくなります。

システム原型は有名なものとしては約15個存在しています。すべての原型を使いこなせるに越したことはありませんが、1~3個ほど使えるようになるだけで本質的な課題に迫れる度合いは高まります。

システム原型を活用する利点の1つは、自分自身が遭遇・直面している状況に対して、アハ体験に到達することにあります。ここでいうアハ体験とは、その状況に対して「だから、何度やってもうまくいかなかったんだ!」「自分で自分の首を絞めていたとは思いもしなかった」「問題の解決どころか、悪化させていたなんて……」といった気づきを得ることを意味しています。

システム原型による探究を単なる「分析」と捉えてしまうと、パズルゲームのように、自分が既に知っていることを当てはめるだけで終わってしまい、何の気づきにも至れません。

従って、システム原型を使って本質的な課題を探るためには、「自分自身にとって盲点となっていることは何だろう?」と自らに問いかけ続けることが重要です。

これから「うまくいかない解決策」(図5-6参照)という原型を使って本質的な課題を探究する方法を紹介します。これは最もシンプルな原型なので、ループ図を描いても「当たり前のことで何の発見もない」「これを解決できないから苦しんでいるのだ」と感じる可能性もあります。だからこそ、より意識的に自分の盲点がどこにあるのかを探ってみるようにしてください。

「うまくいかない解決策」で表されているのは、次のようなプロセスです。

- 問題の症状やプレッシャーに対して、その場しのぎの応急処置や短期対策を行う
- そして結果、短期的には解決したように見えるかもしれないが、中長期的には意図せざる結果、つまり、「まさかこんなことになってしまうなんて!」と言いたくなるような結果が生まれる
- それがさらに問題の症状やプレッシャーを生み出している

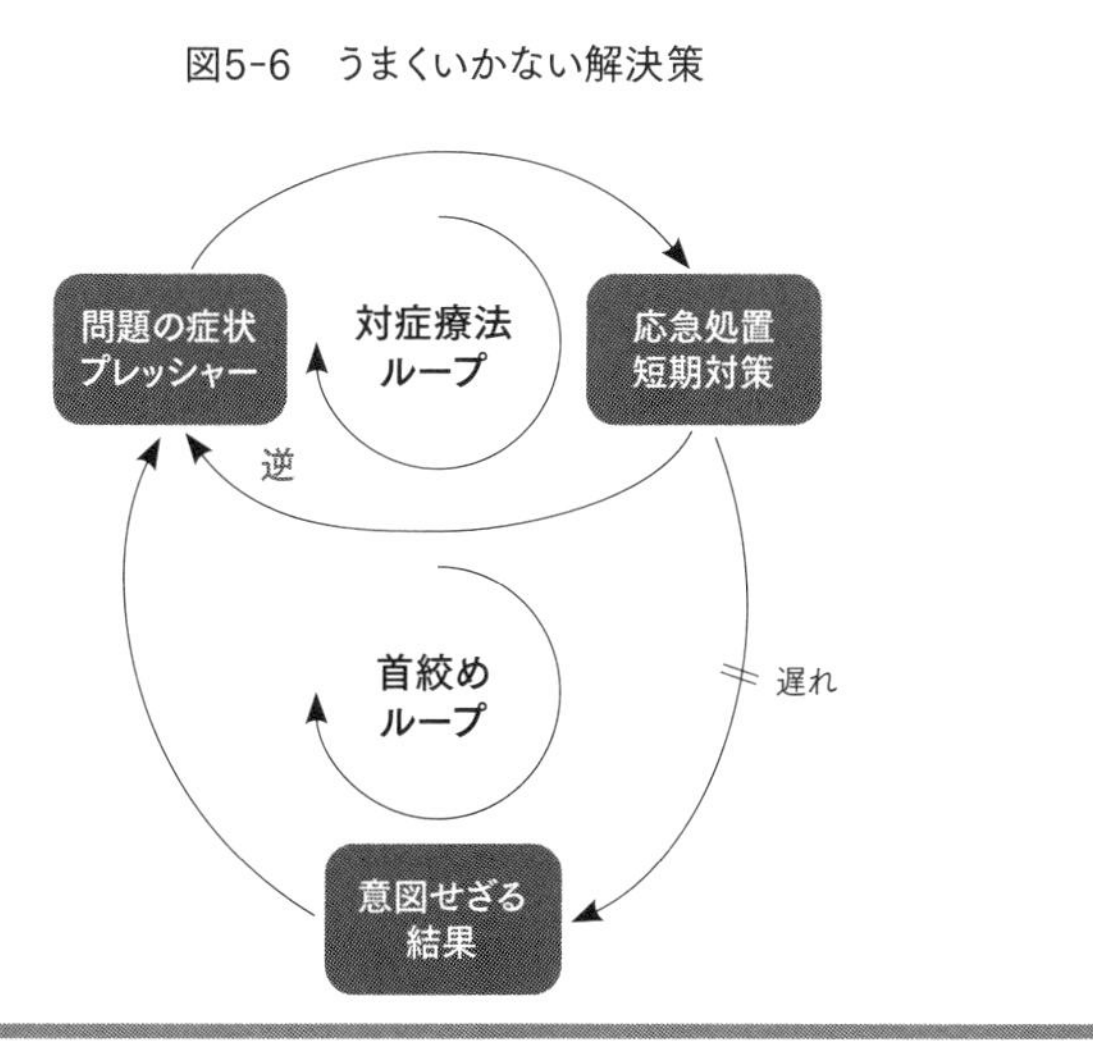

図5-6　うまくいかない解決策

この原型には注目すべきポイントが3つあります。

1つ目は、問題の症状やプレッシャーに対する応急処置や短期対策によって、一定の効果が出ているように見えてしまうことです。そのため、**自分がその場しのぎの対策に陥っているに過ぎないことに気づくとは限らない**のです。もっといえば、「適切な措置を取れている」と思い込んでしまっていることも少なくありません。

2つ目は、応急処置や短期対策を行ってから意図せざる結果が発生するまでに、時間の遅れを伴うということです。つまり何年あるいは何十年も経ってから、意図せざる結果が副作用となって表れてくるのはざらにあるということです。これが意味するのは、**「過去に行った応急処置や短期対策のせいで、新たな問題が今になって現れてきている因果関係」や「今これから行おうとしている応急処置や短期対策は、将来に新たな問題を生むことになる因果関係」に気づきにくくなる**ということです。そのため私たちは、今、遭遇・直面している問題がどこから来たのかにも、今の自分たちの行動が将来の墓穴を掘っていることにも気づくことができず、問題を複雑化させ続けてしまう可能性があるということです。

3つ目は、応急処置や短期対策は、問題の症状やプレッシャーの緩和という**目先の効果を生むだけでなく、その後も同様の効果が見込めると期待させてしまうために、中毒的に、応急処置や短期対策に依存しやすくなる**ということです。

「うまくいかない解決策」は、一見シンプルですが、これまで挙げたような3つの事象が絡み合うことで、一気に問題解決の難度が高まるのです。

それでは実際に「うまくいかない解決策」を活用して、サンプル事例を使いながら自分自身が遭遇・直面している状況や問題症状に対して、本質的な課題を探究するワークを具体的に説明していきます（ワークシートはダウンロードが可能です）。※

うまくいかない解決策を使った本質的な課題の探究

STEP 1　自分自身が題材として取り上げたい状況を選び、「私が遭遇・直面している状況」に記述する

自分自身が当事者として関与している状況のうち、ネガティブな感覚や感情（不本意に感じる、フラストレーションを抱えている、不満を感じている、苛立ちや怒りを感じている、気分が落ち込んでいるなど）を長きにわたって抱いている題材を思い起こしてください（**図5-7-a**）。

ただし、その状況に対処するために、既に対策を講じているか、これから対策を講じる予定であり、それを実行すれば時間の経過と共にその事象は根絶するだろうと思えるような内容は、題材としてはふさわしくありません。あくまで、「この問題は昔からずっと繰り返してきた」「改善することはあっても、今後もなんらかの形で問題として継続するだろう」「この状況のことを思い浮かべるだけで、いつものネガティブな感覚がよみがえってくる」と思えるような内容のほうが効果的です。

※ 本ワークの解説動画の視聴とワークシートのダウンロードは以下のURLより申し込み可能です。QRコードは巻末に記載されています。
https://www.authentic-a.com/campaign-visionprocessing-sheet

STEP 2 その状況下で、自分が何に対してどのようにフラストレーションを抱えており、どのくらいの期間継続しているのかを「問題の症状やプレッシャー」に記述する

ステップ1で記載した「私が遭遇・直面している状況」の中で、自分自身が実際に不快に感じている状況を詳しく記載します（図5-7-b）。その際、自分が感じている感情として「むかつく！」「イラつく！」ということだけを単に書くのではなく、具体的に自分はどんな出来事に対してその感情を抱いているのかを、箇条書きで詳しく記載します。できる限り多いほうが望ましいですが、少なくとも10個以上はリストアップしておくと、この後のステップが深まりやすくなります。

たとえば「メールの返信が遅い」といった、他の人からは些細に見えるものでもかまいません。この状況に対して、自分自身が不快に感じているかどうかが1つの目安になります。なぜなら、その状況を不快に感じていればいるほど、「一刻も早く取り除きたい」という衝動にかられやすくなり、次に記載する「応急処置や短期対策」につながりやすくなるからです。

「不快かと言われるとそうでもない」「自分はあまり物事に不快に感じるということはない」という場合は、その状況を何かしら不都合に感じているかどうかを考え、何に対して不都合を感じているのかを詳細に記載するようにしてみてください。

図5-7-a　うまくいかない解決策 サンプル①

STEP 1　私が遭遇・直面している状況

私は管理職になって2年目になるが、現在の部署で10名ほどの部下を抱えている。

50代半ばのシニア層の部下が1人いるが、覇気が感じられず、他の部下のモチベーションにも影響を与えている。私よりも15歳以上年上であることもあり、気を遣って関わっているものの、一向に状況は変わらない。

この部署の技術革新は目覚ましく、自学自習は欠かせないが本人は自分のスキルで部署に貢献できているし、通用すると思っているのか新しく何かを学ぼうとしているようにも見えない。

POINT

自分自身が遭遇している状況を第三者に説明するように詳細に記載する。
その状況の中に複数の利害関係者がいる場合はその旨も記載する。

図5-7-b　うまくいかない解決策 サンプル②

STEP 1 私が遭遇・直面している状況	50代半ばのシニア層の部下に覇気が感じられず、他の部下のモチベーションにも影響を与えている。本人は新しく何かを学ぼうとしているようにも見えない。

STEP 2　問題の症状やプレッシャー

- 覇気が感じられず、仕事が遅い。メールもなかなか返信しない、会議中居眠りする
- こちらから依頼するまで自ら動こうとしない
- 面倒な仕事は露骨に嫌がられる
- 「〇〇さんが上司なんだから好きなようにやればいいんじゃないですか?」と投げやりに言われる
- 部内の会議で私が発言すると「いや、それは……」とすぐに否定しようとする
- 自学自習をしようとせず、知識・スキルが古い
- 他の部下から「あの人との仕事はやりにくいので、担当を変えてほしい」と言われる

遭遇している状況の中で不快に感じている事象を具体的に記載し、箇条書きで記入する。メールの返信が遅い、生返事をするなど、細かい所作が記載されていればいるほど、後のステップを行いやすくなります。

STEP 3 「問題の症状やプレッシャー」に対して、自分自身が実際にとってきた／とっている対策を「応急処置や短期対策」に記述する

ここで記載するのは、ステップ2で記載した問題の症状やプレッシャーへの、いわば対抗措置です（図5－7－c）。1つひとつの問題の症状やプレッシャー項目に対して、それに伴う不快な感覚を解消するために行っていることを考えてください。

たとえば「職場の上司の言動にむしゃくしゃしてバッティングセンターに行く」「スマホゲームで普段行わないような課金をする」などのストレス解消行動は、不快な感覚を取り除くための応急処置や短期対策であることを自覚しています。

一方で、「退職者が増えているので採用人数を増やす」といった、必要性と緊急性が高いためにとっている行動もあるでしょう。その場合は、不快な感覚を取り除くためであると感じづらいかもしれませんが、「退職者が増えている」という望んでいないものを取り除いている行動には変わりありません。

いずれにしても、「不快な感覚を取り除く」あるいは少なくとも「不快な感覚から遠ざかることができる」という感覚を頼りにしながら書き出していってください。

また、ここで記載する行動をとったとしても、実際には不快な感覚を一時的には緩和できても完全には取り除くことができていない、ということはよくあります。従って、実際に不快な感覚を取り除くことができたかどうかではなく、一時的にでも取り除いたり遠ざけたりする

図5-7-c　うまくいかない解決策 サンプル③

STEP 1
私が遭遇・直面している状況

50代半ばのシニア層の部下に覇気が感じられず、他の部下のモチベーションにも影響を与えている。本人は新しく何かを学ぼうとしているようにも見えない。

STEP 2
問題の症状やプレッシャー

- 覇気が感じられず、仕事が遅い
- こちらから依頼するまで自ら動こうとしない
- 面倒な仕事は露骨に嫌がられる

…etc.

→
← 逆

STEP 3　応急処置や短期対策

- 対応が遅れ気味なので、できれば早めに対応してほしいと依頼する
- 期日に遅れないように早めにリマインドを出す
- タスクリストを作成してもらい、進捗状況を報告してもらうようにする
- プライドを傷つけないように、丁寧に関わる
- ベテランであることを強調して意見を求める
- 急ぎ、面倒、難しい仕事等は、頼みやすい部下に頼む
- 部内で担当を変えられる業務を洗い出し、できる限り他の部下のモチベーションを維持しようとする

POINT

「問題症状、プレッシャー」で記載した事柄の1つひとつに対応する形で、自分自身が実際にやっている、あるいはやろうとしている対策を記載する。その際、「理想の対策」ではなく、実際に自分自身が行っている対策を記載することが重要。従って、「私もこの対策がいいとは思っていない」と思うものの実施してしまっているものも記載する。

ために行動しているものであればそれで結構です。

STEP 4 応急処置や短期対策によって、どんな因果関係が生まれ、結果的に望んでいない結果が起こりうるのか、あるいは起こりつつあるのかを「意図せざる結果」に記述する

このステップが最大の難所であり、このワークの肝です。「意図せざる結果」を適切に掘り下げられれば、アハ体験に至る可能性が高まるからです。

意図せざる結果とは、「もともとの意図とは異なる状況」「誰も望まない事態」「予期していなかった厄介事」「予想と反した影響」のような意味を含んでいます。

このステップでは、自分にとって盲点となっていたもの、気づいていなかったものを記述するのがポイントです。これまでの経験から因果関係を簡単に想像できるような想定の範囲内のものを書くと、「そんなことは前々から知っていたし、わかり切っていたことだ」という感覚を抱きやすくなります。

逆に、「長年の謎が解けた！」「そういうことだったのか！」「まさか、ここそこがつながるなんて……」という感覚が高いものほど大きな効果を得られるでしょう。

もう1つのポイントは、その意図せざる結果が、ステップ2で書いた問題の症状やプレッシャーの原因になっているかどうかを確認することも重要です。つまり、「自分がかつて良か

れと思ってやったことが、結果的に自分の首を絞めてしまっている」という気づきを得られるかどうかです。過去の自分の行動が、ブーメランのように現在や未来の自分に襲いかかってくることを実感すると、「なんてことだ！」と頭を抱えたくなるような感覚を抱くでしょう。これが、「うまくいかない解決策」の原型を活用することの意義です。逆に、そうした感覚が芽生えていなければ、本質的な課題にたどり着いたとはいえない可能性が高いでしょう。

この原型によるアハ体験をより深く得られるようにするうえでポイントになるのが、ステップ2〜4で書き出した内容同士の「つながり」です。つまり、応急処置や短期対策が意図せざる結果を生み出しているのか、そして意図せざる結果が巡り巡って問題の症状やプレッシャーを生み出しているのかどうかを解明することが重要です。

私たちは、**意図せざる結果に気づいていないか、これらの因果関係に気づいていないために、この原型にはまり込んでいることがあります。**自覚できていない意図せざる結果はなかなかすぐには発見できないので、まずはこの因果関係からたどっていくようにします。

具体的には、以下のような問いを自らに投げかけてみるのがよいでしょう。

Ａ「応急処置や短期対策→意図せざる結果」の因果関係を探る問い

◯◯にはステップ3で挙げた応急処置や短期対策を記入します。

- ◯◯を続けてしまった結果、知らず知らずのうちに澱（おり）がたまるように蓄積してしまうものがあるとしたら、それは何か？
- 当初はかすり傷のような影響が、何度も◯◯を繰り返していくうちに大惨事や大きなトラブルにつながっていくものがあるとしたら、それは何か？
- かつて◯◯を選んだ時には軽んじていた影響のうち、今や見過ごせない問題や状況にまで発展しているものがあるとしたら、それは何か？
- ◯◯自体は間違っているとは言えないが、その対策をとってしまうからこそ脇が甘くなったり隙が生じたりしているとしたら、それは何か？
- 上記のような脇の甘さや隙が生じた結果、実際にそこに付け込まれてしまっているとしたら、それは何か？
- ◯◯自体は間違っているとは言えないが、それが他の誰かに不満を生み出し、その結果どこかの時点で不満が爆発するような事態に発展している、あるいは今後発展しうるとしたら、それは何か？

B「意図せざる結果↓問題の症状やプレッシャー」の因果関係を探る問い

△△にはステップ2で挙げた問題の症状やプレッシャー、◯◯にはステップ3で挙げた応急処置や短期対策を記入します。

- 何が△△の原因となっているのか？　その意図せざる結果があるからこそ△△が生まれる、あるいは全体の状況が悪化するようなものは何か？
- 良かれと思って取り組んだ◯◯が、将来の自分の首を絞めるように△△を生み出しているのだとしたら、その◯◯と△△のあいだをつなぐものとは何か？
- 仮に◯◯とは真逆の取り組みをしたとしたら、時間の遅れを伴いながらも△△は緩和するだろうか？　もし緩和するとしたら、これまで行ってきた、あるいは今後行おうとしている◯◯は、どんな事象を誘発しているのか？
- あらゆる制約を取り払って△△を根絶できる手段があるとしたら、それは何か？　その手段と◯◯の違いは何か？　その違いが意図せざる結果を生んでいるとしたら、それは何か？

C　偶発的に意図せざる結果をあぶり出す問い

Cの問いは、AとBの問いを投げかけてみても、あまりピンと来る答えが得られなかった場合に試してみてください。この問いによって、初めは関連性がないように見える出来事を探究し、その後、応急処置や短期対策、もしくは問題の症状やプレッシャーとのあいだに因果関係があるかどうかを検討します。これは偶発的な発見を目指しているため、この問いから得られた答えがそのまま「意図せざる結果」になるとは限らないので注意が必要です。

△△にはステップ2で挙げた問題の症状やプレッシャー、◯◯にはステップ3で挙げた応急処置や短期対策を記入します。

- △△とは一見関係なさそうだが関連していそうなことで、頭を抱えたくなるような出来事、喉に小骨が刺さったような違和感を覚えること、不本意ながらも対応を余儀なくされるようなことなどがあるとしたら、それは何か?
- △△に対して◯◯を講じている場面が、ドラマや映画のように画面上で展開しており、自分自身はそのシーンを観客として眺めていると想像しよう。その中にいる登場人物たちが気づかないうちに周囲に悪影響を及ぼしているとしたら、それは何か?
- △△に関連する状況の中で、半ば諦めていることがあるとしたら、それは何か?

上記3つの問いで何らかの答えが浮かんだら、「もし、それが意図せざる結果であると仮定すると、◯◯や△△と因果関係はあるか?」を問いかけて検証してみてください(図5-7-d)。

STEP 5 それぞれの要素における「声なき声」を吹き出しに記入する

「問題の症状やプレッシャー」「応急処置や短期対策」「意図せざる結果」のそれぞれにおいて、さまざまな登場人物がいるはずです。それぞれの場面において、その人物たちの中では、何らか

図5-7-d うまくいかない解決策 サンプル④

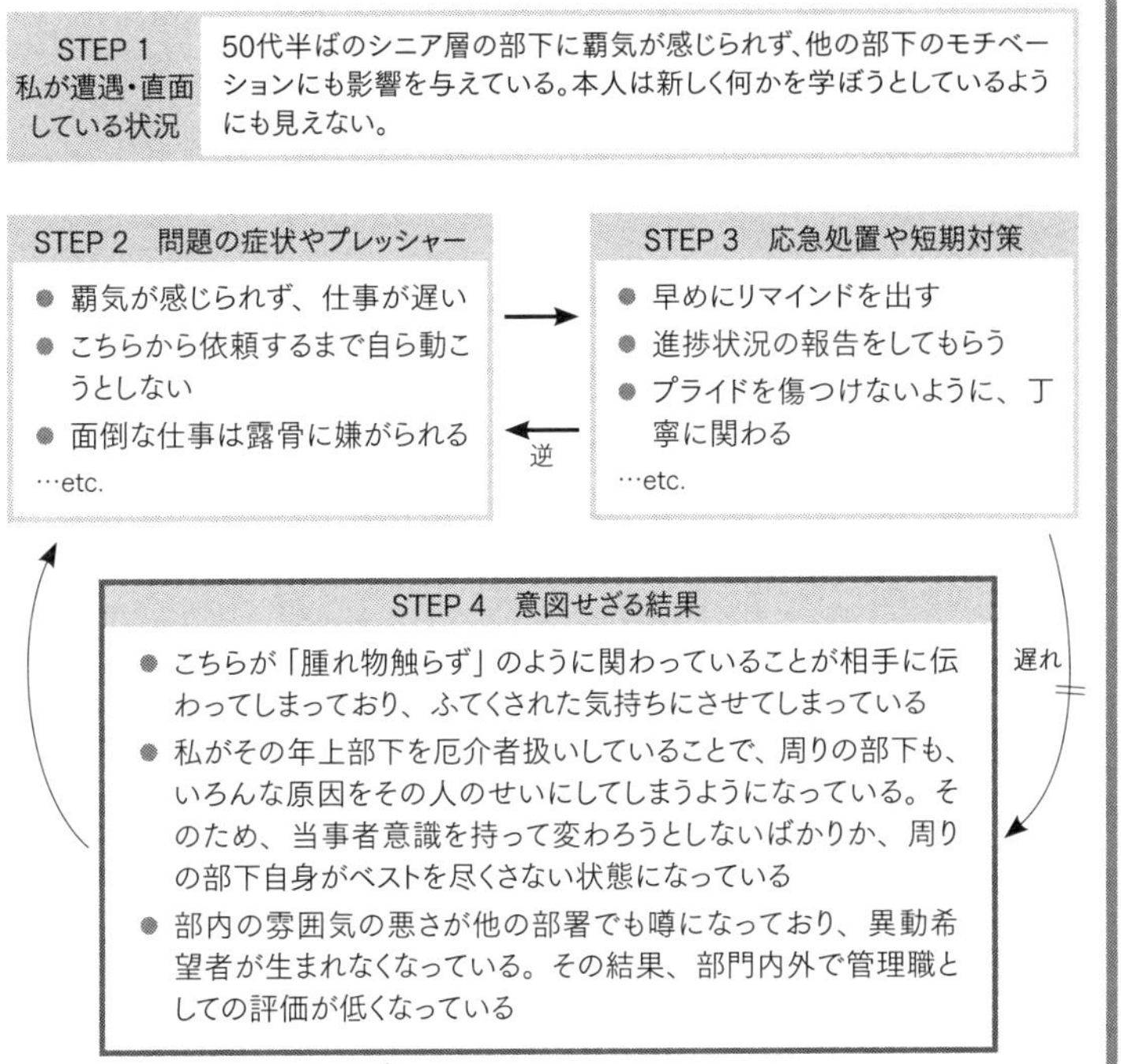

STEP 1 私が遭遇・直面している状況
50代半ばのシニア層の部下に覇気が感じられず、他の部下のモチベーションにも影響を与えている。本人は新しく何かを学ぼうとしているようにも見えない。

STEP 2 問題の症状やプレッシャー
- 覇気が感じられず、仕事が遅い
- こちらから依頼するまで自ら動こうとしない
- 面倒な仕事は露骨に嫌がられる

…etc.

STEP 3 応急処置や短期対策
- 早めにリマインドを出す
- 進捗状況の報告をしてもらう
- プライドを傷つけないように、丁寧に関わる

…etc.

逆

遅れ

STEP 4 意図せざる結果
- こちらが「腫れ物触らず」のように関わっていることが相手に伝わってしまっており、ふてくされた気持ちにさせてしまっている
- 私がその年上部下を厄介者扱いしていることで、周りの部下も、いろんな原因をその人のせいにしてしまうようになっている。そのため、当事者意識を持って変わろうとしないばかりか、周りの部下自身がベストを尽くさない状態になっている
- 部内の雰囲気の悪さが他の部署でも噂になっており、異動希望者が生まれなくなっている。その結果、部門内外で管理職としての評価が低くなっている

POINT

「応急処置や短期対策」に手を出してしまっているために、生じている「意図せざる結果」を記入する。想定の範囲内の影響ではなく、想定の範囲外にある、すなわち盲点となっている影響は何かを探るようにする。また、ここで記載された内容は、「問題の症状やプレッシャー」を生む原因となっているかを検証する。

の不平、不満、正当化、意見といった、「声なき声」があるはずです。それらを想像しながら、ワークシートの吹き出しの中に、マンガの台詞のように記載します。誰の台詞であるのかを明記したほうがわかりやすい場合は、吹き出しに添えましょう（図5-7-e）。

STEP 6 他者からフィードバックを得ながらワークシートの精度を高める

ステップ1〜5まで書き終えたところで、他の人にワークシートを紹介し、何が意図せざる結果になっているように思うかを尋ね、フィードバックをもらいます。その相手は、この状況の当事者ではなく、率直に意見を述べてくれる人がよいでしょう。

わざわざこのステップを踏む理由は、当事者である自分にはなかった観点を第三者から指摘してもらうことで、意図せざる結果を新たに発見したり、さらに深掘りしたりしていくためです。

もし心に余裕があれば、他の当事者にフィードバックをもらうことも有効です。もしそれが実現すれば、フィードバックをもらうだけでなく、当事者同士の対話に発展する可能性が高いため、問題解決に向けた効果が見込まれます。ただし、相手からもらったフィードバックの内容に対して抵抗感を抱き、思わず反発したくなる可能性もあるため、注意が必要です。

いずれにしても、フィードバックを受け取る過程で新たな発見があれば、ワークシートに追記して精度を高めていきましょう。

図5-7-e　うまくいかない解決策 サンプル⑤

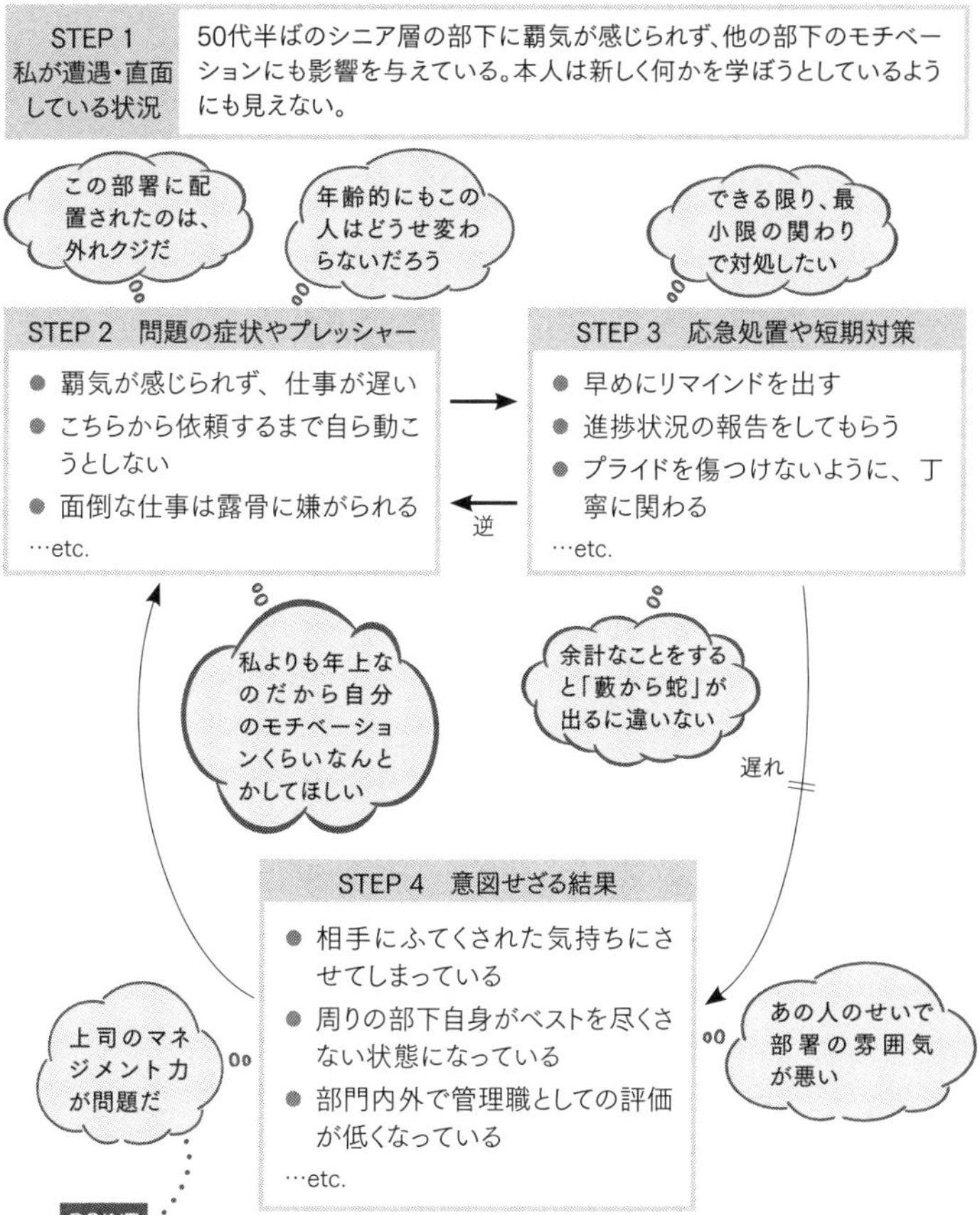

STEP 1 私が遭遇・直面している状況	50代半ばのシニア層の部下に覇気が感じられず、他の部下のモチベーションにも影響を与えている。本人は新しく何かを学ぼうとしているようにも見えない。

POINT

「問題の症状やプレッシャー」「応急処置や短期対策」「意図せざる結果」それぞれの場面において、自分自身や関係者の内側にある声を吹き出しに台詞のように記載する。この台詞に一貫する形で、それぞれの箱に記載された言動が生まれているのかどうかに注意を向けてみると、よりループの因果関係が明確に理解できるようになる。

STEP 7 本質的な課題を定義する

ステップ6までたどり着けば、全体の構造がかなり明確に見えているでしょう。問題の症状やプレッシャーに対して、それを取り除こうとするものの、意図せざる結果が生まれ、それがさらなる問題の症状やプレッシャーを再生産してしまっているのです。

この構造から本質的な課題を見極めていきますが、ここで留意しておきたいのが、問題の症状やプレッシャーを生み出す要因も、本質的な課題になりうるものも複数存在する可能性があるという点です。そのため、いくつかの候補を挙げたうえで、その中から本質的な課題を選んで定義する必要があります。ただし、どれか1つに絞る必要はありません。

重要なのは、問題の背景や深層にある、より普遍的で影響範囲の大きい要因、もしくは事象発生の原理原則を踏まえながら定義することです。

「うまくいかない解決策」において本質的な課題を見極めるうえでは、次のような問いが効果的です。

A　問題の症状やプレッシャーの発生原因は何か？
B　自分の中の何が問題の症状やプレッシャーを不快に感じさせてしまうのか？
C　応急処置・短期対策への中毒的な依存を生み出すメンタルモデルは何か？
D　意図せざる結果を減少あるいは根絶させるための施策は何か？

E「うまくいかない解決策」の構造に対して、他の関係者と協力できるようにするために、どんな働きかけが求められているか？

A　問題症状、プレッシャーの発生原因は何か？

問題の症状やプレッシャーがそもそもなぜ生じているのかを、直接的に掘り下げていくための問いです。原型の中では、意図せざる結果も原因の1つですが、これはもともと応急処置や短期対策の副作用を挙げたものであり、それ以外にも原因は当然ありえます。

サンプル事例の場合、「人事制度がシニア層のモチベーション低下を招いている」「以前、本人が会社に不満や怒りを抱くきっかけとなる事件があった」ということが考えられるかもしれません。そのような原因が存在していたとしたら、サンプルのワークシートを書いた上司個人がいくら態度を改めても解決できない可能性は高いでしょう。しかし、たとえ原因が自分の手に負えないものでも、問題の背景に何があるのかを知ろうとすることは改善のための一歩です。

B　自分の中の何が問題症状、プレッシャーを不快に感じさせてしまうのか？

問題の症状やプレッシャーに対して反応的になってしまう、人間としての特性と向き合うための問いです。

よく「あの人は肝が据わっている」と表現することがありますが、その人は何か問題が起こっても、動揺して状況を悪化させるようなことはせず、ゆったりと自然体で受け止められている状態でいられることを示唆しています。逆にいえば、肝が据わった人のように問題の症状やプレッシャーと向き合えず、応急処置や短期対策についつい手を出してしまうと「うまくいかない解決策」にはまり込んでいる可能性が高いのです。

そのように考えてみると、他の誰でもない自分自身が肝が据わった状態になれれば、この悪循環を少なくとも緩和できることがわかります。とはいえ、誰もがその境地に到れるわけではなく、時に修羅場をくぐるような深い人生経験が必要な場合もあります。

そこで、少しずつ自然体でいられるようになるために役立つのが、自分で自身にブレーキをかけている、内面の制約と向き合うことです。それがBの問いへの答えの背景となるものです。ゆったりと構えられず、ついつい反応してしまうのは、その状況を受け入れがたいと思わせる何かが自分の中で潜んでいるからです。その特定方法の1つとして、第4章で紹介した「〈拒絶の自己〉受容法」が役に立つので、ぜひ試してみてください。

C　応急処置・短期対策への中毒的な依存を生み出すメンタルモデルは何か？

これを問いかけることは、その依存状態から脱却するための第一歩です。自分の行動が応急処置や短期対策であると自覚できていないこともある一方で、自覚しているにもかかわらずその行動をとらざるを得ない状態も多々あります。

いずれにしても厄介なのは、応急処置や短期対策は中毒性を持ちやすいという点です。それは、問題症状やプレッシャーが生じている状態においては、不快な感覚を伴っているうえ、応急処置や短期対策によってその不快な感覚を取り除けた解放感や前進感などが錯覚的に得られてしまうことに起因します。そうした不快な感覚が一時的に取り除けないまでも、他に打つ手がなく、不安から手を出し続けてしまうこともあります。わかりやすいケースで言えば、効果がどのくらいあるのかわからない広告を打ち続けることなどがその一例でしょう。

こうした中毒状態によって、視野が極端に狭められている可能性があります。「視点を変えてみれば、そもそも応急処置や短期対策に依存する必要はない」と気づいたり、「打つ手がない状態は依然として変わらないけれど、瓢箪から駒が出るまで他のやり方を模索してみよう」という意欲が湧いたりするかもしれません。いずれにしても、極端に視野が狭まってしまうのは、何かしらのメンタルモデルの影響が考えられます。

ここでステップ５で見出した「声なき声」が活用できます。吹き出しの内容そのものがメンタルモデルの場合もあれば、その背景を探っていくことでメンタルモデルにたどり着く場合もあります。自分自身や周りの人たちの中でどんなメンタルモデルがあるのかを特定できたら、それは思い込みに過ぎないと捉え直したり、あえてそのメンタルモデルに逆らうような行動をとったりしてみるとよいでしょう。

サンプルの事例では、「余計なことをすると藪蛇（やぶへび）に違いない」というものが記載されていますが、これはそのままでも十分にメンタルモデルであるといえます。

もちろん、余計なことをすることで藪蛇になる、つまり厄介事が増えたり状況が悪化したりすることはあるかもしれません。一方で、あらゆるケースでそうなるとは限らないので、あえて余計なことをやってみると、意外と藪蛇にはならないことに気づけるかもしれません。

このように、メンタルモデルを特定してはそれを覆すような活動を繰り返すことで、応急処置や短期対策への中毒状態が緩和され、依存しなくても済む状態になりやすくなるでしょう。

D　意図せざる結果を減少あるいは根絶させるための対策は何か？

問題の症状やプレッシャーの再発原因の1つである意図せざる結果に直接働きかける問いです。適切な施策を講じることができればかなりの効果が見込めますが、実際にはいろんな意味で骨が折れる作業になります。特に、心理的な抵抗感と向き合うことになり、そのための勇気も必要です。

サンプルで言えば、自分自身や周りの人たちがシニア部下に対して腫れ物のように関わっていることが、問題の症状やプレッシャーを再発させています。従って、「そのシニア層の部下としっかりと向き合い、対等な人同士として対話を重ねられるかどうか」が本質的な課題となりうるでしょう。

Ｅ　うまくいかない解決策の構造に対して、他の関係者と協力できるようにするために、どんな働きかけが求められているか？

関係者がいわゆる「お互いの首を絞めあっている」場合に効果的な問いです。このサンプルでいえば、上司とシニア層の部下だけでなく、周りの部下たちも当事者として本人に影響を与えている可能性が示唆されています。その場合、上司である自分個人の活動だけでは効果が限定的になる可能性があるため、関係者を一堂に集めて協力関係を築く必要があるかもしれません。

とはいえ、そもそも各自が見ている現実が異なっていると、よりよい協力関係は築けません。いきなり施策を考えるのではなく、「今、自分たちが陥っている構造はどのようなものか」について対話することで構造に対する共通認識を育み、共に手段を考えながら施策を探っていくのがよいでしょう。

もちろん、そうした話し合いの場を設けること自体が難しいケースもあるので、参加してもらうために何をどのように伝えていけばよいのかといった順序や言葉遣いを丁寧に考えることも重要です。

A～Eの問いは、どれか1つには絞りきれず、複数あるいはすべての問いを使って本質的な課題を見出す必要があるかもしれません。また、あくまでも参考としての問いのリストなので、独自の観点や表現を使って内省しても構いません。いずれにせよ、応急処置や短期対策へのはまり込みから脱却し、問題の症状やプレッシャーの根絶に近づけるかどうか、という観点から本質的な課題を探究していくとよいでしょう。

本章では、システム思考やインテグラル理論4象限を参考に、本質的な課題を見出す一歩としての実践方法を紹介してきました。

心の羅針盤も本質的な課題も何らかのテクニックやスキルを知ればすぐに見出せるようなものではなく、実践と内省を繰り返しながら、自分自身のメンタルモデルと向き合い、アップデートしていくことで少しずつ探究法を身につけていくものです。その際には、関連書を読む、ワークショップで学習するといったことも役立つでしょう。

非秩序系のVUCAワールドの中で「本当に大切にしていることを存在させようとする」ことから遠ざかっていると感じたら、ぜひ第4章と第5章を読み返して、実践に活用してみてください。

本章のポイント

- 「なぜ、そうでなくてはならないのか？」という問いは、現状維持の打破や本質的な価値の発掘を可能にする
- 繰り返される問題症状は、対症療法では根本解決に至らないケースが多いが、背後にある行動様式や構造を明らかにすることで、疾患レベルへのアプローチが可能になる
- 繰り返される問題症状、行動様式、構造の深層にあるメンタルモデルの発掘と転換は、依存症レベルの課題解決に役立つ
- ４象限分析を丁寧に行うことにより、より偏りの少ない統合的な視点を持った物事の捉え方が可能になる
- システム原型は、本質的な課題の探究に役立つ実践的なツールである

Column 5

インテグラル理論「4象限」の活用上の観点

本章で紹介したインテグラル理論の4象限は、私たちが遭遇する森羅万象のすべてを表す地図として表現されています。しかし、あまりにも応用範囲が広く抽象度が高いので、活用方法がわかりづらいという声もよく聞きます。また、私たちの発達段階（成人発達理論における、人としての器や能力の発達度合い）によっても理解の仕方、深め方が異なるため、人によって4象限の語り方が異なります。

本コラムでは、より身近な例を用いながら理解する方法と効果を解説します。

まず、4象限は私たちの周りで起こる物事の理解を助ける道具として位置づけるのがわかりやすいでしょう。4象限は、「内面的／外面的」という左右の象限と、「個的／集合的」という上下の象限に分かれています。

左右の象限について、簡潔にいえば内面的とは、私あるいは私たちの「主観的」なものを指しています。思考や感情など、人の内面の中で発生し、本人でしかその体験の質感を把握できないものです。

一方の外面的とは、「客観的」なものを指しています。行動や実際に起きている事象など、複数の人が同じ事物として観察できるもののことです。

私たちが日々直面・遭遇している状況や世界には、内面的領域と外面的領域の両方が存在しており、それらが相互に影響を与え合っています。飲食店を例にとって考えてみましょう（以下、簡潔に内面的を「内」、外面的を「外」と表記しています）。

ある人が通りを歩いていた（外）。たまたま飲食店の看板を目にした（外）ので、そのお店に入ってみた（外）。店員同士わきあいあいとした雰囲気（内）が漂っており、「このお店は当たりだったかも」と期待に胸をふくらませた（内）。メニューを見て（外）、「ダブルハンバーグ」という名称（外）に惹かれ（内）、注文した（外）。

注文をしてから料理が来るまで40分以上かかり

（外）、あまりにも遅いのでイライラしていた（内）ところ、やっと料理が届いた（外）。

「どんな味かな」と思いながら（内）、料理を口に運んだ（外）ところ、何とも言えないくらいにまずかった（内）。帰宅（外）してから口コミサイト（外）で低評価をつけて（外）、「これまで一度も味わったことがないほど料理がまずい」とコメントを投稿した（外）。その投稿を見た飲食店のオーナー（外）は驚き（内）、すぐさま店長に電話した（外）。その話を聞いた店長（外）は「またオーナーが細かいことに口を出してきた」と嫌気がさし（内）、表面的な返事だけをして電話を切った（外）。

このようにちょっとした場面であっても、内面的な現象と外面的な現象は身の回りにあふれていますし、双方に影響を及ぼし合っていることがわかるでしょう。だからこそ、視点の偏りを避けるためにも両方の視点が重要なのです。

しかし、特にビジネスにおいては、主観よりも客観のほうが重視される傾向にあります。なぜなら、目に見える客観的な情報のほうが扱いやすく、相手とも共通認識や合意を育みやすいからです。とはいえ、どんな仕事であっても、人間が介在している以上は、内面的な領域は常に何らかの形で現実に影響を及ぼしているのです。

人の気持ちや感情は多様かつ複雑で、移ろいやすいものです。そのため、ある問題に対してどれほど右側の客観領域の解決策（制度や仕組みなど）を構築したとしても、制度・仕組みの抜け穴が悪用されたり、見逃されていた副作用が生まれたりすることはよくあるのです。

従って、４象限は私たちの主観／客観に対する視点の偏りを補正してくれるだけでなく、主観と客観の領域がどんなふうに相互影響をしているのかを見極めていく助けになります。

次に上下の「個的／集合的」の象限についてです。「個的」とは、個人の感情や言動を指しており、「集合的」とは組織や社会、文化、環境などを指しています。内面的／外面的の左右の領域でも論じたように、個的／集合的のあいだにも相互作用があります。

たとえば「父」「母」「子」は独立した「個人」としての存在であり、それぞれ1対1の関係にも影響を及ぼします。一方で、「夫婦」「親子」「家族」という相互作用による存在も、物事には影響を及ぼします。また、上下のあいだにも同様の相互作用があります。「父」「母」「子」のそれぞれの動き方が、「夫婦」「親子」「家族」のあり様に影響を与えます。そして、「夫婦」「親子」「家族」のあり様は、「父」「母」「子」の個々の気持ちや振る舞いに影響を与えます。

この上下の象限においても、私たちはどちらかに偏った解釈をしがちです。たとえば、「最近モチベーションが上がらないのは、上司がいちいち細かい指摘をしてくるせいだ」（上側象限）、「うちの会社は、〈事なかれ主義〉の文化だから変革できるはずがない」（下側象限）といった具合です。

私たちがある現象を「個（個人）」と「集合（集団）」のどちらで捉えているのかに自ら気づき、片方に偏っていたなら、別の方から捉えなおしたり、上側と下側の相互作用に目を向けたりするという習慣が身につけば、より柔軟な発想が可能になります。

このように、左右と上下の象限の特徴をそれぞれ分けて考えてみると、物事を幅広い観点で捉えられるようになります。

これが4象限の効果です。もう少し詳しく表現するなら、**「物事の捉え方に対する偏りを補正し、より包括的にアプローチできるようになる。そうすることでより柔軟に物事を考え、問題に対応できるようになる」**ということです。

4象限は、最初から全体を捉えようとするよりも、左右と上下をそれぞれ丁寧に掘り下げていくほうが近道です。

私たちが状況を認知できていないとき、このような4象限の左右・上下の区別をうまくできていない場合が往々にしてあります。それはまるで、ジャングルの森の中を彷徨（さまよ）っているようなものだといえます。だからこそ、複雑な世界と向き合ううえで、4象限は欠かせない地図となるのです。

V I S I O N
P R O C E S S I N G

CHAPTER 6

パラダイムシフトⅠ
ビジョン

なぜパラダイムシフトが求められるのか

これまで、「本当に大切にするもの」を構成する、心の羅針盤と本質的な課題について述べてきました。これからは、それを「存在させようとする」ときに重要となる3つのパラダイムシフトについて述べていきます。

そもそも、なぜパラダイムシフトが求められるのでしょうか？

第2章で述べたように、秩序系では目標を定め、その目標に向かってやり方（How）を突き詰めていけば通用しました。それに対して、環境変化が激しい非秩序系では、「先行き不透明な中において〈まず、行動〉を可能にし続けていくための姿勢」を培わざるを得なくなってきています。そのための支えとなるのが、パラダイムシフトです。

心の羅針盤と本質的な課題をビジョンプロセシングの「原理」としているのは、いつどんな状況においてもこの2つを貫くことが創造の源となるからです。しかし、**私たちのパラダイムが従来のままだと、いくら「本当に大切なこと」を明確にしたとしても、それを「存在させようとする」力が弱くなる可能性がある**のです。

本章では、「ビジョン」という観点から、上記の背景についてもう少し深掘りしていきます。そして、人によって多種多様な捉え方があり、混乱を招きやすい「ビジョンの定義」について問い直すことを試みます。最後に、「新しいビジョンをどう扱っていけばよいか」についてご紹介します。

「ビジョンを描き、示す」はこれからも機能するのか？

「ビジョンのパラダイムシフト」を説明するにあたって、まずはビジョンをめぐる混乱や根本的な疑問を整理していきます。

ビジョンを描くことの重要性を記した書籍や言説は世界中に数えきれないほど存在しますし、ビジョンがあったからこそ、数々の偉業が成し遂げられてきたことは間違いありません。

特に、「ビジョンの有無が経営や組織運営を左右する」という考え方は一般的でしょう。だから、リーダーの立場にある人は、ビジョンを描いて提示することを期待されやすく、その期待に対するプレッシャーを感じている人も少なくありません。

それほど重視されているビジョンであるにもかかわらず、実際のところ次のような問いに答えられる人は非常に少ないのではないかと思います。

- ビジョンの定義とは何か？
- 環境変化が激しく答えが見えない時代において、ビジョンを示すという行為はどのくらい通用するのか？
- 価値観が多様化している中で、ビジョンは人々を結集するだけの力を発揮できるといえるのか？

ビジョンの定義とは何か？

「ビジョンの定義とは何か？」と尋ねられると、皆さんはどう答えるでしょうか。多くの人はおそらく「自分（たち）が目指すべき未来の姿」といった定義になるのではないかと思います。

しかし、「それは地平線の彼方にあるような夢のことを指しますか？　それとも、到達可能な目標のことですか？　野心はビジョンに入りますか？」と突っ込んだ質問を投げかけてみると、途端に口ごもり、「それら全部がビジョンだ」「時と場合によってビジョンの定義は変わりうる」といった返答をする人もいます。

いずれにしても、以下2点については共通しているのではないでしょうか。

- ビジョンは過去や現在のことではなく、未来のことである
- ビジョンとして描いた未来を何かしら実現したいという願いが根底にある

しかし、これほどビジョンの重要性が語られていながら、はっきりとした共通認識は存在していません。そのことが組織内での混乱の一因となっており、改めて再定義することが求められているといえるでしょう。

環境変化が激しく答えが見えない時代において、ビジョンを示すという行為はどのくらい通用するのか？

これは第1章でご紹介した計画のジレンマにも通じるところがあります。上記の共通点にあるようにビジョンが「何かしら実現したい」と思うものだったとして、それはそもそもどのくらい実現可能なのでしょうか。あるいは、そのビジョンの実現は社会にとってよいことなのでしょうか。

ここで改めて強調しておきたいのは、**「これまでとは違う文脈（状況）に入ったのに、これまでと同じ行動をとっていたら、その文脈（状況）と不協和が生じ、問題を起こしてしまう」**ということです。

これが本章の着眼点です。従って、これまでのビジョンが間違っていたとか、時代遅れだと言いたいわけではありません。むしろ、レジリエンス※を高めようとする試みであると言いたいのです。

「環境変化が激しく答えが見えない時代において、ビジョンを示すという行為はどのくらい通用するのか？」という問いは、秩序系のビジョンでは目を向けられていなかった領域に光を当てようとしています。

秩序系の、周りへの影響が限定的な「閉じた世界」であれば、「約束の地」としてのビジョンは十分に機能しますし、問題にはならないでしょう。

しかし、新型コロナウイルスの感染が拡大した２０２０年に、多くの企業がそれまでの中期計画を白紙にせざるを得なくなったように、そしてロシアによるウクライナ侵攻の影響で、将来ロシアで本格的にバレエを学びたいと思っていた人が突如道を断たれたように、私たちの誰にとっても、「明日、何が

※ レジリエンス（Resilience）：一般的に「回復力」「復元力」あるいは「弾力性」とも訳される用語。元々は物理学や生態学の用語として使われていたが、最近ではとりわけ心理学、社会学、経営学にも適用されている。ビジネスの文脈では、外部環境が急激に変化しても、それに対して「しなやか」に応対できる能力全般を指すことが多い。

どうなるか、あるいは何がわが身に降りかかるかわからない」時代に突入しています。

　これは、多様な人たちや種々雑多な物事が、地球全体でつながりすぎていることによって生じています。

　それは、**連鎖反応が速く広く大きく起こる**ことを意味します。コロナ禍では感染があっという間に拡大したことを想像するとわかりやすいでしょう。この連鎖反応は、ウイルス感染に留まりません。自分自身のちょっとした行動があっという間に地球の裏側にいる誰かや何かに影響を及ぼし、誰かのちょっとした行動が自分の身に降りかかります。あるいは、過去の自分の行動が未来の自分にブーメランのように影響を及ぼすこともあります。

　もちろん、その連鎖反応はネガティブなものばかりではありません。しかし重要なのは、私たちが認識できているかどうかにかかわらず、影響の連鎖が日々生まれているということです。

　たとえば、私たちは日々スマートフォン上のアプリを使っていますが、その動作の１つひとつがアルゴリズムを育て、それがめぐりめぐって国全体を動かす脅威になる可能性もあるのです。

　これは大げさに聞こえるかもしれませんが、まぎれもない事実であり、実際に私たちに影響を既に及ぼしています。

　２０２２年に起こった安倍元首相の殺害事件は、文字通り国家を揺るがしました。日本という比較的安全だとされていた国において、元国家元首が凶弾に倒れたこと自体も大事件です。しかし、「つながりすぎている」という観点から私が注目しているのは、「１人の青年がインターネットでかき集めた情報や部品を組み合わせることで銃を生成し、国家元首の殺害に至ることができてしまった」という事実です。

その1つひとつの情報、個々の部品、あるいは物流システムの「精度」の高さは、私たちがアプリやその他の手段で日々提供しているデータの上に成り立っています。この事件はさらに、政策や社会に大きな影響を与えました。

- 葬儀に国費が使われた
- 国会の議論がその用途や旧統一教会への対応に集中した結果、他の政策審議が滞ったり十分な審議の時間がなく法案が決まったりした（審議不足のまま通過した法案の影響は今後、発生する可能性がある）
- 宗教2世の問題が注目され、宗教団体のあり方や犠牲者の声に光が当てられ、ニュースとして取り上げられるようになった。その一方で、他の社会問題への注目度が一定期間下がり続けた

これらは一例に過ぎません。書き切れないほどのさまざまな事象が折り重なり、めぐりめぐって日本国民の生活に影響を及ぼしたのです。

そして、この影響の連鎖はネガティブなものだけとは限らず、ポジティブなものもあります。

さらに、この連鎖反応はますます速く広く大きく起こっています。それは、「向こう側」にある制御できない誰かの動きが、「こちら側」である私たちの未来に影響する状況が、どんどん拡大していく

ことを意味しています。

これをビジョンに関連させて考えてみれば、**私たちがビジョンを描いたとしても、どこかの誰かのちょっとした行為によって、その実現が妨げられるかもしれない**ということです。逆に、私たちがそのビジョンを達成したことによって、もしくは、その過程におけるちょっとした行為によって、**遠い離れた国にいる誰かや何か、未来に生きる人たちや動植物、そして他の誰でもない将来の自分自身や家族の首を絞める**ことになりかねないのです。

私たちがビジョンを描き、それに向かって邁進するというやり方は、秩序系の状況下では確かに通用します。しかし、だからといってそのやり方を信奉しすぎてしまうと、非秩序系の波に足をすくわれてしまう可能性は大いにあります。そのことを念頭に置いてビジョンと向き合う必要があるでしょう。

価値観が多様化している中で、ビジョンは人々を結集するだけの力を発揮できるといえるのか？

価値観の多様化にも「つながりすぎ」が大きく関わっています。特に、インターネットやＳＮＳでは、表示される情報が個人の興味関心に合わせたパーソナライズによって偏ってしまい、それが個人の意思決定にも影響を及ぼしていると言われています。

それを因果ループ図で表すと**図6-1**のようになります。この構造の厄介なところは、どれくらい情報が偏っているのか、もはや自分では判断できなくなってしまうという点です。なぜなら、ニュース記事のような中立に見える情報ですらパーソナライズされてしまっているからです。

それに加え、タイムパフォーマンス（時間対効果）を気にして見出しや要約部分だけにすばやく目を通す行動が増えていることから、深く批判的に考える機会も逸しています。また、思考や関心が自分と似た傾向を持つ人とつながるほど、その関係で満足してしまい、異質な考えに対する許容度が減っていく可能性も高まっていきます。つまり、自分自身がどのくらい偏っているのかを自覚できないまま、他者を拒絶する傾向が強まることを示唆しています。

これらの要素が社会的な分断を生む原因となっていると言われています。

実際に、欧米を中心に支持政党の二極化が進んでいます。**図6-2**は、アメリカにおける有権者が共和党と民主党のどちらの主張をより強く支持しているかを示しています。インターネットが普及し始めた1994年から

図6-1　アルゴリズムによる偏りループ

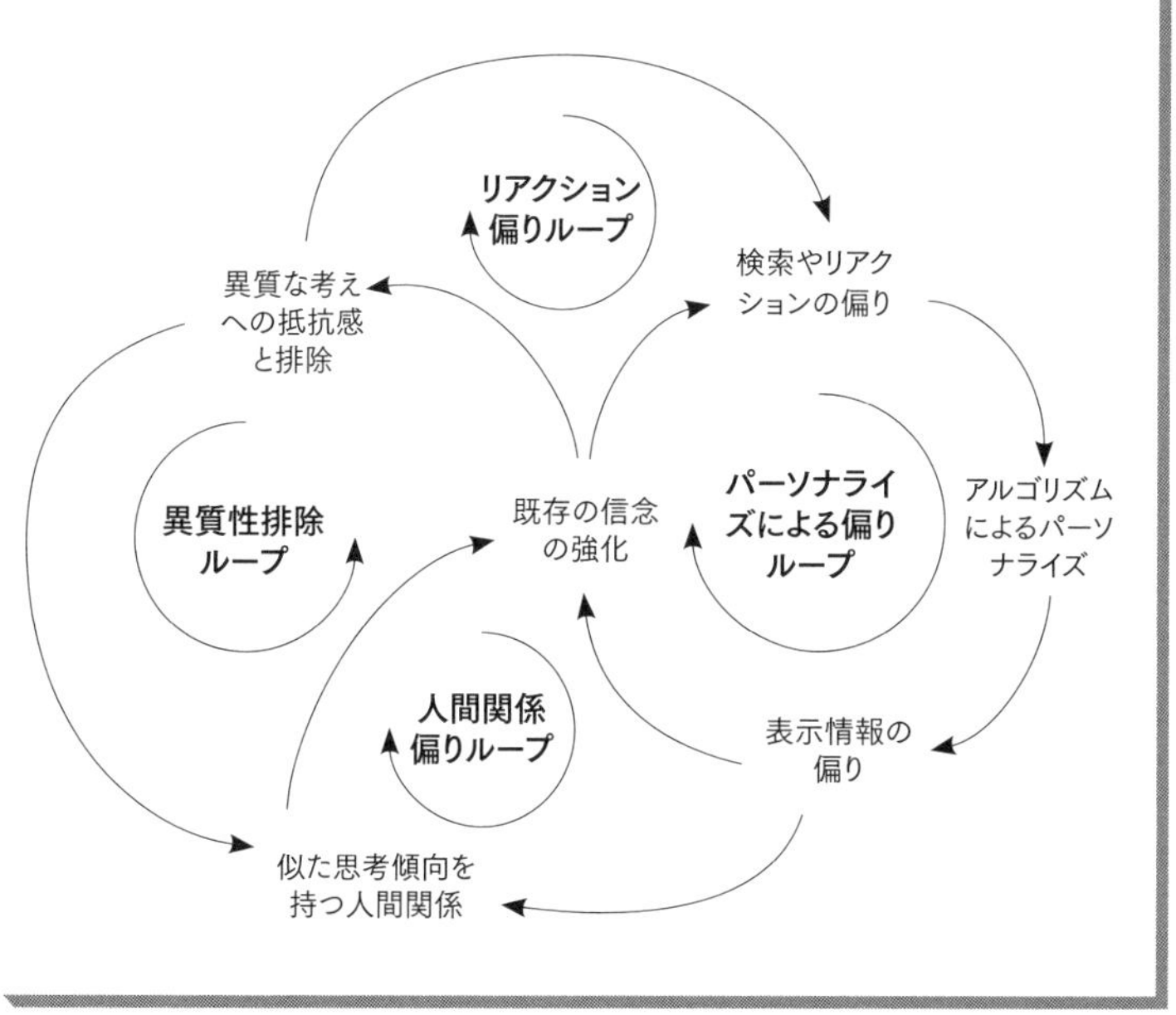

リアクション偏りループ
検索やリアクションの偏り
異質な考えへの抵抗感と排除
異質性排除ループ
既存の信念の強化
パーソナライズによる偏りループ
アルゴリズムによるパーソナライズ
人間関係偏りループ
表示情報の偏り
似た思考傾向を持つ人間関係

2004年のあいだでは両党支持層の中央値は近いところにあるのに対し、2017年には中央値が離れている、つまり二極化しているのが見て取れます。安直な分析は避けるべきですが、ソーシャルメディアという言葉が登場したのが2006年頃だったことを踏まえると、SNSの影響が大きいのではないかと思わざるを得ません。

もちろん、この二極化の原因をSNSだけに還元することは難しく、何をもってリベラルなのか保守なのかの意味も変わってきているので、なぜ、二極化が進んでいるのかに関しては慎重な議論が必要です。ただしここで注目しておきたいのは、**「多様化」が「極化」を引き起こしやすくなっている可能性が高い**ということです。

ここには逆説的ともいえる厄介な状況があります。先述した通り「つながりすぎている」ので、むしろみんなの意見が集約されやすくなる、すなわち、合意形成をしやすくなることを期待したくなりますが、実際には「つながりすぎている上に、極化してしまっている」のです。

非秩序系のVUCAワールドにおいては、みんなで力を合わせて乗り越えていく必要があるにもかかわらず、極化によって分断が起き

図6-2　アメリカにおける政党支持の二極化

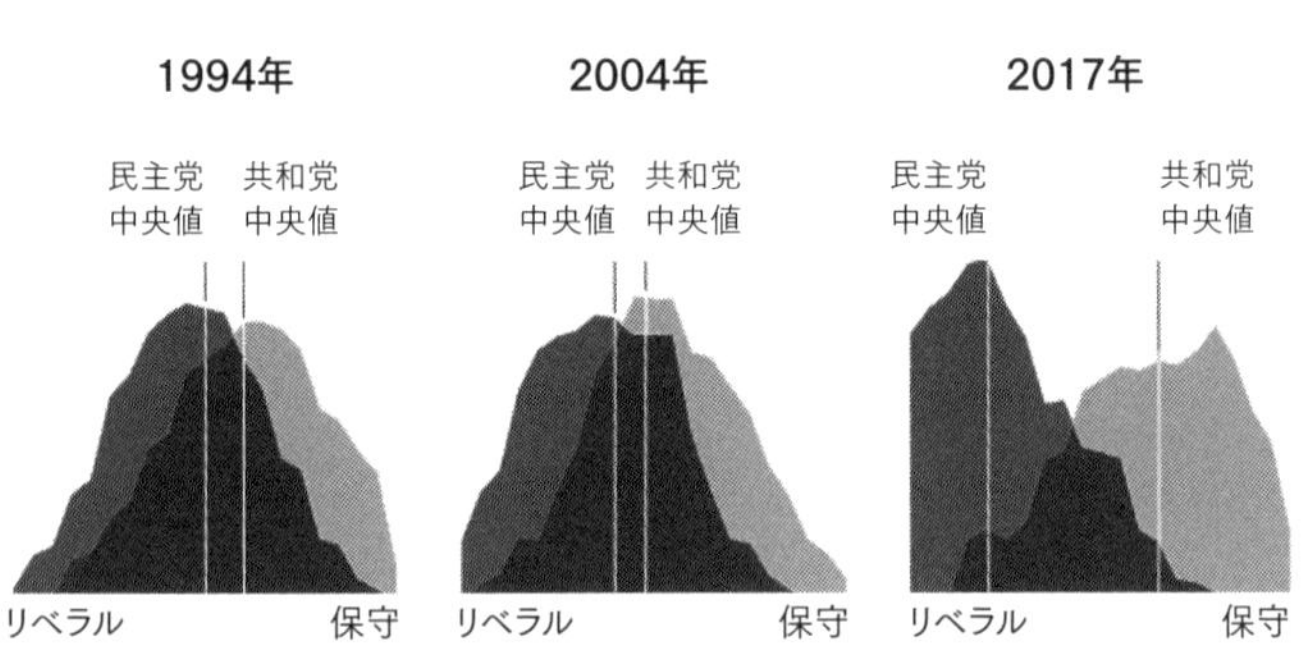

出所："The Partisan Divide on Political Values Grows Even Wider."
Pew Research Center, Washington, D.C. (Oct. 5, 2017)
https://www.pewresearch.org/politics/2017/10/05/the-partisan-divide-on-political-values-grows-even-wider/

やすくなっているということは、「合意形成の難度が上がってしまっている」といえます。

このことが意味しているのは、**自分の「仲間内」のような人たちに共感してもらえるビジョンは示せたとしても、そうでない人もいるグループ全体を率いるようなビジョンを示すことは極めて難しい**ということです。

一般的にフォロワーは、リーダーがビジョンを示すことを期待します。それはおそらく、「今よりもよりよい未来」を示して希望を与えてくれること、その未来に向かってみんなで力を合わせ、わき目もふらずに邁進できるようになることを願っているからでしょう。

しかし、ここまで見てきた通り、ビジョンを描き、それに向かって邁進するという行為は全面的に頼りになるとは限らない上に、全体を率いるようなビジョンを示すことが極めて難しいことを考えると、もはやリーダーがビジョンを示すという行為自体が秩序系の限定された条件下のみで通用するものであり、非秩序系のVUCAワールドにおいては通用しない行動様式になっている可能性があります。

結局のところ、ここには計画のジレンマに似た難しさが存在していることになります。

それは、**ビジョンが機能しない可能性があるにもかかわらず、モチベーションを維持し、人々と力を合わせていくうえでビジョンを必要としてしまうというジレンマ**です。

ビジョンを再定義するというチャレンジ

果たしてこのビジョンにまつわるジレンマを解くカギはどこにあるのでしょうか？

それが「ビジョンのパラダイムシフト」です。

それは、そもそも「ビジョンに期待するものを変える」、言い換えれば「ビジョンとは何か？」という定義そのものを見直すということです。

第2章で述べたように、これまではゴールセッティング、つまりビジョンを到達点のように位置づける考え方が主流でした。そうすると「現在」は、たどり着くべき未来のために活用される手段、すなわち**「未来のための現在」**として扱われることになります。

登山に例えれば、ビジョンを山頂のような到達点であると位置づけて、その到達点にたどり着くことの意味（リターンなど）、たどり着けるかどうかの実現可能性、実現していくためのルートの明確さを求める姿勢を持つということです。

私はこれを**「アウトプットの最大化によって到達できる姿をビジョンとするパラダイム」**と呼んでいます。その理由は、ビジョンを到達点として位置づけている時点で、「どこを目指せば、よりよい未来になるのか？」を示しているだけでなく、何らかの活動を積み重ね、アウトプットを最大化していけば、「その到達点にたどり着くことができるという発想に拠って立っているからです。これはいうなれば、「どこを目指せば、よりよい未来になるのか？」という問いに対して、目指すべき到達点を「答え」として提示していることになります。その答えとしてのビジョンが、「よりよい未来」と約束してくれているのであれば、あとは「どうやってそこにたどり着けばよいのか？」という方法（How）だけを考え、取り組み、アウトプットを出せばよいことになります。つまり、到達点に向かって敷かれたレールの上を進んでいけば答えに近づいていけることになるので、心理的負担は軽くなります。こうした従来のパラダイムは、リーダーにビジョンを求めるフォロワーにとってはわかりやすいかもしれません。

しかしながら、いつどうなるかわからない非秩序系の状況下では、ビジョンを答えとして拠り所にすること自体に限界があります。

では、ビジョンはどんなものであればよいのでしょうか？

それを探るヒントをビジョンプロセシングの定義の中に示しています。

いかなる環境・状況であろうとも、
自分自身や周囲の主体性と創造性の解放を可能にする姿勢と手法

この定義を「ビジョンへの期待」という観点から捉え直してみましょう。つまり、「今、この瞬間に自らに力を与えるもの」としてビジョンを捉える、言い換えれば、**「現在のための未来」**という位置づけに転換するということです。

言葉にしてしまうと素っ気なく、頭でっかちな考えに見えるかもしれませんが、これは大きなパラダイムシフトとなります。なぜなら、「ビジョン」は「未来」に関係するものであるにもかかわらず、新しいパラダイムでは「現在」に焦点を当てているからです。

「未来にたどり着くべき約束の地」としてではなく、「今、この瞬間に可能性を解放するリソース」としてビジョンを位置づける。それにより、第2章で示した未来との向き合い方、つまり「何度でも立ち上がる」「力を合わせる」「創造のための試行錯誤を続ける」ことが可能になるのです。非秩序系の世界はお先真っ暗の世界ともいえますが、私たちは突然「お先真っ暗」の状態になると、パニックを起こして思考停止しやすくなり、人によっては絶望してしまうかもしれません。

その絶望を乗り越えることを目指して、本章ではビジョンの新しいパラダイムを提示しようとしています。

それを私は**「プロセスに命を吹き込むものとしてビジョンを位置づけるパラダイム」**と呼んでいます。「プロセスに命を吹き込むものとしてビジョンを位置づける」と聞いても、ピンと来ないかもしれません。従来のパラダイムでは、ビジョンは「答え」になっていたのに対して、この新しいパラダイムにおいては、「問い」が鍵を握ります。良質な「問い」は、私たちに新しいアイデアをもたらし、勇気を与えてくれます。これが「プロセスに命を吹き込む」と関係しています。

「質問」と「問い」の違いについて、第3章で次のように区分しました。

質問……自分自身の過去の情報・知識や経験に基づく知恵により、回答が可能／不可能を判別できる疑問

問い……自分の既存の枠組みでは即答できず、記憶や想いを深くたどったり、自分自身のさまざまな観点を検証したりしながら、自分なりの洞察を得ようとする働きが生まれる疑問

問いは自分の枠組みを超えたところから答えを生み出そうとする、すなわちインスピレーションを迎え入れる作用が働くため、創造に関係することを述べました。そして、良質な問いであればあるほど、その問いに対する答えを自ら見出したい、実現したいという思いをかき立てるので、主体性を引き出してくれます。

たとえば、アップルの創業者であるスティーブ・ジョブズは、２００５年６月にスタンフォード大学で行ったスピーチで、毎日の習慣を披露しています。それは、「もし、今日が人生最後の日なら、自分は何をするだろうか?」と毎朝、鏡に映る自分に問いかけるというものでした。彼は17歳のとき、「毎日を、それが人生最後の１日だと思って生きればその通りになる」という言葉に出合い、その日から毎朝、「もし今日が最後の日だとしても、今からやろうとしていることをするだろうか?」と鏡に映る自分に問いかけるようにしていたそうです。

そして学生たちに対して、鏡の中の自分にそのように問いかけてみて、もしも「違う」という答えが

何日も続くようであれば、「生き方を見直したほうがいい」と伝えたのです。

このジョブズの問いは、主体性と創造性の両方を引き出してくれるすばらしい例だと思います。私はこの問いを少しアレンジして自らに問いかけるようにしていますが、日々の取り組みへの迷いが消えやすくなり、全身全霊で打ち込める感覚が高まりやすくなるのを感じています。

「下手の考え、休むに似たり」と言われますが、悩むことに意味があっても、迷い続けている状態では力強い行動が生まれません。つまり、主体性を十分に発揮できないのです。主体性がなければ「何かを生み出そう」という意欲も思考もあまり湧かないので、創造性も高まりづらくなります。

そうした観点からも、適切な問いは主体性と創造性の解放に欠かせません。

もし、主体性と創造性の解放を力強く促すような問いを抱き続けることができれば、「いつ何時であっても可能性のあふれた未来を見据え、何度くじけようとも何度でも立ち上がり、力を合わせながら、創造のための試行錯誤をし続けられる」可能性が広がります。その作用に着目して生み出されたものが、**「プロセスに命を吹き込むものとしてビジョンを位置づけるパラダイム」**です。この新しいパラダイムにおいては、ビジョンは「問いを誘発するもの」になることでその価値を発揮していきます。

このように解説したとしても、抽象的な説明に留まっており「いま一つピンと来ない」という感想を持つ方や、従来のパラダイムと比較して何が違うのか結局のところよくわからないという方もいるでしょう。これがまさに非秩序系の状況下だからこそ起こる混乱です。

極論を言えば、非秩序系であるとは、「決めつけ」や「予め」といった行為が通用しない、通用したとしても「ある特定の状況下において通用する」という条件が常に付きまとい、その条件の壁はいつどんな形で打ち破られるかわからないということです。つまり、ビジョンが指し示す内容の良し悪しにかかわらず、非秩序系においてはビジョンを揺るぎない答えとして据え置いてしまうスタンス自体に限界が生じてしまうということです。

秩序系／非秩序系のどちらであろうとも、「何を」ビジョンとして掲げるのか、すなわち提示されるビジョンの内容は重要です。それが大きく的を外していたら、ビジョンに近づくかどうかの前に、その暴挙によって自ら首を絞めてしまうことになるでしょう。たとえば、脱炭素の流れを受けて、自動車業界は大きくEVシフトしていますが、トヨタがEV開発をしないだけでなく、ハイブリッド車の販売も止めて、自社の強みであるガソリン車だけに特化し、その市場で世界トップの地位をねらい、「自動車業界全体のガソリン車の販売台数を5年後に現在の10倍にする」というビジョンを掲げたとしたら、さすがに首をかしげたくなるのではないでしょうか。下手をすると不買運動につながってもおかしくはありません。

秩序系においては、ビジョンの内容の是非だけが問われるのに対して、**非秩序系においてはビジョンそのものの位置づけをも変えざるを得ない**というのが新しいパラダイムの着眼点です。

架空のケースになぞらえて考えてみましょう。ある地方都市に曾祖父の代に創立された中規模の私立病院があり、祖父、父親共に医者になり、3代にわたって院長として事業承継してきた家系があったとします。来年の春から高校1年生になる長男は、幼少期の頃から将来は医者になってその病院を継ぐことを期待されており、彼自身もそれを目標とすることを誇りに思い、日々勉強に励んでいます。彼やその家族にとって、「息子（自分）が医者となり、病院を継ぐ」という目標はビジョンであると共に、**「アウトプットの最大化によって到達できる姿」**としてそのビジョンを位置づけています。すなわち、それは揺るぎない「答え」としてのビジョンです。これは秩序系の状況下であれば、多少の紆余曲折はあったとしても、そのビジョンに向かって真っすぐに取り組んでいくことができるでしょう。

しかし、人口減少の煽りを受けて病院は長年、赤字経営に陥っていました。それでも、病院という信用の下、地方銀行からの融資は続いており、なんとか経営を続けられていただけでなく、父親の代では老朽化した病院を新たに建て直し、病床を大幅に増やしました。その建築費のためにさらに大きな負債を抱えることになりました。そこにコロナ禍が直撃して長時間労働が続いた結果、1割以上の看護師が退職し、とうとう父親までも過労により突然死してしまいました。銀行との話し合いにより、結果的にその病院は同じ県下にある大規模病院に売却されることになりました。

さらに長男は高校生活の3年間すべてがコロナ禍に見舞われ、まともに学校や塾に通えませんでした。そこに父親の急死も重なったことで大学受験に失敗して浪人しました。病院の売却が決まったのは、ちょうどその時期でした。

このような状態になったら、「自分が医者となり、病院を継ぐ」というビジョンを「アウトプットの最大化によって到達できる姿」として掲げていた彼自身が、この先どうしていいのかわからないと混乱してしまってもおかしくはありません。これが非秩序系の世界において、「答え」としてのビジョンのパラダイムに縛られることの限界です。

それに対して、「プロセスに命を吹き込むものとしてビジョンを位置づけるパラダイム」とは、「息子である自分が医者となり、病院を継ぐ」というビジョンの内容が同じだったとしても、**その未来の姿によって現在の自分が勇気づけられ、全身全霊で現状に打ち込める状態にすることを目的とし、その未来の姿はあくまでそのための手段として位置づけることになります。**これが、未来にたどり着くことを目的におき、現在を手段として生きるという従来のビジョンのパラダイムと異なる点になります。

極論を言えば、マルティン・ルターの名言である「たとえ明日、世界が滅びようとも今日私はリンゴの木を植える」という心境に立つともいえるでしょう。

このような心境に立って未来と向き合っていたなら、「息子である自分が医者となり、病院を継ぐ」という目標が砕け散って一時的に喪失感を味わったとしても、それを事実として受け入れながら、現在の自分を勇気づける未来を新たに描き、全身全霊で現状に打ち込んでいけるようになります。

これが、非秩序系に求められるビジョンの新しいパラダイムです。非秩序系のＶＵＣＡワールドにおいては、確かな未来は約束されません。だからといって、自暴自棄になったり、「なるようになる」と安易な楽観主義に陥ったりする姿勢にも問題があるでしょう。大事なことは、**現在という時間の中で、ありのままの自分で精いっぱい充実し、心を躍らせながら活動できる状態にすることで、主体性と創造性を解放し、試行錯誤を続けていきながら、自分の可能性の扉を開いていく**ということです。面白いことに、このように活動し続けていくと、瓢箪から駒が出るかのように偶然の出会いに遭遇したり、以前の自分だったら興味を持たなかったような機会に手を出すことになったりします。結果的にそうした活動から、次のビジョンが生まれることがあるのです。非秩序系のVUCAワールドにおいては、予め定められた「ゴール」へのコミットメントは必要ですが、それに対する執着を手放し、「プロセス」を充実させ、継続させていくことが重要なのです。

それでは、このプロセスを充実させ、主体性と創造性を解放していくうえで、どうすれば新しいパラダイムのビジョンを実践できるのでしょうか。それが**現在の自分に問いを誘発させるものとしてビジョンを活用する**ということになります。

「答え」としてのビジョンのパラダイムの場合、「どうやったらその目標に到達できるのか？」というやり方（How）の問いしか基本的に生まれなくなります。それに対して、「プロセスに命を吹き込むものとしてビジョンを位置づけるパラダイム」においては、「〈息子である自分が医者となり、病院を継ぐ〉というビジョンは、今の自分に何を問いかけているのだろうか？」と問うことになります。医者になるためには、もちろん医大に合格する必要もあります。そのために「どうすれば医大に合格できるか？」についても考えることになるでしょう。しかしそれだけでなく、新しいパラダイムにおいては、

「医者であるとはどういうことか？」
「事業を継ぐとは本質的に何を意味するのか？」
「たとえ、医者の道が閉ざされるようなことがあったとしても、このビジョンと向き合うことで、自分

は何を学び、どんな人間的成長を遂げることができるのか？」

といったさまざまな観点から自らに問いを投げかけることが可能になるのです。なぜなら、**「その未来への到達は約束されるとは限らない」という前提に立って、「現在のための未来」として向き合い、現在の自分を勇気づけ、主体性と創造性を解放しようとしているから**です。

これが現在の自分に問いを誘発させるものとしてビジョンを活用するという「問い」のためのビジョンとなります。

モチベーションを認知の側面から考えるタスクアセスメント

「プロセスに命を吹き込むものとしてビジョンを位置づける」という考え方は、新しいパラダイムの実践を繰り返して慣れるまでは、よくわからない感覚が続くことになるでしょう。

「アウトプットの最大化によって到達できる姿」としてのビジョンのパラダイムであれば、「これが私たちのビジョンとしているものです」と目に見える形で提示するという意味で理解しやすくなります。

一方、「プロセスに命を吹き込むビジョン」は、これまでも述べてきたようにビジョンの「内容」ではなく、「位置づけ」が重要になります。

だからといって、単に「現在のための未来としてビジョンを位置づけることにしました。これで、新しいパラダイムへの移行は完了です」というほど簡単なものではありません。

先ほど触れたように究極的には「たとえ明日、世界が滅びようとも今日私はリンゴの木を植える」という心境に立つようなものだと考えると、費用対効果（コスパ）や時間対効果（タイパ）を気にしても仕方がありません。「環境や状況がどうであろうとも、私は可能性にあふれた未来に向かって生き、次にこれを手掛けるのだ！」という主体性と創造性が解放されている状態を生み出せるかどうかが鍵を握ります。

そんなことは本当に可能なのかと疑いたくなるかとは思いますが、これこそが計画のジレンマを乗り越えるための着眼点であり、こうしたスタンスを貫いて活動し続けている人たちは既にいます。たとえば、何度マットに沈められても立ち上がるボクサーや、0・01秒の壁がどうしても超えられず喘ぎ苦しみ続けるトップアスリート、極めて難しい社会問題に向き合っている社会活動家、難病や紛争地で難民医療に向き合い続ける医療関係者といったような方々です。

彼らに共通しているのは、「○○をやって△△すれば、効率を最小化してそのビジョンを達成できる」といったような生易しい状況に対峙していないということです。

彼らが新しいパラダイムのビジョンを自ら見出しているかどうかは、人によるでしょう。しかし、「それでも!!」「もう一歩!!」とたゆまぬ前進をし続けているものと思います。

それでは彼らのように、厳しい状況の中でもモチベーションを維持し続けるにはどうすればよいでしょうか？　そのヒントとなるのが「タスクアセスメント」の考え方です。これは、アメリカのカリフォルニア大学ロサンゼルス校経営学教授のケネス・トーマスとミシガン大学フリント校ビジネス学准教授のベティ・ベルトハウスによって提唱されたモデルです。

彼らは「人のモチベーションを高める要素」について研究しました。

同じ仕事であっても、意欲的に働く人もいれば、やらされ感を伴いながら惰性で働く人もいます。もちろん、同じ人であっても、状況によって意欲が高いときもあれば低いときもあります。気分や体調によってモチベーションが左右されるなら、それは一時的なものかもしれません。

一方で、「そもそもこういう作業は好きになれない」というように、「活動内容」そのものがモチベーションに影響することもあります。たとえば、自分が心からやりたいと思える仕事や趣味の活動であれば、多少面倒でも意気揚々と取り組みますが、特にやりがいを見出しづらい経費精算や確定申告のような書類作業に関しては、面倒でなかなか手がつかない人も多いのではないでしょうか。

取り組む作業によってなぜ意欲の高さが変わるのかと問われても、「だってやりたくないから」という答えが一般的です。また、たとえばコンビニエンスストアで働く人は数多くいますが、「レジ打ち」の業務ひとつとっても、楽しめる人とそうでない人がいるように、意欲の差があるのもよく考えてみると不思議です。

その違いを明らかにしたのが、タスクアセスメントです。

トーマスとベルトハウスは、**「その人が取り組もうとしている作業（タスク）をどのように認知（アセスメント）しているのかによって、モチベーションが決まる」**という点に着目しました。

そして、タスクアセスメントには「自己効力感」「影響感」「有意味感」「自己決定感」の4つの要素があることを示しました（図6-3）。

平たく言えば、取り掛かろうとしている作業に対して、この4つの要素が本人の中で満たされていればいるほどやる気が高く、満たされていなければやる気が出ないということです。また、4つのすべてが満たされていなくても、やる気を失わずにいられることもあります。

まずは、4つの要素のそれぞれについてご紹介しましょう。

自己効力感

自己効力感とは、「個人がある成果を生み出すために必要な行動を自分がうまく遂行できるということを、本人がどの程度確信できているか」を指します。わかりやすく言えば「自分ならこれをできる」と思えるかどうかです。

先ほどのレジ打ちでいえば、それをやったことがなくても機械操作に慣れている人であれば「自分ならやればできるだろう」という感覚を持ちやすいでしょう。つまり、自己効力感が高い状態です。それに対して、機械操作に抵抗感がある人なら、レジ打ちすらもうまくできるだろうかと気に病んで緊張するかもしれません。それは自己効力感が低い状態です。

興味深いのは、自己効力感は経験の有無とは必ずしも関係がない点にあります。

もちろんその作業に慣れていくうちに自己効力感は上がっていきますが、たとえ未経験であっても、過去のさまざまな経験の積み重ねによって、自己効力感が高い状態になることはありえるのです。

そして、実際に取り組んでうまくできたら自己効力感は高まりますし、想像をはるかに超えて難しかったことで「自分には無理だ……」と自己効力感が失われていくこともあります。

これは、自己効力感がその人の認知の作用の産物であることを如実に表しているといえるでしょう。

影響感

影響感とは、「個々の行動の結果がもたらす効果の度合いに対する個人的な認識」を指します。わかりやすく言えば、「取り掛かろうとする作業は、ゴール（結果）

図6-3　タスクアセスメント

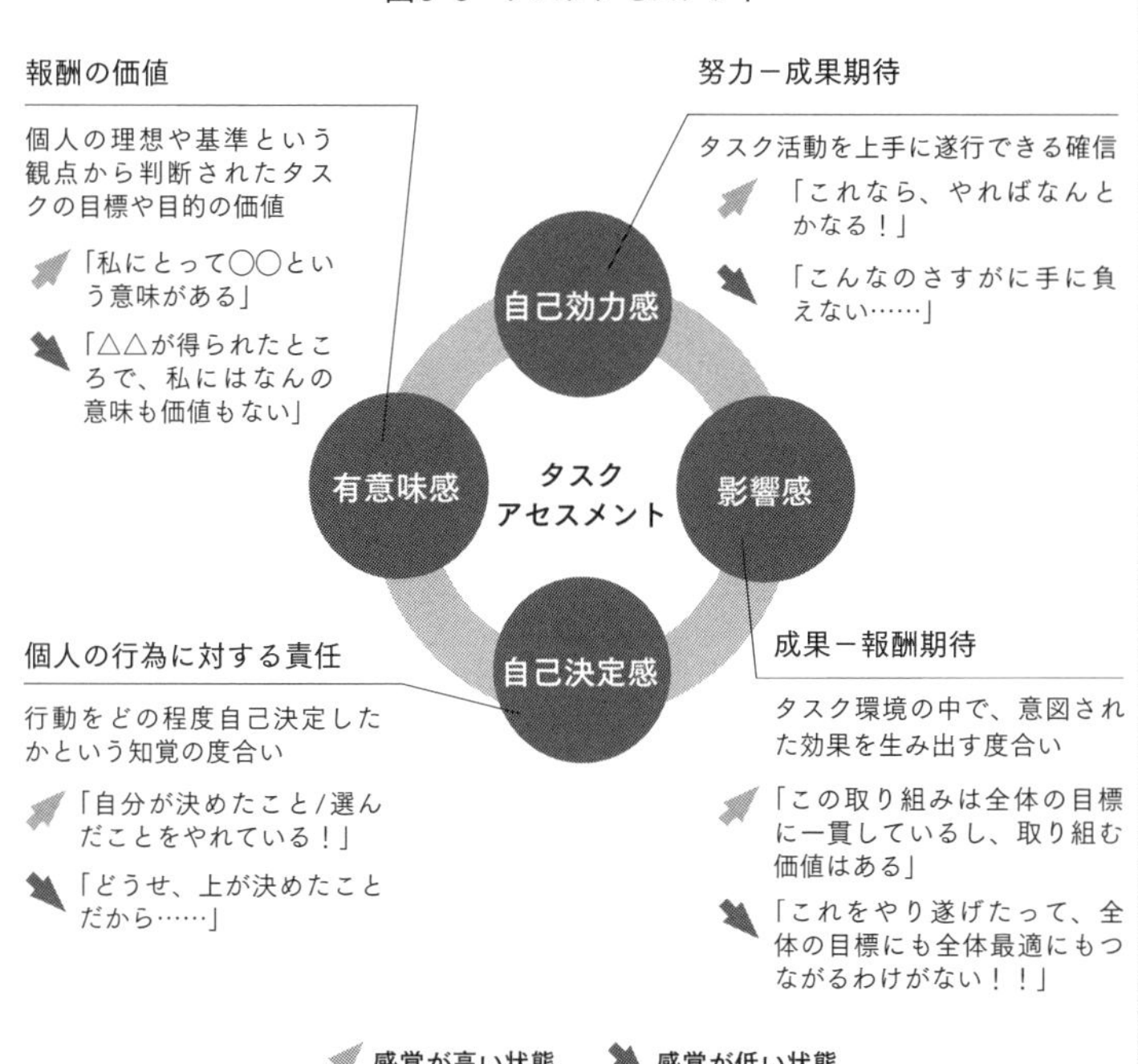

出所：Kenneth W. Thomas and Betty A. Velthouse, "Cognitive Elements of Empowerment: An 'Interpretive' Model of Intrinsic Task Motivation," *The Academy of Management Review*, Vol.15, No.4 (Oct., 1990)をもとに筆者作成

ます。

を実現するための打ち手（手段）として理にかなっている」と認知できているかどうかによって変わり

たとえば、半年後にアメリカに1か月間出張に行くことが決まっているために、「英語を少しでも身につけておきなさい」とだけ指示されたとしたら、本人の意思にかかわらず、「理にかなっている」とは感じやすいでしょう。しかし、アメリカ出張なのに「スワヒリ語を学んでおきなさい」と言われたら「え、なぜ？」と驚くばかりか、「そんなことは、やっても意味ないのに……」と納得できず、スワヒリ語を学ぶ意欲も湧かないでしょう。

ところが事情を聞いてみると、アメリカ出張中にウガンダ政府の要人と面会することになっており、相手と関係を深く結べるかどうかで、自社のアフリカ進出の成否に大きく影響を与えるということがわかったとします。そのため、片言でも話せれば相手と打ち解けやすくなるため、スワヒリ語を学ぶことは「理にかなっている」と認知するようになるでしょう。

影響感の興味深い点は、モチベーションが上がる要因というより、下げるのを抑制する要因であるという点です。影響感が高いからといって、モチベーションがぐんと上がるわけではないですが、影響感が低いとモチベーションが上がる可能性はかなり低くなります。

なぜなら、その活動が無駄にしか見えないからです。もちろん、先ほどの出張の例のように、実際には理にかなっているのに誤解しているというケースであれば、その認知が変わることで影響感が高まることはありえます。

しかし、いくら認知を変えたとしても現実的には有効性がないケースも多くあります。たとえば、人口減少が続き、子どもや若い人がほとんどおらず、平均年齢が70歳に近い限界集落があったとします。その町で文房具店を営んでいるお店が、100万円もかけてビラを印刷して広告を出したとしても、おそらく売上に対する効果はほとんど見込めないでしょう。

まるで、魚のいない釣り堀に餌を大量に撒くようなものです。これは「どうやっても勘定が合わない」という構造的な問題であり、影響感を高めることはほぼ不可能でしょう。

従って、影響感を高められるかどうかにおいて問われるのは、「実際には理にかなっているのに、そう見えていないかどうか」という認知面と、「狙っているゴール（結果）に対して、理にかなった打ち手（手段）をそもそも見出せるのか」という構造面を見極めていくことなのです。

有意味感

有意味感とは、「その人独自の理想や基準という観点に照らし合わせた結果、〈タスクの目的や目標は私にとって価値がある〉と見なすことによって生じる感覚」です。これはシンプルに言えば、「そのタスクの目的や目標は本人の価値観に沿っている」、もしくは「そのタスクに取り組むことで、本人が求めているもの（個人的に得たいと思っている有形・無形の報酬）を手に入れられる」と認知できていることを意味しています。

前者であれば、「私は難解に見える事象を自らの思考によって解き明かす過程に喜びを感じる」という価値観を持ち合わせた人が、宇宙ロケット開発の仕事や、デリバティブを用いた金融商品を生み出す業務に対してやりがいを感じるといった類いのものです。

後者の場合でよくあるのは、金銭的な報酬やキャリアにおける安定や成長を求める姿勢が挙げられます。たとえば、「自分は年収○万円が欲しい。この仕事はハードだが2年後にはその年収を十分に狙えるからやってみたい」「自分は持病を抱えているので、長く働けるほうがいい。年収は低いが残業を強要されることもなく、定年まで働けそうだからこの仕事がいい」「自分はエンジニアとしてAIのスペシャリストになりたいので、この事業に携わりたい。しかし、3年以上はやるつもりはない」といったものになります。

このように、同じ作業であったとしても「稼ぎがいいから」「スキルアップにつながるから」「自分のライフスタイルに合っているから」「社会に貢献できるから」など、感じる価値は人それぞれです。また、同じ人であったとしても、ライフステージによって価値観が変わることで、作業に対する意味の感じ方も変わってきます。たとえば、どんなにハードワークでも「スキルアップにつながるから」と意味を感じていた人が、子どもが生まれてもっと家族との時間を大切にしたいという価値観が芽生えると、もうハードワークに意味を感じなくなることもあるでしょう。つまり、有意味感はそうした個人的な価値基準や状況によって変わりやすいのです。

有意味感は影響感と混同されやすいので注意が必要です。有意味感が個人の価値判断、影響感はゴール（結果）に対しての打ち手（手段）の有効性の判断です。

従って、モチベーションに対する作用も異なります。有意味感が満たされているほどモチベーションは上がりやすくなり、満たされていなければモチベーションは下がりやすくなります。それに対し、影響感は満たされなければモチベーションは下がる可能性が高いですが、満たされているからといってモチベーションが上がるとは限りません。

たとえば、「買い物が好き」という価値観を持ち合わせた人が、ある商品を買いたいと思っていたとします。その商品が２００㎞ほど離れたショッピングモールで手に入れられるだけでなく、バーゲンセールでちょうどお手頃価格になっていると知ったら、「２００㎞の移動」という作業に対してもワクワクしながら取り組めるでしょう。逆に、せっかく出かける準備をしていたのに、その商品が売り切れになったことをインターネットで知ったら、一気にモチベーションを失ってしまうでしょう。これが有意味感の充足度合いによるモチベーションの上下です。

それに対して、移動の目的が何であったとしても、そもそも「２００㎞の移動」を達成するためには「１日に数本しかない電車に乗る必要がある」「必ず起こる渋滞を覚悟しなければならない」ということが事前にわかっていると、移動する作業自体へのモチベーションは下がることもあるでしょう。逆に、電車の本数が多いとか渋滞がないとかがわかったからといって、長距離の移動に対するモチベーションが極限まで上がることもないでしょう。これが影響感とモチベーションの関係です。

また、影響感はゴール（結果）に対しての打ち手（手段）の合理性に対する認知になるため、合理性の判断が覆らない限り、影響感が変わることはありません。それに対して有意味感は、既に述べたように個人の中にいくつも存在している価値基準に影響され、その価値基準自体も時と場合によって、そして歳や経験を重ねる中で変わっていくという性質を持っています。

つまり有意味感を考慮するとき、その作業が本人の価値観や状況と合っているかどうかを丁寧に扱っていく必要があるといえるでしょう。

自己決定感

自己決定感とは、「ある行動をどの程度自分で決定したと認知しているか」を指します。すなわち、「その作業をやるかどうかを自分で選択することができたと感じられているか」になります。「やらされ感」という言葉は、ほとんどの場合、この自己決定感が欠落している状態を指しています。

従って、「自分には選択の余地がなかった」という体験になればなるほど、欲する状態に近づけていなかったり、遠ざかったりする感覚になり、自己決定感は下がります。

選択の余地がない状態が延々と続いたり、選択の余地がどんどん狭まったりすると、人は「自由を奪われ、支配されている」という感覚が強まります。すると自己防衛本能が働いて、依存、服従、隷属といった状態にまで発展することがあります。そうした状態に陥ると、もはや自己決定感は皆無となり、ひたすら目の前のものを処理することだけに集中するようになるでしょう。それが「やらされ感がありながらも、何とかこなしている状態」となります。

強烈なトップダウンのワンマン経営者の中には、「社員が自分で考えようとしない」と嘆いたり憤ったりする人もいますが、組織の中に自己決定感を損なわせる負のループが周り、結果として自分自身の首を絞めてしまっていることが少なくありません。

たとえば、以下のような構造になっていることがあります。

- 社長は会社を続けていくことの大変さを、社内の誰よりも知っている。眠れない夜を何度も過ごし、全身に冷や汗をかくような出来事を乗り越えてきたからこそ、人一倍危機感も強くなっている。
- そのため細かいことにも気づきやすく、社員が大事なことを見過ごすのに耐えられないし、のんびりしているように見えてしまう。そこで、ついつい「ああしろ、こうしろ」と口を出す。
- 社員の側からしてみたら「社長命令」なので、自ら選択する余地はなく、やらされ感で作業をこなすことになり、自己決定感が低い状態になる。
- 社長は社員の無気力に取り組む姿にますます苛立ち、「自分が目を光らせていないと何も動かない」という気持ちで指示を出し、自分の想定をはるかに下回る結果が続くと、ますます社員を責めてしまう。
- それに恐れた社員の自己決定感はさらに下がり、社長への依存、服従、隷属の状態になっていく。
- 社長からすれば「指示待ちの社員しかいない」としか見えなくなるため、「誰も自分で考えようとしない。自分が何とかするしかない」という思いが強まり、どんどん孤立していく。
- このような会社に新しく入ってきた社員の中から、「この社長は単なるボス猿だ。こんな会社で働きたくない」と早々に辞めるという自己決定を下す人が出てくる。

- その結果、会社に残るのは社長への依存、服従、隷属の状態にある社員と、ボス猿化した社長になる。

このように、自己決定感を持てているかどうかは本人だけでなく、周囲の状況や人間関係にも左右されることが大きいのです。「自分で決定できているかどうかがモチベーション向上につながる」という考え方は非常にわかりやすいのですが、実際にそれを達成することもままならない状況があることは留意しておくべきでしょう。

タスクアセスメントが示す可能性

ここまでタスクアセスメントについてご紹介してきましたが、「とはいえ、将来のことが見えづらく変化が激しいVUCAワールドでは、タスクアセスメントの4つの要素を満たすことがそもそも難しいのではないか？」と思われるかもしれません。それがまさに計画のジレンマとも通じる点になります。

確かに物事が明確な秩序系の状況のほうが、自己効力感、影響感、有意味感、自己決定感を高めやすいとはいえます。

「人生山あり、谷あり」と言われるように、そもそも人生には順風満帆なときもあれば、思い通りにはならないときもあると、多くの人が経験的に理解していることでしょう。私たちは一般的に「山」のとき、つまり順調に物事が進んでいる時期には気分も上がり、前向きになって活動的になりやすくなるでしょう。しかし、「谷底」や「谷」に落ちている不調期には、当然ですが気分も下がります。そして後ろ向きになる、何かに八つ当たりする、自暴自棄になる、引きこもるといった、より「負けが込む」ような行動をしてしまうことも少なくありません。

当たり前のことのように思われるかもしれませんが、ここで見逃せないポイントがあります。それは、**難しい局面を打開するために最もモチベーションを必要とする局面において、自らモチベーションを失う方向に進んで復活の機会を自ら逸してしまう可能性を高めてしまう**ということです。

端的に言えば、「力を振り絞って踏ん張りをきかせなければならない時期に、場合によっては引きこもってしまうくらいに最も力を失う」のです。

しかしタスクアセスメントの考え方では、自己効力感、影響感、有意味感、自己決定感は、外的環境によって決定づけられるのではなく、「そのタスクをどう捉えているのか？」という内的認知によって決まるとされています。

つまり、**どんなに難しい局面であっても、認知次第でタスクアセスメントを高められる可能性は十分にある**ということです。

さらに、４つすべての要素を満たせなくても、有意味感や自己決定感を高めることで、難局を乗り越えられる可能性は十分あります。これは「無理ゲー社会」と揶揄されるようなこれからの時代を生きざるを得ない私たちに大いなる可能性を示しているのではないでしょうか。

机上の空論のように聞こえるかもしれませんが、自らの意志によって、有意味感や自己決定感を高く保ち続け、難局を乗り越えたという偉人の逸話はたくさんあります。その一例が南アフリカ共和国大統領であったネルソン・マンデラです。彼はアパルトヘイト撤廃の立役者として知られていますが、1964年に反アパルトヘイト運動の主導者として国家反逆罪に問われて終身刑の判決を受け、1990年に釈放されるまで獄中生活を送っていました。2013年に95歳で亡くなりますが、一度きりの人生の約3割を獄中で過ごしたことになります。

収監中に呼吸器疾患を患い、石灰石採掘場での重労働によって目を痛めるという過酷な環境下でも自ら学び続け、1989年には南アフリカ大学の通信制課程を修了し、法学士号を取得しています。それだけでなく、終身刑でありながら釈放後のことを見越して、黒人たちの言葉や文化を学ぶべくアフリカーンス語やラグビーの知識を身につけています。

彼の意志の強さは常人には計り知れないものがありますが、少なくとも言えるのは、「獄中生活」という究極の「やらされる作業」であったとしても、自らの意志によって有意味感や自己決定感を失わずにいることは可能だということです。もちろん正確に言えば、獄中生活という作業を自己決定したわけではありません。しかし「対応を余儀なくされた獄中生活という宿命を自ら受け入れた」、もしくは「獄中生活という作業にどんなあり方で臨むのか、どんなやり方で向き合って過ごすのかを自ら選択した」という意味で自己決定し、自ら意味を見出したといえるでしょう。

こうした偉人を引き合いに出したとしても、「それはネルソン・マンデラだからできたことであって、常人にできることではない」という感想を持つ人もいるでしょう。しかし、**「タスクアセスメントは自らが置かれた環境次第で決まってしまう」と捉えるのか、「確かに骨が折れるけれども、タスクアセスメントは自ら高めることができる」と捉えるのかのあいだには、雲泥の差が生じます。**また、ネルソン・マンデラだけに留まらず、先述した自ら難局と向き合うアスリート、社会活動家、医療関係者たちもおそらく、自己効力感、影響感が十分に満たせない中で、自ら有意味感、自己決定感を高め、前進し続けられているのだと思います。

では、タスクアセスメントを自ら高められるようにするにはどうしたらよいのでしょうか？

その鍵は「問い」にあります。

自己効力感、影響感、有意味感、自己決定感が「認知」によって影響を受けているのだとしたら、目をつけるべきポイントは、「何がその認知の転換を促すのか」です。

私たちの認知が偏っている、すなわち思い込みにはまり込んでいるときに、他者からそれを指摘されることで認知が転換することもあるでしょう。しかし、「忠言耳に逆らう」ことも生じやすく、「言っている意味はわかるが、ピンと来ない。腹落ちしない」という感覚に陥るでしょう。

そう考えてみると、いかに自分の認知の偏りや思い込みへのはまり込みを自分（たち）の手で是正できるかにかかっており、その道をひらくのが自らに適切な「問い」を投げかけることなのです。

タスクアセスメントの向上による主体性と創造性の解放を促す問いを誘発する。それが非秩序系のVUCAワールドに求められるビジョンの要件です。

「問いの誘発」を促すビジョンクローバーモデル

「タスクアセスメントが向上するような問いを生み出すことができれば、主体性と創造性の解放につながることはわかる気はするが、そうした問いを誘発するビジョンとはどんなものだろう?」という疑問を抱いている方も多いでしょう。

ここでいよいよ、どんなビジョンをどのように描いていけばよいのかについて掘り下げていきます。

まずは、「ビジョン」に関して組織内で共通認識を揃えることが重要です。私は多くの会社で、特に経営層と現場とのあいだに認識の違いがあることを目の当たりにしてきました。

それを象徴するのが「うちの会社にはビジョンがない」という、よく聞く言葉です。私は組織開発コンサルタントとして長年組織の現場に関わっていますが、あるとき不思議な現象が生じていることに気づきました。現場に近い層になればなるほど、「うちの会社にはビジョンがない」という言葉を口にし、その意見がエンゲージメントサーベイなどの調査結果に反映されていることもあります。

そうした現場の声を知った経営層が、「ビジョンがないというが、何のことを言っているんだ? 中期経営計画はあるじゃないか! 自分たちがベストを尽くしていない言い訳をしているようにしか見えない」と苛立ったり、困惑したりしている様子に何度も遭遇したのです。つまり、「我が社にはビジョンがあるのか、ないのか」について真逆の結論が社内で存在していたのです。

こうした「うちの会社にはビジョンがない」をめぐるすれ違いがいろんな組織で発生していることを

不思議に思い、私なりに観察をし、仮説検証を繰り返しました。その結果、どうやら人によってビジョンの定義が異なっており、それが混乱の元になっていたことがわかりました。

そこから私はビジョンの解像度を高めるための方法を探究し、４つのタイプに整理しました。それが「ビジョンクローバーモデル」です（図６-４）。

それぞれのタイプは次の通りです。

憧憬型ビジョン（Will／利他性）

情熱や意志に根差した夢や願いとして描かれるビジョン。「○○という状態を実現したい」「こんな未来を実現したい！」と願う気持ちが映画のワンシーンのようにありありと描かれていればいるほど、その未来に近づきたいという意欲をかき立てることができます。

また、この憧憬型ビジョンは単なる個人の野心的な願望であったとしても成立する場合もありますが、あまり

図6-4　ビジョンクローバーモデル

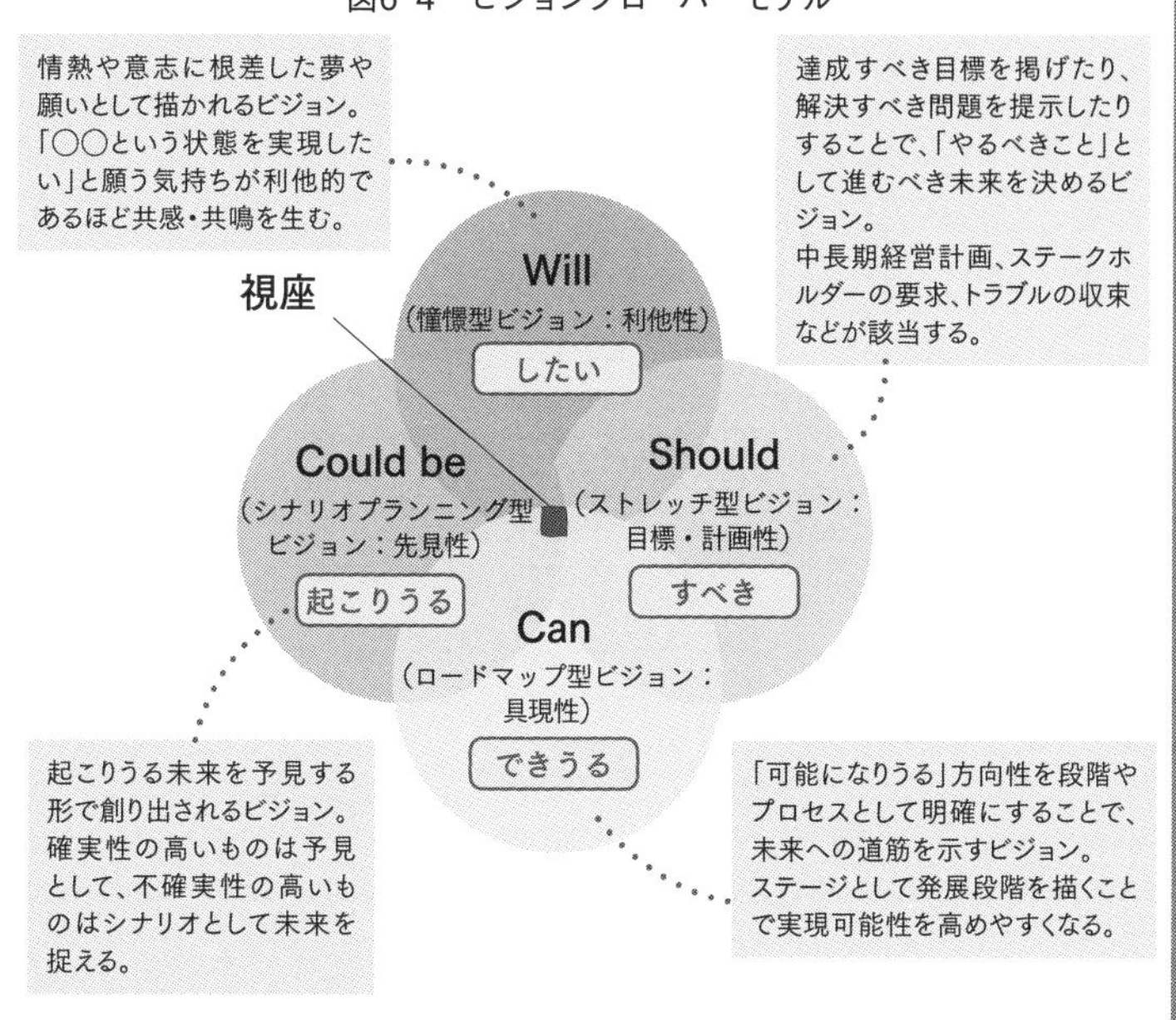

にも自分都合で周りの迷惑を顧みないようなものであれば、どこかで壁にぶつかり、そのビジョンを追い求めていくことは難しくなるでしょう。それに対して、「その未来の姿は多くの人の幸せにつながっていくのを感じる！」「このビジョンを実現できれば他者や社会に貢献できる！」というような、その憧憬型ビジョンに触れた人たちの心を揺さぶり、共感・賛同を得えられるものであればあるほど、他の人たちもその実現に関与したい、実現の一翼を担いたいという感覚が生まれ、影響の輪が広がりやすくなります。

この憧憬型ビジョンは実現可能性が高いかどうかよりも、本人たちが情熱を感じられるかどうかが重要です。たとえば、「世界平和の実現」のように自分たちが生きているあいだに実現できないと思ってしまうような未来であっても、北極星のように向かう方向性が示されることで自分たちの存在意義や活動の意味を見出すことができ、情熱を沸き立たせるのであれば、憧憬型ビジョンとして成立します。

また、憧憬型ビジョンにおいては、利他性を感じられれば感じられるほど、時間や空間を超えた影響をもたらすことができますが、かといって自己犠牲を強要するものではありません。あくまで、利己的な欲を満たすことが第一義となっているのか、純粋な思いでその未来の実現を願っているのかの違いとなります。

シナリオプランニング型ビジョン（Could be ／先見性）

起こりうる未来を予見する形で創り出されるビジョン。確実性の高い未来を見極められているほど、機会を見出す力とリスクを回避する力が高まります。また、未来の不確実性を見極め、幾通りもの未来シナリオを予見できているほど、環境の変化をいち早く察知し、先手を打つ力が高まりやすくなります。組織運営においては、そのシナリオを社員に共有できている度合いの高さによって、全体方針に対する納得度に違いが生じ、主体的な行動に差が生まれやすくなります。

ストレッチ型ビジョン（Should／目標・計画性）

達成すべき目標を掲げる、もしくは解決すべき課題を定義することで、「やるべきこと」として進むべき未来を決めるビジョン。一度目標や課題を定義できれば、その後はやり方（How）に落とし込んでいくことになるので、このビジョンが明確になるほど目標達成や問題解決の実現可能性が高まります。

ロードマップ型ビジョン（Can／具現性）

他の３つのビジョンに向かう方向性を段階やプロセスとして明確にすることで、未来への道筋を示すビジョン。ロードマップ型のビジョンによって、未来を現実にするための打ち手がイメージしやすくなり、合意形成を後押ししやすくなります。一般的には、ロードマップ型ビジョンだけで、「これこそがビジョンだ」と位置づけられることはありませんが、憧憬型／ストレッチビジョンへの到達根拠としてロードマップ型のビジョンが示されることで、ステークホルダーの中で「確かにビジョンが存在している」という認識が生まれ、ビジョンとしての信憑性を高めやすくなります。そのため、ロードマップ型ビジョンは、可能性の架け橋であるといえるでしょう。

ビジョンクローバーモデルとタスクアセスメントがどう関係しているか

ビジョンクローバーモデルは、ビジョンプロセシングの原理である心の羅針盤と本質的な課題とも対応関係にあります。憧憬型ビジョン（Will）が心の羅針盤であり、本質的な課題を見極めていくうえでは、シナリオプランニング型ビジョン（Could be）が役に立ちます。そこから見えてきた課題をストレッチ型ビジョン（Should）として定義し、ロードマップ型ビジョン（Can）として具現化していくことで「本当に大切にしていることを存在させようとする」ことにつながっていきます。

そして、タスクアセスメントとも密接に関わっています（図6-5）。端的に言えば、各ビジョンのタイプを明確に描ければ描けるほど、それに対応するタスクアセスメントの要素が高まりやすくなります。憧憬型ビジョン（Will）は、何に情熱を感じられるのか、どんな未来に近づいていきたいと思っているのかを表しているため、個人の価値観と密接に関係しています。すなわち、有意味感とつながっています。

シナリオプランニング型ビジョン（Could be）は、先見性に関係しています。目まぐるしく変わる状況に対して、今後何が起こりうるのかを見極められているほど、「どちらのシナリオに転んだとしてもやっておいたほうがよい重要課題」が浮き彫りになり、優先順位を上げて取り掛かれるようになります。それこそが、「緊急でない・重要な（価値領域）」課題を見極めるということです。言い換えれば、シナリオの精度の高さは、「外してはいけないポイント」が明確になる、すなわち、より効果の高い手段を見極めやすくなっていくことから、影響感を高めます。

ストレッチ型ビジョン（Should）は、具体的なターゲット（目標）を自ら決めることによって成立するため、自己決定感と関係があります。「自分で掲げた目標であれば、取り組む姿勢が変わってくる」という表現は、ストレッチ型ビジョンと自己決定感のつながりを表しているといえるでしょう。

もちろん、ストレッチ型ビジョンの「内容」を組織が全体目標として定めることがあるため、必ずしも自分自身が策定したものにはならないこともあります。しかし、その策定された目標に対して「自分もその目標の達成の一翼を担う！」と決めたときに、初めてストレッチ型ビジョンを自分のものにする、すなわち、自分の中でビジョンとして命が吹き込まれることになるため、やはり自己決定感は高まるでしょう。

わかりやすい例で言えば、会社が何らかの事情で窮地に立たされたときに、社長が自ら旗振り役となり、「みんなで売上高○○円を達成

図6-5　ビジョンクローバーモデルとタスクアセスメントの関係

して、この難局を乗り越えるぞ！」と檄を飛ばした結果、みんなのやる気に火がつくならば、それは社長が提示した目標に対して「自分もやってやる！」と決断し、自己決定感を高めたことになります。

もちろん、その背景として「会社が好き」という有意味感、あるいは「会社の存続が自分の将来にも関わる」といった影響感があったということも考えられます。それでも「自分もこの難局を乗り越えるための一翼を担う」と決断するかどうかが、与えられた目標がストレッチ型ビジョンとして生まれ変わるかどうかを決めることになり、自己決定感を決めるのです。

ロードマップ型ビジョン（Can）は、文字通り道筋、言い換えれば「階段の昇り方」を指し示すものになるため、「何をどのようにやればよいのか」についての算段をつけやすくなり、自己効力感が高まります。

とはいえ、いくら道筋が示されても「自分には無理だ」と思ってしまうようなものだと自己効力感は満たされません。たとえば、高校生がプロ野球選手になるためには「甲子園に出場し、そこでよい成績を残す」という道筋は描けますが、だからといってすべての人が「自分にはできる」と思えるとは限りません。その場合は、その道筋が合っていたとしても本人の能力の限界を超えているため、ロードマップ型ビジョンとして機能していないことになります。つまり、「自己効力感を満たせる形で描けているかどうか」を検証することが重要です。

このように、ビジョンクローバーモデルのそれぞれのビジョンを丁寧に扱っていくことで、タスクアセスメントを高め、主体性と創造性の解放へとつなげていくことができるようになります。

視座＝ビジョンの重なりを集団としても一致させる

ビジョンクローバーモデルの観点から、「うちの会社にはビジョンがない」という現象を考えてみると、ビジョンにまつわる認識の違いが浮き彫りになってきます。経営陣はストレッチ型ビジョン（Should）を中期経営計画として示したと思っているのに対して、現場の側は、自分たちの情熱を沸き立たせるものとして憧憬型ビジョン（Will）がないために、目標に意味を見出せないかもしれません。あるいは、ロードマップ型ビジョン（Can）がないために「月にはしごをかけるようなことを言われても無理だよ……」と途方に暮れているという事態が生じているのです。つまり、**「ビジョンがない」という言葉が示す意味が、噛み合っていなかった**のです。そこに気づかないまま、「管理職のマネジメント力の欠如」「社員の当事者意識のなさ」「モチベーションの低さ」などが問題視されてしまっているのです。

これまでさまざまな企業でビジョンクローバーモデルを紹介していますが、「ビジョンがないという問題をめぐる混乱の謎が解けた」という声を多く聞きます。

ビジョンクローバーモデルで着目したいのは、個々のビジョンの定義に加え、**4つのビジョンの重なり（積集合）にあたる領域がその人の視座**となるということです。

この重なりが広く、深く、そして的を射ている人ほど、周囲から「ビジョナリーな人である」と目されやすくなります。

これは特にリーダーポジションにある人に求められていることです。その人が提示している方向性には情熱が感じられ（憧憬型ビジョン）、幅広い洞察力を持って先見性があり（シナリオプランニング型ビジョン）、そのうえで明確な課題定義によって自分たちが何をすべきなのかのターゲットを明確に指し示し（ストレッチ型ビジョン）、その道筋も明らかにしてくれる（ロードマップ型ビジョン）。

そんなリーダーなら、安心して舵取りを任せられると思うのではないでしょうか。

この視座こそが、質の高い課題の定義を促し、次なる行動に適切な意味を与えるのです。

そして、この**視座は各自の重なりを育てるのはもちろんのこと、集団としても一致していることが重要**です。

これまで述べてきた通り、秩序系であればアウトプットの最大化によって到達できる姿としてのビジョン（ストレッチ型とロードマップ型）に向かって、役割分担して各自ベストを尽くせば後は自ずと結果がついてきます。

しかし、非秩序系のＶＵＣＡワールドにおいては、「実際のところ何が起きていて、今後どうなりうるのか、何をどこまでできるのか？」について、全貌を把握できない状態が常態化します。にもかかわらず、それぞれが自分の限られた視野や視座の中で「会社全体として○○をすべきだ！」「□□から着手すべきなのは火を見るよりも明らかだ！」とそれぞれ持論にはまり込んでいくために、「何を課題として再定義し、どういった優先順位で取り組むのか？」といった集団活動を可能にするための合意を取りづらくなります。

そのうえ、それぞれが「望んでいないことを取り除こうとする」衝動に駆り立てられた場合、話し合いが成立しないだけでなく、不快な状況から一刻も早く逃れるために個別の活動を展開してしまい、かえって全体の崩壊を加速させてしまうかもしれません。「急がば回れ」とは難しい問題に対処するための古（いにしえ）からの知恵ですが、自ら「急（せ）いては事を仕損じる」状態に追い込んでしまうのです。落ち着いてひざを突き合わせて話す余地が奪われれば奪われるほど、話し合いはまとまりづらくなり、対立が深まるだけでなく、時にパニック状態にもなります。

「何を課題として再定義し、どういった優先順位で取り組むのか？」について合意できれば、お互いに力を合わせて前進することは可能です。しかし、1人ひとり個性としての違いを持ち、置かれている立場や状況が異なる中では、口で言うほど簡単ではないうえ、非秩序系のVUCAワールドでは、難度が高まり続けます。

だからこそ、ビジョンクローバーモデルの視座の重なりを一致させる力がこれからますます求められることになるのです。この視座が一致すればするほど、「自分たちは一枚岩になっている」という感覚が高まっていきます。逆に、視座のずれを放置し続けると、「見ている／目指している方向が違う」という感覚が常に横たわることになり、分断・決裂の一途をたどることになるでしょう。

そして、この視座の重なりは、現場のチームで必要になるのはもちろんのこと、組織の規模が大きくなればなるほど、上層部や幹部層の中で一致することがより重要になります。上層部・幹部層の中で視座が一致していない場合、組織の下層にいる人たちは、それを敏感に察知し、ベストを尽くせなくなってしまうからです。「会社として示されている方向性はあるものの、自分の直属の上司はその方向にまったく納得していない」という雰囲気を察知したとき、その上司の顔色を見ながら活動をするという経験をされた方も多いのではないでしょうか？

しかし厄介なのは、階層の上にいくほど視座の一致が難しくなる、という点です。現場に近いほど、実際に事業を行う場所とモノである「現地現物」を見ながら話ができますが、階層の上のほうでは抽象的な議論に陥りがちだからです。

ましてや非秩序系のVUCAワールドでは、個々人の現実認識が異なります。それがどのくらいずれているのかも、それをどう補正すればよいかもわからず、個々人が自分の持論を譲れない状態になっていることを想像すると、視座の一致がいかに難しいかがわかるでしょう。

秩序系であればすべきこと（Should）を「鶴の一声」で決めてしまえば進むかもしれませんが、非秩序系の場合はそれが崩壊を招く「悪魔の呼び声」となることも少なくありません。

なぜなら、「鶴の一声」によって意思決定したとしても、その方向性に対して腹落ちしていない度合いが大きいほど、ベストを尽くせなくなってしまうからです。難局を乗り越えるためにそれぞれがベストを尽くすべき状況下で、腹落ちしないという理由によって様子見をしたり、話半分に聞いたりするといった姿勢自体がリスクそのものになってしまうのです。

この視座の不一致によるバラバラ感をチームビルディングによって解消しようとしても、残念ながら功を奏することはありません。なぜなら、これまで見てきた通り、チームが一枚岩化していないのは、共同作業の欠如にあるのではなく、視座が一致していないからです。

ビジョンクローバーモデルの視座は、それぞれの人生観や過去の経験によって異なるため、１回か２回かの研修で一致させることは極めて難しく、粘り強い取り組みが求められます。

さらに、たとえ視座が一致する瞬間が訪れたとしても、状況が激変する非秩序系のＶＵＣＡワールドにおいては、すぐにずれてしまいかねないのです。

私の知る何社かは、実際にこの視座の不一致によって崩壊の一途をたどっていました。

それらの会社はいずれも、業績の低迷が続いた時期や、東日本大震災やコロナ禍などの混乱期において、組織がバラバラになり、優秀な人から退職し、組織運営に行き詰まっていました。そうした状況になればなるほど、社員は目の前の仕事にベストを尽くすよりも、愚痴や不平不満に乗っ取られる、不安に駆られて自分も転職を考える、他者への陰口を言うなどの「破壊行動」に走りやすくなります。

このように次から次へと足元から崩れていく状況下においては、トップができる手段は限られており、「全社にメッセージを出す」「特定の優秀な人材に直接指示を出す」「組織変更をする」「事業の売却や買収をする」といったことを行いがちです。

ある会社では、内向きの議論や不平不満を止めて求心力を高めるためには、夢のある目標が必要だと判断し、何の前触れもなく上場を目指すことを方針として打ち出した経営者もいました。上場を目指すことを喜ぶ役員や社員ももちろんいますが、創業時から支えてきたメンバーには、自分たちが築き上げてきた文化が壊れていくことを危惧する役員や重鎮たちもいます。そうした人ほど会社や仲間のことを大切に思っているため、現場からの厚い信頼を得ています。

苦肉の策として上場を選んだ社長もいます。だからこそ、反対の声は自分の痛いところを突いているという感覚を抱き、どんどん意固地になってその声に耳を傾けられなくなっていきました。その結果、上場に反対していた、現場から厚い信頼を得ている役員は気持ちがついていかなくなって退職し、仮に上場が果たせたとしても、上場益を期待していた役員から退職していったのです。上層部が続々と辞めていく姿を見て、現場の社員は将来への不安を強め、退職ドミノが加速し、結局会社がバラバラになるという末路をたどっていった会社もありました。

これは想像の話ではなく、実際にいろんな会社で共通して私が目の当たりにしてきた事象です。既に上場した会社であっても、「市場シェアトップをとる」というストレッチ型ビジョンを掲げようとしましたが、結局誰の気持ちもついていかず、「上層部は現場が見えていない」「うちの会社にはビジョンがない」といった形で信用を失うパターンはよく起こっています。

従って、「いつ何時であっても可能性にあふれた未来を見据え、何度くじけようとも何度でも立ち上がり、力を合わせながら、創造のための試行錯誤をし続けられるようになる」ための欠かせない着眼点の1つは、**視座を高める、すなわち、Will・Could be・Should・Canの重なりを広く、深く、そして的を射ているようにするために1人ひとりが研鑽を続けていくのと共に、協働者のあいだでもその視座の一致を図るように取り組み続けていくこと**にあるといえるでしょう。

シナリオプランニング型ビジョンの筋力を鍛える

視座の一致を図るうえでは４つのビジョンすべてが重要ですが、非秩序系のＶＵＣＡワールドにおいて最もメンテナンスが必要になるのが、シナリオプランニング型ビジョンです。

これは「今後どんな展開が待ち受けているのか？」という先見性にまつわる領域であり、いわゆる「勝負所」や「正念場」の認識を合わせるための土台となります。この認識がずれているとストレッチ型ビジョンも折り合いがつかなくなり、検討の時間切れによる先送りや妥協の産物のような意思決定がされやすくなります。

非秩序系のＶＵＣＡワールドでは、状況が刻一刻と変わっていくために、その都度、情勢判断を見直す、すなわち想定シナリオのアップデートが必要になります。しかし、長らくＰＤＣＡ神話に染まりすぎていたためか、日本企業はこのシナリオプランニング型ビジョンを描く力が極端に弱いようです。ＶＵＣＡワールドの荒波を乗り切っていくためにも、経営トップはもとより、役員や次世代リーダーがシナリオプランニング型ビジョンの力をつけていくことは喫緊の課題といえるでしょう。

シナリオを考えずに、高い目標だけを掲げて前進し続けていくのは、テロや紛争が盛んで強盗や誘拐も頻発しているような国に、何の準備もなく高価なブランド品を身にまとって長期間旅行するようなものです。

シナリオプランニングは単なる未来予測ではなく、「もし、○○に転ぶなら、△△が起こる確率は高くなる」というシビアな現実と向き合うための手段です。

そして、現実がシビアであればあるほど、シナリオを洗練し、4つのビジョンの重なりを広げられるかどうかが問われることになります。

シナリオを見極める力を養うことは一朝一夕ではできませんが、日々丁寧に行っていけば、筋力のように強化できるので、ぜひ意識的に実践してみてください。

ビジョンクローバーモデルの実践

それでは、このモデルを使ってどのようにそれぞれのビジョンを見出していけばいいか、その実践方法をご紹介します。

実際に組織内で探究する際には、それぞれの会社が置かれている状況やメンバーの力量などを踏まえて、さまざまな工夫が必要です。しかし、全体的な枠組みは変わらないので、会社全体の戦略やマスタープランをつくるようなマクロなものから、現場の日々のミーティング、個々人の業務計画、キャリアプラン、日々の活動計画の作成といったミクロなものまで幅広く活用できます。

ビジョンクローバーモデルによるビジョニング実践手順

STEP 1　現状認識・問題意識の棚卸し（Should）

自分自身やチームメンバーが捉えている現状認識や問題意識を棚卸しします。関係者が増えるほど現実や問題の認識に違いが生じやすくなります。「自分たちの認識はそれなりに合っているはずだ」と無自覚に思い込んでいることはよくあるので、「ずれがあるはずだ」という認識のもと棚卸しをしていきましょう。また、複雑な事業環境においては、各自の観点を共有することは複眼的に状況を捉えるうえでも役立ちます。

この段階では「望んでいないことを取り除こうとする」姿勢の人がいても、それを問題視したり、その問題をすぐに解決したりしないようにしましょう。重要なのは、あるがままを観察し、問題と思っていること、気がかり、不満、不安、タブー、諦めていることなどを共有していくことです。

まずはこの棚卸しを行うだけでも、問題処理に走ってしまう状況を一時的に止めて、状況を俯瞰できるようになるという効果が表れるはずです。

STEP 2　憧憬型ビジョンの共創（Will）

棚卸しが終わったら、そこで明らかになった「現状認識や問題意識」をいったん脇に置いて、

「なんでも可能だとしたらどんな未来をつくりたいのか」を思い描きます。可能性にあふれた未来を憧憬型ビジョンとして描くことで、近視眼的な議論や「そもそも論」によって話が蒸し返されないようにするための、話し合いの土台をつくることができます。また、この探究は心の羅針盤の原型を見出す作業でもあるので、そこから各個人の意欲が引き出されやすくなります。非秩序系のVUCAワールドにおいては、すべての問題に対処できるとは限らない上に、すべての問題に対処したからといって前進が約束されるとも限りません。何を優先するのか、どこに焦点を絞るのかを見出していくうえでも、憧憬型ビジョンの共創は有効です。

STEP 3 未来シナリオの想定（Could be）

憧憬型ビジョンに留まっているだけでは、単に夢を見ているだけの現実性のないものに留まり、現実に引き戻されたときに問題処理に陥ってしまう可能性があります。

それを避けるためにも、現状認識や問題意識を踏まえて、「自分たちを取り巻く環境・状況の展開シナリオ」や、「今後の展開次第で起こりうる未来」や「有効な打ち手を打たないままでいるとぶつかってしまう成りゆきの未来」を、未来シナリオとして明確にします。

具体的には、シナリオプランニングや因果ループ図の作成を行うことが役立ちます（シナリオプランニングについては、第7章のコラム参照）。それらの詳細な実施方法は、他書籍に譲りますが、ここではポイントのみご紹介します。

シナリオプランニング型ビジョンの探究は、「○年前に、今日のような事態になることがわかっていたなら、ちゃんと△△した(しなかった)のに……」と思うようなことを前もってできる限り詳細に考えることです。

「後悔先に立たず」というように、私たちは起こりうる未来を正確に認識できなかったために、後の祭りや元の木阿弥(もくあみ)といった事態に陥ってしまうことが少なくありません。先延ばしや先送りの代償は大小問わず発生しますが、その代償が大きいほどやがて致命傷になりかねません。従ってこのステップでは「この路線を進んでいけば、実際に何が起こりうるのか?」を突き詰めて考えていくことになります。

それは、将棋の棋士が自分の次なる一手を決める際に、「桂馬をここに進めれば、相手の飛車がこう動くことになり、そうなれば、こちらが香車で迎え撃つ」といった形で考えることと似ています。どちらに転べば、何が既定路線と化していくのか。「今後、当たり前になるであろう既定路線」を予め見極めるための思考実験を繰り返すことで、シナリオの精度を高めていくことになります。

STEP 4 ストレッチ型ビジョンとフォーカスポイントの定義(Should)

憧憬型ビジョンと未来シナリオを踏まえて、具体的なターゲット(目標や優先的に取り組むこと)をストレッチ型ビジョンやフォーカスポイント(狙い目)として定義します。

図6-6で示しているように、憧憬型ビジョンは自分たちの目線を上げ、これまでの自分たちにはなかった発想や意欲を与えてくれます。しかし、成り行きの未来に対して有効な手を打てていなければ計画破綻や現状維持の力によって、憧憬型ビジョンへの推進力が台なしになってしまう可能性があります。

それを乗り越えていくためにも、ストレッチ型ビジョンやフォーカスポイントとして具体的なターゲットを設定することで、チームメンバーの力の結集を図ります。ストレッチビジョンは、いわゆる目標・ゴールであり、フォーカスポイントは、時間管理マトリクスにおける価値領域、すなわち重要・緊急でないことの中から「現時点において、優先順位を上げて取り組むべきものとして再定義された課題・テーマ」です。

重要・緊急な問題は、目の前で生じている火事や交通事故による怪我人への対処などの「目の前にある危機」です。それを放置すれば状況が悪化するのは明らかなので、対処せざるを得ません。しかし、その問題を解決したからといって、マイナスをゼロに戻すだけで付加価値を創出したとはいえません。一方、重要・緊急でないことはどれから着手すべきかの見極めが難しく、状況の変化と共に重要度も変わるので、柔軟な対応が求められます。そのため、フォーカスポイントの定義では「現時点において、優先順位を上げて取り組むべきことは何か?」と問うことで、あくまで暫定的な結論を置くことになります。

STEP 5　実現ステップの明確化（Can）

ストレッチ型ビジョンやフォーカスポイントとして定義されたターゲットの達成を目指して、計画に落とし込んでいきます。このステップの成果物はいわゆる行動計画となるので、実施にあたっては既存のプランニングやマネジメントの手法が応用できるでしょう。

重要なポイントは、他の3つビジョンは、状況が変化するといつどんな形で変わるかわからないため、それに合わせて計画の見直しも発生することにあります。

秩序系の世界においては、Canがコロコロ変わるのは、ビジョンを示すことのできないリーダーの無能さの証明とみなされますが、非秩序系の世界においては、計画が変わるの

図6-6　ストレッチ型ビジョン設定の重要性

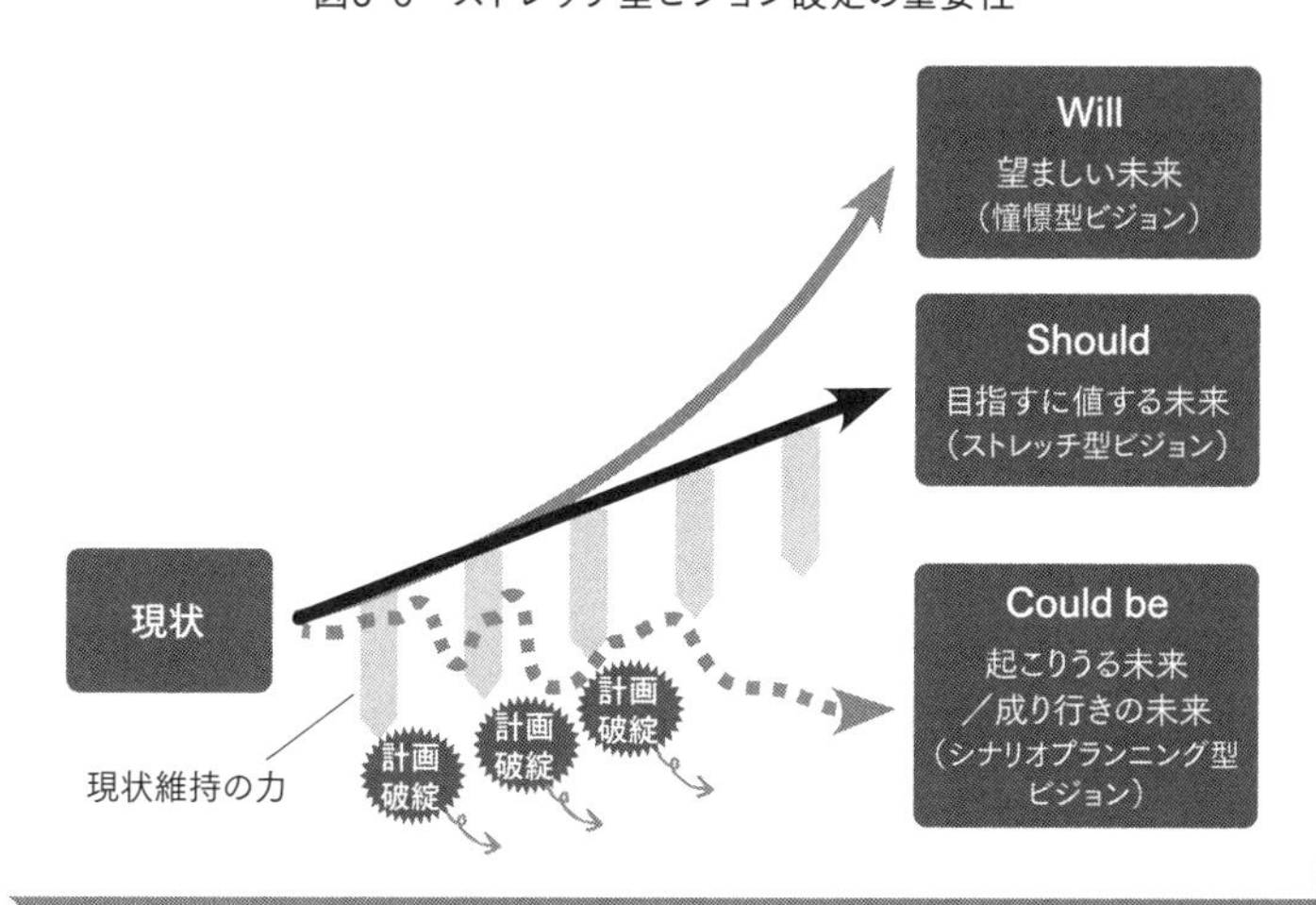

は致し方ないばかりか、変わっていなければ逆に環境変化に適応できていないと捉えられるのです。

とはいえ、行きすぎた変更はリソースの消失につながるため、1〜4のステップの精度を高めたうえで見直すことが重要です。

本章ではビジョンを描くことに絞った形で紹介しましたが、この手法を日々の現場で使えるようにしたのが、第9章で紹介するSOUNDメソッドです。より詳しく知りたい方は参考にしてみてください。

本章のポイント

- 非秩序系のＶＵＣＡワールドの中でビジョンは機能しない可能性があるにもかかわらず、モチベーションを維持し、人々と力を合わせていくうえでビジョンを必要としてしまうというジレンマに陥りやすい状態になっている
- 「アウトプットの最大化によって到達できる姿をビジョンとするパラダイム」（ビジョン＝答え）から「プロセスに命を吹き込むものとしてビジョンを位置づけるパラダイム」（ビジョン＝問いを誘発するもの）への転換が問われている
- タスクアセスメントは、向き合っているタスク（状況）をどのように認知するかによって、その人のモチベーションに影響を与えることを示している
- 環境・状況の変化によって「谷底」や「谷に落ちる」ような不調期にこそ、主体性と創造性を解放していくうえでタスクアセスメントを自ら高める力が問われるようになる
- タスクアセスメントが向上するような問いを生み出すのが、ビジョンクローバーモデルの４つのビジョンである
- ４つのビジョンの重なりである視座を高め、集団としてもその視座を一致させることが協働の条件となる

Column 6

理念とミッションの知られざる「型」の違い

組織を運営していくうえで、目指すべき方向性を掲げる大切さを否定する人はいないでしょう。しかし、パーパスであれビジョンであれ、何をどのように表現するかは難しい問題で、組織の数だけ正解があります。

そのステートメント（声明文）を簡潔に表そうとするほど、抽象度が高くなり、さらに組織の規模が大きくなるほど「言っていることはわかるけど、どこか腑に落ちない」という感覚を抱く人も出てきます。

その差を生むのは、文章の体裁や組織への展開方法ではありません。本当に大切なのは、**「自分たちがそのステートメントが掲げている内容と向き合い、実践していくことを通じて、組織内外の人たちの心を動かし、主体性と創造性が解放されるものになっているかどうか」**です。それを左右するのが、「内容の質」なのです。

ステートメントの「質」とは

では、内容の質とは何を指すのでしょうか。私は、以下の3つの要素によって決まると考えています。

文章の意味に対する自己一致度合い……これは、「ステートメントの策定者や組織の中心人物が、腹の底から声明文で書かれている内容をどれくらい大切だと思っているか」を意味しています。当事者がそのステートメントを口にすると気持ちが高まるようなものであれば、自己一致度合いは高いといえます。しかし、「言葉として掲げてはいるものの、本気でそこまでは思っていない」「嘘ではないけれど、どこかしっくりきていないところがある」という場合は、どこかの時点で「お飾りの言葉」になってしまうでしょう。

共感・共鳴を喚起するポテンシャル……組織内外の人たちの心を動かせる可能性の度合いを表します（ただし、洗脳のような倫理的に問題がある場合は除きます）。その文章によって心を動かされる人が作成した本人だけに留まるなら、質の高いステートメントとはいえないでしょう。作成者のみならず、組織内外の人たちの心を動かし、支持されるものであればあるほど、個人の力を超えた大きな動きを可能にするのです。

構成要素の行動喚起度合い……ステートメントは、組織内外の人の心を動かすだけでなく、主体性と創造性を解放できるものになっているかどうかが問われます。つまり、日々の意思決定の場面で適切な判断ができるかどうか自問自答することができ、行動に移せるものになっていなければ、その効果は限定的になってしまいます。

その構成要素の種類にはさまざまなものがあります。「理念」「ミッション」「ビジョン」など代表的なもの以外にも、「ウェイ」「クレド」「カルチャー」「社是」「行動規範」など、1つの組織の中にもさまざまなステートメントがある場合もあります。そしてどれが最も重要で、それぞれどんな関係にあるのかがわからなくなり、形骸化してしまうケースもあります。

私は、さまざまな企業のステートメントを分析した結果、「自己起点——理念・ビジョン・行動規範型」と「他者・社会起点——ビジョン・ミッション・バリュー型」という2種類の系統で整理できることに気づきました。

この2つの系統はそもそもの出発点が異なるために、似て非なるものであり、まったく相いれません。それぞれの違いをみてみましょう。

自己起点——理念・ビジョン・行動規範型

理念とは、**「私・私たちは何者なのかを自己定義するもの」**です。ものすごくシンプルに表現すれば、「私は登山家である」「私たちはエンジニア集団である」になり、英語で言えば「I am ～」や「We are ～」で表現されるものです。実際は「私は自然を愛し、自然と共に生きる登山家である」というように補足を加えたものになるでしょう。

この理念で表されるものは、いつかどこかの未来の姿ではなく、「これが私である」と定義し、常に体現されていくものになります。先ほどの登山家のステートメントでいえば、山を登っていないときであっても「自然を愛し、自然と共に生きる」人としてただ生きている状態になります。

そして、この型におけるビジョンは、**「理念として自己**

定義した私・私たちがどこを目指したいかを表すもの」です。登山家の例で言えば、「私は世界中の山を制覇し、山頂から自然の美しさを味わい尽くす」といったものになるかもしれませんが、「自分の彫刻作品を通じて世界中の人々を感動させる」といったビジョンにはなりづらいでしょう。なぜなら、登山家として山を登っているのであって、彫刻家ではないからです。

そして行動規範は、**「理念として定義した私がビジョンを実現していくうえで、何を制約として自分に課すのかを表すもの」**です。

ビジョンを実現する手段は、無数にあります。

登山家の例で言えば、ヘリコプターを使ってもよしとするのか、無酸素登頂するのかなどを決めるということです。もう少し抽象的なレベルで「自然に対しても人に対しても誠実である」「もう駄目だと思ったときにもう一歩踏み込んでみる」といった振る舞いやあり方を定義することもあります。

このように、「自己定義された理念」ありきで構成されているという意味で、自己起点のステートメントと位置づけています。すなわち、自己の存在が失われれば、そのビジョンも、行動規範も消えてなくなることになります。

他者・社会起点――ビジョン・ミッション・バリュー型

これは、**「実現したい未来の姿ありき」**という意味で、他者・社会起点と位置づけています。これは極言すれば、「ビジョンとして描いた未来の姿が実現すれば、自分たちの役割は終わる」というものです。

たとえば、「あらゆる学校からいじめをなくし、あらゆる生徒が心穏やかに学校生活を送れる未来を実現する」というビジョンを掲げるＮＰＯは、実際にこのビジョンを達成できたときには解散するか、新たなビジョンを見出して新たな活動を始めるかの選択を問われることになります。

従って、同じ「ビジョン」という言葉を使っていますが、自己起点と他者・社会起点では大きく意味が異なるのです。前者においては、自己という存在が前提のビジョンですが、後者においてはビジョンが先に定義されるため、自分や自分たちといった存在はその実現のための道具として位置づけられます。

そのため、他者・社会起点で運営されている組織は、「ビジョン実現のためにはいろんな手段があっていい」と考えるようになります。ときには、自分たちだけで何とかしようとせずに、自分たち以上に得意な組織があるなら、喜んで今の立場を譲ることもあるでしょう。とはいえ、あらゆる問題を解決しようとしていろんな手段に手を出すと、「二兎を追う者は一兎をも得ず」の状態になってしまいます。そこでミッションの出番です。

ここでのミッションとは、**「掲げたビジョンを実現するために、自分たちはどんな機能的役割を担うかを表すもの」**になります。先ほどのNPOの例で言えば、「いじめによって不登校になった生徒の心のケアをする」「いじめをなくすための啓蒙活動をする」「自治体に働きかけて新たな条例をつくる」「生徒同士が相互に支援するSNSを立ち上げる」などの選択肢があるでしょう。このように、自組織がどんな役割を担うかを表すのがミッションです。

バリューは、掲げたビジョンを目指してミッションを遂行した結果、**「受益者が実際にどんな価値を享受できるかを表すもの」**になります。

他者・社会起点のステートメントにおいては、この視点での自己評価がなければ、独りよがりなミッションの遂行になっている可能性があるでしょう。

先ほどのNPOのケースで言えば、受益者である生徒にどんな実感が生まれる状態にしたいのかが焦点になります。たとえば、「1人ひとりの生徒がこの学校に在籍できてよかったと思えている」「心に傷を負った生徒が、自分はここにいていいという実感にあふれている」といった表現です。先生の支援をミッションとして掲げている組織であれば、先生も受益者に含まれるかもしれません。いずれにせよ、バリューを定義することで、自分たちの活動の焦点がより明確になっていきます。

ちなみに、「自分たちが大切にしたい価値観」をバリューとしている場合も多くあります。ここでのバリューはどちらかといえば、組織メンバーの文化的な好みを表現している傾向がみられます。

これは一見問題ないように見えますが、もし他者・社会起点のビジョンを設定している場合には整合性が取れていないことになります。なぜなら、ビジョンやミッションで掲げた他者・社会起点の未来のために、そのバリューがどのように貢献するかが表現されていないからです。

そのように考えると、他者・社会起点において、組織メンバーの価値観をバリューとして掲げるのはあまり本質的ではないことがわかります。極端に言えば、ビジョンが実現できるなら、自分たちの価値観と異なる人が組織を動かすことになっても問題ないからです。重要なのはビジョンの実現を目指して、ミッションが適切に遂行されることであり、自己満足に陥らないように進化し続けることです。

このように対比してみると、自己起点と他者・社会起点はまったく異なることがわかるのではないでしょうか。便宜的に「自己起点――理念・ビジョン・行動規範型」と「他者・社会起点――ビジョン・ミッション・バリュー型」と区別していますが、最も重視されているものが「ミッション」であろうが「社是」であろうが、どちらに位置づけられるのかを意識することは重要です。

たとえば玩具メーカーが「おもちゃをつくり、届ける」というミッションを掲げていれば他者起点に見えるかもしれませんが、実際には「私たちはおもちゃ屋である」というのと本質的には変わりません。

この2つの系統の違いを明確にしないままステートメントをつくってしまうと、内容がせっかく心を打つものであっても、行動にブレが生じてしまうことになります。

自己起点と他者・社会起点のどちらが優れているということはなく、陸上で言えば短距離走と長距離走の違いのようなものです。自組織はどちらなのかを見極めることができれば、どんな表現形態であったとしても、骨格のしっかりした声明文を世に送り出すことができるでしょう。

V I S I O N
P R O C E S S I N G

CHAPTER 7

パラダイムシフトII
プランニング

ドラッカーが見た不確実性の時代におけるプランニング

「本当に大切にしていることを存在させようとする」という原理を実践に移していくうえで、なぜプランニングのパラダイムシフトが必要になるのでしょうか。

そもそも「計画」という行為自体が、秩序系と相性のよいものです。計画の目的とは「未来の状態を自分が望んだものにする」、すなわち未来をコントロールすることです。非秩序系ではこのあり方が計画のジレンマを引き起こしていくことは、これまでも繰り返し述べた通りです。

だからといって、無策なまま激しい環境変化に翻弄されていては、「本当に大切にしていることを存在させようとする」ことはできず、問題処理に明け暮れて火消し自滅にはまり込んでしまうことになります。だからこそ私たちは、**激しい環境変化にあっても「本当に大切にしていることを存在させようとし、絶え間ない創造が可能になるように、計画の新しい姿を見出すことが問われている**のです。これが本章のテーマです。

私たちホモサピエンスは、他の動物にはない3つの特徴があると言われています。

- 大脳新皮質の発達によって未来を予測できる
- 手の構造として親指と人差し指が向かい合うようになったことで、物をつかんで道具として使うことができる

●言葉によってコミュニケーションを図れる

　これらの特徴を組み合わせることで、私たちは未来を予測して計画を立て、仲間とコミュニケーションを取りながら、道具を使って環境・状況をコントロールするという生存戦略を確立してきたといえます。この生存戦略が功を奏してきたからこそ、地球上に80億人まで繁殖を遂げてきています。

　しかし、これまで繰り返し述べてきた通り、非秩序系のVUCAワールドにおいては、私たちの認知と能力の限界を超えて変化が展開しています。つまり、これまでの生存戦略が通じなくなってきている可能性があるのです。

　従って、まずは秩序系と異なり、非秩序系においてはプランニングにどんな要件が求められることになるのかを説明していきましょう。

　かつて、経営思想家として知られるピーター・ドラッカーは、プランニングに関して次のような言葉を残しました。

> 従来のプランニングは何が最も起こりそうかを考えた。これに対し、不確実性の時代におけるプランニングは、未来を変えるものとして何がすでに起こったかを考える

　この言葉が示唆しているのは、**「不確実であるが故に、何をどうやっても未来予測の精度は下がる。**

それならば、今後の展開に確実に影響を及ぼす事象に目を向け続けることが重要である」ということです。

「取り返しがつかないことが起きた」という表現は、ある出来事によって確実に流れが変わってしまい、元には戻れないことを意味しています。

これは未来予測の一種であるといえるでしょう。なぜなら、「取り返しがつかない」ことで、未来がある程度決まってくることを想像しているからです。そうした未来を具体的にイメージできることもあれば、どうなるかわからないけれど分水嶺となる出来事なのは間違いない、という確信を抱くこともあります。

たとえば現代社会だと、パーソナルコンピュータ、インターネット、SNS、スマートフォンの登場がまさに分水嶺となる出来事でした。それらが登場した当時はたくさんの未来予測がありましたが、「タクシーや自動車の業界が脅かされる」「テロリストの犯行が複雑化する」「政党支持の二極化が加速して民主主義自体の根幹が揺るがされる」などが予測できた人は、ほとんどいなかったでしょう。

そして直近では、iPS細胞の発明、生成AI（人工知能）の発達、ロシアによるウクライナ侵攻といった出来事が今後の流れに確実に影響を及ぼすことでしょう。繰り返し述べているように、**「その分水嶺となる出来事によって何が起こるのかは、現在の予測の範囲を超える可能性が大きい」**ということを見逃してはなりません。

分水嶺となる出来事が重要であるとしても、結局のところ、未来予測には限界があるのだとしたら、

「未来を変えるものとして何がすでに起こったかを考える」というドラッカーの言葉は、何の役にも立たないように見えます。

それでは、ドラッカーは何を言いたかったのでしょうか？　私は、「**分水嶺となる出来事を１つずつ、しっかりと把握していくことで、異変をいち早く察知し、既定路線を柔軟に見直せるようにする重要性**」を訴えているのだと考えています。

「分水嶺となる出来事を把握して、異変をいち早く察知する」とは、具体的にはどういうことでしょうか。たとえばｉＰｈｏｎｅの登場はまさに分水嶺となる出来事でしたが、私自身、そのインパクトの大きさを十分に理解できていませんでした。

私は当時、「いろんなアプリが操作できる電子手帳が生まれた」という程度の認識しか持っていませんでした。その前から私は、画面で操作できるシャープ製の「ザウルス」というＰＤＡ（携帯情報端末）を使っていました。ザウルスもカメラで写真を撮って、インターネット回線に接続してメールをやり取りすることができました。スマートフォンは、「ＰＤＡに電話の機能が加わり、キーボードとペンではなく指で操作できるようになったもの」くらいの違いしか感じられていなかったのです。

しかし、カメラの性能、端末の処理速度、インターネット回線が飛躍的に向上し、さらに無数のアプリの登場によって機能がどんどん追加されたことで、ついにはさまざまな業界を脅かすようになりました。当時の私は、「未来を変えるものとして・ｉＰｈｏｎｅが登場した」という観点は持てていなかった、すなわちドラッカーのいう不確実性の時代におけるプランニングができていなかったということです。

私が「ｉＰｈｏｎｅは未来を変えるほどのものだったんだ」と実感した社会的インパクトの大きな出来事は、２０１４年6月11日にロンドンやパリなど欧州各国で起こったタクシー運転手たちによる一斉ストライキでした。ロンドン名物の黒塗りタクシー数千台が、バッキンガム宮殿や国会議事堂など観光名所付近の道路を封鎖し、一斉にクラクションを鳴らして抗議したのです。文字通り道路が黒一色で埋め尽くされて、交通が麻痺しました。

彼らが抗議したのは、アメリカ発の配車サービス「ウーバー（Uber）」への規制の弱さに対してです。それまでタクシー運転手は厳しい試験に合格して資格を手にした人しかなれないという規制があったにもかかわらず、ウーバーを使えば素人でも客を乗せられるようになったのです。規制で守られていた従来のタクシー運転手からしてみると、まさに繁殖力と捕食力の強い外来種によって生存を脅かされていると感じたことでしょう。

私はその光景を見たとき、電子手帳より少し便利になった程度のツールがタクシー業界自体を消失させかねないほどの影響になるのかと衝撃を覚えました。既にスマートフォンによる業界再編の波が起きており、今後もその規模は拡大し、留まることを知らないだろうと頭ではわかっていたにもかかわらず、です。

初代ｉＰｈｏｎｅが登場した２００７年1月からこのときまでの約7年半にわたり、スマートフォンが地殻変動を起こすという意味が肌感覚ではわかっていなかったということになります。

もし、当時の私がドラッカーの教えを理解し、体現できていたなら、「これまでとは違う何かが起きるぞ」と自らに言い聞かせ、その他の分水嶺となる出来事に目を光らせていたことでしょう。そして「ネットショッピングの急成長」「ＳＮＳの広がり」「ユーチューバーのようにスマートフォンを活かして収入を得る人の出現」「オレオレ詐欺の複雑化」などを、その後に影響する出来事として認識することができていたと思います。

ここに、ドラッカーの指摘する「従来のプランニング」と「不確実性の時代におけるプランニング」の違いがあります。

私たちは多くの場合、それを自覚していようがいまいが、ある程度は「今後きっと○○になるだろう」と未来を予測しながら生きています。特に無自覚な場合、自分が特定の未来予測に縛られてしまっていることに気づきづらくなります。

たとえば、スマートフォンが登場した２００７年当時、「これからゲームアプリがいろいろと配信されるようになるだろう」「スマホで天気予報を見る人が増えるだろう」「回線速度もやがて速くなるから動画も見られるようになるだろう」と考えた人は多いでしょう。これが、ドラッカーのいう「何が最も起こりそうか」という未来予測です。

実際に、こうした未来予測のいくつかは実現しました。つまり、「何が最も起こりそうか」という未来予測のすべてが間違っているわけではありません。むしろ、「確実に起きそうなこと」に着目している分、予測が当たる確率は上がりやすくなります。

日本社会の未来という観点でも、「少子高齢化による人口減少が進む」「過疎化する地域が増える」「若手の就労人口が減る」といった予測をしている人は多いでしょうし、それらの的中率はほぼ100%です。しかし、「何が最も起こりそうか」と自然に考えてしまう習性に身を委ねていると、いつの間にか「自分の未来予測は信頼に足るものである」と思い込んでしまうリスクも上がるのです。それはいわば、自分よりも格下の選手としか試合をしていないから勝ち続けているだけなのにもかかわらず、自分は世界でいちばん強いと誤認してしまうスポーツ選手のようなものです。

そうした思い込みに頭が埋め尽くされていると、自分よりも格上の選手と対戦するやいなや負けてしまう、すなわち「想定外」の事態にいとも簡単に翻弄されてしまうのです。

さらに、思い込みによって感覚が麻痺することで、既定路線の継続を引き起こしやすくなります。なぜなら「確実に○○になるに決まっている未来」を前提に計画を立ててしまうからです。

私たちに影響を与える未来の展開とは、「確実に起きそうな未来」だけではありません。いうなれば、「人口減少」だけでなく「南海トラフ地震発生後の社会への影響」「自然災害が世界各地で常態化することによる国を超えた連鎖」「テクノロジーの進化による業界構造や地球規模での社会構造の転換」「突然の戦闘行為や地政学的リスク増加によるスパイ活動活性化に伴う国家、産業、地域社会への影響」「経済格差によるテロの複雑化と大規模化」など、挙げればきりがありません。それらの1つひとつが私たちにとって「想定外」の事態として火の粉のように降りかかり、既定路線のすべてを破壊していきます。

その最たるケースがコロナ禍であり、ロシアによるウクライナ侵攻、ガザ地区におけるパレスチナ・イスラエル問題の悪化だったといえるでしょう。

九州で水産業を営んでいる漁業関係者の中には、その地域では人口減少が問題になっていることを認識しつつも、日本の魚介類は海外でも人気があることから、そこまで自分たちの生活を脅かすことはないだろうと思っていた方も一定数いたのではないかと思います。しかしながら、気候変動による海水温の変化によってこれまで獲れていた高値で取引される種類の魚介類が年を追うごとに収穫しづらくなっただけでなく、２０２３年には福島原発での処理水放出を受けて、中国政府は日本からの輸入を全面的に禁止しました。これらはおそらく、風評被害を恐れていた福島の漁業関係者の方の想定をはるかに上回っていたはずです。特に九州など福島から遠く離れた地域で漁業を営んでいる人たちからしてみれば、まさに寝耳に水の事態であったことでしょう。

これがドラッカーの指摘する、不確実性の時代において「何が最も起こりそうか」を考える従来のプランニングの限界です。

私たちはいとも簡単に「今後きっと○○になるだろう」という安直な未来予測にいつの間にか縛られてしまう習性があるからこそ、分水嶺となる出来事を1つずつ、しっかりと把握していくことで、異変をいち早く察知し、自分自身の未来予測を塗り替え、既定路線を柔軟に見直せるようになる必要があるということです。それが「未来を変えるものとして何がすでに起こったかを考える」の本質です。

ドラッカーのこの言葉を実践に移していくための秘訣は、「観察」と「保留」にあります。この2つを私は次のように定義しています。

観察……自分の五感を研ぎ澄ませ、情報収集に歪みが生じないように、できる限り先入観を排し、そして詳細に察知すること

保留……入手した情報に対してあれこれ考えて意味づけて解釈したり、パターン化した思考によって安直に結論や判断を下したりせずに、「そうかもしれないし、そうでないのかもしれない」というあえて曖昧な立場に自らを置き続ける行為

観察と保留を土台にしながら、異変をいち早く察知し、自分自身の未来予測を塗り替え、既定路線を柔軟に見直すという新たな行動様式は、その重要性を理解しても実践するのは困難です。なぜなら、私たちの認知／心理システムと相性が非常に悪いからです。私たちの認知システムは物事を瞬時に意味づけ・解釈しようとしますし、心理システムは不快な心理状態を嫌うために、問題解決を急ごうとします。それらが影響し合って、未来というそもそも不確実なものを断定しようとしてしまうのです。言い換えれば、**「未来に対して勝手な解釈をでっち上げ、その解釈を結論として断定することで、自分の中で収まりをつけて、不快な状態から逃れようとする」**ということです。

山登り型と波乗り型のプランニング

ドラッカーのプランニングに対する洞察は非常に深い示唆を与えてくれますが、ＶＵＣＡの中では

「不確実性」に対してのみ焦点を絞ったものといえるでしょう。それでは、変動性、複雑性、曖昧性とも向き合っていくためにプランニングに求められるものは何でしょうか？　その問いに対する説明として私がよく用いるのが、「山登り型／波乗り型のプランニング」というメタファです（図7-1）。

山登り型プランニングとその限界

山登り型プランニングは、まさにゴールセッティングのパラダイムで、次のようなアプローチのことを指しています。

- 明確なゴール（山頂）を到達地点として設定する
- 現状（出発地点）とゴールのギャップを明らかにする

図7-1　プランニングに関する2つのパラダイム

山登り型プランニング	波乗り型プランニング

・明確な目標（山頂）を到達地点として設定する ・現状（変化のない地面）と目標のギャップを明らかにし、その乖離を解消するための計画と手段を考える ・目標達成上の制約や障害を予め想定し、計画に織り込む ・施策実行後、計画との乖離が生じるようであれば、その原因分析を行い、改善を図る	・理性・感性と行動を刺激し続ける力を持つような「望ましい状態」を各々が鮮明にイメージできるように促す ・状況（刻一刻と変動する波）をいち早く察知し、情勢を判断しながら、新たな方向性に舵を切るための指針を繰り出し続ける ・着実な前進へのこだわりを手放し、動的な活動の連続性・連動性と振り返りによる学習を重視する
考え方の背景にある前提	
・前進すれば、目標に近づけるし、達成できる ・前進は、積み重ねることができる ・変化はある程度、想定し、織り込むことができる ・磨き抜かれた理性と意志ある行動が結果を導く	・達成を約束された目標を立てられるとは限らない ・行動の積み重ねは、前進を必ずしも保証しない ・変化を織り込めるという発想自体が致命傷を招く ・学習による変化を持続可能性の重点要因とみなす

●そのギャップを解消するための計画を立てる

山登り型プランニングでは、目標に向かううえで起こりうる制約や障害を予め想定に入れ、施策の実施中に計画との乖離が生じれば、原因を分析して改善を図っていきます。また、イレギュラーな事態への対応が発生したとしても、基本的には目標と現状のギャップを埋めるための、「計画と実行」というパターンが繰り返されます。いわゆるＰＤＣＡ（Plan-Do-Check-Action）サイクルです。

私たちが計画と向き合うとき、多くの場合は**「望ましい状態に近づいていく」**という感覚を抱いているのではないでしょうか。もしそのような感覚が少しでもあるなら、それは山登りのように計画を捉えていることになります。またこれはドラッカーの述べた「何が起こりそうかを考える」ことに支えられてこそ成立します。

これは多くの人にとって当然の感覚であり、「計画とは望ましい状態に近づいていくものだ」と言われて異論を唱える人はあまりいないでしょう。私たちはいつの間にか、山登り型プランニングに染まり切ってしまっているのです。

もちろん、日常的なルーティンワークのように、目標がなくても計画を立てて実行する活動もあります。その場合は、計画すらも強く意識していないので、山登りという感覚はほとんどないかもしれません。しかしそれでも、「ルーティンに従うことが昨日と同じような今日を約束してくれる」という感覚があるなら、計画に従うことを肯定的に捉えていることになるでしょう。ルーティンワークと山登り型プランニングは厳密には区別すべきかもしれませんが、計画の肯定という観点では共通しているため、ここでは同じ種類のものとして扱います。

いずれにしても、長きにわたってこの山登りのメタファが私たちの考え方に埋め込まれ、私たちの生活や事業推進の柱となってきました。その証拠に多くの会社では、中期経営計画を始めとする山登り型プランニングが採用されています。

注目すべきなのは、山登り型プランニングを採用している時点で、「状況を何かしらコントロールできる」という発想が前提にあるということです。しかしながら、「状況を何かしらコントロールできる」という姿勢は、非秩序系の世界においては通用しません。

それでは、非秩序系における山登り型プランニング自体の限界とは何でしょうか？　山登り型プランニングにおける以下のような暗黙の前提を見ていくと、その謎が解明しやすくなります。

山登り型プランニングにおける暗黙の前提

- 前進すれば、目標に近づけるし、達成できる
- 前進は、積み重ねることができる
- 変化はある程度、想定し、織り込むことができる
- 磨き抜かれた理性と意志ある行動が結果を導く

これらの前提はどれも、**「明確なゴール（山頂）は確実に存在しており、現状（出発地点）の見誤りもない。そして、自分たちは明確な目標に至る過程（ルート）を描くことはできる」**という条件のもとに成り立っています。トレッキングを例にとってみると、登りたい山を定め、地図や登山グッズを用意し、登山ルートを確認し、体調を整えておけば、後は、天候次第で計画をそのまま実行に移せるでしょう。

しかし、もし次のような異常事態が起こるとしたらどうでしょうか。

- 山頂が、日によって現れたり消えたり移動したりする
- 雪山で猛吹雪に見舞われたときのように、現在地がどこなのかはっきりしなくなる
- 地殻変動が起き続け、どれだけ地図に反映しても、即座に地形が様変わりしてしまっている

こうなってしまっては、あらゆる暗黙の前提が覆されるので、いくら入念に計画を立てようとも、その異常な変化が起きる度にすべて白紙に戻さざるを得なくなります。これが山登り型プランニングの限界であり、非秩序系であるＶＵＣＡワールドが私たちを翻弄させる主な理由です。

山頂が消失するなんてありえないと思われるかもしれませんが、たとえばある自動車メーカーがかつてガソリン車やハイブリッド車で販売台数ナンバーワンを目指していたとしても、ＥＶや水素燃料自動車への世界的なシフトによって、過去の目標がもはや意味をなくしてしまうような事態は実際に起こっています。

これは会社経営のみならず、キャリアプランにおいても同様です。グラフィックデザイナーを目指して一生懸命技術を磨いたとしても、今では生成AＩに自分の欲しい画像を表す文章を入力するだけで、誰もが一定程度以上の品質の画像を得られるようになっています。すなわち、グラフィックデザイナーという職業自体が消失する（もしくは縮小する）ために、その目標自体が成り立たなくなる可能性が十分あるのです。

さらに、第1章でご紹介した「洗濯槽に落ちた1匹の蟻」のように、非秩序系においては、自分がどんな状態にあるのかを正確に理解すること自体が難しくなります。

従って、非秩序系のVUCAワールドを生きる私たちは、次の3つの可能性を前提とせざるを得なくなっています。

非秩序系のVUCAワールドにおける前提とすべき3つの可能性

- 明確なゴール（山頂）として設定した到達地点が消失する可能性
- 現状（出発地点）について、いつの間にか見誤ってしまう可能性
- 明確な目標に至る過程（ルート）が突然、行き詰まってしまう可能性

これらの3つの可能性を考慮すると、山登り型プランニングにおける暗黙の前提が成立しないことは明らかです。

これは単に計画がうまくいかないだけに留まらず、組織運営に大きな影響を与えます。つまり、**「計画の成立や実行をめぐって見解が大きくずれたり、突如生じた非秩序系の変化のためにパニック状態に陥ってしまったりすることによって、協働が損なわれて時には対立に至ってしまう」**ということです。

たとえば、会社において「同じ目的・目標に向かってみんなで一致団結していこう」という掛け声をよく耳にします。それは意見のすれ違いを防ぎ、優先順位をつけていくうえで欠かせないものでした。しかし、そもそも明確な目標（山頂）が到達可能な地点として存在するのかどうかもわからない、今は存在していても数か月後には消滅してしまうかもしれない、団結しようにも地殻変動的変化が激しすぎて、その場に立っていることもままならないのだとしたら、その掛け声は空しく響くだけかもしれないのです。

波乗り型プランニングという新たな挑戦

それでは、非秩序系に求められるアプローチとして位置づけている「波乗り型プランニング」とは、どのようなものでしょうか。

波乗り型プランニングはサーフィンをメタファとしています。

山登り型では「山頂にたどり着くこと」を目標とするのに対して、サーフィンでは「波に乗っている状態をより長く継続すること」を重視しています。サーファーは、刻一刻と変わる波の上で、絶妙にそして微細に体重移動をしながらサーフボードの舵を切り、波に乗れている状態をキープしようとします。

そして、いつかその波から落ちるときがやってきますが、再度サーフボードに乗り、パドリングするところから始めるのです。つまり、**失敗しても再起することが前提となっている**ということです。

このサーフィンにおける波の変化は、まさに非秩序系のＶＵＣＡワールドの世界における状況の特徴と酷似しています。サーファーにとって波は、コントロールできる対象ではなく、自分の都合とは関係なく動き続けています。サーファーは、一瞬一瞬のうちに新しく生まれている波をつかみ、それに乗ろうとするだけです。登山であれば、自分のペースやスタイルで山に登っていくことを予め計画して実行に移すことは可能です。しかし、サーフィンにおいてはある程度の方向性を定めることができたとしても、波に乗る瞬間までどんなふうに波に乗れるかはわかりません。だからといって、サーファーは行き当たりばったりでサーフボードに乗っているわけでもありません。

刻一刻と変わる波の状態に対して、綿密な計画は立てませんが、波の動きやその行方を察知し、波に乗れている自分をイメージし、身体の使い方を体得していきながら、微細な舵取りを可能にしています。

波乗り型プランニングにも前提が存在していますが、山登り型プランニングのそれとはまったく異なります。

波乗り型プランニングの前提

- 達成を約束された目標を立てられるとは限らない
- 行動の積み重ねは、前進を必ずしも保証しない

- 変化を織り込めるという発想自体が致命傷を招く
- 学習による変化を持続可能性の重点要因とみなす

これらの前提は、「波乗り型プランニングを成立させる前提」というより、「波乗り型プランニングを活用しなくてはならない理由」と考えるほうがより適切でしょう。

このような前提が並んでしまうと「いい具合に機転を利かせて臨機応変に対応しましょう、という話に過ぎないのではないか」と結論づけたくなるかもしれません。実際、中期経営計画として目標を示すものの、「環境の変化が速いのだから、計画を見直すのは当然だ」と朝令暮改を正当化している場面によく遭遇します。

波乗り型プランニングにおいて臨機応変さは重要な要素ですが、朝令暮改を正当化するものではありません。

あくまで、**波の動きという現実と向き合いながら、望ましい状態を見据え、微細な舵取りを繰り返していく**ことにその極意があります。

波乗り型プランニングの3つの基本動作

波乗り型プランニングは、山登り型プランニングに比べてより複雑で込み入っていますし、多くの人にとっては馴染みの薄いものでしょう。そのため、これから１つひとつ丁寧に説明していきます。まずは、サーフィンのメタファを土台としながら、全体像を解説します。波乗り型プランニングは、主に３つの基本動作から成り立っています。

波乗り型プランニングの３つの基本動作

１「本当に大切にしていること」を明確にして、活動のど真ん中に据える
２ 刻一刻と変わる状況（波の動き）を微細に察知し、情勢判断する
３「何が今、問われているのか（課題）」を自らに問いながら、次なる活動に舵を切る

波乗り型プランニングが山登り型プランニングと決定的に違うのは、**「状況への適応を図りながらも、新たな価値創造を可能にするべく舵取りを続けていくこと」**にあります。波はサーファーの都合にお構いなしに変化するからこそ、自分の軸を見失わないためにも「本当に大切にしていること」を明確にして、活動のど真ん中に据えることが重要です。そのうえで、情勢判断と課題定義を繰り返し、次なる一歩を踏み出すことで状況への適応と価値創造が可能になるのです。

山登り型プランニングの主な構成要素は、ＰＤＣＡサイクルのように**「目に見える外的な行動」**であるため理解しやすいのですが、波乗り型プランニングには「本当に大切にしていること」をどんなふうに描いているか、情勢をどのように捉えたかという**「目には見えない内的な活動」**も含まれるため、

より複雑になっています。
少しでもイメージがしやすくなるように、私が以前支援した設備工事・メンテナンス会社「ネクストサービス」の事例をご紹介しましょう（以下、法人・個人名はすべて仮名です）。同社は厳しい環境変化への適応力を高めるために、約5年間にわたって、山登り型プランニングから波乗り型プランニングへの移行に挑戦しました。

波乗り型プランニングへの移行に挑戦したネクストサービス社

ネクストサービスは、大手エネルギー会社「グローバルエナジー」の関連子会社であり、創業50年を超え、従業員数も1000名以上を擁しています。売上の大半は親会社であるグローバルエナジーから発注される案件が占めているため、長年にわたって与えられた計画に沿って粛々と業務をこなしていくことに慣れ切っている状態でした。

しかし、エネルギー自由化の動きに伴い、親会社も事業再編を迫られました。ネクストサービスは売却対象となったことがきっかけで、グローバルエナジーからの最後の出向社長である忠山氏によって全社変革プロジェクトが始まりました。

その2年目に、以前から付き合いのあった私たちに声がかかり、変革プロジェクトに伴走することになりました。忠山氏は変革を1年間主導してきましたが、「与えられた計画をこなす」という意識がまだ組織に根強く残っていることに、強い危機感を覚えていたのです。

また、管理職の意識も問題視していました。現場監督者1名につき約1台の社用車が与えられているものの、どう考えても稼働率が低く無駄なコストになっているので、台数を減らすよう指示しました。ところが「現場訪問時の休憩場所がなくなる」といった否定の理由ばかりが挙げられ、コストをどう改善するかという代替案は一向に出てこなかったのです。忠山氏はこのことを単に非難していたのではなく、このままだと他社に売却されたときに彼らが活躍できないばかりか、場合によっては雇用整理されてしまうのではないかと憂慮していました。

とはいえ、一朝一夕で人が変われるわけでもないので、私たちに白羽の矢が立ったのです。そこで、「こう変わりなさい」と指示するのではなく、そもそも自分たちの仕事はどういうものか、根本的なところから問い直すプログラムを設計していきました。こうして、「売却」という荒波が来ることを題材として、彼ら自身が仕事や会社の将来に自分事として向き合えるような組織開発プロジェクトが始まりました。

初期段階では、まずネクストサービスが置かれている状況をもう一度整理し、次のことを参加者に投げかけました。

「これまではグローバルエナジーとネクストサービスは〈親子関係〉にありました。ネクストサービスは親から守ってもらう存在でしたが、売却先は皆さんのことを〈子〉として見るのではなく〈投資先〉と見るでしょう。それは具体的にどんな違いになると思いますか?」

この問いは、その場にいる誰もが薄々感じていたことですが、実際に目の前に突きつけられたことがなかったせいか、最初のうちは明確に答えられず沈黙していました。

1〜2年目は管理職向け、3年目は役員向けにワークショップを継続的に行い、4年目は役員・管理職による経営理念の再構築、5年目はシナリオプランニングに基づいた事業戦略策定といった取り組みを重ねていきました。その過程で、役員はもちろんのこと、管理職1人ひとりが「この状況下で自分は何を問われているのだろうか、自分は何を大切にしたいのだろうか」と内省するようになっていきました。

印象的だったのは、これは管理職に留まらず、忠山氏にも同様の変化が起こっていったことです。当初は「管理職が自分の役割をわかっていない」と口癖のように言っていたものの、最終的には「環境の変化が激しければ激しいほど、管理職1人ひとりが、自分が何をしたいのかを真摯に問える状態になることが大切だ」と述べるようになったのです。売却の話が一進一退しながら進んでいくにつれ、グローバルエナジーからの最後の出向社長として自分に何が残せるのかを問い続けた結果、この心境にたどり着いたようです。社長である自分にしか見えない景色がより見えるようになり、残される社員たちの姿が目に浮かぶ分、その苦悩は大きくなっているように私には感じられました。

そして、彼自身が「1人ひとりが変化を楽しんだり、ホッとできたりするように1人ひとりに寄り添う支援者である」という心から望む状態を自己定義として描けたことで、残された在任期間の中で力強くリーダーシップを発揮するようになりました。

管理職の人たちも、「これからは親会社が守ってくれるわけではないのだから、自分が発信する立場にならなければ」という言葉を口々に述べては、次なる施策を自ら考え、行動するようになりました。

その後ネクストサービスは、事業の一部が他社に売却され、それ以外の部門は親会社の傘下に残るという形で決着がつきました。しかしそれは親会社と売却先との交渉に委ねられ、二転三転しながらたどり着いた意思決定でした。その売却プロセス自体がまさに刻一刻と変わる波のようであり、忠山社長にとっては難しい舵取りだったとは思いますが、状況が激しく変わるからこそ、「自分は何を大切にしたいのか」に対する意識が高まったといえるでしょう。

この事例のポイントは、ネクストサービスが「外から与えられる計画に従って動く姿勢」から、「自らに問いかけながら、たとえ失敗してもいいから何かを始めようとする姿勢」に変わり始めた点にあります。

さらに重要なのは、その姿勢の中心にあるのがネクストサービスにとっての「本当に大切にしていること」になったということです。正解のない中で一歩を踏み出さざるを得ない分、自分なりに拠り所となる軸を置いたことで、「失敗してもいい」と思えるようになる人も徐々に増えていきました。

ここで補足しておきたいのは、波乗り型プランニングはあくまで非秩序系の環境と相性がよいということであり、もし秩序系へと状況が推移した場合は、むしろ山登り型プランニングのほうが機動力もあり効果を発揮することもあるでしょう。自分たちの置かれている状況がどちらなのかを見極め、両方のプランニングを使いこなせるようになることが重要なのです。

「波乗り型プランニングは自社では可能なのか？」という問いを超える

ここまでの解説によって、メタファとしての対比はなんとなく理解しても、「やはり自社では難しい」と感じられる方は多くいます。その最たる理由の1つは、「会社の規模が大きくなればなるほど、目標に基づいた計画と統制以外のやり方がそもそも成立するとは思えない」というものです。私はそういった疑問に対しては、次のような問いを投げかけています。

「秩序系の世界に合わせてチューンナップされ続けてきた組織という存在が、非秩序系の世界の中で本当に通用するといえるのだろうか」

つまり、「自社は波乗り型プランニングに合うのか」よりも、「そもそも自社の組織のあり方が非秩序系に合っているのか」と問うべきではないか、ということです。その根本的な課題に目を向けることで、波乗り型プランニングの本質的な理解も進むようになるでしょう。

激しい環境変化に対する組織の適正なあり方について、経営者の吉越浩一郎氏が語ったことは大きな示唆を与えてくれます。

彼は、女性用アパレル大手のトリンプ・インターナショナル・ジャパンの元社長として、バブル崩壊やリーマンショックなどの混乱期も含めた19期連続で増収増益を達成し、「平成の名経営者１００人」（日本経済新聞社）にも選ばれた人物です。彼の経営は、「徹底的な現場への権限委譲」と「経営トップによる非常に細かなハンドリング」を両立させていました。

彼は毎日の朝会の中で組織内のすべての議案を担当者にエクセルを用いて報告させ、１つの議題に対して3分以内で意思決定を下していました。しかも、その意思決定は彼が答えを示すというより、ひたすら問いを投げ続け、本人に翌日までに答えを出すよう促していたのです。

また、そのやり取りはすべて透明化され、人事と給与以外の情報は徹底的に共有するという原則を貫いていました。

その彼が社長を退任する直前の２００６年にある講演に登壇したとき、奇妙な表現で予言したのです。

「これからの時代はパワーポイントを使う企業は潰れる」

会場にいる聴衆は私を含めて呆気にとられていましたが、その後、次のように語りました。

「社内調整でパワーポイントを使う組織は階層が多い。そんなことをやっていたら、環境の変化にはとてもじゃないがついていけない。私はこれからの時代の会社は１５０名以上の組織運営は難しいのではないかと考えている」

具体的な人数を口にしたのは、わかりやすさや聴衆へのインパクトを重視したからであって、あらゆるケースに当てはまると断言したいわけではなかったと思いますが、その大局を感じ取る感覚は敏腕経営者ならではのものであり、私は妙に納得をしたのを今でも覚えています。

この話は約17年前のときのものであるため、もし彼が今も現役で経営者として活躍されていたとしたら、まったく違う考えを披露されるかもしれません。

ここで重要なポイントは、15年以上前に「環境変化の激しさ故に、大規模な組織は今後通用しなくなる可能性」を感じた経営者がいるということです。

規模が大きければ大きいほど変化の速さについていけなくなるという感覚は、誰もがイメージしやすいでしょう。もしそうなのだとしたら、**「規模の大きな組織において波乗り型プランニングは可能なのか？」ではなく、「山登り型プランニング一辺倒のやり方が通用しない時代に突入しているのだとしたら、特に規模の大きな組織として突きつけられる変化は何か？」と問うことが求められている**のではないでしょうか？

従って、波乗り型プランニングの是非を論じるというより、自社なりの非秩序系におけるプランニングの姿を模索するほうがより建設的でしょう。波乗り型プランニングは、それを考える1つのヒントとして捉えてみてください。

ＶＵＣＡにおいて、そもそもプランニングは可能なのか？

ここまで、秩序系の山登り型プランニング、非秩序系の波乗り型プランニングを対比しながら紹介してきました。そこで「ＶＵＣＡワールドにおいてプランニングはそもそも可能なのだろうか？　波乗り型とはいえ、あれこれ通用しないのがＶＵＣＡワールドではないのか？」という疑問を抱く読者もいるでしょう。

この点について、私がこれまで個人や組織の支援に応用してきた「Ｕ理論」が、１つの可能性を示しています。波乗り型プランニングもこのＵ理論がベースとなっています。

Ｕ理論は、Ｃ・オットー・シャーマーが提唱した創造のプロセスです。さまざまな領域で活動している約１３０名のリーダーにインタビューを行い、彼らが創造的な活動において何を重視しているかを研究した結果を元に体系化されました。

そこで重要なキーワードとして浮かび上がったのが「創発（emergence）」であり、それを盛り込んだ形で「出現する未来からの学習（learning from emerging future）」というアイデアへと結実していきました。

既存の「過去からの学習」と「出現する未来からの学習」との違いを図示したのが、**図７-２**です。前者はまさに「過去に起こったこと」を振り返ることで学習します。一方の「出現する未来からの学習」は、現状をひたすら観察し、一歩下がって内省し、内側から湧き上がってくる叡智を受け入れます。その叡智に従って、即興的に行動するのです。それが、「〈今、この瞬間〉に立ち現れようとしている未来を感じ取って、行動をつくり出す」という「Ｕプロセス」として描かれています。

このようにＵ理論は、創発に焦点を当てる形で、過去の延長線上ではない未来、すなわちイノベーションを生み出そうとしていると私は理解しています。

従って、ここからは創発に着目をしながら、「VUCAワールドにおいてプランニングはそもそも可能なのだろうか？　波乗り型とはいえ、あれこれ通用しないのがVUCAワールドではないのか？」という疑問について考えてみましょう。

創発の定義はウィキペディアには次のように書かれています。

> 創発（emergence）とは、部分の性質の単純な総和にとどまらない性質が、全体として現れることである。局所的な複数の相互作用が複雑に組織化することで、個別の要素の振る舞いからは予測できないようなシステムが構成される。
>
> たとえば生命は創発現象の塊である。脳は、ひとつひとつの神経細胞は比較的単純な振る舞いをしていることが分かってきているが、そのことからいまだに脳全体が持つ知能を理解するには至っていない。

図7-2　２つの学習

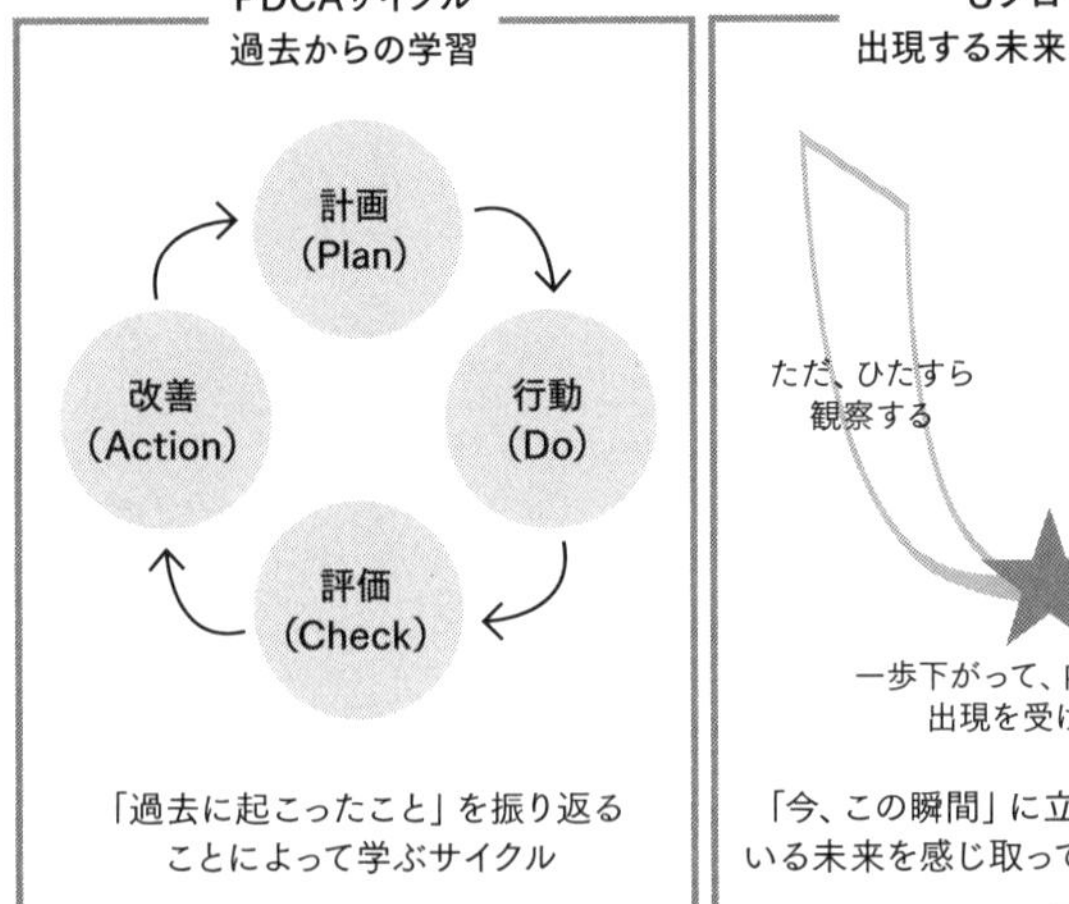

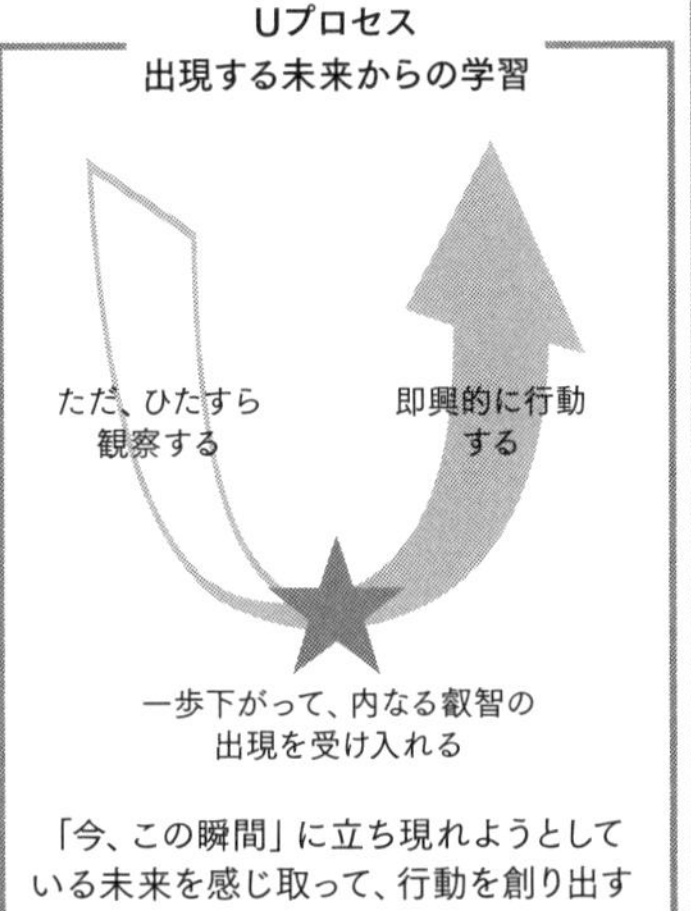

創発の例は自然界にあふれていますが、そのうちの1つが「蟻塚」や「蜂の巣」です（図7－3）。人間である我々の目から見れば、蟻塚は蟻が、蜂の巣は蜂がつくったものに見えます。しかし、興味深いことに、蟻や蜂が巣をつくろうとしてつくったというより、ただ餌を運んできたり、何らかの分泌物を出すことを繰り返したりするという個別の作業の結果として生み出されたものに過ぎないのです。つまり、「餌を運ぶ」「分泌物を出す」という部分の性質が積み重なる結果、「餌」や「分泌物」の単純な総和に留まらない性質として「巣」が出現しているのです。

我々が蟻や蜂が運んでいる「餌」や「分泌物」と同じ成分のものを用意したとしても、蟻塚や蜂の巣を生み出すことはおそらくできないでしょう。それは、脳細胞を寄せ集めて培養したとしても脳を構築できないのと似ています。

それが創発の性質であり、自然界の奇跡です。

U理論では、VUCAワールドという難題を解く鍵を、この創発に置いているというのが私の解釈です。U理論の解説のみならず、Uプロセスを実践する数々のワークを見ると、私たちの認知

図7-3　蟻塚と蜂の巣

蟻塚

蜂の巣

出所：（左）Olga Ernst, “Termite mound in Namibia (2014)”
（右）JD on Unsplash

や能力の限界を超えて展開する世界に対して、私たちの思考に頼って解決策を出すことに限界があるということや、私たちが自然界を構成する一員として、地球の一部である生命現象そのものになれば、自ずと創発は可能になるという観点を感じます。

つまり、「もし、私たちが地球上の生命として進化を生み出しうるのだとしたら、私たちの内側からそれは湧き上がってくるだろう」「それが起こるべくして起こる進化なのだとしたら、それはイノベーションを可能にするだろう」といった思想がUプロセスの根底にあると、私は捉えています。

「出現する未来からの学習」という言葉は、その内側から湧き上がってくる何かに耳を傾けながら、それを頼りに、形を与えていくことを意味しています。シャーマーがインタビューした革新的なリーダーたちの多くに共通していたのは、「自分自身の意識の状態を整える」「内面の変容を重視する」といったことでした。中には、瞑想的な実践をしている人もいたようですが、それはまさに内側から何かが湧き上がって来るようにするための準備運動だったといえます。

実際、クリエイターのような、何らかの芸術的センスを求められる仕事をしている人たちは「アイデアが降りてくる」という表現をよくします。これも内面からの湧き上がりに通じるものがあるでしょう。「過去からの学習」によるこれまでの事業活動が論理に偏重しすぎていたのだとしたら、これからの時代は、芸術性や感性に基づくものが必要なのではないかとシャーマーは捉えています。

内側から湧き上がる微かな感覚を捉え、それを頼りに試行錯誤していくのが「出現する未来からの学習」というプロセスなのです。

シャーマーはアルファベットのUでそのプロセスを描いており、Uの左側のカーブを意識変容、右側を行動変容として表しています（図7-4）。このUのカーブの底にある「プレゼンシング」が「未来が出現する瞬間」、つまりイノベーションの種が宿る瞬間となります。

第3章でも述べた通り、ピーター・センゲの「本当に大切にしていること」と、U理論におけるプレゼンシングは通じるものがあると私は考えています。Uのカーブの左側では現実と向き合いながら、意識変容を遂げていきますが、その内省と洞察のプロセスがあるからこそ、プレゼンシングに到達する機会を得られます。そして、そこから得たインスピレーションを頼りにしながら、望ましい姿を形づくっていくからこそ、Uのカーブの右側で行動変容と実体化が可能になり、地球全体が生命活動として行っている創発の一部として社会に存在していくことになります。その意味でU理論は、理性と感性を統合し、地球そのものが展開する創発の一部となるためのプロセスだといえるでしょう。

そして、このUプロセスは一度潜ったら終わりというわけではなく、小さなUのカーブを何度もたどっていきながら、大きく展開していく

図7-4 U理論

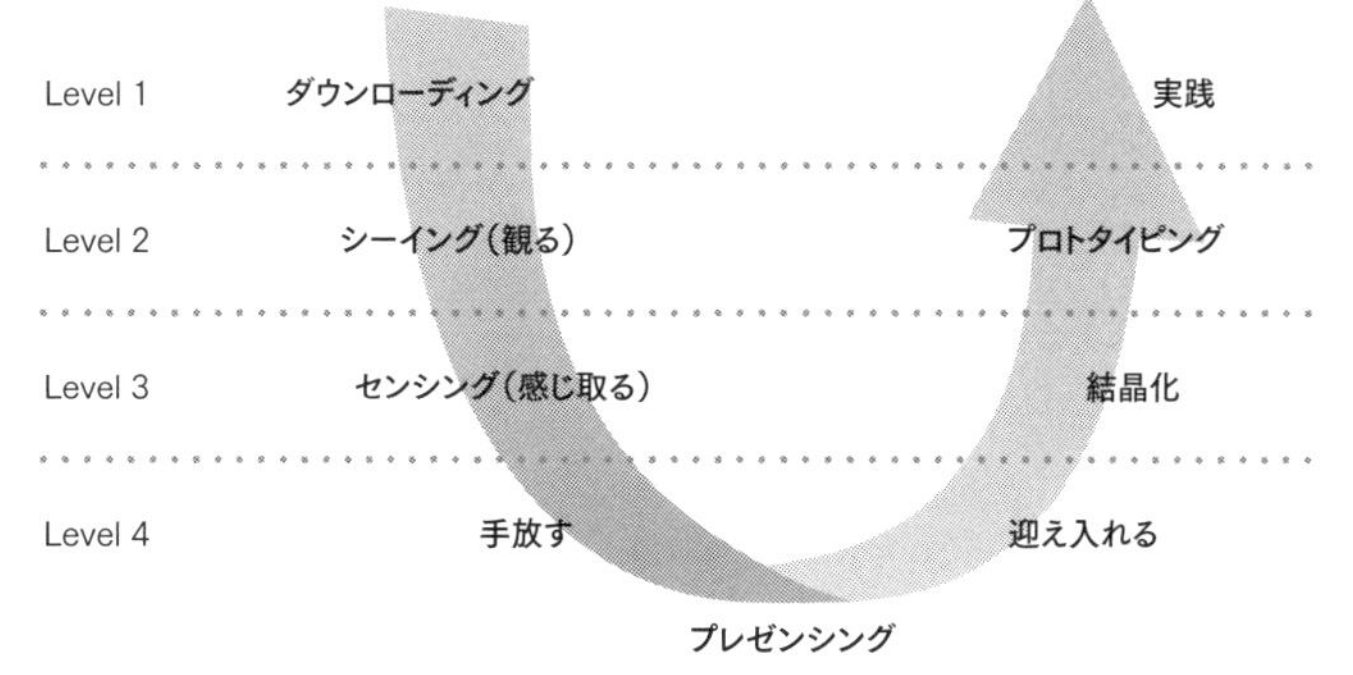

出所：『U理論［第二版］』（英治出版）をもとに筆者作成

と表現されています（図7-5）。

波乗り型プランニングの3つの基本動作はこのUプロセスの運動を端的に表したものになります。従って、波乗り型プランニングをより本格的に実践したいという場合は、拙著『人と組織の問題を劇的に解決するU理論入門』（PHP研究所）をご参照いただくのがよいでしょう。

失敗を日常動作に組み込む波乗り型プランニング

ここまで読んできて、「波乗り型プランニングについて長々と解説をしているものの、結局のところ、〈試行錯誤を繰り返す〉とか〈変化に対してアジャイルに取り組む〉ということではないか？」と思う方もいるかもしれません。確かに、波乗り型プランニングのやり方を見れば、試行錯誤やアジャイルと通じるものがあります。

しかし、単なるプランニングのやり方の違いとして捉えてしまうと、肝心なことを見落としてしまう可能性があります。もちろん、具体的なやり方も重要であり、その実践方法は第9章で詳しく述べていますが、ここでは本章の締めくくりとして、波乗り型プランニングへのパラダイムシフトにおいて立ちはだかる壁について触れておきましょう。

ビジョンのパラダイムシフトは、理解は難しいものの練習を重ねていけば実践に移すことは比較的容易であるのに対して、プランニングのパラダイムシフトは、失敗に対する見方などを変えていく必要があることから、実践の難度が上がります。

「失敗を恐れず挑戦しよう」という標語はそこかしこで聞きますが、これはいうほど簡単ではありません。なぜなら、そもそも人間は生存本能として、失敗せずに危険を回避するようになっているからです。それでも失敗に慣れてくれれば、ある程度許容範囲は広がります。しかし何度も述べているように、非秩序系のＶＵＣＡワールドでは、私たちの許容範囲を超えた予測不能な事態が続きます。それだけでも大きなストレスとなるのに、失敗を前提に動くとなれば想像を超える心理的負荷がかかることになります。

山登り型プランニングが通用するのであれば、滑落事故を防ぎ、着実に前進するように計画を立てていくことができますが、波乗り型プランニングしか通用しない非秩序系においては、いつかサーフボードから落ちることを前提に前進せざるを得なくなります。それは、「予めどこかの時点で不快な思いをすることを引き受けなければならない」ということを意味しています。

これが集団の合意形成においても混乱を招く一因となっています。多少の失敗であれば許容できるかもしれません。しかし、会社の存続

図7-5　小さなUを繰り返しながら展開されるUプロセス

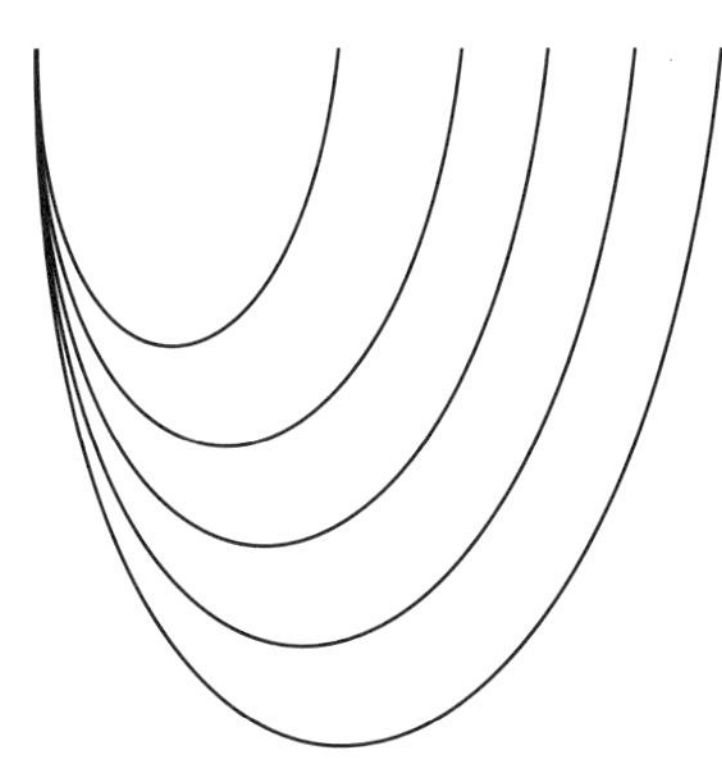

出所：『U理論［第二版］』（英治出版）をもとに筆者作成

をかけたような大きな取り組みになればなるほど、「やってみなくてはわからない」という賭けに出ることは難しくなるでしょう。

その意味で、プランニングのパラダイムシフトは、単に考え方を変える以上の変化が我々に強いられている、すなわち心理的抵抗といかに向き合えるようになるかも問われてくることを肝に銘じておく必要があるでしょう。

プランニングのパラダイムシフトは、単に失敗を許容できるよう胆力を鍛えるという精神論の話に留まりません。失敗を日常動作として組み込み、**実践からの学習を文化として根づかせつつも、会社の存続をかけた状態においてもなお、「やってみなくてはわからない」という賭けに出られるくらいのしなやかさをいかに培っていけるかが問われている、**と考えたほうがよいでしょう。

本章のポイント

- ピーター・ドラッカーは、不確実な時代では未来予測の精度が下がるため、今後の展開に確実に影響を及ぼす事象を察知する観察力を養う重要性を説いている
- 秩序系においては「山登り型プランニング」が適しており、非秩序系においては「波乗り型プランニング」が求められる。ＶＵＣＡワールドにおいては、その両方のプランニングを使いこなせるようになることが問われている
- 波乗り型プランニングには３つの基本動作があり、「本当に大切にしていること」を中心に据えた活動が行えるようになることに主眼を置いている
- 波乗り型プランニングの是非を問うよりも、山登り型プランニング一辺倒になっている状態は、自社の今後にとって適しているのかどうかを検証することが重要
- 波乗り型プランニングは、理性と感性を統合するＵプロセスの実践であり、そのプロセスによって創発を可能にしようとしている
- 波乗り型プランニングが求められる非秩序系の状況においては失敗を前提に活動せざるを得なくなるため、失敗を日常動作に組み込みながら、実践からの学習と危機的状況においても賭けに出られるくらいのしなやかさを培う必要がある

Column 7

起こりうる未来に対する洞察を深める シナリオプランニング

シナリオプランニングとは、「起こりうる未来」について複数のシナリオを描き、今後の戦略を導くための手法です。わかりやすく言えば、「前倒しでやっておいたほうがいいことを見極めて、手を打てるようにするための手法」です。単純化しすぎているように見えるかもしれませんが、私たちは自分自身の健康など身近なことであっても「頭ではわかっていても実行できない」「ついつい先延ばしにしてしまう」ことはよくあります。

それが非秩序系の複雑な状況下だとなおさらで、全知全能でない私たちはますます見通しを立たせることも、自分たちの行動を変えることも難しくなってしまうのです。それに加えて、未来や現状を正確に知ることができないために、他者と力を合わせるうえで不可欠となる合意形成の難度も高まってしまいます。

危機に遭遇したときには手遅れだったり、チャンスが目の前を横切ってもそれを逃したりするということは少なくありません。たとえば、豪雨被害によって大規模で復旧に数週間かかるような停電に見舞われたときに「予備電源を用意しておけばよかった……」と思ったとしても、時すでに遅しでしょう。その3日前に天気予報で警告されても、品切れでやはり手に入らないこともありえます。また、防災上、大規模な堤防を立てる等の行政上の対策を取ろうとしても、地主の理解を得られず、先延ばしになってしまい、町全体が浸水被害にあってしまうという事態に見舞われることもありえます。

つまり、「後手に回る」ということは「打ち手が限られて、そのコストも高くなってしまう」、場合によっては「手遅れになる」「被害が大きくなる」という状態なのです。シナリオプランニングは「こうなることが事前にわかっていたならば、あのとき○○しておけばよかった……」と悔いが残るような事態に陥らず、どんなことが起こっても後手に回らないように、余裕を持って最善の手を打てるようにするための手法なのです。

では、なぜ「シナリオ」で考えることが必要なのでしょうか。それは、「ぼんやりとしか見えていないこれからの行く末を、できる限り具体的にイメージすることで、予め手を打っておいたほうがいいことを関係者と合意できるようにするため」です。

もし私たちに予知能力があって、ある銘柄の株価が1か月後に100倍に上がることがわかっていれば購入するでしょうし、自分が住む地域で2か月後に大規模地震が必ず来ることがわかっていれば、地域での被害を最小限に食い止めるための対策を他の住民と一緒に行ったうえで、避難をするでしょう。未来をはっきりと知ることができないからこそ、なんとなく先送りにしてしまったり、起こりうる事態を軽く見積もったりして、後手に回ってしまうのです。

そして、だからこそ私たちは、無自覚にのんびりと構えてしまいます。たとえ一部の人が「この状況を放置するとまずいので、何か手を打っておこうよ！」と働きかけても、他の人は「まあまあ。言っていることはわかるけど、別に今じゃなくていいんじゃない？」と、なかなか腰を上げてくれません。つまり、価値領域（緊急でない・重要な物事）に関する合意形成は口で言うほど容易ではないのです。

そのような状況に陥らないためにも、シナリオを活用して未来をできる限り具体的にイメージすることが、合意形成に役立つのです。

また、シナリオプランニングにおけるシナリオは、単なる未来予測とは異なります。たとえば一般的な天気予報は「晴れ・曇り・雨」のいずれか1つの事象の確率を示し、その予想精度を高めようとします。

一方シナリオプランニングは、「晴れ・曇り・雨」のいずれに転ぶのかわからないという前提のもと、すべてのシナリオを想定することに価値を置いています。「晴れなら、紫外線が強く、花粉も飛ぶかもしれない」「曇りなら、風が強く肌寒く感じるかもしれない」「雨なら、衣服が濡れて身体を冷やすかもしれない」といった具合です。

このように考えることで、「いずれに転んでも対応したほうがよいこと」が考えられるようになります。上記の天気の例なら、首に巻いたり、顔を覆えたりするくらいのハンドタオルを1枚用意しておくという対策が考えられるかもしれません。そうすれば、紫外線や花粉を防ぎ、寒い風をしのげるかもしれず、衣服が濡れてもふき取ることができます。

さらに、「より影響が大きいシナリオに備えておいたほうがよいこと」も考えます。たとえば、大雨になったら身動きがとれなくなるので、それを避けるために折り畳み傘を持っておくということです。

つまり、不確実性が高いほど、シナリオプランニングは効果を発揮するのです。すべてのシナリオに対して手を打つのはコストがかかりすぎます。「いずれに転んだとしても対応したほうがいいこと」「より影響が大きいシナリオに備えておいたほうがよいこと」を見極めることで、費用対効果の高い施策に対して意思決定できるようになるのです。

慣れないうちは、シナリオプランニングの作業自体が難しく、手間だと思われるかもしれません。しかし、不確実性が高まっている時代において、シナリオプランニングなしの組織運営や人生設計は、豪雨の中で目隠ししたまま車を運転するのと似たようなものと私は考えています。

そのため、まずは家族のことなど、身近なテーマからでもシナリオプランニングに取り組んでみることをおすすめします。

V I S I O N
P R O C E S S I N G

CHAPTER 8

パラダイムシフトⅢ
チームワーク

協働の複雑化を引き起こす2つのドーナツとデッドロック

ビジョンとプランニングのパラダイムシフトは、いわば「未来との向き合い方」であるのに対して、チームワークのパラダイムシフトは、「人との向き合い方」がテーマとなります。

なぜ、チームワークのパラダイムシフトが求められるのでしょうか?

それを論じる前に私がお伝えしたいのは、「そもそも人はこれまでも上手に協働できていたわけではない」ということです。

「三人寄れば文殊の知恵」と言われる一方で、「三人寄れば派閥ができる」という言葉があるように、協働というのは非常に難しいものなのです。職場のみならず、家庭やコミュニティなど、人間関係への悩みを抱えていない人は稀なのではないでしょうか。これまでの秩序系の世界でも協働は難しいのに、私たちの認知と能力の限界を超えて環境が変化する非秩序系のVUCAワールドではさらに難度が上がっていることは間違いありません。

むしろ非秩序系だからこそ個人の力で太刀打ちできず、「文殊の知恵」はますます必要不可欠なものになってきています。しかし実際に協働しようと集まると「派閥」ができてしまうことはよくあるのです。そのため、協働がうまく進まない状態が続き、自分たちの首を絞めるように状況を悪化させていくことになります。

その構造を端的に示したものが、図8-1です。

このループは内側と外側のドーナツ状のループとして表現しています。内側のループは、環境・状況の複雑性が生み出す課題の難度に見合う能力があれば、協働は適切に機能して状況を制御できること、そしてそれによってさらに協働をよりよくできるようになるという好循環を表しています。このループの前提条件は、自分たちで制御できる程度の複雑性である、すなわち秩序系の状況であることです。非秩序系の状況下になると、内側のループでは悪循環が回りやすくなります。それが外側

図8-1　協働複雑化ドーナツループ

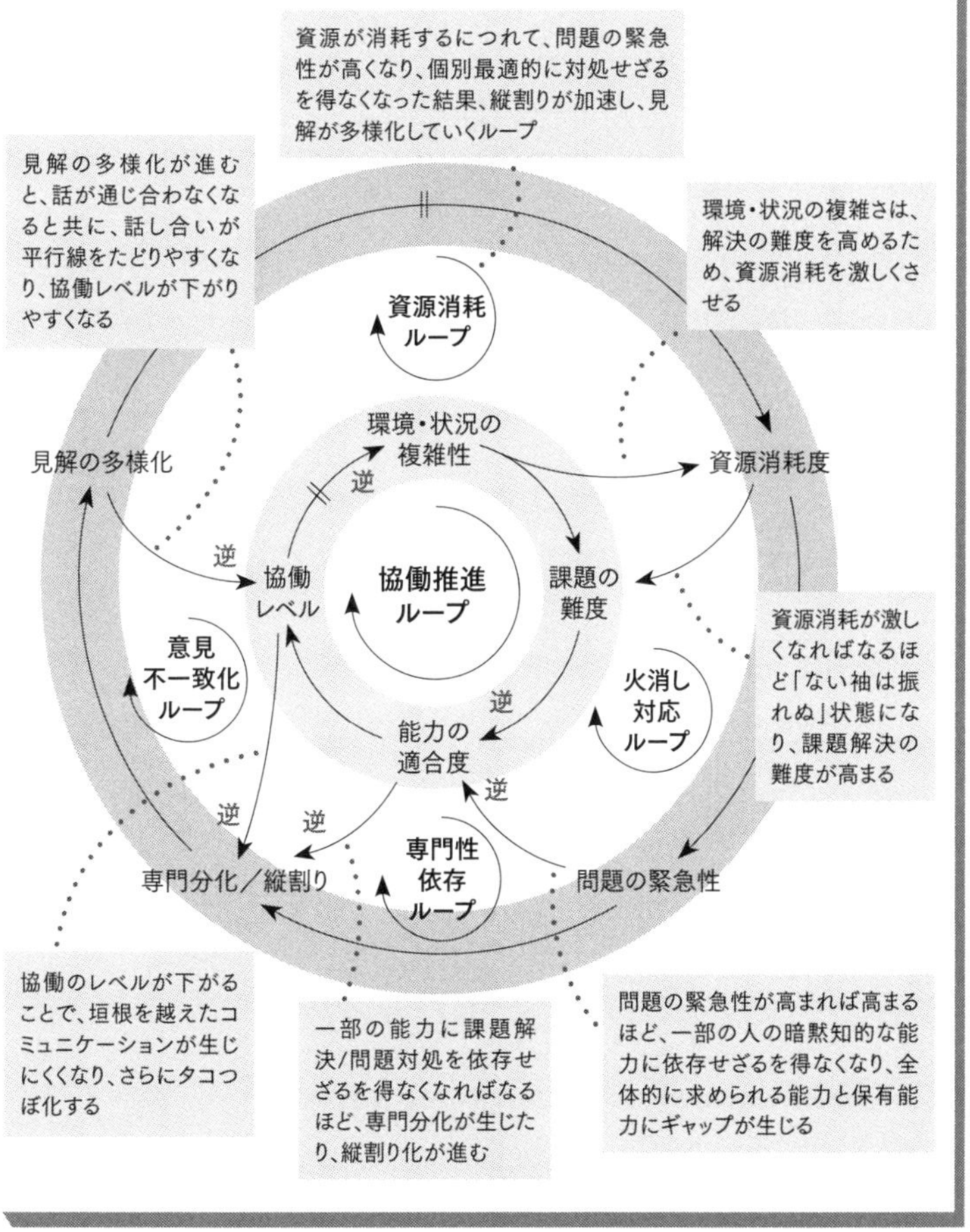

の悪循環を引き起こし、さらに内側の悪循環を加速させることになります。

この構造について詳しく見ていきましょう。内側で悪循環が回り始めると、少しでも課題を解決するために、能力の適合度を上げようとします。具体的には、「特定の優秀な人材に仕事が集中する」「より専門性のある人材を投入する」「少しでも状況を悪化させないように、個別最適に走り現状維持を図ろうとする」といったことが生じやすくなります。これらはタコつぼ化や視野狭窄な状態を引き起こしていきます。

それでうまくいけばよいのですが、VUCAワールドにおいてはつながりすぎているために、ほとんどの課題は個別最適で解決することはなく、全体で協調的な手段を講じる必要があるのです。時には自ら身を切ってリスクを取るような意思決定が必要になることもあります。しかし利害関係が複雑に絡み合っていたり、専門分化による視野狭窄な状態が生じていたりするために、見解が多様化し、話がすり合わなくなっていきます（意見不一致化ループ）。

そうした見解の違いによって合意形成が難しくなるだけでなく、対立に至ることもあるので、その対応のために時間やお金を含めたさまざまな資源の要求度が高まることになります。誰もが部分最適な資源を要求するようになるので利害対立が深刻化し、内側の課題の難度が高まったり、資源の消耗をめぐって新たな問題が勃発したりすることになります（資源消耗ループ）。

もしあらゆる資源が消耗してしまうと、いろいろな物事が同時多発的に立ち行かなくなる可能性が高いため、問題の緊急性が高まりやすくなります（火消し対応ループ）。そうすると火消しのために、さらに優秀な人や専門家など特定の人材に依存しやすくなります（専門性依存ループ）。そして、それが常態化すればするほど、能力の適合度がどんどん乖離していき、さらに内側の悪循環を加速させる、ということです。

このような、相互に悪循環を加速させる状態は「デッドロック※」といわれています。

このデッドロックはさまざまな組織で生じており、多くの場合は特定の人材に業務が集中することで問題が悪化していきます。私たちのクライアント企業で実際にあった例を挙げてみましょう。

- 将来有望な人材が「疲れ果てました」という言葉を残して会社を去ることが後を絶たない
- 業務負荷の偏りによるフラストレーションを周りにぶつけてしまい、パワハラ認定されてしまう
- 燃え尽きてメンタル不調になってしまう

私はこれを「リーダーの危機」と呼んでいます。

これまではリーダー職の課題として主に認識されていたのは、「本人の能力不足」でした。しかし現在では、リーダーが燃え尽きるまで追い込まれるのが常態化している点が厄介です。このデッドロックを簡単に解決する術は残念ながらありません。従って、多角的な対策を打っていくことが大切です。

本章で扱う「チームワークのパラダイムシフト」は、まさに内側のループにある「協働レベル」を高めようとしている試みなのです。

※ デッドロック：英語で「行き詰まり」を意味する。計算機科学においては、2つ以上の処理単位が相手方の出力を入力として待っているものの、お互いの出力を入力としているために、結果としてどちらの処理も進まない状態を指す。本書では、相互に影響を及ぼす結果、どちらも好循環に転じる機会を逸している状態を指している。

協働を阻害する組織における4つの学習障害

次に、協働を阻害する要因にはどのようなものがあるのかについて考えていきます。そうすることで、これからの時代に求められるチームワークのパラダイムを深く理解しやすくなるでしょう。

ここで、U理論の提唱者オットー・シャーマーが紹介した「組織における4つの学習障害」が参考になります（図8-2）。

この4つの学習障害は、端的に言えば「人はすべてを知ることができないし、常に適切な行動ができるとは限らない。それが集団による相互作用によって加速してしまう」ということを表しています。

「すべてを知ることができないし、常に適切な行動ができるとは限らない」というのは、「時空間を超えることができない」や「不老不死になれない」といったことと同様に、人間であれば至極当然の制約事項に過ぎません。

しかし、それを自覚するかどうかには大きな違いがあります。

それでは、この図で示されている学習障害を1つずつ検証していきます。

図8-2　組織における4つの学習障害

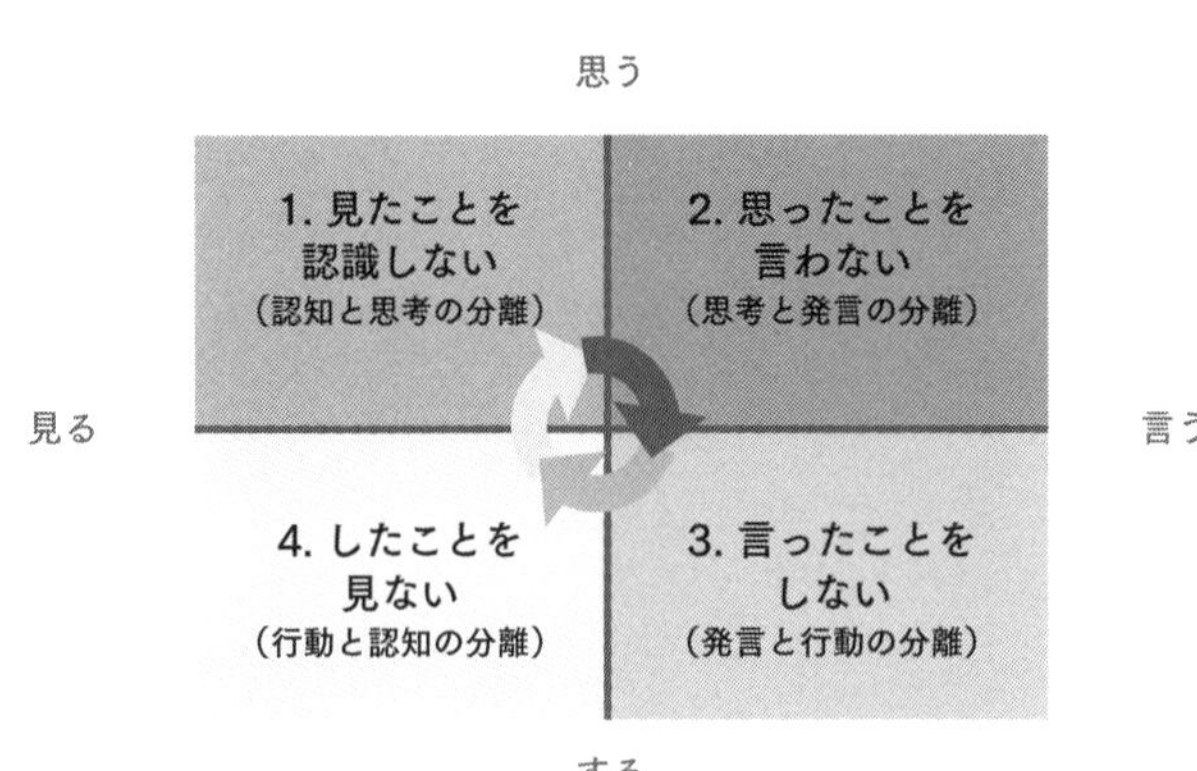

出所：『U理論［第二版］』（英治出版）をもとに筆者作成

1　見たことを認識しない（認知と思考の分離）

これは私たちの認知が不完全であることを示すものです。実際にその場に居合わせたはずなのに、特定の物事や話を見聞きしていなかったという経験は誰しもあるでしょう。

たとえば、「ずっと前から何度も通ったことがある道なのに、こんなところにお店があるなんて知らなかった」といったことです。

これを理解するのに役立つのが神経言語プログラミング※（NLP）でも紹介されている「削除」「歪曲」「一般化」という3種類の認知の歪みです。

削除……情報そのものが存在していなかったものとして処理されていること。先ほど述べた、「いつも通る道にお店があることに気づいていなかった」はこれに相当します。視覚情報だけでなく、聞き漏らし（聴覚）、食事中に話に夢中で味を覚えていない（味覚）というように、五感それぞれにおいて同様のことが生じます。

歪曲……情報に対する解釈が加わることにより、事実をありのままに受け止められていないこと。たとえば、「部下からの報連相がないことに対して、その部下はやる気がないと判断したり、自分は部下から信頼されていないと解釈をしたりする」、もしくは「飲み会に自分だけ声をかけてもらえなかったのは嫌われているからだと解釈する」ことです。もちろん、それらの解釈は事実と一致することもありますが、間違って

※ 神経言語プログラミング（NLP）：言語学者のジョン・グリンダーとセラピストのリチャード・バンドラーによって提唱されたコミュニケーション、能力開発、心理療法のアプローチ。NLPは、神経学的プロセス、言語、後天的な行動パターンには関連性があり、これらを変えることで人生における特定の目標を達成できるという考えに基づいて体系化されている。

いることに気づかないまま、それが事実であるかのように認識してしまうことも少なくありません。

一般化……個別の違いを排除して、同じ属性や事象として扱うこと。代表的なものは「最近の若い人は根性がない」「政治家なんて所詮、自分の権力にしか興味がない」「ベンチャー経営者は結局のところ拝金主義者に過ぎない」というような解釈がそれにあたります。そもそも、似た特性や属性のものにラベルを貼ってまとめるのは、物事を認知するうえでは一定の役割を果たします。しかし一般化は、便宜上のラベルに属するすべてに「こうに違いない」というレッテルをつけて、それがあたかも現実であるかのように扱ってしまうのです。

2　思ったことを言わない（思考と発言の分離）

これはチームの心理的安全性に関するものです。この概念の提唱者であるハーバード大学教授のエイミー・C・エドモンドソンは、心理的安全性について「対人関係のリスクを負うことに対して安全であるという、チームに共有された信念」と定義しています。また、チームに心理的安全性があるかどうかの判別基準には「間違いを犯せるか」「間違いを認められるか」「リスクを取れるか」があるとしています。

これらは言い換えれば、「自分が何か間違ったことをすると自分の立場が危うくなってしまう」という感覚が1人ひとりの中にあれば、心理的安全性が欠けていることを意味しています。

「思ったことを言わない」のは、「迂闊なことを言って迷惑をかけたくない」「間違えることで立場を危うくしたくない」といった対人関係上のリスクを避けるためだけでなく、「言い出しっぺがやらされるのは避けたい」というような、利己的な自己保身のための場合もあります。これは、エドモンドソンによるチームの心理的安全性の定義よりも、もう少し幅が広いものになります。思ったことを発言すると余計な災厄に見舞われるという感覚が、組織の学習障害を起こしているのです。

思ったことを言わない人には、「何でも言ってほしい」と促せば済むように思えるかもしれませんが、実際には人の心理的抵抗はそれほど簡単には払拭できません。

私たち人間は社会的動物として「周りからどう見られるか」に敏感に反応しやすく、孤立を恐れます。「発言するかしないか」は自分が最もコントロールしやすいため、「孤立リスクを避けられるのであれば余計なことは言わないでおこう」と考えるのは自然なことでしょう。

また、孤立リスクを感じなくても、「自分の発言は的を外したものになるのではないか」「役に立てる確信が持てない」と感じて、周りに迷惑をかけたくないから発言を控えることもあるでしょう。

従って、「思ったことを言わない」という事象は個人に依存する問題ではなく、まさに組織の力学として生じているのです。

そして、その影響はあなどれません。どんな些細な情報であっても全体にフィードバックされなければ、そもそも環境変化に適応するための行動を起こすきっかけを失ってしまうことになります。「思ったことを言わない」は、せっかく変化に必要な情報を誰かが認知しても、自らそのきっかけをドブに捨てているだけでなく、何度も繰り返す可能性が高いため、組織としての学習障害を常態化させるという深刻な影響を及ぼすのです。

3　言ったことをしない（発言と行動の分離）

これは発言と行動の実態がずれていることを意味します。

程度の差はあれ、「口約束はしたもののそれを放置してしまう」「言っていることとやっていることが違う」という経験は誰にでもあるのではないでしょうか。非常に重要な約束や相手の場合は、約束を破ることで信用を失いたくないので、約束を守ろうとする動機は強くなるでしょう。とはいえ、誰とのどんな約束でも必ず完璧に守ろうとするのは、容易ではありません。

しかし、組織運営という観点でみると、個々人のちょっとした「言ったことをしない」という態度の積み重ねは、業務連携や文化の側面で組織の学習障害を加速させます。

たとえば、「今週中までに○○をやります」と誰かが仕事を引き受けたら、周りの人はその人がボールを持った（担当した）と期待します。そして自分の手元にボールはないと認識するので、他の人たちはその業務に関わろうとしなくなります。当たり前すぎる話ではありますが、その担当者以外、誰もその業務を動かしていないという点が重要です。担当者が期日までに作業を終えなければ、全体のスケジュールがそのまま遅れる、すなわち、全体としてのアウトプットが遅れることになります。

もし、こうしたことがあちこちで繰り広げられているなら、組織全体では常にどこかで仕事の滞りが発生していることになります。組織を人間の身体にたとえるなら、動脈硬化が起きて他の臓器(部署)に十分な栄養が届いていない状態であり、組織の弱体化につながっていくのです。

また、文化側面においては、「ま、いっか」と考えて言ったことをしない姿勢は、組織全体にそれを許容させるように伝染していきます。人は易きに流れやすいと言われるように、それが伝染していくわかりやすいメカニズムがあります。

誰かが「ま、いっか」という態度をとったとき、部外者であれば受け流せるかもしれませんが、当事者であれば違和感を抱く人も出てくるでしょう。しかし、それが非常に些細なことで大きな問題にはならないのであれば、「それほどのことで口やかましくいうと相手に疎ましく思われるだろう」と考えて、その違和感をあえて伝えないことを選択します。すると、当人はその姿勢を改めるきっかけを失うために、「ま、いっか」というパターンを繰り返しやすくなります。

そうなると、そのパターンの影響を被る他の人には次の3つの選択肢があります。

①周りはどうあろうと自分を律して仕事をする
②周りもルーズに仕事をしており、些細なことであれば自分も咎められないので、周りと同じように振る舞う
③ルーズな人とは仕事をしたくないので職場から離れる

誰もが①のスタンスであれば問題は大きくならないのですが、残念ながら②と③の人も一定数出てきます。②の人が増えることでルーズさが組織の新しい基準となり、③の人は組織からいなくなるので、必然的にルーズな人の割合がその組織に増えていくことになります。結果、そのルーズさが文化になってしまうため、新しく入った人が自分を律することができるタイプであればあるほど、そうした文化は受け入れがたく、③になってその組織から離れる選択をしやすくなるのです。

繰り返し述べてきたように、非秩序系で問われるのは「まず、行動」です。「言ったことをしない」が習慣づけられてしまった組織は、タイムリーな行動変容ができず、出遅れてしまうことは容易に想像がつくのではないでしょうか。

4　したことを見ない（行動と認知の分離）

これは行動の結果に向き合わない、もしくは一側面しか見ていないことを指します。前者については、たとえばノルマ未達を繰り返す営業担当者が該当します。多くの人はノルマを達成できていないと危機感を抱きますが、それと向き合わずに未達を繰り返す人もいます。ある意味、その状態に慣れて麻痺しているといえるでしょう。

後者の「一側面しか見ていない」をもう少し噛み砕くと、「自分の行動が及ぼす副作用が見えていない」ということです。良かれと思ってやったことが裏目に出てしまうとき、単に運が悪かったというケースもありますが、本人の読みや詰めが甘い場合も多くあります。

第６章で示したように、現代社会は複雑につながりすぎているために、自分の行動が思わぬ結果を起こすことがあります。そしてその影響は時間が経ってから発生することもあります。社会問題のほとんどが、誰かの活動の副作用によるものです。

たとえば、ペットの衝動買いがめぐりめぐって動物の殺処分件数の増加に影響を与えています。ペットショップで動物を販売することも購入することも違法ではありませんが、売り手がつくのは生後数か月までであり、どうしても売れ残りが発生してしまうのです。引き取り手がどうしても見つからなければ、殺処分などの対応を迫られることになります。今でこそ殺処分に対する意識は高まっていますが、バブル時代においてはこの副作用に気づくことなく（あるいは見ようともせず）、ペットの衝動買いに応えようとするペットショップが乱立しました。

「かわいい家族」を迎え入れた飼い主が喜びに浸る裏側で、不良品のように扱われ、命を奪われる動物がいるという実態には長らく目が向けられてこなかったのです。

つまり、この「したことを見ない」は、そのツケを自分自身や誰かが払わざるを得ないということを示唆しています。

これは組織という観点で捉えると、組織の全体にも部分にも影響を及ぼします。

全体という観点では、利益の最大化を目指して事業活動をした結果、思わぬ副作用によって窮地に立たされることもあります。近年で言えば、取引先企業が違法労働などコンプライアンスの問題を抱えており、それが明るみに出たことによって自社の企業イメージが傷つき、対応を余儀なくされるというニュースは続々と出ています。こうしたダメージに対しても迅速に対処できる会社であれば学習障害に陥っているとはいえませんが、過熱報道によって風評被害にまで発展し、廃業に追いやられる企業も少なくはありません。つまり、たとえ悪意がなかったとしても、「したことを見なかった」だけで致命傷になってしまうことはありえるのです。

部分という観点では、「無自覚な他責化」という症状が起こることがあります。

たとえば、AさんがBさんの足を引っ張っていることに気づかず、「Bさんのせいで自分の仕事が滞っている」と訴えたとき、Bさんが怒りのあまりAさんを無視したとしましょう。Aさんからしてみれば、Bさんから「Aさんのほうこそ、私の足を引っ張っているじゃないですか！」と自分の問題点を教えてくれるのであればまだ対処の余地は残されます。しかし、その説明もないまま無視されてしまうので、Aさんは混乱し、「Bさんは、本当に人としてどうかと思う！　大人げない！」とBさんにますます怒り、対抗措置として「Bさんのために何かするなんて馬鹿馬鹿しい」と非協力的な姿勢をとるかもしれません。

つまり、「Bさんのせいで自分は非協力的にならざるを得ない」と考えるようになるのです。

これが無自覚な他責化です。自分が相手の足を引っ張ったから相手から無視された、という単純な因果関係であれば、両者が話し合えば納得しやすいかもしれません。しかし組織の中では因果関係が複雑なため、自分が過去に起こした行動の何がどのように連鎖した結果、自分の身に火の粉が降りかかっているかを理解するのは至難の業です。

つまり、「したことを見ない」を放置することで、組織に他責化が蔓延している可能性があるのです。

こうした無自覚な他責化は、原因が何であれ結果的に「誰かのせい」にしていることには変わりありません。そうした愚痴や不平不満の蔓延が組織を弱体化させるだけでなく、お互いに「言っても無駄だ」という感覚に陥らせやすくなるため、誰も行動を起こさず、変化への適応力も下がっていくのです。

ここまで組織における4つの学習障害について概説してきましたが、いずれも全知全能ではない人間が寄せ集まった組織だからこそ抱える問題です。これらの問題は必然的に発生するものとして、対策を講じる必要があります。それは、足が弱ったら杖や車いすが必要となり、心臓が弱ったらペースメーカーが必要になるのと似ています。その必要性は、VUCAワールドの現代においてますます高まっていくのは間違いないでしょう。

スーパーマン的リーダーの出現を期待しても報われない不都合な真実

組織がうまく機能しないと、私たちはリーダーに原因を帰着させ、引責辞任を求めると共に、救世主の出現を祈りがちです。しかし、リーダーは単独でこの難局を乗り越えられるのでしょうか？

ここで、協働複雑化ドーナツループで示した「能力の適合度」について考えてみましょう。そもそも、非秩序系のVUCAワールドに適合する「組織運営の能力」とはどういったものでしょうか。

ここでヒントとなるのが発達心理学の視点です。

発達心理学者のスィオ・ドーソンらが設立した非営利団体のレクティカ（Lectica,Inc.）は、成人発達段階を土台とした先進的な測定サービスを提供しています。

彼らは、組織階層ごとに求められるタスク要求レベルに対して、実際にその階層にある人々の複雑性思考力のレベルがどの程度合致しているのかを測定しました。図8-3は、それをグラフ化したものです。

横軸は、「中堅従業員（semi-skilled）」から「CEO」までの8つのマネジメントレベルで、縦軸が「レクティカレベル」という発達段階を表しています。

「タスク要求レベル」の線は、それぞれのマネジメントレベルに求められるレクティカレベルを表しています。直線上になっているため、両者が比例関係にあることがわかります。

「調査データ」の線は、彼らが約20年にわたって蓄積してきた、実際にそのポジションにいる人たちのレクティカレベルを示しています。

驚くべきことに、下から3つ目までのマネジメントレベルまでは、タスク要求レベルと調査データはほぼ一致していますが、それ以降は調査データがタスク要求レベルを下回っているのです。

ドーソンは次のように述べています。

「このパターン（一定以上のマネジメントレベルになると、人々のレクティカレベルがマッチしなくなる傾向）は、どの組織でも共通しており、厳しい事実を反映しています。つまり、現代社会できわめて複雑な状況にさらされたとき、個々のリーダー単独ではタスク要求レベルを満たすことはできないのです」

言い換えれば、スーパーマン的リーダーの出現を期待しても、現代の複雑性に応えられるだけの組織運営はできないだろうということです。

つまり、リーダーに頼るのではなく、1人ひとりが組織における4つの学習障害と向き合い、少しずつ改善していくしかないのです。協働がすべてを解決してくれるとは限りませんが、協働ができなくては何も始まらないのです。

問題が持つ力の側面に光を当てる

VUCAワールドでは組織における4つの学習障害への対応が喫緊の課題ではあるのですが、バッティングセンターでピッチングマシーンからボールが次から次へと投げ込まれるように、私たちの手元に問題が放り込まれるのだとしたら、それを打ち返すのに精いっぱいになるはずです。さらに、その問題が緊急・重要なものであればあるほど、無視するわけにはいきません。

「そんな状態では創造的な活動などできない」と思われてもおかしく

図8-3　レクティカ能力レベル調査

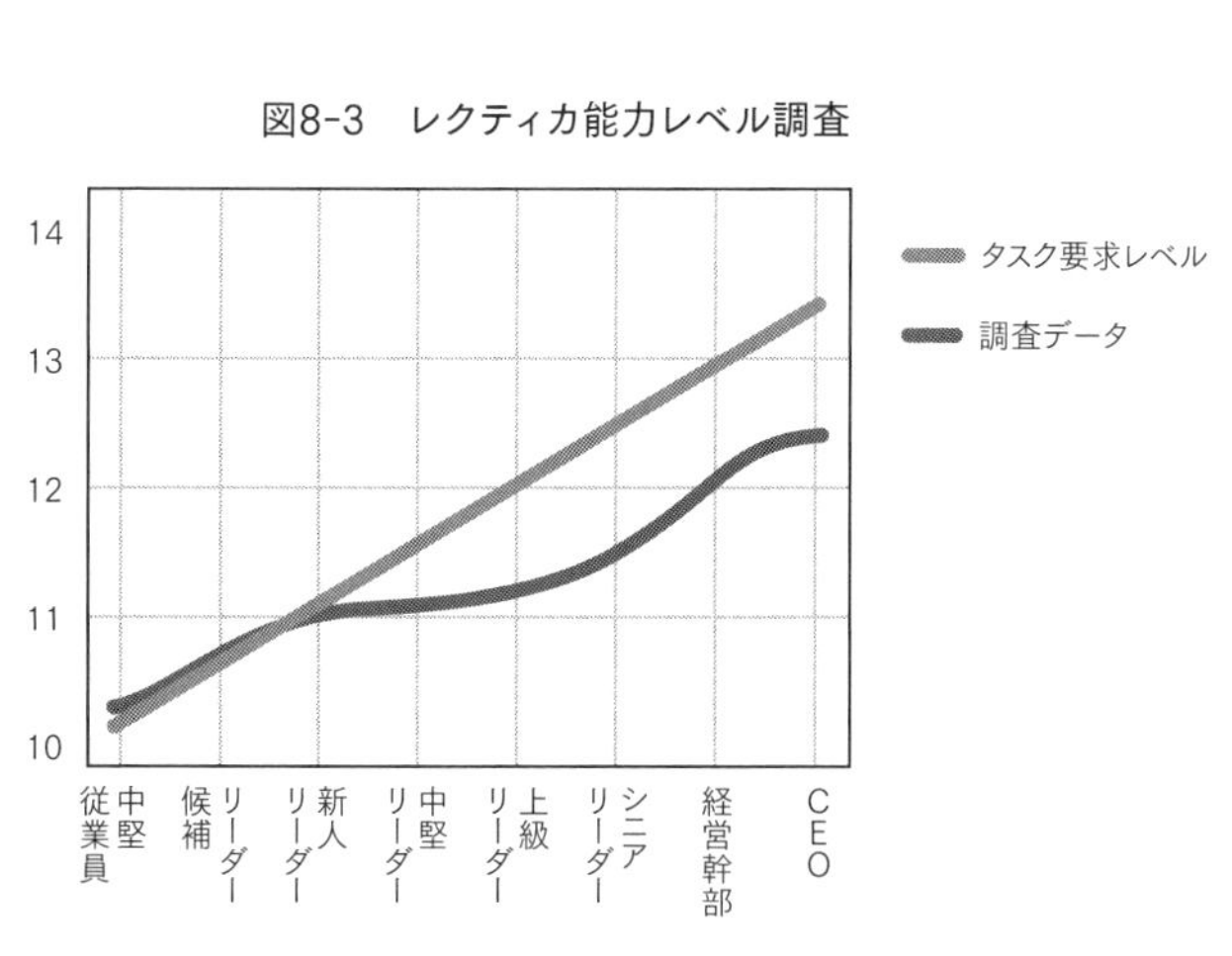

出所：Theo Dawson, "The complexity gap"をもとに筆者作成
https://theo-dawson.medium.com/the-complexity-gap-faad87e0bb5f

ありません。しかし私は、そういう状況だからこそ「次から次に投げ込まれてくる問題の中でも、どうやって創造を生み出すか?」と問いかける意味はあるのではないかと思います。

一般的に「問題」とは、すぐに取り除きたい不快なものです。そして、それを取り除こうとする問題処理に陥ると、「火消し自滅」に陥るということは繰り返し述べてきました。

一方で、問題にはあまり気づかれていない肯定的な力があると私は考えています。それは、「事象に注意を向けさせる力」「人を結集する力」「学習する機会を提供する力」です。問題が発生すると人々はそこに注意を向けて、解決するための行動を通して学んでいくのです。私はこれを「問題のポテンシャル」と呼んでいます。

この側面に私自身が気づかされたのが、2011年の東日本大震災でした。この自然災害は文字通り国難でしたが、国内はもとより世界中から支援の手が届き、助け合いの精神が育まれていきました。それまでボランティアという言葉に対して、あまり積極的になれない感覚を持つ人は多かったように思います。しかし、東日本大震災以降では多くの人の意識が変わり、ボランティア活動に積極的に関わる人が増えたと言われています。

また、震災体験を通じて、自分の人生を見直して新しい一歩を踏み出したり、復興活動の中で思わぬリーダーシップを発揮したりした人も多くいました。また社会としても、新しいネットワークや制度、インフラが確立したことで前進した側面もあるでしょう。

もちろん、震災は起こってよかったといえるものでは決してありませんが、問題は「痛み」と共に何かを可能にする「力」を秘めていることを示した例であることは間違いないでしょう。

そのように考えると、次から次へと投げ込まれる問題の持つポテンシャルに光を当てることができれば、創造の糧とすることはできるのです。

組織における４つの学習障害にしても、**問題が持っている「事象に注意を向けさせる力」「人を結集する力」「学習する機会を提供する力」を意識できるようにデザインすることで、それを乗り越える可能性を高められる**のです。

なぜなら、４つの学習障害は突き詰めていけば、認知と能力の問題に集約されるからです。適切に問題を認知できるようになれば、行動も変わります。その行動が広がることで、見逃しや見て見ぬふりができないような組織文化が育まれ、問題解決ができるようになり、組織全体の能力も高まっていくことになるでしょう。

それでは、どうすれば問題のポテンシャルに意識を向けられるようになるのでしょうか？

ＶＵＣＡワールドにおける協働の要となる「視座の一致」

協働を難しくさせる要因はさまざまですが、ことさら大きいのは「未来に対する見通しがすり合わせられない」「他のメンバーの提案に納得できない」といった、「何をするか」をめぐって合意形成できないことです。

どんな組織やチームでも、「見ている方向が違う」「頭ではわかるけど腹落ちしない」という状態は必ずどこかの時点で生まれます。それは言い換えれば「同じ気持ちで全力を尽くす気になれない」という意思表示だといえるでしょう。

こうした後ろ向きな姿勢はただでさえ協働を妨げますが、「まず、行動」が求められる非秩序系のＶＵＣＡワールドにおいて、このような感覚を抱く人はますます増えるでしょう。

１回限りの単発の行動ならまだしも、複数の人たちが集まる場合、「まず、行動」を強いられ続けることによるストレスに耐えられるのかどうか、という問題に直面することになります。

先が見えないまま、そして、周りと意見が噛み合っていない状態のまま「まず、行動」を強いられ続けることは、安心とコントロールを求める人間の心理的特性から見てもかなりの負担であることは間違いありません。

そして、どこかで我慢の限界を超えて、燃え尽きたり、心に余裕をなくして無駄な対立や分裂を引き起こしたりします。

つまり、「まず、行動」によって事態の打開を図るしかないのに、「先が見えない」「わかりあえない」ストレスによって余裕をなくし、やがて限界を超えて「まず、行動」ができなくなるというジレンマを抱えているのです。

このジレンマを超えていく鍵はどこにあるのでしょうか。

それが「見ている方向が違う」や「頭ではわかるけど腹落ちしない」感覚の軽減です。そのヒントが第6章で紹介したビジョンクローバーモデルにあります。

結局のところ、山登り型プランニングが通用しない時点で山頂という方向を一致させられず、それが故に勝ち筋が見えなくなるわけですから、そもそも完全なる「見ている方向の一致」も「腹落ち」もできないという前提に立たざるを得ません。

そのうえで目指すのが、「まず、行動できる程度の合意」です。その合意を支えるのが、ビジョンクローバーモデルの視座の一致度合いです。

この視座の領域にずれが大きいときに、「見ている方向が違う」「頭ではわかるけど腹落ちしない」という感覚を誘発させやすくなりますが、VUCAワールドではそのずれがさらに拡大しやすくなります。

しかし実は、**「そもそもお互いの視座にはずれが生じやすく、完全な一致は難しい」という共通認識を抱くことができれば、逆に「まず、行動」を図れる程度の合意を得やすくなる**という逆説的な側面もあるのです。それをうまく活用できるかどうかが「まず、行動」のジレンマ解決の鍵を握ります。

環境変化の急激な変化にさらされて業績が悪化し始めている会社において、業績回復を目指して新たにプロジェクトチームが編成されたと仮定してみましょう。一部のプロジェクトメンバーは市場調査や競合分析を基に、従来の製品ラインの改良を提案しています。これに対し、他のメンバーは市場の需要の変化に注目し、まったく新しい製品を開発すべきと主張しています。

両陣営間の見解の違いは明らかです。そして、市場の動向や需要予測の不確実性が高い状態では、議論をいくら進めても視座を一致させることは困難でしょう。

このような場合、視座を一致させようとして時間を費やすよりも、「視座の一致を図るのは難しい」という共通見解を土台とすることで、「まず、行動」への動きを生み出せる場合があります。たとえば、「従来のアプローチと新しいアイデアの両方を組み合わせた実験的なプロジェクトを行う」、つまり限定的な市場調査を行いつつ、小規模ながら革新的なプロトタイプを開発してみるというアイデアがあれば、合意できるかもしれません。このような合意は、単なる妥協案というよりも、視座の一致を図るのが難しいことが明確になったからこそ、「まず、行動」をとってみて、その学習のプロセスを通じて共通の視座を見出していくことを目指す取り組みになるのです。

つまり、以下のような流れで物事を進めていくのです。

- ビジョンクローバーモデルに基づいて視座の一致を目指す
- もし、話し合いを通じても視座の一致が難しいという見解に至ったら、どうすれば「まず、行動」を起こせるかを考える

- その行動の結果から見えてきたお互いの現状認識を持ち寄り、再度ビジョンクローバーモデルに基づいて視座の一致を図っていく

これらを丁寧に行っていけば、徐々に視座の一致の度合いは高まりやすくなり、次の行動を繰り出しやすくなるでしょう。

勝ち筋が見えなくても、「まず、行動」の意味が見えれば協働できる。そして、その結果から学び、さらなる視座の一致を図り、協働の進化を促していく。それこそが人間の持つ可能性であり、VUCAワールドを乗り越えていくための最大の武器であるといえるでしょう。

有名無実化している「チーム」化石となりつつある「チームビルディング」

ここまで、VUCAワールドを乗り越えていくために、「まず、行動」の協働を可能にする土台として視座の一致を図ることが大切である、ということを述べてきました。それに対して、次のような違和感を覚える方もいるかもしれません。

「見ている方向がバラバラなために、見解が一致せず、チームがまとまらないという話は古今東西あっただろうし、そのためにチームや組織を一枚岩化させることに腐心してきた人は山のようにいるはずだ。

そう考えると、協働のために視座の一致が大切というのは、VUCAワールドに限った話ではないのではないか？」

もっともな指摘です。しかし、見逃してはならないのは、**「まず、行動」を強いられ続けるVUCAワールドにおいて、「チーム」や「チームビルディング」について、まったく異なるあり方が求められている**という点です。

先述した心理的安全性の提唱者エドモンドソンは、交響楽団を引き合いに出しながら従来のチームの特性を次のように紹介しています。※

音楽家たちは、互いの才能に依存し合って、バンドや室内楽グループや管弦楽団を組む。弦楽セクションが木管、金管、打楽器の各セクションと合っていなかったら、交響楽団はばらばらになってしまう。……成功したといえるのは、演奏者が互いに補い合って、調和したハーモニーが奏でられた場合だ。

……スポーツチームや音楽家のグループはどちらも、境界のある、固定された、個人の集まりだ。過去の多くの作業チームと同様、彼らは物理的に同じ場所にいて、共に練習したり演奏したりしているのである。

※ エイミー・C・エドモンドソン『チームが機能するとはどういうことか』（野津智子訳、英治出版、2014年）

この場合、誰がどの楽器を演奏し、どのパートを担当するのかが明確に決まっており、演奏者が頻繁に入れ替わることはあまりありません。また、よりすばらしい演奏を目指して、何度も習練を重ね、音を合わせるだけでなく、時にはメンバーたちのこれまでの人生や人間性についての相互理解を深めることで、気持ちの通じ合うチームをつくる「チームビルディング」に取り組むこともあるでしょう。

交響楽団に限らず、並外れたパフォーマンスを出すためには、しっかりとしたチームビルディングが必要であることは多くの人が感じています。

つまり私たちは、チームは一枚岩の状態を目指すべきだと暗黙のうちに考えがちです。

しかし、VUCAワールドの荒波の中で、災害医療のように急造チームが編成され、即座にその対応に当たらざるを得ない事態が増え続けています。

災害医療は特殊ケースで、一般的なチームや組織と事情は異なるのではないかと感じられるかもしれません。しかしビジネスの現場でも、程度の差はあれど「以前と比較して、より切迫した状況下で難度の高い課題の解決を迫られている」という感覚を抱いている方は多いのではないでしょうか。

組織変更を何度も強いられ、部署異動が頻発する。他部署や社外と共同で行う組織の垣根を超えたプロジェクトが乱立しては、離合集散を繰り返す。役割分担も不明確なまま問題への対応に追われるといった具合です。

また、社内SNSなどのITツールの発展によって、垣根を乗り越えたコミュニケーションや共同作業がやりやすくなっていることも背景にあります。

これが、「〈チーム〉や〈チームビルディング〉について、まったく異なるあり方が求められている」と述べた理由です。つまり、自分たちが「チーム」であるという認識も生まれないまま、共同作業が発生しては消えていくことが現場レベルで起こっているのです。そこまで一時的な関わりでないにしても、他部署や社外の人との協力関係が複雑に絡み合って、そもそもどこまでチームなのかの境界が曖昧なこともあるでしょう。

チームや組織の動きが流動的であればあるほど、こうした一時的な共同作業は臨機応変で柔軟性の高い対応に見えるかもしれません。確かに、そうした機動性の高さは間違いなくある一方、限界も当然あります。VUCAの中でも特に複雑性の高い課題に関しては、認知の限界を超えて物事が絡み合っている分、拙速に解決しようとすると問題を複雑化させてしまいます。それは絡まった糸を焦ってほどこうとすると、さらに絡まってしまうのと似ています。

従って、じっくりと腰を据えて、粘り強く対応を図らなければならないときもあるはずです。

しかし実際には、人の入れ替わりが激しいため、その分野にやっと習熟したと思った矢先に担当が変わり、過去の経緯や状況の複雑さなどについて十分に理解できていないまま現場で緊急対応する、という状況に陥っている企業も多くあります。

それは、ともすれば行き当たりばったりの素人レベルの解決策を乱発させてしまうことにもなりかねません。そうした施策は的外れなものになるだけでなく将来に悪影響を及ぼす副作用を起こしやすく、慢性疾患のようにじわじわと蓄積されていくこともあります。

そうしたチームの機能不全を抱えやすいのが、大企業の関連会社です。拙著『子会社を本当によくしたいと願うあなたに知ってほしいこと』※の中で、関連会社の慢性疾患について詳しく述べていますが、ここでは経営チームという観点で簡潔にご紹介します。

関連会社の社長や役員は親会社からの出向社員であることが多く、平均3～5年で入れ替わります。しかし、この短期間で社長が部下の信頼を勝ち得ることも難しいですし、そもそも経営者としてリーダーシップを発揮できる人材もきわめて少ないのが実情です。

そして社長も役員も常に入れ替わるため、お互いのことをよく知らず、突っ込んだ議論を交わすのも難しいことがよくあります。そんな状態では「一枚岩になる」ことなど到底できません。

さらに、そうした経営チームは従来のやり方を変えようと新しい方針や施策を打ち出しますが、どれも十分に検討されたものではなく、後任メンバーによってさらに新しい方針が打ち出される、というパターンが繰り返されてしまいます。

その結果、現場は「どうせ社長や経営チームが変わったら方針も変わるから、話半分に聞いておけばよい」と考えるようになり、出向してきた社長や役員は無力感と共に会社を去っていくことになるのです。

以前私が、ある大企業A社の関連会社であるB社を支援していたときのことです。B社の生え抜き社員であるKさんが、A社から出向してきた役員に向かって「この会社はA社の教習所ではない！」と怒りの声をぶつけたという話を聞きました。それもそのはず、どうやらKさんは、これまで出向してきた

※ 中土井僚『子会社を本当に良くしたいと願うあなたに知ってほしいこと』（オーセンティックワークス株式会社、2019年）

社長や役員が異動前の挨拶で「お世話になりました。この会社での経験は非常に勉強になりました」と異口同音に発言する様子を何度も目の当たりにしてきており、B社に残る自分たちが入れ替わりの負債とリスクを押しつけられている感覚が募り、その不満が爆発したようでした。

このような状況は、VUCAワールドによる課題解決の緊急性と難度の高まりによってあちこちで生じており、今後ますます加速していくことでしょう。

この状況は、「チームビルディング」という考え方そのものが時代遅れになってしまっているという可能性を示唆しています。

「チームとして一枚岩になっていなければ、そもそも高いパフォーマンスを持続的に発揮するのは期待しづらい、しかし、VUCAワールドはチームであることもチームビルディングをする猶予も与えてくれない」という「協働のジレンマ」と呼ぶべき課題を解決する鍵はどこにあるのでしょうか？

それがエドモンドソンの提唱する「チーミング」です。

協働のジレンマを乗り越える鍵を握るチームワークのパラダイムシフト

「チーミング」についてエドモンドソンは、あるインタビューにおいて次のように答えています。※

> チーミングとは、相互依存の仕事を成し遂げるために、分野や機能の垣根を越えて人々と調

※ benedictineCVDL, “What is Teaming? Amy Edmondson | Harvard University” https://youtu.be/sZZHkqIY0Fo

整し、コミュニケーションを図りながら課題解決に挑む、「その場（on the fly）のチームワーク」です。

　チーミングとチームの大きな違いは何でしょうか。チームとは固定的で境界線が明確なものです。人々はお互いを知り、それぞれの強みや弱み、スキルを知ることができます。そして、時間をかけてうまく協働する方法を見出していきます。

　それに対してチーミングとは、「現代の組織環境の中では、すべての仕事が固定的なチームで完結できるわけでもなければ、そうすべきでもない」という認識から生まれた考え方です。


ますます激しくなる変化と複雑化する課題に直面する組織では、固定的なチームが時代遅れのものになっていることを踏まえたうえで、「チーミング」という概念を生み出した点に、彼女の洞察の深さがうかがえます。

　またエドモンドソンは著書の中で、「チームは名詞」「チーミングは動詞」とも述べています。私はこれを、従来の「チームビルディング＝静的なチームを確立すること」では間に合わないため、「動き（～ing）」自体にこそ意味があるということを強調していると捉えています。そして、第7章で紹介した「波乗り型プランニング」にも通じるところがあるのです。

　このチーミングこそが、チームワークに関する新しいパラダイムです。

　協働のジレンマは根深い問題であるが故に、小手先のテクニックで何とかできるものではありません。

チーミングは手法やテクニックというより、「協働の新しい姿」です。ここからはチーミングが示す世界観を整理しつつ、私たちにどんな転換が求められているのかを探っていきましょう。『チームが機能するとはどういうことか』でエドモンドソンは、さまざまな角度からチーミングについて解説しています。それを端的に要約するならば、チーミングとは「変化への適応を前提としながらの、学習に根差した協働による動的活動」と表現できるでしょう。「チームは名詞」であり、「チーミングは動詞」と対比していることとも合わせると、チーミングとは特定の態度や行動様式であることを示しています。

これらのことから、私はチーミングを「協働のリテラシー」として捉えています。リテラシーとは元々「読み書きの能力」を表す英語ですが、ここではITリテラシー、メディアリテラシー、金融リテラシーなどと同様に、その分野の知識や理解、およびそれらを活用する能力を表す言葉として使っています。

つまり、「その分野の知識や理解」と「それらを活用する能力」が同時に求められるということです。ITの知識や理解があるだけで実践経験がない、あるいは見様見真似の経験はあるが知識や理解が乏しいという人は、「ITリテラシーが高い」とはいえないでしょう。それらが両立してこそ、高いパフォーマンスが期待できるのです。

チーミングについても、「知識や理解」と「活用する能力」の両方が問われます。

なぜなら、協働のジレンマが突きつけている課題の正体は、**「時間や既存の慣習、文化が解決してくれる領域を一足飛びに超えて、高いパフォーマンスが発揮される協働を可能にできるかどうか」**にあるからです。

もう少し噛み砕くと、以下のような状態が求められているのです。

- 多数の異なる人間が入れ替わりながらも、難度の高い課題を継続的に解決できる状態
- チームビルディングをする暇もなく即座に、難度の高い課題に対してチームワークを発揮できている状態

極端な例で言えば、見ず知らずの人間が集まったグループに、突然「今日から家族になれ」と告げるようなものです。だからこそ、これまでにはあまり問われてこなかった知識や理解、そして活用する能力を身につけざるを得ないのです。

従って、チーミングを理解し、実践に移せるようになるためには、従来の「チーム」「チームワーク」の考え方を一度手放して、まったく新しいリテラシーを学び身につけるつもりで向き合うのがよいでしょう。

それでは、先ほどの定義を噛み砕きながら、チーミングの概観を捉えていきましょう。

チーミングの定義

相互依存の仕事を成し遂げるために、分野や機能の垣根を越えて人々と調整し、コミュニ

ケーションを図りながら課題解決に挑む、「その場（on the fly）のチームワーク」

まず、「相互依存の仕事」とは、「あちらを立てればこちらが立たぬ」といった形で相互に影響し合っている業務や作業のことを指しています。

組織の規模が大きくなればなるほど、こうした相互依存関係にある仕事は増えていくだけでなく、当事者の数も増えて複雑化していきます。ここでは、わかりやすく考えるために、多くの企業でよく見られる製品開発部門と生産部門の関係性について取り上げてみます。

製品開発部門のミッションは通常、新しい製品やサービスを開発して市場に投入し、会社の売上やブランド価値に貢献することです。一方、生産部門のミッションは、コストをできる限り抑えて品質を向上させることです。特に、品質トラブルや製造現場での事故を限りなくゼロに近づけるように努力します。

一見、それぞれのミッションは独立したものなので、各々目標を立てて邁進すればいいだけのように思います。しかし、この2つの部門のミッションは、相互依存関係にあります。

たとえば、既存製品のシェアが落ちていて、売上を確保するために製品開発部門が新製品を次々に投入しようとしている状況を考えてみましょう。

このとき生産部門は、新製品用の生産ラインの確保や調達部品の増加によってコストが膨らむだけでなく、製品トラブルや事故が発生するリスクも高まります。特に工場火災などの大規模な事故を過去に起こしてしまった経験がある場合は、安直で拙速な製品開発に対して慎重になるでしょう。

従って、生産部門のほうから、製品開発部門の新しいアイデアを修正させたり取りやめさせたりする動きが出てくるかもしれません。実際に、私が過去に支援したメーカーの生産部門では「製品開発側の新製品開発をいかに諦めさせるかが我々の仕事だ」という意見があることを聞きました。

しかし生産部門がこのような行動をとると、製品開発部門は妥協せざるを得ず、魅力も品質も十分でない新製品が市場に投入され、結果として市場シェアやブランド価値がどんどん損なわれていくことになります。そうすると、生産部門の側では「ほらみろ、言わんこっちゃない。うちの製品開発部門の実力はたいしたことないんだから、いかに奴らの思いつきを握りつぶすかが大切だ」という認識が生まれ、より態度を硬化させてしまうのです。

これは実際によくある話なのです。

こうした「相互依存の仕事」においては、各自が個別最適の活動をすることがそもそも難しく、協働関係ができていなければ状況はどんどん悪化していく可能性をはらんでいるのです。

従って、相互依存関係が複雑で密接に絡み合っていればいるほど、当事者での調整が欠かせないものになります。

それが、チーミングの定義にある「垣根を越えて人々と調整し、コミュニケーションを図りながら課題解決に挑む」に当たります。

そもそも、「相互依存の仕事」であるなら、「垣根を越えて人々と調整すること」「コミュニケーションを図ること」「そのうえで課題解決に挑むこと」は否応なく求められます。

しかし、「その場（on the fly）のチームワークである」という言葉と組み合わさっている、という点が、チーミングの特徴なのです。

「on the fly」はもともと野球の用語で、打球がフライで空中に打ちあがっている状態のことを指す言葉です。「打球が空中でまさに今、刻一刻と動いている」というその臨場感をイメージしてみてください。

日本語ではこれにピタリと当てはまる言葉がないのですが、辞書では「その場」という訳が当てられていることが多いようです。従って、「その場のチームワーク」を噛み砕くなら、「現在進行形（リアルタイム）で動いている状況に対するチームワーク」ということになるでしょう。

ここまで来るとチーミングの全体像がぼんやりと見えてくるのではないでしょうか。

つまり、**「相互依存の仕事」である時点で、「垣根を越えて人々と調整し、コミュニケーションを図りながら課題解決に挑む」ことが否応なしに求められるのに、さらに「現在進行形（リアルタイム）で動いている状況に対するチームワーク」を発揮することである**ということです。

たとえば、予め策定した計画に従って行われる手術室での外科手術が従来のチームワークなのに対して、災害医療の現場で繰り広げられるのがチーミングだと考えるとイメージがつきやすいかもしれません。

計画に従った外科手術は、外科医、看護師、麻酔医など役割が固定されており、想定外のことがなければ、ある程度定められた術式に従って進められます。一般的な虫垂炎（盲腸）のように治療法が確立されているものであれば、時間のずれもあまりなくチームワークを展開できるでしょう。

それに対して、災害医療はまさに「その場（on the fly）」つまり、現在進行形で動いている状況に対して、初めて会った他の医療従事者、消防士、自衛隊員、地域のボランティアスタッフ、場合によってはその場に居合わせた通行人といった人たちとチームワークを発揮することが求められます。

厚生労働省のＤＭＡＴ（災害派遣医療チーム）事務局で災害医療教育に携わる千島佳也子氏は、ＪＲ福知山線脱線事故の凄惨な現場について語っています。※

彼女は当時25歳で、兵庫県西宮市にある大学病院の救急病棟で6年目の看護師として働いていました。夜勤明けだった事故の当日、数人の医師と共にかけつけましたが、同じ職場から出動した看護師は彼女1人でした。

彼女にとっては初めての災害医療対応であり、列車が大破して3桁を超える人々が死傷し、警察や消防の人たちがあふれかえる現場で、何をどうしていいのかわからなかったそうです。十分な人員や医療物資がない病棟の外で何もできない無力感に襲われたといいます。

このことから、現場で多様な人と調整しながら問題解決を図ることの大切さを認識したそうです。それが「医療のコントロールをするためには指揮官が消防や警察と話をしながら調整していく必要がある」という言葉に表れています。

この彼女の体験と言葉は、まさにチーミングの定義を的確に表しています。

彼女は救急病棟で看護師として働いていたにもかかわらず、災害医療の現場では歯が立たなかった

※「NHK NEWS おはよう日本」（2022年4月25日放送）

わけですが、その一因は現場の人たちがうまくチーミングできていなかったことにあるのかもしれません。

チーミングの4つの柱

もちろん、分野や業界によって具体的に求められるスキルや協働の仕方について、細かい違いは生じるでしょう。しかしエドモンドソンは、どんな場合でも重要となるものとして、チーミングの「4つの柱」を挙げています。以下は、書籍から定義部分を要約したものです。

率直に意見を言う

率直なコミュニケーションによって、チームは多数の意見を取り込み、個人の知識を活用できるようになる。これには質問する、意見を求める、間違いについて話す、助けを求める、提案する、問題や過ちや懸念について話し合うことが含まれる。

協働する

協力する、尊敬し合う、目標を共有するといった特徴がある。これには、情報を共有することや、行動を調整すること、うまくいっていることといっていないことについて話し合う、意見や感想を絶えず求めることが含まれる。

試みる

一度でうまくいくことを期待しないということ。科学者が行う実験と同じで、行動の結果から学ぶことが中心となる行為。ほかの人たちと話して誰かの行動による影響を評価することや、ある人の考えに対する誰かの考えの意味を確かめることも含まれる。

省察する

行動の成果を批判的に検討して、結果を評価したり新たなアイデアを見出したりする習慣のこと。成功しているチームは、より効果的な協力のしかたを見出す方法として、自分たちが観察したり考えたりしていることについて声に出して絶えず省察している。

これらの説明を見ても、「この4つの柱は、チーミングに限らず共同作業に求められることではないか」と思われるかもしれません。しかし、非秩序系の状況で、リアルタイムで相互依存性の高い仕事に取り組むときにこそ、この4つの柱が重要となるのです。

少し前に、チーミングとは「変化への適応を前提としながら、学習に根差した協働による動的活動」であると述べました。この文章を反対語で置き換えてみると、どうなるでしょうか。

「変化は乏しく、その適応の必要性も低いことを前提とし、学習を必然のものとしなくても成立できる協働による静的活動」

これはまさに、先ほど述べた「予め策定した計画に従って行われる手術」が該当するでしょう。医療行為としての専門性は必要となりますが、主な術式は確立されており、チームワークとしては、ある程度パターン化、もしくはルーティン化されています。そのため、環境変化への適応を目指した学習を協働で行わなければならないという必要性もそれほど高いわけではありません。

つまりポイントになるのは**「リアルタイムで動いている状況に対して協働を図りながら、環境の変化に適応すべく、学習せざるを得ないかどうか」**です。

エドモンドソンは、「チーミングは、本質的に学習プロセスである」とも述べています。一般的な感覚では「学習」とは本を読んだり講義を聞いたりすることを思い浮かべますが、ここでいう学習とは「環境変化への適応」を指しています。言い換えれば、「これまでできなかったことができるようになる」ことです。

チーミングの4つの柱は、全知全能ではなく、組織における4つの学習障害を抱えてしまう私たちが「目まぐるしくリアルタイムで動く状況に対して、協働しながらこれまでできなかったことができるようになる」ための指針として役立つでしょう。

「全知」ではないからこそ、見落としが生じないように「率直に意見を言う」必要があり、「試みる」ことによって反応を得て、情勢をよりよく判断するための新鮮な情報を入手する必要があります。そして、「全能」ではないからこそ、1人でできる範囲を超えるべく「協働」し、「省察」することによってこれまでのやり方を見直し、できなかったことをできるようにする必要があるのです。

つまりこの４つの柱は、それぞれ独立したものではなく、連動した行動様式と捉えるほうがよいでしょう。

参考までにコロナ禍が始まった２０２０年３〜４月に弊社で起きた事例を紹介します。

災害医療に比べれば、規模、難度、複雑性、緊急性のいずれもはるかに低いものになりますが、企業組織でのチーミングにより近い事例としてイメージしやすいのではないかと思います。

私たちの会社のメイン事業は、個人・法人向けのリーダーシップ開発や組織開発のサービスです。コロナ禍の前までは対面の場で対話を中心に行ういわゆる「３密」の事業であったため、緊急事態宣言以降、まったく実施できなくなりました。キャンセルや延期が多発して、一気に事業の根幹が揺らぎました。日に日に悪化の一途をたどる状況の中で、先が一切見えなくなり、背筋が凍る想いをしたのを今でも覚えています。

業界内ではオンラインセミナーへの動きが加速していましたが、対症療法的に既存のプログラムをオンライン化するのは危ない橋を渡ることになる予感がしたため、波乗り型プランニングをやるしかないと腹をくくりました。

まず取り組んだのは、ビジョンクローバーモデルを使った視座の一致です。私は情報をかき集めて、シナリオプランニングを行って起こりうる未来（Could be）を描くことにしました（シナリオプランニングについては第7章のコラムを参照してください）。

その中で、「社会的許容度が進む／進まない」という軸と、「新薬開発・展開の見通しが立つ／立たない」という軸の2つを掛け合わせる形で4つのシナリオを考えました（図8－4）。

このシナリオを自社のメンバーに共有し、会社の経営理念（Will）に照らし合わせながら、何をすべきなのか（Should）について話し合いました。

その中で、「このシナリオは、多くの人に役立つものだと思う。特にフリーランスで活動している研修講師の人たち向けに公開してはどうか？」という意見が出ました。そこから、単にシナリオを公開するだけでなく、実際に自分自身のケースに当てはめてシナリオプランニングを行うオンラインセミナーを開催するというアイデアが生まれ、全員が賛同して企画を進めることになりました。

「シナリオプランニングブートキャンプ」と名づけたこのセミナーの開催をフェイスブックで呼びかけたところ100名近い方から反応があり、4月中に週1回×3回のセッションを実施しました。

1回目の実施が、社内での話し合いから9日後でした。それだけでなく、反響の大きさを受けて5月中にもう1期開催することを決定し、2期合計で150名以上の方が参加しました。

そのあいだ、セミナーの運営方法も模索が続いていました。単なる一方通行の講座形式ではなく、実践を促すための学習管理と相互学習のプラットフォームを構築する必要がありました。そのため、さまざまなツールに慣れながら参加者に展開していき、結果的にZoom、UMU、Slackなどのサービスを統合したプラットフォームができあがっていきました。

この短期間の動きを今から振り返れば、「率直に意見を言う」「協働する」「試みる」「省察する」というチーミングの4つの柱をすばやく何度も繰り返していたように思います。私がシナリオをつくった当初、数か月後に事業化するとはまったく予想していませんでした。チーミングを通じて、「これまでできなかったことができるようになる」という体験を手にすることができたのです。

私がさらに驚いたのは、シナリオプランニングに対する予想以上の反響です。実は、これまで何度か組織開発の現場でシナリオプランニングの研修を行ってきましたが、参加者の皆さんが苦労されている場面に何度も遭遇していました。特に「不確実性が高い未来を考えるとはどういうことか」「なぜシナリオが必要なのか」についてピンと来ない、という意見が多かったのです。そのため、本当にニーズがあるかはわからなかったのです。

しかし、コロナ禍は誰にとっても「今、ここにある危機」であり、不確実性に直面していました。参加者からは「これまでできなかった新しい一歩を踏み出すことを決心できた」という声を多くいただきました。

VUCAワールドにおいては、この講座から生まれたアクションが

図8-4　2020年2月末に作成した4つのシナリオ

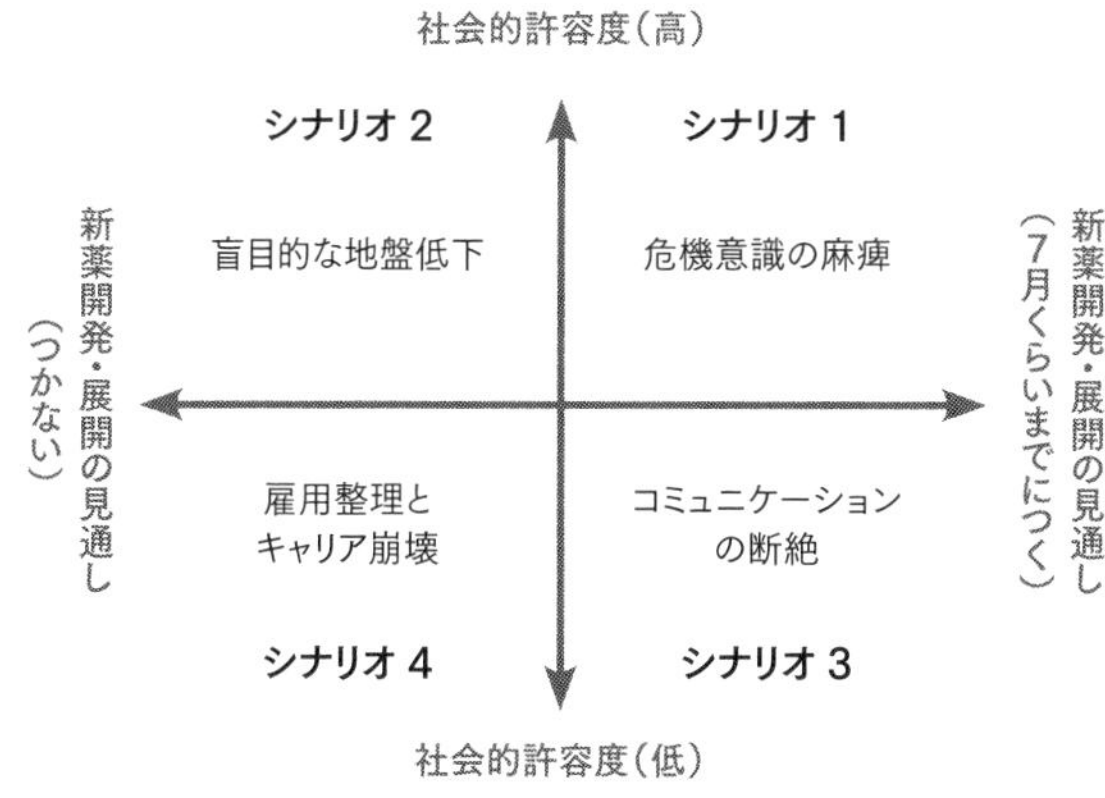

本当に正解なのかどうかは誰にもわかりません。しかし、シナリオを自分なりに考えて「まず、行動」に向けて力強く舵を切れたことの意義は大きいでしょう。行き当たりばったりでも当てずっぽうでもなく、自分なりに考えて「何がわかっていて、何がわかっていないのか」を踏まえたアクションをとれたからこそ、その後の波乗り型プランニングも実践しやすくなったのではないかと思います。

小さな事例ではありますが、これらが2か月足らずのあいだに起こったことは、私たちにとっては「奇跡」のような出来事でした。

コロナ禍という特殊環境であったことを差し引いたとしても、チーミングがこの奇跡の下支えをしていたといえるでしょう。学習に根差した協働がリアルタイムで生じていなかったら、これらの「今、ここにある危機」を「機会」と捉えて、テクノロジーの力を使って参加者の主体性と創造性の解放を支援する事業は実現できなかったでしょう。

そのことからも、チーミングは単なる作業分担を行う以上の可能性を秘めているということを、私自身が身をもって教えられた経験となったのでした。

チーミングサイクルによる協働の進化

組織開発の現場でこの話をするとき、私は4つの柱について独自の見解を交えながら解説をしています。それは、より現実に根差した状況を映し出し、チーミングの実践に向けたヒントを得やすくするためです。

企業支援の経験を通して、私はこの4つの柱が連動しており、1つの系（システム）をなしているのではないかと考えるようになりました。それだけでなく、単に4つの柱を強化すればよいという単純な話ではないという実感も抱くようになったのです。

こうした仮説や実感をもとに体系化を図ったのが「チーミングサイクル」です（図8-5）。

このチーミングサイクルでは、基本的には4つの柱を土台としていますが、以下のように言い換えています。

- 率直に意見を言う→率直で自由な発言
- 協働する→建設的な衝突と葛藤
- 試みる→シャープな実験
- 省察する→内省による学習

この言い換えによって、より際立たせたかったのは、「環境変化に適応するための学習」を通じて、その活動に関わりのある誰もが

図8-5　チーミングサイクル

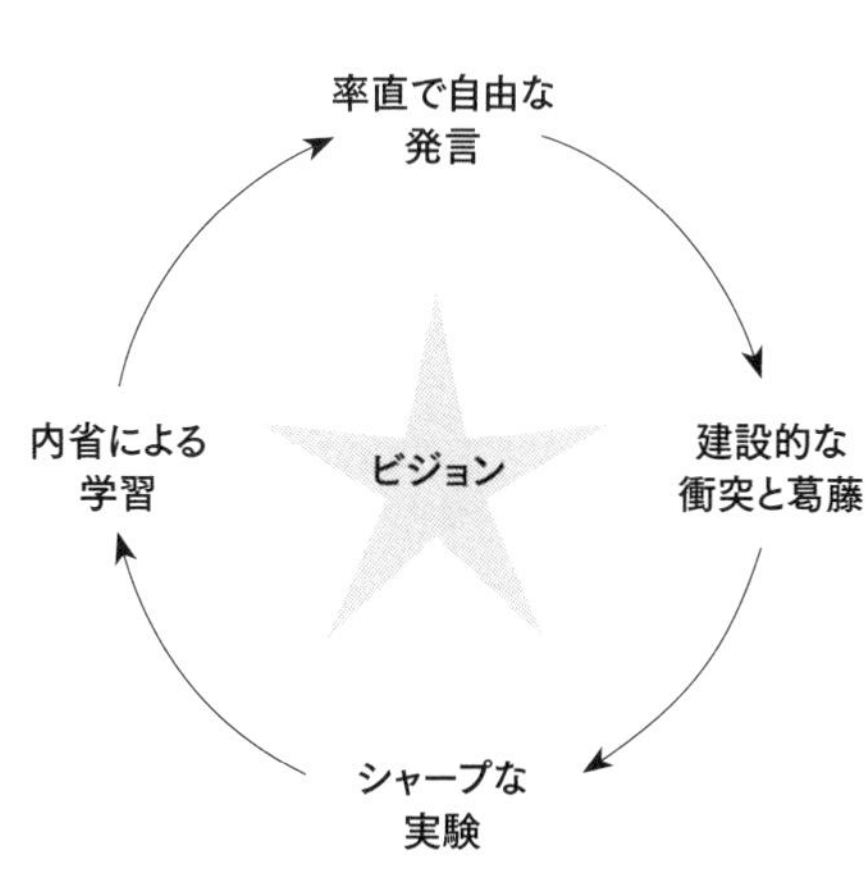

「これまでできなかったことができるようになることを目指して、相互に関わりあう姿」です。

この相互の関わりあいが効果的かつ適切になされればなされるほど、図にあるような好循環のサイクルが回っていくのです。

エドモンドソンは、リーダーの立場にある人の影響を重視し、4つのリーダーシップ行動（学習のフレーミング、心理的に安全な場をつくる、失敗から学ぶ、職業的・文化的な境界をつなぐ）を紹介しています。この4つは端的に言えば、メンバーが失敗を恐れず、越境的に活動し、起きたことから学べるような環境を提供するための行動指針です。

もちろん、このようなリーダーからのサポートは、「チーミングを可能にする環境づくり」に欠かせません。しかし私は、これだけでは不十分だとも考えています。なぜなら、親が子どもに対して学習環境を提供しても、実際に学習するかどうかは子どもによって異なる、という問題と似ているからです。

大切なのは、リーダーとメンバーの両方が相互に関わりあいながら、チーミングサイクルを積極的に回し、協働を進化させていくことなのです。

それを促すためには何が必要でしょうか？

チーミングサイクルは、残念ながら自然発生的には生まれません。なぜなら、これを実践し続けるためには、人間の認知的・心理的な限界に挑戦し続ける姿勢が問われるからです。わかりやすく言い換えれば、認知的な限界とは「自分には何が見えていないのかがわからない居心地の悪さ」を指し、心理的な限界とは「人から嫌われるかもしれない」という恐れを指しています。これらと向き合い、乗り越え続けることが求められるのです。

これは個々人の問題ではないかと思われるかもしれませんが、もちろんそういう要素はありつつも、そうでない要素もあります。自分の筋力を高めるためであれば、スポーツジムに行ってトレーニングを続ければよいでしょう。しかしチーミングサイクルは、そもそも1人だけの力で達成できるものではなく、メンバー同士が支え合いながら進めざるを得ないのです。

従って、より認知的・心理的なハードルは高くなり、ダンベルを上げれば大胸筋が鍛えられる、というような単純な図式にはならないのです。

私はチーミングサイクルを体系化する中で、「4つの阻害要因」とそれらを乗り越えるための「4つのレバレッジポイント」を特定しました。

もし4つの柱を実践できているチームであれば、組織開発など必要ない、とさえ言えるでしょう。

しかし現実には、「率直に意見を言い合ってください」「今から協働を始めてください」「とにかくなんでもいいので実験をしてください」「何が問題の根本にあるのか今すぐ振り返ってください」と依頼したところですぐさま実現するわけではありません。

むしろ人々が抱える阻害要因を特定し、1つひとつ乗り越えるように働きかけていってはじめて、4つの柱の行動様式が可能になっていきます。

それではこれから、阻害要因とレバレッジポイントを順に押さえていきながら、チーミングサイクルを回すために何が問われるのかを解き明かしていきましょう。

チーミングサイクルの4つの阻害要因

まず、4つの阻害要因から説明していきます（図8-6）。

- 関与リスク／応対コストの回避
- コミットメントの欠如
- 洞察の浅さ
- フィードバックの回避

阻害要因① 関与リスク／応対コストの回避

これは「自他に悪影響を与えるような発言や行動を避けようとすること」です。この回避によって、「率直で自由な発言」と「建設的な衝突と葛藤」が妨げられます。

関与リスクの回避とは、端的に言えば「余計なことを言って反発されたり、孤立したりしないようにしたい」という気持ちの表れです。一方の応対コストの回避は、「余計な行動をとって全体の足を引っ張りたくない」という配慮、あるいは「藪（やぶ）をつついて蛇を出す」や「言い出しっぺがやらされる」といった事態を避けようとする姿勢を指します。

関与リスクについて、周りからどう思われるかをまったく気にしない人もいるでしょう。しかし、人間は社会的な動物なので、一般的にはわざわざ自ら嫌われるように振る舞いたいとは思わないはずです。

また、思い切って耳の痛い話をぶつけたとしても、「忠言耳に逆らう」と言うように、相手がそれをきちんと受け止めてくれる保証はなく、感情的な対立を引き起こすかもしれません。

以前、ある企業でこの話をしたところ、ある女性管理職の方がご自身の経験について話してくれました。彼女は自分のチームをうまくまとめられず悩んだ結果、そのチームメンバーに「上司である自分の何が悪いと思うのか」を思い切って聞いてみました。ほとんどの人は無難なことしか言わなかったのに対して、1人だけが「上司としての問題点」を言ってくれたそうです。

しかし、その管理職にすれば誤解に思えたので「いや、それはね……」と弁明しようとすると、その部下から間髪入れず「だから、言いたくなかったんです!!」と告げられました。そこで彼女は「ああ、この自分の姿勢がいけなかったんだ」と気づいたそうです。

このように、相手が自分の指摘をどの程度真剣に受け止めてくれるのかがわからない場合や「明らかに反応的になるに決まっている」と

図8-6　チーミングサイクルの4つの阻害要因

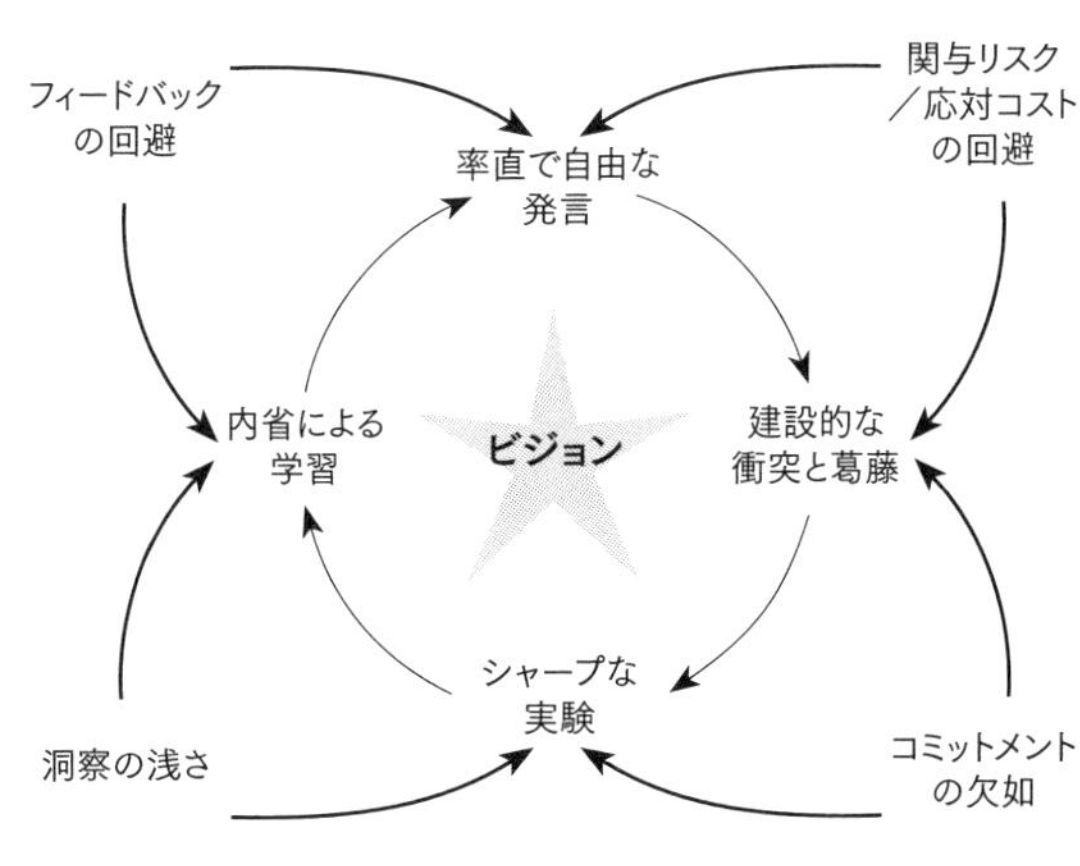

思う場合に、人は関与リスクを感じます。

従って関与リスクは、「周りからどう思われるかを気にする本人の問題」だけでなく、「批判的な指摘に対する相手の許容度」によっても決まるのです。

次に、応対コストの回避についてですが、能力的な限界と認知的な限界の両方が影響しています。

能力的な限界とは、文字通りその問題に対処できる能力が不足している状態であり、そこで問題解決を引き受けると状況を悪化させてしまうこともあります。たとえば、何か意見を言ったとして、「じゃあ君がやって」と言われても、それをやれる自信が持てないような状況です。

認知的な限界とは、「全体の足を引っ張りたくない」「言い出しっぺがやらされる」という懸念を回避しようとするあまり、「それを誰かが指摘して行動しなければ、全体にとって悪影響になる」という認識まで至らない、ということを指します。

これは、チームに途中参加した新参者の立場で考えるとわかりやすいでしょう。「状況があまりにもわからないから、まずは黙っておこう」という場合もあれば、「明らかにおかしいと思いつつも、ここで口を挟むと皆さんがここまで築きあげてきている進捗を滞らせてしまう」という場合もあるでしょう。

確かに、物事がどんどん進んでいるのに「そもそも、これって大丈夫なんでしょうか」と投げかけることで全体の進行が止まり、チームメンバーの士気を下げてしまうかもしれません。しかし、そういう違和感を抱いた場合は往々にして「絶対に止めたほうがいい場合」もよくあるのです。私は、このような忖度が横行して誰も問題を指摘せず放置した結果、時すでに遅く取り返しのつかない事態にまで発展してしまった事例を山ほど見てきました。

このように、関与リスク／応対コストの回避は、悪意がなくても誰にでも起こりうる阻害要因であるという点に留意が必要です。

阻害要因②　コミットメントの欠如

これは4つの阻害要因の中でも根深い影響をもたらすものですが、これを乗り越えられれば大きな変化を起こす可能性を秘めています。

なぜ根深いかというと、心理的な抵抗や認知的な限界によってコミットメントの欠如が生じるのですが、それによってさらに心理的な抵抗や認知的な限界を助長するという側面があるからです。

「コミットメント」という言葉に対する一般的な感覚として、「何としてもやり抜く姿勢」や「やる気がある状態」と捉えられることが多いのではないでしょうか。つまり本人の「意志や取り組む姿勢の問題」を指しているということです。

しかし私は、意志や姿勢の問題ではなく、**「その人の内面において、ある対象に対して一線を越えたところから向き合えている状態」**を指すものと捉えるほうがより適切なのではないかと考えています。

コミットメントの元となる英語の動詞はcommitです。「自殺する（commit suicide）」「罪を犯す（commit a crime）」という用例のように、まさに「一線を越える」時に使われる単語です。

もちろんネガティブな行為だけではなく、「この身をあなたに捧げます(I commit myself to you)」のように、相手と長期間にわたる関係を築く決意として表明する際にも使われます。また、飛行機が離陸する際に押されるボタンが「コミットメントボタン」と呼ばれていると聞いたことがあります。

いずれにせよ、「一線を越えたら戻れない（戻らない）」行為として解釈できるのです。

以前、私がお世話になった米国人のメンターは、「コミットメントがあるかないかは、妊娠しているかいないかと同じだ。ちょっとだけ妊娠しているということがないのと同じで、ちょっとだけコミットメントがあるということはない」と解説してくれました。

これは極端なように聞こえますが、一緒に働く仲間であっても、夫婦関係や恋人関係であったとしても、時間の経過と共に、相手にコミットメントがあるかないかを肌で感じるという経験は誰にでもあるのではないでしょうか。たとえば、次のような感覚です。

- 一生懸命仕事をしてくれているのはわかるし、残業も進んでやってくれてはいるけれど、今一つ気持ちが入っているように感じられない。むしろ腰が引けていて、「この会社でやっていく」という覚悟はなさそうだ。
- 「一緒にいられて嬉しい」「将来、結婚も視野に入れてくれている」と言ってくれてはいるものの、本当に自分と向き合ってくれている感覚がしない。この人と結婚して一生やっていけるのか不安だ。

このことが意味しているのは、「コミットメントはないけれども、一生懸命その人なりにやっている状態」はありうるということです。

しかし、心の一線を越えていないために、どこかで後戻りできるという気持ちが残っており、それが周りにも雰囲気で伝わってしまうのです。

とはいえ、私はすべての人がコミットメントを持つべきだとは考えていません。

私自身も、仕事に対するコミットメントが生まれたのは、社会人５年目の27歳の頃からでした。最初のコンサルティング会社での仕事はとにかくハードワークで、手を抜いていたつもりはありませんでした。

しかし、心のどこかで「ここまで頑張っているのだから給与をもらうのは当然だ」と思う自分がいました。なので、仕事に対するコミットメントがあるというより、どこかで逃げ道を残しているような感覚を抱いていたのです。

そこからベンチャー企業に転職しましたが、すぐにコミットメントのなさを上司に看破されて、半年も経たないうちに戦力外通告をされてしまいました。私は行く当てもなく会社を自主退職しましたが、実質的にはクビにされたも同然の出来事でした。

その後の転職活動もまったくうまくいかず途方に暮れていましたが、そのとき、大学時代の先輩から厳しい一言を告げられたのです。

「中土井はええやつやけど、どこかで人を馬鹿にしていると思う。それが周りからは見透かされてるし、仕事の姿勢にも出てるんちゃうか」

彼とは仕事を一緒にしたことがないにもかかわらず、完全に図星でした。

その一言で私は「自分は人も仕事も舐めていたんだ。だからこんなことになっちゃったんだ」と気づくことができました。

そこから私は文字通り腹をくくり、就職できた会社で「自分にはもう後がない」という一線を越えた感覚で仕事に打ち込みました。すると仕事の成果も、同僚からの信頼も得られるようになったのです。それ以降、仕事に対してどこかで腰が引けている、お小遣い稼ぎのように仕事をするという姿勢はなくなりました。

これは私の個人的な体験ではありますが、コミットメントの有無は「残業をするかどうか」とは基本的には関係ないことを表しています。

私の場合では「やるか、やらないか」、つまり覚悟を決めるという体験であり、一瞬のうちに転換しました。人によっては覚悟の有無ではなく、「好きで好きでやめられない」「気づいたら夢中に取り組んでいた」というような形でコミットメントが生まれることもあるでしょう。

いずれにしても、ひとたびコミットメントが生まれると、本人の仕事との向き合い方や周りとの協働の仕方に大きな変化を起こす可能性が高いのです。

しかし、私もそうだったように、コミットメントが生まれるまでに長い時間がかかったり、そもそも生まれなかったりする人もいるので、一筋縄ではいきません。

どのようにコミットメントを生み出し、維持するかについては後ほど掘り下げます。

ここでお伝えしたいポイントは、コミットメントの欠如はどこかで腰が引けている状態であり、穴が開いたタイヤのように仕事に対しても協働活動に対しても踏ん張りがきかず、しまりがなくなってしまうということです。

図にあるように、コミットメントの欠如は「建設的な衝突と葛藤」と「シャープな実験」にマイナスの影響を与えます。

もしチームの誰もコミットメントを持っていなければ、率直な対話はなされず、問題が放置され、関係性が悪化したり、少しずつ人が離れて自然消滅してしまったりするでしょう。

また、コミットメントのある人とまったくない人が同居すると厄介です。

特に非秩序系の環境において、激しい変化の中では責任感のある人ほど大きなストレスがかかりやすくなります。そんな中で、コミットメントが欠如したメンバーがいると、そのどこか腰が引けた姿勢自体が目について苛立ちが募ります。あるいは、コミットメントの欠如が伝染して、本人が意欲をなくしてしまうかもしれません。

この状態を放置すると、大きな問題に発展することもあります。というのも、ある時点で苛立ちが爆発して、必要以上に相手に厳しく当たってパワハラまがいの行動を起こしてしまうことがあるのです。もちろんどう見ても問題のある行動だったというケースもありますが、その背景には責任感があるからこそ歯止めがきかなくなってしまったという事情があることも多いのです。

私が支援したクライアントの中にも、パワハラ認定をされた方がいました。彼らの中には責任感故にやってしまったと語る方も少なくなく、パワハラ認定された恥ずかしさや、相手に心の傷を負わせてしまった罪悪感に苛まれる方も多くいました。

この悲劇はパワハラの被害者だけでなく、加害者にも大きな傷を残しています。もし双方にコミットメントがあればその問題から建設的な未来を考えられたかもしれませんが、コミットメントの欠如の結果、破壊的な衝突と心の病を生んでしまうのです。

それでは、コミットメントは「シャープな実験」とどう関わっているのでしょうか。これは実験と学習をすばやく繰り返すという意味ですが、それを継続する「忍耐強さ」が求められることになります。コミットメントがなければ、あからさまに手抜きしたり、深く考えないまま実験だけをしたり、別のもっともらしい理由をつけて本気で取り組まなかったりします。

そもそも非秩序系の状況下では、あらゆる準備を整えることはほぼ不可能なため、ある程度の段階で「それでもやる」といった強引さや「不可能を可能にする」といった大胆さが求められますが、コミットメントがないとそこまで期待することも難しいでしょう。

そうするといつまで経っても実験の成果があがらず、チーミングがうまく実践できなくなり、気がついたときには手遅れになっているという致命的な状態になってしまうのです。

つまり、コミットメントの欠如は「本人の姿勢の問題」として語られがちですが、短期間でチーミングを台なしにする可能性を秘めており、ＶＵＣＡワールドにおいては致命的な結果をもたらしかねない問題であるという認識を持つことが重要なのです。

阻害要因③　洞察の浅さ

これは最も手ごわい阻害要因です。

他の3つの阻害要因は、心理的・認知的な限界と関連してはいますが、「関係性の醸成」「モノの見方に対する新たな気づきを得る」「腹をくくる」といった変化が生じた時点で、チーミングサイクルが動き始める可能性は十分にあります。

それに対して洞察は、ある変化が起これば深められる、という類いのものではありません。先天的な能力とは言わないまでも、長い年月をかけて自ら考え抜く姿勢を持ち続けなければ育まれることはないからです。

この洞察の浅さは、「シャープな実験」と「内省による学習」に影響します。近年「アジャイル」という言葉が注目されるようになっていますが、ややもすれば「厳密に仮説を立てるより、まずは形にしてみよう」という意味合いで用いられることも少なくありません。しかし、効果の薄い実験をやみくもに行って学習が起こらなければ、時間を無駄にしてどんどん危機への対応ができなくなる可能性が高いでしょう。

「目のつけ所がいい」という言葉は仮説の鋭さを意味していますが、それを下支えするのが洞察です。

それでは、「洞察」とはいったい何でしょうか。これは「分析」と比較することで見えてきます。大辞泉では次のように定義されています。

洞察……物事を観察して、その本質や、奥底にあるものを見抜くこと。見通すこと
分析……複雑な事柄を1つひとつの要素や成分に分け、その構成などを明らかにすること

洞察の「洞」について、語源からも意味をつかむことができます。『字訓』という漢和辞典の語源解説では以下のように説明されています。

洞……声符は同。同に筒形のもの、中が空虚であるものの意がある。〔説文〕に「疾く流るるなり」と、水の流れるさまをいうとするが、水の深く入り込んだ洞窟や水勢のために洞徹し、貫通しているところをいう。また、すべて奥深いところを洞といい、その奥深い幽暗のところを明察することを洞察という

つまり、洞察とは「目には見えない奥底にあるものを見抜くこと」を指すのに対し、分析は「要素分解すること」であることがわかります。

これを私なりに意訳するなら、洞察は「探究によってより普遍的な法則性や再現性を見出す行為」なのに対して、分析は「対象に対して論理分解する行為」であるといえるでしょう。

洞察と分析の違いが顕著に表れるのは、大きな事故に対する私たちの向き合い方です。たとえば2022年4月に発生した知床観光船沈没事故で考えてみましょう。

多くの人が犠牲になった大惨事であり、警察やメディアによってさまざまな「原因」が調査されました。結果として以下のような事実が明るみに出ました。

- 強風注意報や波浪注意報が発令されていた中で出港していた
- 船体にヒビが入った状態が放置されていた
- 会社の衛星電話が使えない状態のまま港に出ていた
- 国土交通省に対して虚偽の申請がされ、許可されていた

これらの「原因」を突き止める作業が分析となります。これを受けて、事業者の安全管理体制の強化や船長の操作免許の厳格化などの再発防止策がとられました。

これによって同様の海難事故の発生確率を下げることはできるかもしれませんが、応用の幅は限られるのではないかと私は考えています。ルールを厳しくしても抜け道を探されてしまい、結局は「いたちごっこ」になってしまうことも十分ありえるからです。

それに対して洞察は、より普遍的な法則性や再現性を見出そうとする行為です。

ここで問いかけるべきなのは、**「誰でも同じようなミスを起こしうる事態は何だったのか」**ではないでしょうか。

実はこの観光船の会社は、コロナ禍によって経営危機に陥ったことから、事件から2年前にクラウド

ファンディングを行っていました。600万円を集めて成立したものの、高額な返礼品が多いため手元に残る資金はわずかだったようです。

運航に影響がなさそうに見えてしまっていた船体のヒビの修理に資金を当てたり、衛星電話の修理の完了を待ったりするなどの余裕がなかったことは想像に難くありません。また、まん延防止等重点措置が解除され、ようやく営業再開できて売上を逃したくない気持ちもあったでしょう。

このように考えると、「コロナという自然災害の結果、長引く経営難に陥り、目先の売上に飛びついて判断が鈍った」という可能性が見えてきます。これをより普遍性のある法則として捉えるなら、次のような言葉になるでしょう。

「人は危機的状況に長期間にわたってさらされた場合、抱えている数々の問題を比較した結果、一部の問題を軽微なものとして放置してしまう可能性がある。そうした状況のまま、好転の兆しが生まれ、千載一遇のチャンスと思える事態に恵まれれば恵まれるほど、放置された問題を抱えたままその機会に飛びついてしまい、その放置された問題が引き金となって大惨事に見舞われることがある」

これが洞察の一例です。

コロナに限らず、すでに豪雨や地震など自然災害が全国的に多発していることを考えると、こうした問題の火種を抱えたまま、目先のチャンスに飛びついてしまう可能性があるのです。そのため、それを回避するためにどうすればよいかを考える必要があります。たとえば、次のような観点が挙げられます。

- 経営危機を長引かせるリスクは何か
- できる限り事前に打っておくべき手は何か
- 危機が長引いたときに、ないがしろにされやすくなる問題は何か
- 窮地に立たされたときに判断を誤らなくて済むように、認知的・心理的トレーニングや組織的な仕組みの構築など、どんな対策を講じておくべきか

このような洞察を得られれば、海難事故に限らず、ヒューマンエラー全般に関わる応用範囲の広い対策を考えることができるようになるでしょう。

このような危機的状況でなくても、洞察の浅さ故に問題を引き起こすケースは数多くあります。たとえば、法人向けのＢｔｏＢ事業の会社が既存のサービスを消費者向けのＢｔｏＣ事業として展開しようとして大失敗する、という事例で考えてみましょう。この場合、ＢｔｏＢとＢｔｏＣで顧客ニーズやマーケットがどのように違うのかを理解していない、もしくは雑駁にしか捉えていないまま、むやみにＢｔｏＣマーケットに挑んでしまっているケースがほとんどです。

私はこれまで、システム開発の業務委託を中核事業としている企業から何度か相談を受けたことがあります。メイン顧客が親会社や大手のＩＴ企業のため、大きな案件が終わったり失注したりすると、一気に利益率が悪化し、場合によっては赤字に転落するというリスクを常に抱えています。

そうしたリスクを回避するためにも、ＢｔｏＣ事業を成立させて売上を安定させたいという気持ちに

駆られるのはよくわかります。

　そして、大きな投資を行えるほどの財務的な余力があるわけではないので、法人向けにつくったプログラムを転用したり、ちょっとした市場調査を行っただけで新たなサービスを安く提供しようとしたりします。しかし残念ながら、そうしたサービスは素人の私から見ても箸にも棒にも掛からないものばかりです。

　そこで私は、次のように問いかけるようにしています。

「ＢｔｏＣ事業を考えている会社は無数にあるだけでなく、グーグルのような巨大ＩＴ企業、つまり巨人のガリバーが超一流の人材と莫大なお金を投下して開発を進めています。従ってＢｔｏＣ事業は全世界の超一流たちを相手にした異種混合格闘技戦のようなものです。そんな世界において、みなさんのサービスが選ばれるに足る理由はどこにあると思いますか？　また、仮に、みなさんのサービスがコロンブスの〈金の卵〉だったとしても、そうしたガリバーたちがこぞって即座に真似をして参入してくる可能性は大いにあります。それでもなお、牙城を崩されなくて済むようなアドバンテージをどのように確保しますか？」

　これに対してうまく答えられない人は多く、中には苦虫を噛み潰したような顔をされる方もいます。

「本当に儲かるサービスなら誰かがやっているだろうし、誰もやっていなかったとしても、儲かるとわかった時点ですぐに参入してくる」という「不都合な真実」に向き合いたくない気持ちを抱くのは当然です。しかし、それに向き合わずに参入するのは、飢えた虎がうようよいる檻の中に、裸一貫で無防備に飛び込むようなものです。そして、この問いに向き合って確かな答えが得られるのであれば、それは実験しがいのある仮説になりうるでしょう。

これが洞察の大事な理由です。閃きから洞察を始めるのか、洞察の結果、閃きを得るのかはどちらであっても構いませんし、どちらが先になるかはケースバイケースです。しかしながら、洞察に裏づけられない閃きは、素人に毛が生えた発想だと考えるほうが無難でしょう。

洞察力が身につけば身につくほど、新規事業を展開する際にも鋭い仮説に基づいた「シャープな実験」を行うことができ、実験の結果を受けて「内省による学習」をより深めることができます。従って、洞察はチーミングサイクルの重要なエンジンなのです。

逆に言えば、浅い洞察は貧弱なエンジンにしかならないので、実験と学習も陳腐なものになってしまう可能性が大きいのです。これは何を意味するのかといえば、「いつまでたっても変化できない（もしくはわずかな変化に留まる）状況を継続させてしまう」ということです。

情け容赦なく変化を強いてくるVUCAワールドにおいて変化できない状況を継続させることが命取りになることは、今さら言うまでもないでしょう。

とはいえ、冒頭で述べたように、洞察は一朝一夕には身につきません。しかし、幸運なことに洞察は少しずつでも積み上げていくことができ、積み上げた分だけ力になります。

洞察の鍛え方はさまざまありますが、基本的にはさまざまな角度から「なぜ◯◯なのか？」という問いかけを丁寧に繰り返すことが重要です。

特にパワフルなのは、第5章で紹介したジョージ・バーナード・ショーの次の問いです。

「なぜ、そうでなくてはならないのか？」

他にも、英国の哲学者ロイ・バスカーが提唱する批判的実在論も役立ちます。批判的実在論では、存在論※と認識論※をしっかりと見極め、現実と向き合えるようになるための、さまざまな観点が提示されています。これを実践することで多角的に物事を捉えられるようになるだけでなく、自分自身の現実認識の偏りに気づけるようになります。

たとえばロイ・バスカーは、実在を3つのドメイン（領域）として区別しています。

経験ドメイン（Empirical Domain）……人間が体験・経験している領域
アクチュアルドメイン（Actual Domain）…メカニズムが活性化することによって発生する／しない出来事
リアルドメイン（Real Domain）……………出来事を発生させる／させない構造やメカニズム

この3つの区分は一見当たり前のことを述べているように見えますが、私たちはしばしば、経験ドメインとアクチュアルドメインを混同しがちです。たとえば、「スクールカースト」「社長の横暴」といっ

※ 実在論：意識・主観を超えた独立の客観的実在を認め、このような実在を捉えることにおいて認識が成立すると説く立場。唯物論は物質を実在とし、客観的観念論は理念を実在とする。リアリズム。（辞書より）

※ 認識論：認識、知識や真理の性質・起源・範囲（人が理解できる限界など）について考察する、哲学の一部門である。存在論ないし形而上学と並ぶ哲学の主要な一部門とされ、知識論とも呼ばれる。（Wikipediaより）

た言説です。いずれも、あくまで受け手がそのように経験した解釈に過ぎないものです。ロイ・バスカーはそうした認識を「認識論的誤謬（ごびゅう）」と呼んでいますが、それを是正するように心がけるだけでも洞察する力を育むことができます。

認識論的誤謬に陥らないようにするための手法は数多くありますが、組織心理学者である小林惠智が考案した「4行日記」が有効です。これは、「事実」「発見」「教訓」「宣言」について、それぞれ1行ずつ日記を書く、というものです。継続していくと、自分自身がどんな事実に対してどんな解釈を加えているのかが理解できるようになるので、認知が補正されていくのです。詳しい方法はヒューマンロジック研究所社のホームページ※や関連書籍をご覧ください。

阻害要因④　フィードバックの回避

ここでの「フィードバック」とは、他者から自分に向けて発せられるコメントだけでなく、何らかの量的評価や起きている事象など、さまざまな信号（シグナル）も含みます。私たちを取り巻く世界では、いろんな信号（シグナル）が発せられていますが、そこに鈍感になって見過ごしてしまうことがよくあります。

俗にいう「ハインリッヒの法則」は、このフィードバックを無視し続けることによって問題が起きることを表したものです。提唱者のウィリアム・ハインリッヒは研究によって、1件の重大事故の背後には29件の軽微な事故が隠れており、さらにその背後には事故寸前だった300件の異常、いわゆる「ヒヤリハット」（ヒヤリとしたりハッとしたりする危険な状態）が起こっていることを発見しました。

※ http://www.human-logic.jp/blog/nikki/

チーミングにおいて、これがどのように影響するでしょうか。

この阻害要因は「内省による学習」と「率直で自由な発言」を妨げます。前者については、フィードバックを回避し、起きていることから目をそらすとインプットする情報が乏しくなるので、学習の機会を逸してしまうことは想像しやすいでしょう。

後者の「率直で自由な発言」に対しては少し遠回りな影響であり、いわばフィードバックを回避し続けることの副作用として起こります。フィードバックを回避するということは、不都合な真実に対して目をそらす、耳をふさぐ、あるいは臭い物に蓋をするといった心理的な抵抗の表れです。この心理的な抵抗が相手との相互作用に影響を与え、結果的に「率直で自由な発言」を妨げることになります。

もう少し詳しく掘り下げていきましょう。

まず一般的に、自分にとって不都合なフィードバックを相手から受けると、自分が否定されたような痛みを感じたり、対応しなければならない面倒なものとして受け取ったりします。言い換えれば、「自分が安全で自分らしくいられる聖域（スペース）を侵してくる脅威」と認知しやすいのです。従って、自分の聖域を侵されることへの恐れが強ければ強いほど、フィードバックに対して防御的になり、他者とのあいだに壁を築いて行きます。その壁を感じた周囲の人は、言いたいことが言えなくなります。こうして、率直で自由な発言が生まれづらくなるのです。

逆に、この恐れが少ない人は、「フィードバックが発生するのは当然のことだ」「これは自他の成長のために大切な資源である」と受け止めており、フィードバックを歓迎するオープンな姿勢を持ちやすくなります。結果として、その周りにいる人が率直で自由な発言をしやすくなります。

実際に職場や仲間内で、「Aさんはどうせ聞く耳を持たないから、言うだけ無駄だよ」という台詞を聞いたことがある人はいるのではないでしょうか。

この台詞が映し出しているのは、「Aさんは聞く耳を持たない」という状況だけでなく、この発言をしたBさんは、「Aさんに対して率直で自由な発言をしていないか、するつもりがない」ということを表しています。さらにこの台詞を聞いたCさんが影響を受けて、Aさんに対する率直で自由な発言をためらうか、やめる可能性もはらんでいるのです。

もちろん、この台詞はAさんに対するBさんの偏見に過ぎず、実際のところAさんは聞く耳を持った人かもしれません。その場合は、時間の経過と共に誤解が解けて、率直で自由な発言が起こるようになる可能性は十分あります。

しかしもしAさんが本当に聞く耳を持たない人なのだとしたら、この人物評はBさんからCさんへ、さらにCさんから他の人へと拡大していくことでしょう。従って、Aさんの周りで率直で自由な発言をする人がいなくなってしまうのです。

もし、その影響がAさん・Bさん・Cさんだけの範囲に留まるのであれば、Aさんの態度が改善するかチームから離れれば解決しますが、実際にはこのフィードバックの回避はその外側にも伝染します。

なぜなら、BさんとCさんが、Aさんの影響を受けてフィードバックを回避する姿勢を強めてしまう場合があるからです。

それはなぜでしょうか。

フィードバックを、チームの「外部からの信号（シグナル）」と「内部からの信号（シグナル）」に分けて考えてみましょう。

チーム外部からの信号（シグナル）とは、組織的な評価や顧客の意見などがあてはまります。外部からの信号（シグナル）をAさんが回避した、つまり外部からの情報を黙殺すると、本人は改善のために取り組まないことになります。それに対して、BさんやCさんが外部からの信号（シグナル）に対応しようとすると、改善作業が発生することになります。つまり、作業の不均衡が発生するのです。

最初のうちは実直に対応していたとしても、次第に「自分が割を食っている」という感覚をBさん、Cさんは抱くかもしれません。それが蓄積すると、Aさんに対する不満として爆発することもります。他にも「Aさんがやっていないのだから真面目に取り組まなくても何とかなる」とBさん、Cさんも思い始めると、外部からの信号（シグナル）への対応が遅れたり漏れたりすることも起こり得ます。つまり、少しずつ手抜きが始まるのです。

やがてその手抜きが常態化していきます。結果、外部からの信号（シグナル）に対して表面的な対応に留まったり、黙殺したりするようになっていくのです。つまり、「易きに流される」ということです。

内部からの信号（シグナル）についても考えてみましょう。特にBさんがAさんに対して不満を抱えており、「Aさんはどうせ聞く耳を持たないから言っても無駄だ」と思っていると、本人に対するフィードバックを控えるようになります。しかし、言いたいのに言えない状態が続くと、ストレスがどんどん溜まっていきます。その不満を自分でのみ込んで気にせずにいられる人はほんの一部です。ふとしたときに、たとえばBさんが「Aさんの嫌味なところは問題だと思わない？」とCさんに愚痴を言ってしまうこともあるでしょう。

それに対して、Cさんは賛同まではいかないものの、「あー、確かにそういうところがあるかもしれないね」と相槌を打つこともあるでしょう。しかしそれは、結果として「Aさんに対する陰口」として成立するのです。

CさんはそこまでAさんのことを問題視していなかったとしても、Cさんによる何かしらの同意が得られたことで少なくともBさんの中で「Aさんの嫌味なところ」は、「Aさんの側の問題」だと考えるようになります。

これは、「Aさんに嫌味なことを言わせているのは自分（Bさん）の態度に問題があるのかもしれない」と我が身を振り返るきっかけを失ってしまうことを意味します。つまり、「内省による学習」に取り組む余地すらないということです。

もしかすると、Aさんの嫌味な態度は、「Bさんが仕事を最後までやり切ろうとしない姿勢を持っているから」かもしれません。しかし、Bさんが「Aさんが悪い」と思えば思うほど、Bさんは自らの態度を改める機会を逃し、Aさんの態度が変わることもなくなっていきます。そうして、BさんはAさんに対する非難を強化させていきます。

すると、Bさんの非難を聞くCさんは「Bさんは結構、他人のせいにする人で、自分に問題があるかもと思えない人なんだな。言っても無駄だな」と思うようになるかもしれません。つまり、Bさんのことを「フィードバックを回避する人だ」と認識してしまっているのです。すると、今度はCさんがBさんに対するフィードバックをしなくなっていくのです。

もしくはCさんにとっては、AさんとBさんの仲が悪いように見えるかもしれません。するとCさんは、2人を刺激しないように、当たり障りのない発言しかしなくなるのです。あるいは「2人のせいでチームとしてまとまらない」という批判を抱くようになるかもしれません。

この結果、「問題は2人の側にあって自分にはない」と思っているCさんもフィードバックを回避する状態になり、メンバー全員が「内省による学習」をしなくなっていきます。そのため、常に他責思考に陥ってお互いへの信頼を失ってしまうことになります。そうなると相互信頼のない関係性の中で、「率直で自由な発言を心がけよう！」と呼びかけたところで、空しいスローガンになるだけで終わってしまいかねません。こうして、チーミングサイクルは回ることなく、表面的にしか関わらず、協働の可能性が完全に消えていくのです。

長々と解説しましたが、要約すると、フィードバックを回避するという姿勢をAさんがとってしまうだけで、周りがAさんに対して「率直で自由な発言」をしなくなります。すると、Aさんに対する陰口が横行してしまい、お互いに「誰かのせい」にする姿勢が定着し、実質、「フィードバックを回避する」姿勢に染まってしまいます。その結果、お互いに対する諦めの気持ちから「率直で自由な発言」をする余地がなくなってしまうということです。

このように、フィードバックの回避はチームや組織に伝染していくため、個人の問題にせず、チームの問題として捉え直していくことが重要なのです。

チーミングサイクルの４つのレバレッジポイント

ここまでチーミングサイクルの４つの阻害要因を見てきましたが、なんとかしてこれらを一刻も早く取り除きたいと思うかもしれません。しかし、そこには落とし穴があります。阻害要因は「望んでいないこと」のため、これらを取り除こうとするのは問題処理であり、創造活動につながりません（ただし、洞察力を磨く取り組みは長い目で見て役に立ちます）。

従って、「本当に大切にしていること」を見極め、そこにアプローチしていくことが大切です。チーミングサイクルの図の中央にある「ビジョン」が、まさに心の羅針盤となります。

それでは、チーミングサイクルにおける「本質的な課題」とは何でしょうか。それが４つのレバレッジポイントです。レバレッジポイントとは、第2章で述べたように「てこの支点」を意味し、そこに働きかければ小さな力でも大きな転換を図れるものです。

それではこれから、４つのレバレッジポイントを見ていきましょう（図8-7）。

チーミングサイクルの4つのレバレッジポイント

- 心理的安全性

- 文脈共創
- 当事者意識
- 視座共進化

レバレッジポイント① 心理的安全性

この概念の第一人者であるエドモンドソンは、先述した通り心理的安全性について「対人関係のリスクを負うことに対して安全であるという、チームに共有された信念」と定義しています。

そして、チームに心理的安全性があるかどうかには、以下の3つの判別基準があることにも触れました。

メンバーがそれぞれ……

- 間違いを犯せるか?
- 間違いを認められるか?
- リスクを取れるか?

「対人関係のリスクを負うことに対して安全」とだけ聞くと、「言いにくいことをちゃんと言える」という意味のように思われるかもしれませんが、上記の判断基準に照らし合わせるとエドモンドソンはより多角的かつ具体的に捉えていることがわかるでしょう。

単に「チームの心理的安全性を高めましょう」と提案するだけでは、何から着手すればよいか十分にイメージできません。

それに対して、上記の判別基準がすべて満たされていない、つまりメンバーがそれぞれ「間違いを犯せない」「間違いを認められない」「リスクを取れない」という状況を想像してみると、それがいかにチームを硬直化させるかのイメージが湧きやすくなるのではないでしょうか。

図8-7　チーミングサイクルの4つのレバレッジポイント

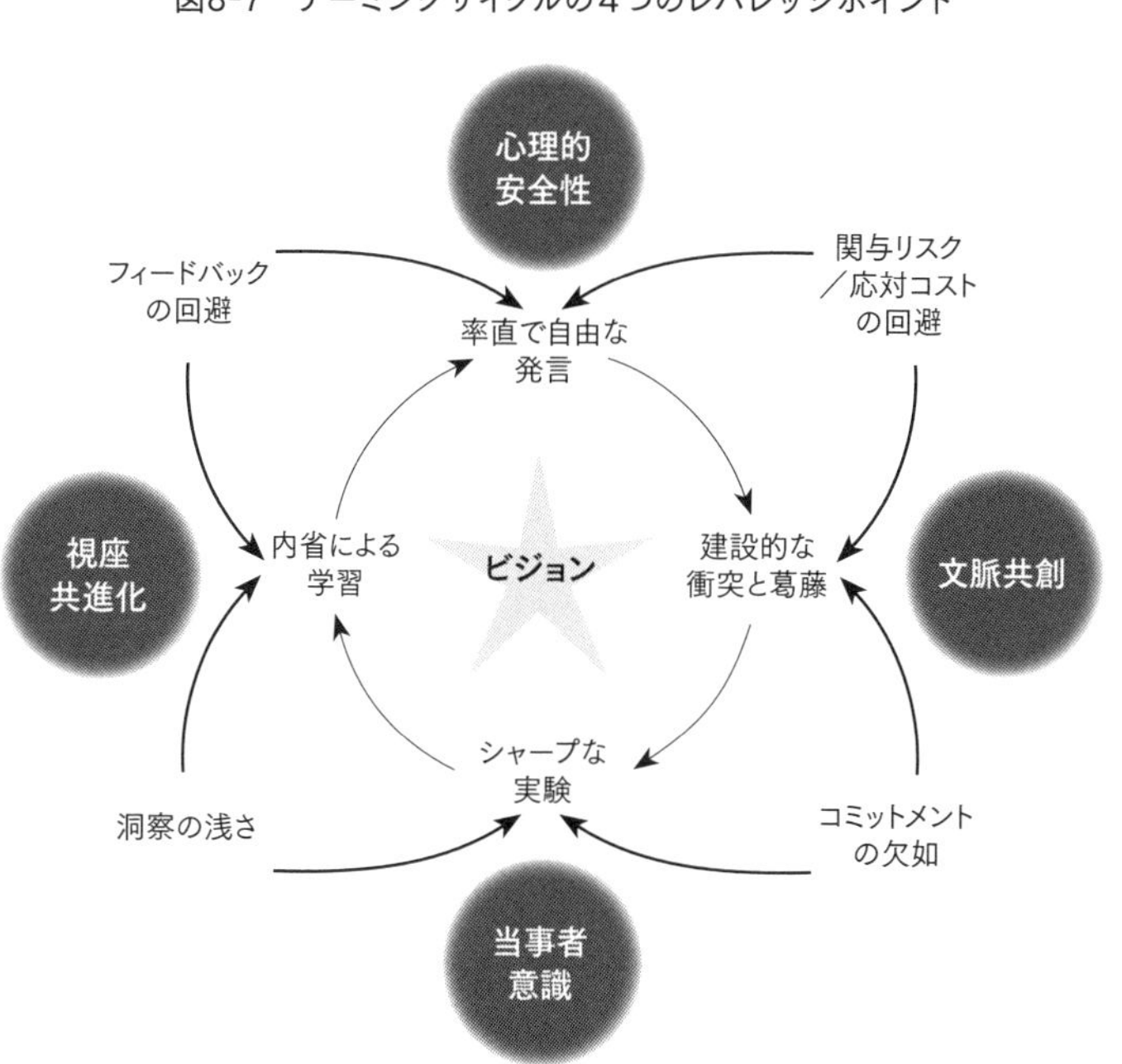

判別基準を満たせていないチームやそのメンバーは……

- 「間違いを犯せない」ために、委縮し、緊張している
- 「間違いを認められない」ために、隠蔽に走る
- 「リスクを取れない」ために、現状維持によるジリ貧に陥る

このように考えると、チームの心理的安全性を高めるためにどこに焦点を当てればよいのかが見えてきます。

チームの心理的安全性が高まるようにメンバーが……

- 自然体でいられる／リラックスしていられるようにする（その結果、間違いを犯せる）
- ネガティブな情報でも即座に共有できるようにする（その結果、間違いを認められるようになる）
- 失敗を学習と捉え、挑戦を奨励し合えるようにする（その結果、リスクを取れるようになる）

これらを実現するための手法として、対話や場づくりなどさまざまな方法論が書籍などでも紹介されています。チームで実践できるテクニックの一部は、拙著『図解入門ビジネス 最新 U理論の基本と実践がよ～くわかる本』※でも紹介しています。

ここへの働きかけによってチームの心理的安全性が高まっていけば、「関与リスク／応対コストの回

※ 中土井僚『図解入門ビジネス 最新 U理論の基本と実践がよ～くわかる本』（秀和システム、2019年）

避」「フィードバックの回避」の阻害要因が抑制されていきます。

たとえば、より自然体でいられて、ネガティブな情報でも即座に共有できる状態であれば、お互いに身構えなくて済むので、フィードバックを回避する必要はなくなります。

また、失敗を学習と捉えて挑戦を奨励し合える状態であれば、他者や物事への関与や応対が、もはやリスクでもコストでもなく、自他にとっての貴重な学習やイノベーションの機会と位置づけられるようになるでしょう。

心理的安全性の定義にあるように、これらの認識が「チームに共有された信念」になるように育んでいくことが大切です。これは１人では成し遂げられず長い時間をかけて培っていく必要がありますが、チームに共有された信念としてある程度確立されれば、メンバーが入れ替わっても文化として根強く残っていき、チーミングサイクルを継続的に実現できるようになっていくのです。

レバレッジポイント②　文脈共創

これは一言で表せば、「自分たちの中で共通した当たり前だと思う感覚を共に紡ぐこと」です。

「文脈」は、辞書では次のように定義されます。

１　文章の流れの中にある意味内容のつながりぐあい。多くは、文と文の論理的関係、語と語の意味的関連の中にある。文章の筋道。文の脈絡。

---

2 一般に、物事の筋道。また、物事の背景。

たとえば、「チョウをこわして入院した」と「チョウが飛んで行く」とを聞いたとき、前者が「腸」で後者が「蝶」であると理解されるのは、前後の文脈で判断されるからです。私たちは話の前後関係やその周辺の状況や設定などから意味を構築し、現実認識を創り上げます。

もし「チョウの調子が悪い」とだけ聞けば、一般的には「腸の調子が悪い」と理解する人がほとんどでしょう。しかし、場合によっては虫かごの中にいる「蝶の調子が悪い」のかもしれません。もっといえば、「チョウ選手」がスランプに陥っていて、調子が悪いのかもしれません。

私たちはこのように短い文章の中ですら、文脈を感じ取って意味を構築しています。そして、文脈は言語以外の情報からも感じ取っています。さらに、上司の機嫌や部下の言い分、会社の歴史や方針、はたまた国際情勢に至るまで、さまざまな物事に文脈を認識しているのです。

そして、似たような文脈を共有する人同士であれば意思疎通をしやすいのに対して、それが大きくずれていると、「この人とはわかりあえない」という感覚を抱きやすくなります。

ビジネスシーンでよく起こるのが、「仕事の進め方の違い」です。同じ業種・業態であっても、本人が多くの時間を過ごしてきたのが大企業なのかベンチャーなのかによって、「効果的な仕事の進め方」は大きく異なることがよくあります。

たとえば大企業であれば、「会社の方針に従って報連相を欠かさないこと」「上司や関係部署と事前に合意をとること」が重視されます。

実際に私も苦い経験があります。大手コンサルティング会社に勤めていた頃、他のチームから急ぎの仕事を頼まれたのですが、上司への報連相なく対応しました。すると後で、「他のチームにとって急ぎの案件でも、うちのチームが今やるべきかどうかは全体を考えてみないとわからない。逆にチームメンバーに迷惑がかかることもあるんだ！」と厳しく注意されたのです。

それに対してベンチャーの場合は、「とにかくまずはやってみること」「上司との合意はほどほどに進めても構わない。むしろ、それでスピードが遅くなっては本末転倒」という企業もあります。

実はこれも私が2社目に勤めたベンチャーで経験したことです。1社目で叩き込まれたように細かく確認していると「新入社員じゃないんだから、自分で考えて、自分で動いてください。うちに指示待ち人材はいらないんだ」と言われてしまったのです。

これはどちらが正解というわけではなく、単に文脈の違いに過ぎません。

大事なポイントは、「自分や他者が身を置いてきた文脈によって、主義・主張が異なりうること」を自覚できない場合があるということです。

実際に当時の私は、2つの企業でまったく逆のことを言われたことが理解できず、混乱しました。「上司が違うとこんなにも違うのか」と、個人の性格や考え方の違いとして私は捉えてしまっていたのです。それに加えて、2人の上司の、自分の主張の正しさを信じて疑わない姿勢が、余計に私を混乱させていました。

つまり、私も上司も、「大企業だから」あるいは「ベンチャー企業だから」というように客観的に捉えられておらず、自分が特殊な文脈の中でしか通用しない価値観に則って動いていることに気づいていなかった可能性が高いのです。

この違いは、前述した例のように長期間にわたって刷り込まれたものばかりではありません。たった数か月前に立ち上がったプロジェクトに途中から参加した場合でも、これまでの文脈を把握できていないので、みんなが何を話しているのかまったくわからない、という場合もあります。

さらに、ミーティングに30分遅刻しただけで、これまでの話の流れがわからず議論に参加できないといった状況もあるでしょう。

大事なポイントは、文脈というものが話の流れを決めるだけでなく、そこで使われている1つひとつの言葉の意味や暗黙の了解を決定づけていくということです。そして、本人にとっては「常識」であっても、実際には偏った主義・主張となるものを生む可能性をはらんでいるのです。

その文脈がどんなものであれ、もし、このような主義・主張が異なる2人が一緒に仕事をするとしたら、お互いにストレスを抱え続けることになるでしょう。相手の信念が強いほど説得する意欲も失せていき、やがてコミュニケーションも疎遠になって、しまいには相手の性格や人格そのものを否定してしまうこともよく起こっています。

つまり、こうした文脈の違いを放置したままでいると、4つの阻害要因のうちの「関与リスク／応対コストの回避」「コミットメントの欠如」を助長することになるのです。

「（文脈があまりに違いすぎて）言っても通じない」という感覚があれば関与リスクを回避しようとしますし、「（これまでの文脈がわからなすぎて）どんな行動が正解かわからない」感覚があれば応対リスクを回避しようとするのは当然でしょう。

また見落とされがちな事実ですが、コミットメントの有無についても、実際には文脈の違いが大きく影響します。なぜなら、お互いに「見ている現実が大きく違って噛み合わない」という感覚が生まれると、「お互いに全力を尽くそう」という姿勢にはなりづらいからです。

だからこそ、文脈をすり合わせていくことで、この阻害要因を抑制する可能性が高まるのです。「どんな発言や言動が適切なのか」「どんな関わり方がお互いにとって建設的なのか」がわかれば、関与リスク／応対コストを回避する姿勢は生じづらくなります。

また、「この仕事にはこのような意義がある！」とチームメンバーから共感を得られれば、共に乗り越えてくれる仲間がいるという感覚が芽生えるため、コミットメントも生まれやすくなります。

このように文脈共創とは、メンバーが同じ文脈に乗っている状態をつくっていくことを目指す取り組みです。特に、過去の経験がまるで違う人が集まったり、メンバーの入れ替わりが激しかったりする場合においては、この文脈共創が鍵を握ります。

そして、「過去の文脈を共有する」のではなく「未来に向かって文脈を共創する」という点が重要です。

これに役立つのがビジョンクローバーモデルです。

「自分たちが何を目指していて、何を大切にしながら前進したいのか？」（Will）

「今、自分たちはどんな状況に置かれていて、何が問われているのか？」(Could be)
「それらを踏まえて、自分たちは何を手掛けることを選択するのか？」(Should)
「自分たちは何をどの順番でどのように取り組むのか？」(Can)

詳しくは第9章で掘り下げますが、これらの問いに対する答えを共に紡いでいけばいくほど、文脈の「共創」が進んでいくでしょう。

そして、その文脈が深く広く積み重なっていくほど、冒頭で述べた「自分たちの中で共通した当たり前の感覚」を育むことができ、チーミングサイクルが力強く回転するようになるのです。

レバレッジポイント③ 当事者意識

当事者意識は、「コミットメントの欠如」と「洞察の浅さ」の阻害要因を乗り越えていく鍵となります。コミットメントは「やるか、やらないか」の選択の問題であり、洞察は物事をどれだけ広く、深く見て多面的に意味づけができるかという認知の問題となりますが、そのどちらの支えにもなるのが当事者意識です。

この当事者意識を考えるにあたり、具体的な事例からご紹介しましょう。

長野県伊那市に「菓匠Shimizu」という和洋菓子屋があります。代表取締役である清水慎一さんは子どもたちが親と一緒になって自分の夢をケーキにして表現するという「夢ケーキ」という活動を始め、全国に広めています。興味深いのはその活動を始めるきっかけです。

ある日、お店から近くのある町で、誰が聞いても痛ましく感じるような家族間の凄惨な事件が起きました。清水さんは、それまで起きていた他の事件はどこか遠い世界の出来事としてしか捉えられていなかったものの、近隣の町で起きた事件にとても大きな衝撃を受けたそうです。

「なぜ、そんな痛ましい事件がこのような田舎町で起きたのか」

この問いを何日も考え続けた彼は、「自分たちのケーキをその家族が食べてくれていたらそんな痛ましいことは起きなかったのではないか」という思いにたどり着きます。

彼は会社の会議で「あの事件は俺たちが起こしたようなものだ」と話しますが、当然、最初は理解されず、社長がおかしなことを言い出したと受け止められたそうです。しかし清水さんは諦めずに対話を重ね、あるスタッフから「社長は結局、何がしたいんですか？」と問われたとき、「うちのケーキを囲みながら、家族で夢を語れる状態にしたい」という言葉が出てきたそうです。

その思いにスタッフたちが共感し、夢ケーキの活動が始まったのです。末広がりで縁起がいいからと8月8日を「夢ケーキの日」と自分たちで決めて始めたのですが、今ではその日が日本記念日協会に認定されるほど活動が広がっています。

このストーリーが示唆していることは、１つの事件に対する清水さんの強烈な当事者意識があったからこそ、このような大胆な活動が可能になったということです。

その当事者意識が「子どもが描いた夢をケーキにすれば、家族の団欒（だんらん）が生まれるのではないか？」という洞察に基づく仮説を生み、記念日認定され、全国展開するまでのコミットメントを可能にしています。

特に最初の数年は、採算度外視で夢ケーキをつくって無償で配るという、常識では考えられない活動をされていました。

このようなストーリーを紹介すると「あらゆることに当事者意識を持つことはできない」という感想を抱く方もいます。ここで大切なのは「責任感」と「当事者意識」の違いを理解することです。この2つを同じ意味として捉えている人が多いのですが、実際には似て非なるものです。

辞書を引いてみましょう。

責任感……自分の仕事や行為についての責任を果たそうとする気持ち

当事者意識……自分自身が、その事柄に直接関係すると分かっていること。関係者であるという自覚

つまり、責任感は与えられる職務などの役割や、道徳に根差した活動を適切に遂行しようとする姿勢となりますが、当事者意識は「事柄にはさまざまな因果関係があり、その連鎖の要因の1つとして自分という存在も影響を及ぼしうること」が自覚できている認知状態となります。

当事者意識については、「浅い当事者意識」と「深い当事者意識」があります。浅い当事者意識の場合、「その問題は、自分が関係しているかもしれないが、自分の関与以外にもいろいろ要因がある」と考えます。一方の深い当事者意識は、「自分のどこがその問題を引き起こしているのか」を捉えようとします。

従って、「責任感はあるが当事者意識が浅い」状態もあれば、「深い当事者意識はあるが責任感がない」状態もあります。

たとえば前者については、強烈なトップダウン気質の上司について考えてみましょう。彼が部下を厳しく追い込むために部署内は殺伐とした空気になり、部下同士の人間関係も悪化していった結果、どんどんメンバーが離職していきます。

その上司は、自分がリーダーだから心を鬼にして部下に接するしかないし、離職率の高さは「部下同士の人間関係が悪いからだ」と思っています。その結果、「わき目もふらず目標に向かっていれば、人間関係の問題で辞めたりしないはずだ」と思い、よりトップダウンを強化させてしまうかもしれません。これが、責任感はあるが当事者意識が浅いという状態です。

つまり、自分の行動が、自分の認知の及ばないところで連鎖反応を起こしてしまい、気づいてみると手の施しようのない事態に至っているのです。さらに厄介なのは、それをまったく自覚できていないことです。

もう1つの「深い当事者意識はあるが責任感はない」という状態はどうでしょうか。それは、自分が事象の一部であることを自覚していながらも、無力感に襲われて身動きがとれなかったり、投げ出してしまっていたりする状態です。

たとえば、学級崩壊を起こしているクラスを担当していながらも見て見ぬふりをする教師などが、これにあたります。教師である自分の力量不足によって学級崩壊を止められていないことは自覚していますが、自分の手には負えないという無力感から感覚が麻痺してしまい、教師としての職務遂行を実質放棄している状態になっているのです。

ただ、当事者意識はこのように良心の呵責(かしゃく)を生み出しやすいため、責任感も同時に高まりやすいという性質があります。従って、上記の教師の例のような、深い当事者意識はあるが責任感はないという状態は比較的生じにくいといえるでしょう。

以上のことからもわかるように、当事者意識は因果関係に対する認知のあり方に関連しています。自分自身も問題の一部であることを自覚しているからこそ、それをなんとかしようといろんなことを考え、答えを求めて情報収集し、時には誰かとの対話や議論を通して洞察が深まり、その状況を変えようと腹をくって取り組むことでコミットメントが生まれやすくなります。

では、その当事者意識はどのようにして深まるのでしょうか?

それを図にしたのが**図8-8**です。

当事者意識が深まるかどうかは、自分自身も問題の一部になっているという因果関係に対する認知(気づき)に至れるかどうかにかかっています。

その気づきから「この問題を引き受けよう」という姿勢になることができれば、当事者意識が深まったといえるでしょう。

そのためには、まず自分自身が「評論家・分析家姿勢」になっていることを受け入れることが重要です。「当事者のはずなのに、評論家・分析家姿勢になっている」と聞くと、自分は人として未熟なのではないか、と思う人もいるでしょう。しかし、そもそもこれは成熟度というよりは認知の問題なので、「当事者意識が浅く、評論家・分析家姿勢になっているのが普通である」と捉えるほうが適切でしょう。

そして、評論家・分析家姿勢を乗り越えるのに必要なのが、積極的な内省です。なぜなら、この姿勢のときほとんどの人は、他者から言われても「それはわかるけれど……」という心の底では納得できない感覚を抱いてしまうからです。

たとえば、私たちが日々使う携帯電話やIT機器に使われるレアメタルは、主にアフリカで紛争を行う武装勢力の資金源となる可能性を秘めています。つまり、私たちがスマートフォンを買い替えるという行為が、そうした残虐行為を支える

図8-8 評論家姿勢から当事者意識への転換プロセス

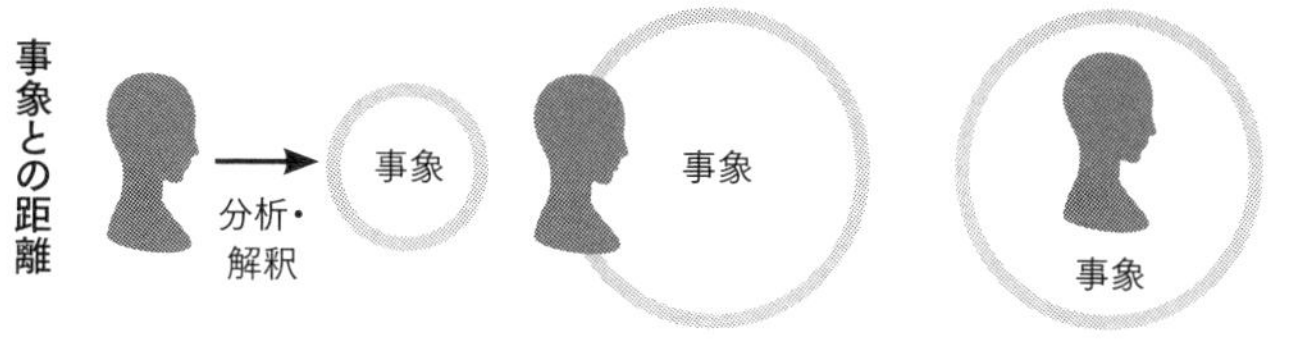

	評論家・分析家姿勢	「選択」への直面	当事者姿勢
事象との距離	分析・解釈 → 事象	事象	事象
生じうる現象	●「べき論」が横行するが、役割が決まるまで動かない ●自由な発言が生まれない ●陰で文句、言い訳が垂れ流される ●場面に応じて態度が変わる	●自分が変わらなければ、何も変わらず堂々めぐりになることがありありとイメージできている ●身を引きたくなる衝動や恐れに駆られる ●頭の中で予測が繰り返される	●率先重視の言動 ●事象への反応が早くなる ●内外の人的ネットワークを広げる行動が見られる ●手がけていることへの情熱が感じられる
見受けられる言語表現	●「会社は○○すべきだ」 ●「○○の状態にならなければ、××にはなりようがない」 ●「他社と比べて、この会社は……」	●「同じことの繰り返しだ」 ●「人のことを他責だと思っていたのに自分が他責だった……」 ●「もし、○○になったらどうしよう。気が重い……」	●「私は○○をやる！」 ●「できない理由より、何が可能かを考えることが大切だ」 ●「決めた以上はやる」 ●「後には引けない」

一因となっているかもしれないのです。

これは実際に起きている事実ですが、このことに対して痛みを覚え、携帯を使うのをやめようと思える人は少ないのではないでしょうか。

それが、因果関係は知っているけれども、当事者意識が浅い状態です。

「これは国際社会のこととか、自分の身の回りの話ではないからピンと来ないだけなのではないか?」と思われるかもしれませんが、そんなことはありません。

仕事の締め切りをいつも遅れる部下を持つ上司、どれだけ宿題をしろといっても自ら勉強机に向かおうとしない息子を持つ親の場合を考えてみます。彼らは、自分が上司として、親として自分にも問題があることを「頭では」わかっていますが、本当に腹の底から納得はできていません。

彼らが深い当事者意識にたどり着くのは「ああ、自分が○○だから部下は報連相しないんだ……」「ああ、自分が○○だから息子は勉強しようとしないんだ」と痛みを伴う形で、因果関係が身に染みてわかったときです。

こうした因果関係は、外部からの情報提供を通じて「知識」として理解できたとしても、積極的にその因果関係と向き合おうとしない限り、深い当事者意識には至れないのです。

「自分はこの問題に関してどのように考えているのか」

「自分はどんなふうに問題の片棒を担いでいるのか」

こういった問いを1つひとつ自分に投げかけ、その答えを紡いでいった先に、あるいは誰かとの対話の中で、「〈選択〉への直面」にたどり着く瞬間が訪れます。

つまり、「ああ、本当に自分は、この問題を引き起こしている一因なんだ」と悟る状態です。

この状態に至ると、それまで物事を外側からの視点でしか見ていなかった自分に気づき、痛みを感じることもあります。そして、図の中で描かれているように、「もし、○○になったらどうしよう……」といった葛藤が生じます。

そして、その葛藤を乗り越えて、「私は当事者としてこの問題を引き受ける！」と自分自身に宣言し、過去の自分と決別すると、深い当事者意識が生まれるのです。その態度を私は「当事者姿勢」と呼んでいます。

「評論家・分析家姿勢」なのか「当事者姿勢」なのかは、本人が物事に対して「～はこうすべきだ」と語るときの「主語」に注目することで判断できます。

頻繁に出てくる主語が自分以外の場合は、評論家・分析家姿勢になっていることが多いでしょう。たとえば、「会社はこうすべきだ」とか「行政がなんとかすべきだ」といった具合です。こうした他者を主語にした表現は、日常的な会話の中で無意識のうちに多用している可能性は十分にあります。

従って、まずは自分自身がどんな主語で語っているのか、自分の話し言葉に注意を向けることが有効です。もし、自分の主語が相手や第三者に偏っているとしたら、「自分は何に対して当事者意識になれていないのだろう」と探究することが最初のステップです。その問いと丁寧に向き合っていけば、あとは時間の問題（数年かかることもありますが）で「〈選択〉への直面」にたどり着きます。

もちろん、「〈選択〉への直面」にたどり着いた先の当事者姿勢にたどり着けるかどうかは、本人次第です。しかし少なくとも、評論家・分析家の姿勢に陥っていたときとは、まったく異なる感覚を抱くようになるでしょう。なぜなら、物事をより深く捉えられるようになり、洞察力が上がり、むやみやたらに相手や周りのせいにしなくなるからです。

こうした内省を後押しする代表的な技法がシステム思考です。システム思考では、さまざまな状況で頻繁に現れるパターンを「システム原型」として表現していますが、このシステム原型を使って、自分が評論家・分析家姿勢になっている事象を扱うと、「〈選択〉への直面」にたどり着きやすくなります。

システム思考を1人で実践するのが難しければ、安心できる人やパーソナルコーチに依頼して問題と向き合うのもよい方法です。

こうした内省は一朝一夕には身につかないものですが、いったん物事に対して当事者意識を持って眺められるようになると、その事象に対する自分の関わり方が大きく変化するだけでなく、周りの自分に対する関わり方も変わり、協力者も増えていきます。

なぜなら、誰かのせいにすることなく、深い洞察力と当事者意識を持ってひたむきに頑張っている人を周りの人たちは応援したくなりますし、その姿を見て周りの人は「自分は誰かのせいにしているだけなのではないか?」と自らを省みる機会を得られるようになるからです。

そして周りのメンバーは、その当事者意識のある人と一緒に働いていることを誇りに思い、自らチーミングサイクルを共に回す同志となってくれます。

誰かや何かのせいにしたくなって当たり前のVUCAワールドだからこそ、自ら当事者意識を持つようになることで、より力強いチーミングが可能になるといえるでしょう。

レバレッジポイント④ 視座共進化

最後に、視座共進化です。これは第6章で紹介した「ビジョンクローバーモデル」の重なりの部分として表現されている視座の領域と関係があります。4つビジョンの重なりが広く、深く、的を射たものであればあるほど、その人が掲げるビジョンは人の気持ちを沸き立たせる力と、地に足のついた実現可能性を兼ね備えたものになります。

他者と協働する際は、メンバー間での視座の一致を図ることが重要であることは第6章で述べました。ここで「共進化」と表現しているのは、状況の変化に合わせながら、1人ひとりの中でアップデートされたビジョンを、メンバー間で共有していく取り組みを指しています。これは、「メンバー同士で現状をどう捉えており、将来何が起こりうるのかを共に考え、自分たちはどこに向かって舵を切って、どんなアクションを実行するかについて対話を重ねながら、実践していく」という一連のプロセスの中で養われます。それが結果的に、阻害要因である「洞察の浅さ」「フィードバックの回避」の抑制につながっていくのです。

私が過去に携わったプロジェクトの中で、この視座共進化が生じた場面はいくつもあります。ここではある大手建設会社で役員向けに行った事例を紹介したいと思います。

当時、その会社の社長は就任後7〜8年目でした。主力事業の出身ではなく、関連会社で長年社長を務めた後に本社の社長に抜擢されたのです。彼は自ら先頭に立つタイプで、率先垂範を意識した行動を心がけていました。しかしいろんな人の話をよくよく聞いてみると、他の役員は「社長の振る舞いは拙速な行動であり、組織全体がそれによって振り回される」という不満を抱いていました。

私はまずすべての役員20名ほどが集まる対話の場を設けましたが、誰も様子見の姿勢で発言をしないので、それに業を煮やした社長が長々と話す、といういつもの光景が繰り広げられました。

そこで当初の計画を白紙にして、人事役員と仕切り直しの案を話し合ったところ、「次世代の経営を担う可能性の高い、3人の執行役員だけで対話してはどうか」という意見が出ました。彼らは同期入社であり、誰が次期社長になってもおかしくはないほど優秀だったものの、お互いに連携できてはいないように見えていました。彼らが一枚岩になるかどうかが今後の鍵を握るだろう、と人事役員は考えていたのです。

そうして、私と3人の執行役員の対話のセッションが始まりました。

まず、各自が問題視している内容を付箋紙に書いて棚卸しした結果、「社長の拙速な行動が組織に問題を起こしている」に対する共通事項が浮かび上がりました。そこで、いろんなポーズをつくれるデッサン人形50体ほどを使って、1人ひとりをメンバーに見立てて、組織の現状を3人に再現してもらいました（図8-9）。

具体的には、メンバー同士の距離感が遠い人と近い人を位置関係で表し、実際の発言や内面の気持ちをマンガの吹き出しをかたどった付箋紙に書いていきました。

一通り人形を配置し終わると、自分以外の立場を表す人形のところに立って、「そこからどんな景色が見えるのか」「その立場にいる人はどんなことを感じ、考え、行動する可能性があるのか」を内省し、浮かんできた気づきを共有してもらいました。

社長の立場に立ったときに得た3人の気づきは、非常に似ていました。それは、「今後の経営を推進するエンジンとなりうる自分たち3人に、もっと近づいてきてほしいと社長は思っているのではないか」という仮説でした。

さらに「社長からすれば、会社の要となっている自分たち3人にもっと直接働きかけたいという思いがある。しかし、他の役員に遠慮したり、副社長が社長のスタンドプレーを防ごうとする動きを見せていたりするため、身動きがとれなかったのではないか」という認識にたどり着いたのです。

3人のこの見解はぴったりと合っていただけでなく、社長から自分に軽く声がけされたときには、「また、何か拙速にやり始めようとするのではないか」と身構えて、まともに取り合わなかったという態度

図8-9　デッサン人形を使ったワーク

さまざまな立場の人の状況をポーズで表して配置し、
内面の声を吹き出しをかたどった付箋紙に書いて表現する

まで一致していました。

そうして、「次世代の経営を担う人は他にいないのだから、自分たち3人で社長に対して、今後どうしたいのかを直接話してみよう」という次のアクションが見えてきたところでそのセッションは終了しました。

この人形のワークについて感想を聞いたところ、「現状認識を共有したことでパズルのピースを埋めるように共通認識を積み上げることができた」「同期とはいえ、ここ10年くらいはほとんど話をしていなかったので、会社の将来のことを一緒に考える貴重な機会になった」という声をいただきました。

後日、3人は一緒に社長と会食の機会を設けて、上記の仮説を投げかけました。案の定、社長は彼らから働きかけられるのを心待ちにしていたようでした。そして、2年以内に退任するので3人の誰かに社長の座を譲りたいという意向を伝えたのです。

その後、彼らは誰が社長になるのかだけでなく、自分たちはどんな経営をしたいのかについて、ひざを突き合わせた話し合いを続けました。数年後、彼らのうち1人が社長になり、残りの2人が脇を固める形での経営体制が敷かれ、スムーズな事業承継が実現したのです。

この事例で示されていることは、3人の役員が共に探究していった結果、視座共進化が実現して、内省による学習が進んだということです。彼らはそれまでそれぞれ独自の視座を持っていましたが、それを持ち寄って新たな視座を獲得できていなかったために、状況の捉え方が限定的になり、社長との関わりを避け続けていました。これは4つの阻害要因の「洞察の浅さ」と「フィードバックの回避」にそのまま当てはまります。

それを超えたからこそ、「本当のところ、社長はどう思っているのか」と社長に直接意見を聞きにいくという行動を起こし、「自分たちは共にどんな経営をしたいのか？」という内省による学習の機会を自ら創出することができたのです。

このように、視座共進化を通じて、共に未来を創り出そうとする意欲が生まれるため、他者からのフィードバックに対してオープンになれるのです。フィードバックを回避してしまうのは、単に視座が低いからだけでなく、「自分１人でその意見を受け止めなければならない」という気の重さから及び腰になってしまうからでもあります。視座共進化に取り組む仲間がいると思えればこそ、どんなフィードバックにも受けて立とうとする勇気が湧きやすくなるといえるでしょう。

視座共進化はゆっくりと進むケースがほとんどですが、必ずしも時間を要するとは限りません。私が携わった中でも、半日で劇的に視座共進化を遂げた事例もあります。※

波乗り型プランニングを強いられるＶＵＣＡワールドにおいては、「進化する協働」は避けて通れません。今まさに目の前で荒波にのまれそうになっている人々がいかに力を合わせ、協働を可能にするかにかかっています。チーミングサイクルの４つのレバレッジポイントは、それぞれ丁寧な実践が必要ですが、地道に続けていくことで、「本当に大切にしていることを存在させようとする」というビジョンプロセシングの原理を実現する力が養われていくのです。

※ 詳細は拙著『人と組織の問題を劇的に解決するＵ理論入門』（PHP研究所）でもコスメビューティー社（仮称）の事例として紹介している。

本章のポイント

- 非秩序系の環境・状況の複雑性が、協働の複雑化を引き起こしてしまう
- 組織においては、協働を阻害する４つの学習障害に陥りやすく、スーパーマン的リーダーの出現を期待しても、現在の複雑性は個人の能力をはるかに凌駕してしまっている
- 問題が持っている肯定的な力を意識できるようにデザインすること、そしてビジョンクローバーモデルの視座の一致を図ることで、組織が学習障害を乗り越える可能性を高められる
- 環境変化の激しさの中で、静的なパラダイムである「チーム」は有名無実化し始めており、動的に活動する「チーミング」が新しいパラダイムとして求められる
- チーミングの４つの柱を連動した行動様式として捉えたものが「チーミングサイクル」であるが、組織はその好循環を妨げる阻害行動に陥りやすい
- チーミングサイクルの４つのレバレッジポイントに働きかけることで、阻害行動を回避して新しいパラダイムでの協働が可能となる

Column 8
文脈と文脈思考

「文脈がわからないので、話についていけない」という言葉を言うか聞いたことのある人は多いのではないでしょうか。しかし、「文脈とは何か？」についての説明は難しいものです。私は文脈とは「ある出来事やその他の出来事の意味をその人の中で決定させたり、特定させたり、明確にさせたりする周囲の環境、状況、背景、設定の総体」としていますが、これだけだと余計に混乱しそうになります。

端的に言えば、「その人の中で何らかの意味を決定づける経緯や背景など」が文脈です。たとえば、「ボーイング、軟着陸に成功」というニュースの見出しが目に入ってきたとき、「トラブルがあったけど、飛行機が無事に着陸できたということかな？」と想像するかもしれません。しかし、もしかすると「難しい訴訟問題にようやく決着がついた」というニュースかもしれないのです。

つまり、言葉の表現がまったく同じであっても、その人の中で立ち現れる意味が違うのは、想像している文脈が異なるからです。

私たちは、話の筋道や言葉の意味が文脈によって決まってくるということを感覚的に理解しています。しかし、目前の出来事や他者の言動がどんな文脈の中で生まれているのかについて、意識することはあまりありません。

たとえば、会議でいつも、田中さんが上司の鈴木さんに食って掛かっているとします。その度に鈴木さんは黙り込み、他のメンバーも「他の時間にやってほしい……」とうんざりしています。そうした場面が繰り返されると、周りの人は「田中さんは、よっぽど鈴木さんのことが嫌いなんだな」「田中さんは自分の意見を押し通さないと気が済まないタイプなんだな」と捉えるようになるかもしれません。

しかし、田中さんのその態度には、「他のメンバーが鈴木さんのいない場で悪口や愚痴を言っていることに業を煮やし、彼らを代弁するつもりで正々堂々と会議の場で表明しようとしている」という背景があると知ると、まったく違った視点で見えてくるかもしれません。

実は、田中さんが気に入らないのは鈴木さんではなく陰口を言う他のメンバーであり、田中さんは自分の意見を押し通そうとしているのではなく、みんなの身代わりになろうとしているのです。

この場合、田中さんの鈴木さんに対する態度の意味づけは、人によって異なるでしょう。鈴木さんや他のメンバーの中では、「田中さんが鈴木さんに食って掛かっている」ものとして意味づけられているのに対し、田中さんの中では「みんなの意見を代表し、身を挺して行っている」ものとして意味づけられていることになります。

これは同じ現象であったとしても、文脈の理解の仕方によって真逆の意味で捉えられる、という一例です。

人間関係や協働がうまく進まない原因には、こうした文脈の不一致やすれ違いが存在していることは多々あります。従って、目の前で起こっていることや他者の言動にはどんな経緯や背景があるのか、他者がどういう文脈の中でその事象と向き合っているのかを理解することで、自分の認識を捉え直すことが重要です。これは平たく言えば、「相手の話にじっくりと耳を傾ける」「相手と腹を割って話す」ことでその文脈を捉えようとする、ということです。

また、「一を聞いて十を知る」という諺は、文脈を把握する力量が高いことを示しています。

このような文脈を察知する能力は「文脈思考（Contextual Thinking）」と呼ばれています。

これを私なりに定義するなら、「自分自身を含めた状況の関与者の内面で立ち現れている意味を感じ取り、その意味構築に影響を与えている前提、価値観、多層的な文脈を探索したうえで特定する思考法」となります。

この定義の中で重要なポイントは「多層的」という言葉で、目前の出来事や他者の言動の背景には、さまざまな文脈が織りなされるように存在しているということです。

先ほど取り上げた、田中さんの「食って掛かる態度」の背景には、次のようなものがあったとしたらどう見えてくるでしょうか。

- 会社は数年前に食品偽装問題が発覚した際に、親しくしていた先輩がスケープゴートにされて、組織への不信感が増した。
- 会社の主要事業は、当局から許認可を受けて成立している。そのため事業の詰めが甘いと当局から信用を失い、より監視の目が厳しくなり、場合によっては資格が剥奪される可能性もある。田中さんたちの部署はその申請・報告の要を担っている。

- 創業社長のカリスマ性からトップに従う組織文化が会社に染みついていたが、2代目である息子はおっとりとして強いリーダーシップを発揮できず、全体的に物事が決まらない状態になっており、田中さんはそれを何とかしたいと思っている。
- 田中さんの過去の上司は、自ら損を引き受けて、みんなのために尽くすことを信条としていた。田中さんは今も彼を尊敬し、その姿勢を見習いたいと思っている。
- 教育熱心な母親に育てられた田中さんは幼少期から多くの習い事をこなし、母親の期待に応えることに必死になっていた。その影響が今も続いており、本人の中では自分に課せられたことはなんでも必死にやらなければならないという感覚が残っている。

ここに例として挙げた1つひとつの背景は相互につながるものもあれば、母親との関係といった個人的なものもありします。いずれにせよ、いずれも「食って掛かる態度」に影響を与えている背景となりえます。これが、文脈は多層的であるという意味です。

これらの文脈を幅広く捉えることができれば、相手が何を思い、どのように行動しようとしているのかをより深く、広く理解できるため、それが協働の土台となっていくのです。なお、本章で紹介したレクティカが提供するＬＤＭＡ(Lectical Leadership Decision-Making Assessment)という発達段階評価の項目にもこの文脈思考が含まれています。

非秩序系のＶＵＣＡワールドでは、多様な人との協働が欠かせないにもかかわらず、意見の相違や対立が避けられないことは繰り返し述べてきました。

そのため、単に意見をすり合わせる、議論を戦わせるといったやり方では十分ではなく、お互いに「一を聞いて十を知る」力があってこそ、協働が成り立ちます。その意味で文脈思考は今後ますます重視されるようになるでしょう。もちろん一朝一夕で身につくものではないですが、チーミングのレバレッジポイントである文脈共創を丁寧に行っていくことで少しずつ育むことができるでしょう。

VISION PROCESSING

CHAPTER 9

ビジョンプロセシングの実践手法SOUNDメソッド

PDCAサイクル、OODAループ、Uプロセスの限界を超えるには？

これまで、「ビジョンプロセシング＝いかなる環境・状況であろうとも、自分自身や周囲の主体性と創造性の解放を可能にする姿勢と手法」について解説を続けてきました。

前章までは、「認知と能力の限界を超えて変化する非秩序系のＶＵＣＡワールドに向き合っていくうえで、我々に問われていることは何か？」という問いに焦点を当てて、原理原則や立つべき視点をさまざまな切り口で提示してきました。そのため複雑な内容になってしまい、具体的な実践イメージが湧きづらいと感じた人もいるでしょう。

本章では、いよいよそれを日々の現場で実践するための方法論を提示します。

ビジョンプロセシングの原理と3つのパラダイムシフト、そしてこれから紹介するＳＯＵＮＤメソッドは、私がリーダーシップ開発、組織開発の現場でさまざまな人たちとの対話の中で練り上げて体系化してきたものであり、多くの企業やチームでチャレンジする方が少しずつ増えています。

ビジョンプロセシングは、Ｕ理論における「Ｕプロセス」の実践そのものといえます（第7章を参照）。

私は約20年にわたり、Ｕ理論をさまざまな組織やコミュニティで紹介しています。「Ｕプロセスや独特な用語を理解することが難しい」という声が数多く聞かれたこともあり、**どうすれば「Ｕプロセスを知らなくても、実質的にはＵプロセスを実践できる状態」にできるか**に取り組み続け、体系化を図ってきました。

その中で培ってきた実践方法を統合して磨きをかけたのが「インテグラルチーミング手法　ＳＯＵＮＤ

メソッド」（以下ＳＯＵＮＤメソッド）です。その定義は以下の通りです。

インテグラルチーミング手法 SOUNDメソッド

いかなる環境・状況であろうとも、自分自身や周囲の主体性と創造性の解放を可能にするために体系化された意思決定と協働活性化手法

ＳＯＵＮＤメソッドは、ビジョンプロセシングの原理である「心の羅針盤」と「本質的な課題」をど真ん中に据えながら、「ビジョンクローバーモデルを元にした視座の共進化」「波乗り型プランニングの実践」「チーミングの４つのレバレッジポイントの最大化」が可能になるようにデザインされています。「インテグラル」は「統合された」という意味ですが、個人、チーム、組織のいずれのレベルであっても活用できることを示しています。ただし、これまで何度も触れてきた通り、非秩序系のＶＵＣＡワールドにおいては「いつ何時であっても可能性にあふれた未来を見据え、何度くじけようとも何度でも立ち上がり、力を合わせながら、創造のための試行錯誤をし続けられるようになる」かどうかが問われることから、特に複数人数以上で実践することを意識して「チーミング」とつけています。

ＳＯＵＮＤメソッドの核となる目的は、一言でいえば「本当に大切にしていることを存在させようとする状態の実現」です。

日々刻々と変わる状況の中で私たちは翻弄されがちですが、その状況にきちんと向き合いながら、「本当

に大切にしていること」を見極め、さらに「存在させようとする」ことは並大抵のことではありません。

これまでも、物事を適切に進めるために、習慣化を目指してさまざまなモデルや標語が生まれてきました。そのうちの最たるものの1つがPDCAサイクルですが、その限界は本書で何度も述べてきました。「激しい変化に適応するための方法論としてはOODAループがあるのではないか？」と思われる方もいるかもしれません。日本でも数年前から関連書が出版されて注目が高まっています。

OODAループは、1970年代中頃から1980年代初頭にかけて、アメリカ空軍ジョン・ボイド大佐が生み出したモデルです。元々は航空戦に臨むパイロットの意思決定プロセスをモデル化したもので、軍隊の作戦・戦術レベルにも展開されました。その後、1989年に経営評論家であるトム・ピーターズが紹介したことで、アメリカのビジネス界でも知られるようになりました。このOODAループは、観察（Observe）、情勢判断（Orient）、意思決定（Decide）、行動（Act）の頭文字が由来となっています。※

観察（Observe）……環境を観察する。環境には自分自身や敵、あるいはその物理的、心理的、精神的状況、潜在的な敵味方も含まれる

情勢判断（Orient）……観察したものすべてが何を意味するのかについて情勢判断し、自らを方向づける

意思決定（Decide）……ある種の決定を行う

行動（Act）……その決定を実行に移す

※『OODA LOOP（ウーダループ）』（東洋経済新報社）より一部編集

PDCAサイクルとOODAループを比べてみると、その違いが明確になってきます（**図9-1**）。ちなみに、ボイドが作成した最終版はより複雑なモデルですが、**図9-1**では比較のためにあえて単純版のモデルを使っています。計画との差分で行動を決めるPDCAサイクルと違って、OODAループは徹底した観察の後に、情勢判断というあくまで暫定的な認識に基づいて意思決定、行動を行っていくことを示しています。外的環境だけでなく、自分自身や対峙する相手の内的環境をも観察対象としているのが特徴です。

また、意思決定についても常に明確に行われるとは限らないことも示されています。図の中に「暗黙の誘導・統制」という矢印がありますが、これは「もし観察や情勢判断が十分適切に行われたとすれば、大部分のことに関して何をすべきかは明らか」であるという考えに基づいています。つまり、環境変化に対して敏感に反応

図9-1　PDCAサイクルとOODAループ

PDCAサイクル
（線形型意思決定）

- 目標や、問題の原因の特定が可能な際に有効
- 環境の変化が乏しく、D（実行）だけ見直せばよい際に有効
- P（計画）からA（処置・改善）までのタイムラグそのものが問題にならない場合に有効

OODAループ
（非線形型意思決定）

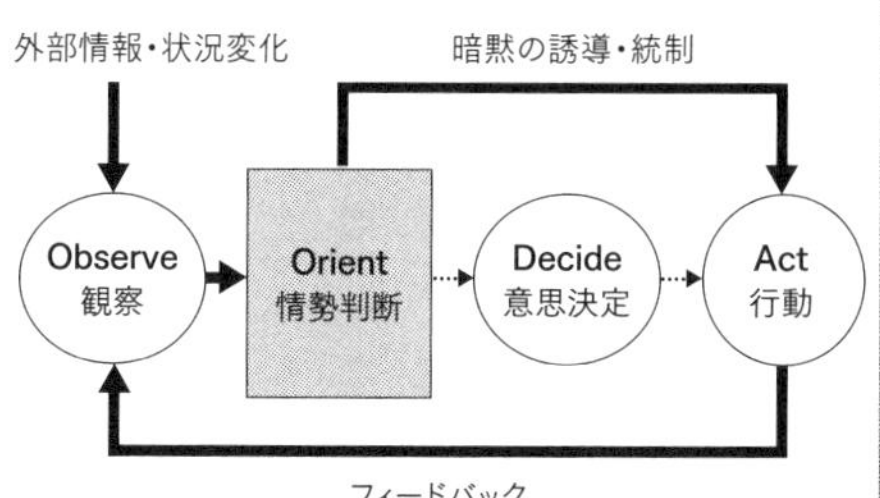

- 過去の成功体験、先入観、偏見が命取りになる場合に必要
- 環境の変化が激しく、問題が入り組み、主体者のOODAそのものを見直す必要がある場合に必要
- A（行動）に取り組んでも問題解決に至らないばかりか、その行動がさらなる問題を生じさせる場合に有効

出所：OODAループのモデル図は『OODA LOOP（ウーダループ）』（東洋経済新報社）図3-2より引用。PDCAサイクルや図外の文言は筆者補足。

しながら、情勢判断の後にすばやく行動に移すことをとりわけ重視したモデルなのです。激しい環境変化に対しての意思決定サイクルとしては、確かにPDCAよりもOODAループのほうがより適しているように見えます。しかし、OODAループにもある限界があります。

それは、「何のために、何を目指して情勢判断し、意思決定するのか?」の基準が「勝利」に限定されていることです。軍隊で生まれたOODAループは、競争相手に勝つことを最重要課題にしています。そのため、ビジネス分野での応用においても、競合に勝つこと、生き残ることが前提となっているのです。

勝利が第一の目的として許される時代であれば、OODAループは強力な意思決定ツールといえるでしょう。しかし、気候変動などの環境問題が待ったなしの状況になっている現代において、いたずらな競争は資源を枯渇させ、人類だけでなく、全生態系を巻き込んだ悲劇を加速させてしまいます。従って、「何のために、何を目指して情勢判断し、意思決定するのか?」を自らに問う必要がありますが、OODAループにはそのプロセスが組み込まれていないのです。

それに対してUプロセスでは、内なる叡智に深くつながり、出現する未来から「自分は何者で何を成すのか?」という問いに対する答えを迎え入れていくようになっています。その問いと向き合う中で、多くの人は競争への勝利以上の存在意義やビジョンとつながっていくのです。オットー・シャーマー自身も、ピーター・センゲと共に地球環境問題に対して積極的に取り組んでいることからも、Uプロセスが単に競争を見据えたものではないことがわかります。

ＳＯＵＮＤメソッドは、ＯＯＤＡループの「機敏性」とＵプロセスの「深さ」を統合することで生まれた方法論なのです。

インテグラルチーミング手法 SOUNDメソッドとは？

ＳＯＵＮＤメソッドは、５つのコアステップ（Status、Outcome、Understand、Negative check、Drive）によって構成されています（図９-２）。

SOUNDメソッド「5つのコアステップ」

- S 現状の見える化と安全な場づくり（Status）
- O 憧憬型ビジョン・アウトカムの共創（Outcome）
- U 構造とねらい目の見極め（Understand）
- N 抵抗・摩擦の洗い出し（Negative Check）
- D アクションの選定と実行（Drive）

図９-２で示されているように、ビジョンクローバーモデルの４つのビジョンを行き来しながらアクションを生み出すことを目指しています。

また、この5ステップがどのようにUプロセスと関連しているかを示したのが**図9-3**です。図からも明らかなように、SOUNDメソッドとわかりやすく対応しているわけではありません。Uプロセスは外面と内面を行き来しながら深く内省するアプローチであり、一定の時間が必要なため、SOUNDメソッドではより実践しやすいようにステップ化しているためです。

それでは、ここからSOUNDメソッドの5つのコアステップを具体的に見ていきましょう。

S 現状の見える化と安全な場づくり（Status）

OODAループと同様、徹底した観察に基づいて刻一刻と変わる環境・状況としっかりと向き合うことから始まります。その観察は個人でも行いますが、ステークホルダーと共に行えば、心理的安全性を高め、協働の土台を構築することができます。

O 憧憬型ビジョン・アウトカムの共創（Outcome）

現状が厳しいものであればあるほど、不快な感覚から逃れようとし

図9-2　SOUNDメソッド「5つのコアステップ」

S	tatus	現状の見える化と安全な場づくり	Should
O	utcome	憧憬型ビジョン・アウトカムの共創	Will
U	nderstand	構造とねらい目の見極め	Could be Should
N	egative Check	抵抗・摩擦の洗い出し	Should
D	rive	アクションの選定と実行	Can

て問題処理に手を染めやすくなります。その罠にはまらないように、「そもそも自分たちは心の羅針盤として何を大切にしたいのか」を描きます。

U 構造とねらい目の見極め（Understand）

秩序系の場合は、山登り型プランニングが有効であることから、現状（Status）と望ましい状態（Outcome）を明確にすれば、そのまま実行計画の策定と実施に移れます。しかし、非秩序系の場合は、「なぜ望ましい状態を実現することが難しいのか」という謎を解明する必要があります。そして、大きな変化を起こすための「ツボの押しどころ」の仮説を立てます。それがまさに「本質的な課題」となります。

N 抵抗・摩擦の洗い出し（Negative Check）

謎の解明度合いとツボの押しどころの仮説の精度が高いほど、そこに働きかけることによる効果も高まります。しかし、状況が複雑になるほど、こちらの働きかけに対する抵抗や揺り戻し、副作用が発生しやすくなります。そうした事態を予め想定したうえでどんな手を打つ

図9-3　U理論にみるSOUNDメソッド5つのコアステップ

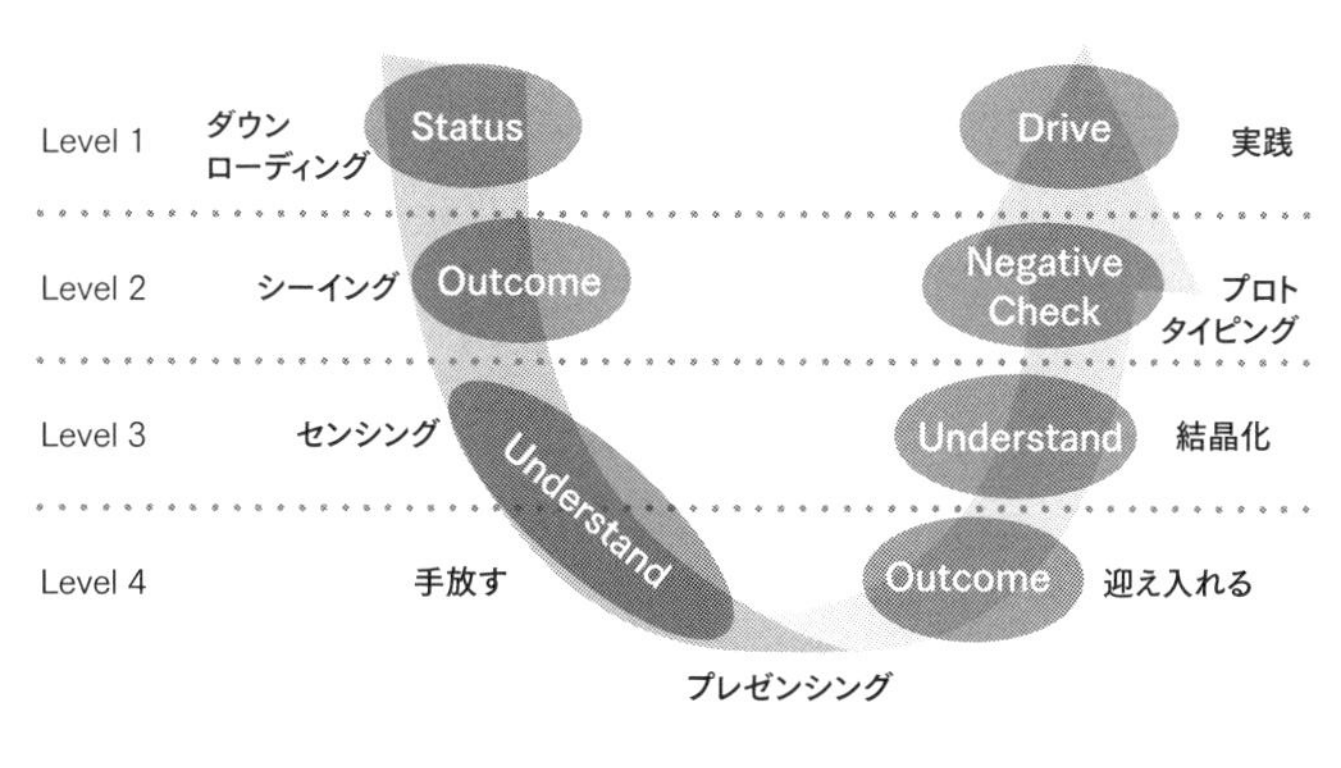

のかを検討することで、次のステップで設定するアクションの効果を少しでも高められるようにします。

D アクションの選定と実行（Drive）

望ましい状態（Outcome）に近づくためのツボの押しどころの仮説に対して、抵抗や揺り戻し、副作用を考慮に入れたうえでどう働きかけていくのかを検討し、アクションの選定と実行をしていきます。これにより、日々の現実の中で「本当に大切にしていることを存在させようとする」ことが可能になるのです。

また、ＳＯＵＮＤメソッドは常に繰り返されるものです。ある程度アクションを行ったらステップ S に戻って観察する、という次のサイクルに移行します。

ＳＯＵＮＤメソッド５つのコアステップ

ここからは、５つのコアステップについて、それぞれどこに意識を向けているのか、どのようにして効果的な実践を行っていくかを掘り下げていきます。

Core Step 1　S　現状の見える化と安全な場づくり（Status）

ステップSでは、徹底した観察を行っていきます。これは、第6章で紹介したビジョニング実践手順の「ステップ1　現状認識・問題意識の棚卸し（Should）」に該当します。

この取り組みをステークホルダーと共に行うことで、心理的安全性を高めて協働の土台を構築できるのですが、改めて「観察」だけを行うのはまわりくどいと思われる方もいるかもしれません。しかし、第8章で述べたように、心理的安全性はチーミングを実現するためのレバレッジポイントとして非常に重要なのです。

問題が複雑に入り組んでいればいるほど、ステークホルダー同士の利害関係や物事の捉え方も複雑になっていくため、心理的安全性が下がりやすくなります。そのような場合、いきなり本題に入ったり、誰かが「これを話すべきだ」と議題を決めて話し合おうとしたりしても、抵抗感を招きやすいでしょう。また、「心理的安全性が低いからチームビルディングしよう」といった、お互いの関係性に直接働きかけるような取り組みをしようとしても、対立が深ければ誰も乗り気にはなれません。たとえそこまで対立していなくても、時間に余裕がなかったり、「それほど時間をかけることに意味があるの？」と考える人がいたりすると、そうした取り組み自体に難色が示されるでしょう。

従って重要なのは、**ステークホルダーの問題意識に直結した内容を取り扱うこと**です。そのために、共に観察して現状認識・問題意識の棚卸しをすることが有効なのです。そうすることで、「自分には無関係なことをさせられている」「誰かの恣意的な取り組みに乗せられている」という警戒心を和らげることができます。

誰もが「自分の問題意識や利益に関係する事象である」と捉えられるようになれば、心理的安全性を高めやすくなり、自分の率直な意見を述べ、相手の意見にも耳を傾けやすくなります。

また、対立が根深くわだかまりのある関係であっても、まだこの段階ではいきなりパンドラの箱を開けなくて済むように自分で情報開示の調整ができるため、心理的安全性を徐々に高められるようになります。

「観察」は、UプロセスやOODAループでも重視されています。それは、環境変化が激しい状況下においては、脳内地図（頭の中の認識）と現実の状況がずれてしまうと、何をやっても的を外すことになり、さらに余計な問題を生み出してひどいときは致命傷を負いかねないことを意識しているからです。

また、Uプロセスにおいては、脳内地図内に留まった思考（ダウンローディング）を超えることで、イノベーションが生まれる可能性が広がるとされています。ここではそうした脳内地図の刷新も狙いに定めています。それぞれのステークホルダーが持っている認識やデータを共有することで、各々が何を知覚し、どう意味づけているのかを「見える化」できます。この行為そのものが複眼的な状況把握になるため、刻一刻と起こる変化の見落としに気づいたり、見解の違いを乗り越えるきっかけが生まれたりします。

誰もが全知全能ではないという前提を共有したうえで、いろんな人の「知っていること」と「その意味づけ」を持ち寄るようにすることで、より「見える化」の価値を高められます。

この知覚と意味づけの共有を通じて、「自分が常々、何とかしたほうがいいと思っていることを、今回の機会はちゃんと扱えそうだぞ」「問題は○○に決まっているんだから、なんとかすればいいのにと思っていたけれど、どうやら一筋縄ではいかなそうだぞ。ちゃんと腰を据えて取り組まなければ」といった気持ちを抱きやすくなります。そうすれば、チームメンバーの中でそれぞれの問題意識を持ち寄って話し合いを重ねていくことへの関心が高まり、場合によっては解決に向けて結束することもあるでしょう。

私たち人間には、将来を予測し、未完成なものを完成させようとするという認知上の特性があります。たとえば、テレビ番組でよく見る「続きはCMの後で！」というのは、まさに未完成なものを完成させたいという脳の作用を狙った手段の1つといえるでしょう。

それと同等の作用が、知覚と意味づけの共有によって生じます。他の人によって持ち寄られた「知っていること」と「その意味づけ」が、チームが直面している状況に関連するほど、あるいは自分にとって「え、そうなの⁉」と驚くものであるほど、そこに注意が集中しやすくなります。

これはU理論におけるレベル2「観る（シーイング）」に該当します。そして、時によっては「それってどういうことなんだ？」「それはどうすればいいんだ？」という問いを誘発するのです。

それが第8章で述べた問題の持つ「事象に注意を向けさせる力」であり、「人を結集する力」です。問題の重要性が高いと認識されればされるほど人の注意を引き、それを解決したいと思う人たちの力を結集しやすくなる、ということです。

さらに、自分の知覚と意味づけを共有することで、「ここでの話し合いを通して、私の問題意識が取り扱われるかもしれない」という期待が高まります。自分の発言に対して共感や驚きの反応が得られれば、次の発言もしやすくなります。このようにして、関係性も深まっていくのです。

従って、協働の土壌を耕していくうえで、ステップSには小さな労力で大きな効果をもたらす可能性があるのです。

ついつい私たちは、問題や課題が提示されたらすぐに解決策の検討に走りがちです。ブレインストーミングによるアイデア出しもある程度は有効ですが、問題の難度が高ければ高いほど十分な効果は出せません。なぜなら、そもそも問題が難しすぎたり、状況をきちんと把握できていなかったりすれば、「何を発言してよいのかわからない状態」になるからです。

その意味でも、このステップにしっかり取り組んで、徐々に状況への理解を深めて発言がしやすくなるように後押しすることが有効なのです。

共同観察を行って脳内地図を刷新する、つまりそれぞれの思い込みの枠を抜け出すと、「本当に大切にしていることを存在させようとする」準備が整っていくのです。

Exercise 1　S　問題・気がかりの棚卸し

概要

各自が抱いている現状認識をできるだけ多く書き出し、全員で共有しながらどんなことが見えてくるのかを話し合います。

1人ひとりが捉えている状況、感じていること、問題意識などを共有することで、「自分の発言は汲み取られている、尊重されている」という認識が生まれます。そして、さまざまな立場から見えている景色を共有することで、新たな気づきが生まれる可能性が高まります。

STEP 1　付箋紙1枚につき1つずつ「観察していること／感じていること」を書き出す

各自に10～20枚程度の付箋紙を配り、話し合いたいテーマに関して、観察していることや感じていることを記述してもらいます。

その際、以下のようなカテゴリに分けて、付箋紙の色を変えてそれぞれ書き出すことも有効です。

- 問題だと思うこと／気がかり

- 不平・不満
- タブーだと思うこと／諦めていること
- その他

その記述を促すための問いかけの言葉や時間設定は、状況に応じて決めてもらって構いません。ただし、全体の時間に余裕がある場合は、各自の頭の中にあることを出し尽くすのに十分な時間を確保することをお勧めします。

問いかけの例

- この話し合いの場に対して抱いている率直な思い（期待、気がかりなど）は何ですか？
- ○○（話し合いのテーマ）に対して、あなたが抱いている率直な思い、考え、意見は何ですか？

STEP 2　書き終えた付箋紙を共有し、全員で眺める

各自が観察したこと、感じていることを付箋紙に書き終えたら、全体で共有する時間を設けます。具体的には、各自が模造紙に付箋紙を貼りつけていくのですが、１人が１回に１枚ずつ、順番に読み上げながら貼っていくとより効果的です。

具体的には、自分の番が来たら手持ちの付箋紙から１枚を選んで読み上げて貼り、その後は次の人がまた手持ちの付箋紙から１枚ずつ貼っていく、という意味です。つまり、１人ひとりが読み上げて貼る、という行為がぐるぐると周っていくことになります。

ここで、付箋紙を読み上げないまま黙々と貼っていくと、他のメンバーはその内容を吟味する時間がないため漠然と捉えてしまいます。また、一度に自分のすべての付箋紙を貼りつけてしまうと、「自分の順番は終わった」という気分になって、ここでもまた他の人の発言への注意が薄れてしまいます。

１枚ずつ読み上げていくことで、適度に緊張感が維持され、他の人の発言にも意識が向けられやすくなり、「ああ、そういう観点もあるんだ！」と新たな気づきを促しやすくなります。そうした反応が、お互いの意見を尊重している雰囲気やムードをつくることになり、心理的安全性を高めてくれるのです。

Core Step 2 O 憧憬型ビジョン・アウトカムの共創（Outcome）

ここでは、「チームとして目指したい未来はどんな姿をしているのか」を共に描いていきます。

このステップは、チームが「問題処理＝望んでいないことを取り除こうとする」に陥らず、「創造＝本当に大切にしていることを存在させようとする」というプロセスを歩み出すために非常に重要です。

これまでも繰り返し述べてきた通り、私たちは不快であることを即座に取り除こうとする、すなわち問題処理に簡単に陥ってしまいます。

これが集団になると、より顕著に表れます。誰かが気になっていることや問題意識を口にすると、全体がそれに引きずられてしまいます。特にその意見を出す人が上司や経営者、あるいは押しの強い人など影響力の大きい人ほど、問題処理の流れに抗うのは難しくなります。

そのチームが問題処理にはまり込んでいるかどうかは、以下の問いに対する答え方でわかります。

「そもそも私たちは、これに取り組んで何をしたかったのか？」

もしこの問いへの答えが、「望んでいないことを取り除こうとする、あるいは避けようとする」ようなものであれば、問題処理に陥っているといえます。

このステップで描く「憧憬型ビジョン・アウトカム」は、まさに「そもそも私たちは何をしたかったのか？」という問いに対して、問題処理ではなく創造を生み出す「本当に大切にしているもの」なのです。

それが、自分たちの活動が脇道にそれようとしているときに立ち戻る場所であり、立ち戻ることでそれを「存在させようとする活動」へと軌道修正できるのです。

憧憬型ビジョン・アウトカムは、新しくプロジェクトを始めるときに描くのはもちろんのこと、その後の普段のミーティングの冒頭に再確認していくことが有効です。

これは、3つのパラダイムシフトでいえば、アクセルポイントの「アウトカムレベル」（第4章）、ビジョンクローバーモデルによるビジョニング実践手順の「STEP2　憧憬型ビジョンの共創（Will）」（第6章）に該当しています。

第4章では、「やりたいサイクル」を回すためのアクセルポイントである「純粋な目的・夢・価値観」には、パーパスレベル、価値観・ビジョンレベル、アウトカムレベルの3つがあると述べました。

パーパスレベル、価値観・ビジョンレベルが存在意義に関係しているのに対し、アウトカムレベルは「目の前の活動に対してどんな願いや想いを持って関わるのか」のスタンスを定めるものです。

このステップOでは、「私たちはどんな状態になることを目指して、この活動を行うのか？」と自分たちに問うことで、1つひとつの活動を「本当に大切にしていること」につなげ、「やりたいサイクル」として取り組むことを促せるようになります。

これはまさに、「自分たちは何を目指し、何をなそうとしているのか？」という文脈を揃えることであり、チーミングサイクルの「文脈共創」の取り組みなのです。それによって合意形成の土台が整い、各メンバーの主体性と創造性が育まれていきます。つまり、各自が自律的に判断して試行錯誤する波乗り型プランニングが可能になっていきます。

憧憬型ビジョンやアウトカムは、すぐに思いつくものもあれば、数年にわたるパーパス探究の結果、浮かび上がってくるものもあるでしょう。いずれにしても、内面の深いところからインスピレーションを得たものであるほど、アクションを力強く推進していけるようになります。SOUNDのコアステップを何度も繰り返していくと、「自分たちはどうなりたいのか？」「自分たちは何を成し遂げたいと思っているのか？」といった問いに対する答えが洗練されていき、自分たちの活動の土台となるような、より強力な憧憬型ビジョンやアウトカムが仕上がっていきます。

このステップでは、「憧憬型ビジョン」と「アウトカム」という2種類の未来の姿をチームメンバーと共に描きながら進めていきます。

この2つの違いを比較してみましょう。

憧憬型ビジョン……夢物語（長期的ビジョン）。あらゆる制約を取り払った場合に実現したい未来

アウトカム……近未来像（短期的ビジョン）。少し無理をすれば実現できそうな未来であり、受益者が実際に体験できる成果・効果

憧憬型ビジョンを描く

このビジョンは、以下のような問いと向き合いながら未来の姿を共創していきます。

「何でも可能だとしたら、○年後にどんな景色が広がっている未来を実現したいのか？　自分自身、関係者、部署、会社、社会をどんな状態にしたいのか？」

ここで描く景色とは、北極星のようなものです。たとえたどり着けなくても北の方角を確かに示し、迷ったときに立ち戻る指針となるものです。従って、荒唐無稽に見えてしまうような夢物語で構いません。実現性があるかどうかよりも、その描かれている内容がチームメンバーの心を揺さぶるものになっており、利他性があるかどうかが重要です。

たとえばグーグルは、企業ページのトップに次のようなステートメントを掲げています。

「Googleの使命は、世界中の情報を整理し、世界中の人がアクセスできて使えるようにすることです。」

この表現は非常に明確な北極星といえるでしょう。グーグルならこの言葉通りのことを実現できそうにも思いますが、実際にはフェイスブックなどSNS内の情報や国家や企業の機密情報など、現実的にアクセスできない情報は存在します。だからといって、このビジョンに意味がないわけではなく、

「世界中の情報を整理する」「世界中の人がアクセスできて使えるようにする」といった表現は、社員にとって道に迷ったら立ち戻れるように、確かな方角を指し示しているといえるでしょう。

アウトカム

「アウトカム」という聞きなれない言葉をわざわざ使っているのは、「ゴール（目標）」や「アウトプット（成果物）」との違いを明確にするためです。ゴール（目標）という言葉は山登り型プランニングにおける「必達目標」というイメージを伴いやすく、アウトプット（成果物）は取り組みによって作成されるモノに対象が限定されてしまいます。どちらも到達点として活用はできるのですが、これらから話を始めてしまうと、山登り型プランニングを誘発して柔軟性を損ないやすくなる、というリスクがあります。

私はアウトカムの定義に「受益者が実際に体験できる成果・効果」という表現を含めています。つまり、ゴールやアウトプットは客観的な事実のみを示し、アウトカムは主観的な体験も含むものと区別しています。

アウトカムを設定することで、2つの効果が期待できます。

- **自分たちの活動に対する肯定的な意味づけを生み出し、チームの主体性と創造性の解放を促す**
- **「受益者が実際に受け取れる体験」を具体的にイメージすることで、チームメンバーの貢献**

と協力に対する意欲を高める

ゴールやアウトプットは、このアウトカムを明確にした後に設定すると、よりチームに推進力を生み出せるでしょう。ただし、その順番を逆にしないように注意してください。

なぜなら、ゴールやアウトプットだけでは「私たちはそもそも何をしたかったのか？」という問いへの答えにはならず、主体性と創造性の解放につながりにくいからです。

たとえば、「太っているので痩せたい」と思い、10kg減量を目標に設定したとしましょう。実際に痩せることができても、無理なダイエットによって栄養が偏る、脂肪はあまり落ちずに筋肉量だけが減る、さらには後でリバウンドしてしまう、というケースはよく起こることです。

しかし、「そもそも10kg体重を落として何をしたかったのか？」という問いへの答えとしてアウトカムを設定するとどうなるでしょう？　たとえば、以下のようなものです。

- よりスリムになって体力をつけることで、親として子どもと思い切り遊んであげられる状態にする
- 目標を達成して自己肯定感を高め、前向きな行動ができるようになることで、お客様にもっと信頼をしていただけるコンシェルジュになる

このようにアウトカムを設定できれば、そもそも減量以外の手段も考えられるようになります。たと

えば前者であれば体力や筋力向上のためのトレーニングや運動に取り組んだり、後者であれば先輩やコーチにアドバイスを依頼したり、といったことです。つまり、より柔軟にゴールやアウトプットを設定できるようになるのです。

憧憬型ビジョンの目的は、あらゆる制約を取り払って夢物語として自由に描く、つまり発想の枠を広げていくことにあります。それに対してアウトカムは、「少し無理をすれば、なんとか憧憬型ビジョンに一歩近づけそうだ」という近未来像を描くことに価値があります。

言い換えれば、アウトカムは効果性と実現可能性が高度に両立した未来を描くことです。夢物語だけでもある程度はモチベーションを維持できるかもしれませんが、具体的な結果を出せないとやがてそのモチベーションも失われていってしまいます。

アウトカムを描くコツはいくつかあります。たとえば憧憬型ビジョンから逆算して、未来から現在に向かって5年後、3年後、1年後、半年後、1か月後といくつかの段階に分けて未来を描くことも有効です。どこまで細かく分けるかは、取り組みの特性や規模によって変わります。

しかしどんな場合でも、これから行おうとしていることが終わった「直後の状態」は描くようにしてください。つまり、ビフォー・アフターの「アフター」のほうです。その取り組みは長期間のプロジェクトの場合もあれば、1時間程度の会議や面談の場合もあります。

● プロジェクトが終わったときにどんな状態になっていたいのか？

●この会議あるいは面談が終わったときにどうなっていたいのか？

これを考えることで、プロジェクトや会議の質が大きく変わるのです。

私が組織開発の案件についてクライアントと話すときも、ほぼ必ず後者の問いを投げかけるようにしています。アウトカムを明確にすることで、何を話せばよいのかを探り合う時間が減り、話の脱線を防ぎやすくなります。そして何より、「自分の関心に寄り添ってもらっている」という感覚を相手に抱いてもらうことができるようになります。

そして、ミーティングの冒頭に問いかけるだけでなく、時には会議や面談が終了する少し前に「冒頭で描いた〈終わったときにたどり着いていたい状態〉に対して、10点満点で何点くらいの達成度だと思いますか？」と尋ねるようにしています。そうすることで、出席者がどんな価値や意義を感じていたかを見える化しやすくなります。

また、もし7点と回答されたら「残り3点は何があれば満たされますか？」と尋ねるようにもしています。相手にとって満たしてほしいものは、「本当に大切にしていること」に近いものでもあるため、それに集中して話すことで残りの短い時間を有効に使って大きな成果が生まれることもよくあるのです。

アウトカムの定義にある「少し無理をすれば」というのは、前屈ストレッチでたとえるなら、「痛(いた)た……」と痛みを感じながらも、もう少し頑張れば届きそうな場所のことです。最初は届かなくても、少し時間をかけて柔軟体操をした後に届いた、という経験は誰しもあるでしょう。

非現実的で曖昧なアウトカムは「とりあえず設定しただけのもの」になりやすく、現状維持か問題処理に簡単に陥ってしまいます。

「現実的」かつ「具体的」であることは、アウトカムの効果性と実現可能性を最大化するうえで非常に重要です。

私がよく承る、組織開発の相談についてご紹介します。初めてのクライアントからは、以下のような要望をよく受けます。

「うちの職場は、お互いにすれ違っても挨拶もせず、陰口が横行していて雰囲気が悪いんです。そこで、腹を割って本音で話し、いろんな不平不満を吐き出させて、職場の一体感を高めて各自が前向きに仕事に取り組めるようにしたいと考えています。そのために1日丸ごと使った合宿を予定しているので、そのファシリテーションをしてもらえませんか？」

この依頼内容は、クライアントの問題意識、実現したい姿、時間的制約、私に対する要件も明確になっているように見えます。

しかし、この依頼内容は「少し無理をすれば実現できそうな未来」とはいえません。それが「職場の一体感を高めたい」という言葉に表れています。

実際の職場の雰囲気を見てみないと判断できないとはいえ、依頼内容から推察するに、それなりに職場がギスギスしている可能性は高いでしょう。そんな状態にもかかわらず、たった1日の合宿で「一体感を高める」というのは、理想が高すぎるのです。

私は決まって、次のように問いかけます。

「一体感があるというのは、合宿が終わったときに、みんなが涙を流しながら抱き合っている状態でしょうか？　それとも、円陣を自然と組んで〈これからもいろいろあるかもしれないけど、お互いに力を合わせてがんばっていこう！　オーッ！〉と言っている状態が生まれることでしょうか？」

そうすると、即座に「いやいやいや、そこまではさすがに無理ですし望んでいません」と言われます。

そこで「では、何が実現できているくらいの姿が現実的なのでしょうか？」と改めて問いかけると「んー。朝、すれ違ったらお互いに挨拶するくらいでしょうか」という回答がよく返ってきます。

これは「一体感」とは程遠いイメージですが、これならその職場にとって前屈をして「痛た……」となる程度のアウトカムになりえます。

このように書くと、単に現実に妥協しているだけで、革新的なことは起こせないように見えるかもしれません。しかし重要なのは、当事者に見合った目標を設定して、そのアウトカムの実現に向けたアイデアとモチベーションを引き出すことです。前屈のたとえでも、「指先が床に着く状態」を全員が実現できるとは限りません。身体が柔らかい人ならたやすいことでも、普段からまったく運動せず、身体が固くて床から20センチメートルも指が離れてしまう人にとってはどうでしょうか。数人がかりで背中を押しても届かず、付け焼き刃的に少しストレッチをしても数センチほど近づくだけで、翌日には元に戻ってしまうでしょう。

「少し無理をすれば実現できそうな未来」にアウトカムを設定することで、そこに向かって具体的に実現可能なアイデアを思いつきやすくなります。「1日でギスギスした社員たちを一体感のある状態にしてほしい」と言われても途方に暮れてしまいますが、「朝、すれ違ったら挨拶をするような状態にしたい」であれば、なんとか実現できそうなイメージが湧くのではないでしょうか。

ここまでの話でおわかりいただけたかと思いますが、アウトカムとして描く「近未来像」は憧憬型ビジョンと比べて匙加減が難しく、「自分たちがこれから何をしたら／話したらよいか」が明確になるくらいまで熟慮を重ねられるかが鍵を握ります。

もちろん、時にはイノベーションを可能にするために、極端に高い水準を設定することも可能です。たとえば、アップルの創業者であるスティーブ・ジョブズは、iPhoneの開発の際に、プロトタイプ版に対して「もう一回り小さくしろ」と要求を出し、エンジニアたちから「これ以上は無理だ」と返されると、花瓶の中にiPhoneを入れて水泡が出るのを見せ、「水泡が出るということはまだ隙間があるということだ。まだ小さくできるはずだ」と無理難題を課し、実際にiPhoneはさらに小さくなったという逸話があります。

そうした極端なゴール設定は「ムーンショット」と言われ、イノベーションを誘発する手法として有名です。しかし、これはあくまで、「無理難題への挑戦」に対してチームメンバーの気持ちがついていけるときにこそ成り立つものです。もしそうでなければ、ムーンショット型のアウトカムは形骸化してしまう可能性が高いでしょう。

フォーカシング・コンセプト

ステップＯでは、「憧憬型ビジョン」と「アウトカム」が描ければ十分ですが、さらに一工夫することでより効果を高めやすくなります。

特にプロジェクトの期間が長いほど、時間の経過と共にそれを忘れてしまいがちです。それならば、日常的な会議の中で憧憬型ビジョンとアウトカムを確認すればいいと思いがちですが、毎回時間をかけるほどの価値は感じにくいでしょうし、形骸化しやすくなります。

そこで、憧憬型ビジョンとアウトカムの共通点やキーワードを使って、チームメンバーで合言葉となるような短い一文をつくるのです。

この文章を私は「フォーカシング・コンセプト」と呼んでいます。憧憬型ビジョンとアウトカムを象徴する表現であり、チームメンバーが口にする度に気持ちがグッと高まるものであればあるほど、その効果は高くなります。日々の打ち合わせなどにおいて、そのフォーカシング・コンセプトだけリマインドするようにするのです。それだけでも、憧憬型ビジョンとアウトカムを描いたときの心境に立ち戻りやすくなります。また、打ち合わせを始める際にホワイトボードにフォーカシング・コンセプトを書いておくことで、時折、チームメンバーから「この案はフォーカシング・コンセプトに沿っているといえるだろうか？」という投げかけが生まれるといったことも起こります。

まさにこうした動きが「本当に大切にしていることを存在させようとする」ことを可能にしていきます。

私が企画者の１人として過去携わっていたイベントで、**図９-４**のような憧憬型ビジョンとアウトカムを描き、フォーカシング・コンセプトもつくりました（憧憬型ビジョンとアウトカムは数多く出されていたので、ここでは一部だけを掲載しておきます）。

フォーカシング・コンセプトは、第三者からすればよくわからなくて違和感を覚えるものでも、まったく問題ありません。大事なポイントは、チームメンバー自身が愛着を持てて、その言葉を目にするだけでグッと気持ちが上がってアイデアが湧いてくるものになっているかどうかです。

また、このプロジェクトでは「存在させようとする」という原則に基づいた運営を可能にするために、ミーティングの度にこのフォーカシング・コンセプトを中心においたマインドマップ（図9-5参照）を作成し、ブレインストーミングを行うようにしました。その結果、最後まで憧憬型ビジョンとアウトカムを描いたときのモチベーションを維持したまま、アイデアを広げて運営者・参加者双方にとって満足度の高いイベントを設計することができました。

図9-5　マインドマップを用いたブレインストーミング例

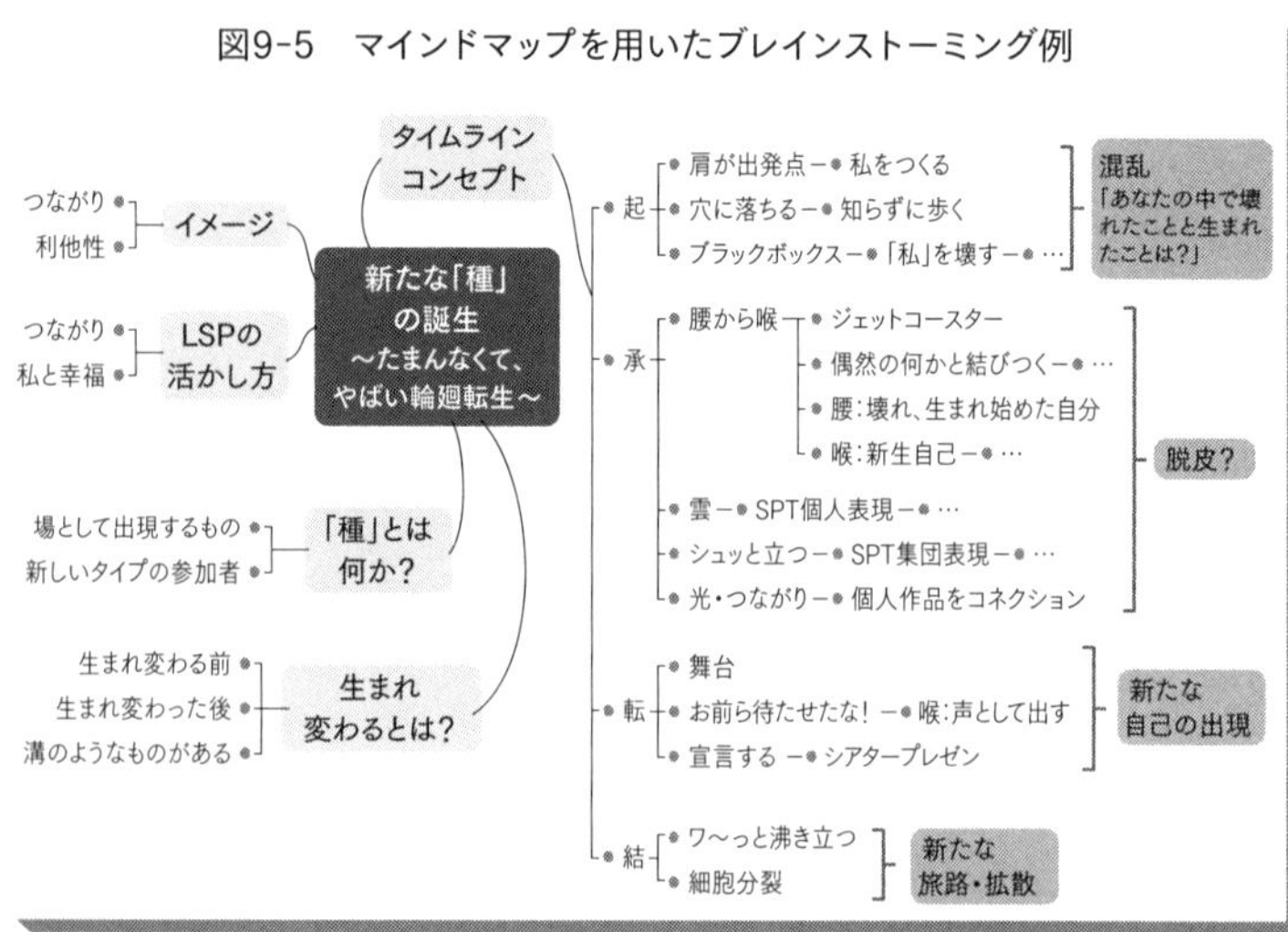

図9-4　憧憬型ビジョン（4年後の姿）

- 心地いい余白が自分の中に生まれていて、体、気持ち共に良好な状態になっている（つながりと起点を感じ取っている）
- 資本主義の価値観が変容している企業が生まれ始め、自身はその変化の潮目を感じ取る場に身を投じている
- 大切にしたい文化、意識に気づき、違いを感じながら個々人の認識が拡大され、融合・統合が進んでいく社会
- 学校で「私を含んだ私たち」という感覚と風土が自然な状態になり始めている
- 対話が当たり前になっている
- learnとunlearnを繰り返しながら「今」を積み重ねている
- 出会った先生方や教育に関わるみなさんと一緒に学校の変化、変容を重ねてきたことでより豊かで、喜びにあふれた学びを体験している子どもたちが増えている
- 利他性に基づく活動がエコシステムとして機能する社会となっており、自分が誰かの役に立つと思えたアイデアはすぐに実装できるだけでなく、それによって生かされる状態になっている
- 出自の違いによるハンディキャップは、オリジナリティにあふれて他者に貢献する表現になることが当たり前の社会になっており、痛みを願いに変えられる世界となっている

アウトカム

- 共通の学びのDNAを持ちながらも「点」だった1人ひとりが、つながり合って、同じ世界の中にいる私たちとして、より大きなエネルギーを発揮する1人ひとりになっている
- 自己の拡大が起きている
- 「あぁ、これだった」（パーパスかもしれないし、抵抗かもしれないetc）という声が上がっているが、そのこと自体を受け止め合えている
- 頼れる仲間がここにいる、という核心を実感できている
- 参加者の中で「今日起きたことをすぐに言語化してしまうのがもったいないくらいの時間だった」という気持ちが共感的に湧き上がり、誰かの発案により、年内に振り返り会を行おうという話になった

フォーカシング・コンセプト

■キーワード候補

- 違う次元に超える
- 新たな「種」の誕生
- Re-Born
- Re-Birth
- たまんなくて、やばい
- つながり
- 共同体
- 利他性
- 過去もひっくるめた状態の私たちがいる
- 輪廻転生

■完成文

〈新たな「種」の誕生～たまんなくて、やばい輪廻転生～〉

Exercise 2

O 憧憬型ビジョン・アウトカムの共創 フォーカシング・コンセプトの作成

概要

憧憬型ビジョン↓アウトカム↓フォーカシング・コンセプトの順に取り組んでいきます。どれも「正しい答え」を出そうとせずに、全員で自由にアイデアを出し合い、リストアップしながらブレインストーミングを行うことが重要です。

アウトカムをいくつかの段階に分けたり、より具体的に統合する必要があるかどうかは、プロジェクトの特性や期間に応じて検討してください。

憧憬型ビジョンとアウトカムが明確になったところで、その象徴となるフォーカシング・コンセプトをメンバー全員で検討し、合言葉として一文にまとめます。

このステップでは、チームの心理的安全性を高めて文脈を共創していくために、以下のようなことを意識しながら話し合いを進めてください。

- 1人ひとりが心から願っている未来を自由に出し合うこと

- それによってお互いの前向きな気持ちを引き出すこと
- 自分たちが何を大切にするのかの共通認識を生み出すこと

STEP 1　憧憬型ビジョンの探究

ホワイトボードあるいは模造紙に「何でも可能だとしたら○年後にどんな景色を目の当たりにしたいのか？」という問いを書き、メンバー全員で意見を出し合いながら、ブレインストーミングを行います。ファシリテーターは、夢物語であっても構わないことを伝え、突拍子もない意見も含めてたくさんのアイデアを出すように促しましょう。

どれくらい先の未来を思い描くのかについては、メンバー内で話し合い、自分たちがイメージしやすい期間を設定します。

記録担当はメンバーたちが出したアイデアを随時、ホワイトボードや模造紙に記録していきます。

問いかけの例

「何でも可能だとしたら、○年後にどんな景色を目の当たりにしたいですか？」

「あらゆる制約を取り払い、私たちにとって北極星となりうるような未来を描くとしたら、どんな未来にたどり着きたいですか？」

STEP 2 アウトカムの探究

「憧憬型ビジョンの実現に近づくために、これから行おうとする活動が終わったときにどんな状態にたどり着いていたいのか」を思い描きます。ビフォー・アフターのアフターの観点で考えていきます。

このとき、自分自身も含めたステークホルダーが「受益者としてどんな効果や成果を実感しているようにしたいのか」についても、できる限り具体的にイメージをしていきます。

また、少し無理をすればたどり着ける程度の状態であることも重要です。

ブレインストーミングで意見を出し合うだけでも構いませんが、プロジェクトを推進していくうえで、具体的な施策の検討が求められる場合は、アウトカムの精査を行います。その際、「効果性と実現可能性を両立できているか」という観点から話し合いを進めて、合意を形成していくとよいでしょう。

記録担当は随時、アイデアや意見をホワイトボードや模造紙に記録していきます。

問いかけの例

- この取り組みを終えたときにどんなインパクトを創り出していたいですか?
- この取り組みを終えたときに、誰にどんな体験が得られている状態に到達したいですか?

STEP 3　フォーカシング・コンセプトの作成

憧憬型ビジョンとアウトカムで表現された可能性の未来を思い出しやすくするために、その象徴となる文章をフォーカシング・コンセプトとして作成します。

これまでの話し合いで出た言葉のうち、フォーカシング・コンセプトに盛り込みたいものは何か、どんな共通点が憧憬型ビジョンやアウトカムの言葉の中に感じられるのかについてメンバーで話し合い、文章の候補となるキーワードをリストアップしていきます。

そのキーワードを1つずつ付箋紙に記入し、ホワイトボードに貼りつけます。そして、取捨選択や並べ替えをしながら、キーワードをつないで文章化していきます。

その際、全員でホワイトボードの前に立ってもらうようにしましょう。そうすると、チームメンバーが共同で作業しているという認識が生まれやすくなります。

文章のドラフトができたら、メンバーそれぞれが「声に出して読み上げてみると、自分の内側でグッと湧き上がる感覚が生まれるか」を確認します。

時間が許す限り、言葉の一言一句にこだわり、メンバー全員がその言葉を目にしたり口にしたりする度に、勇気づけられる感覚や愛着が湧くものになるようにします。

完成した文章はプロジェクトが進んでいるうちはいつでも目に触れられる、リマインドされるように工夫を凝らします。その方法もメンバー同士で話し合い、アイデアを出していくとよいでしょう。

問いかけの例

「憧憬型ビジョンとアウトカムの探究時に出た言葉の中で、フォーカシング・コンセプトとして盛り込みたいものは何ですか？」

「憧憬型ビジョンとアウトカムのそれぞれにおいて、メンバー内で共通して願っていることを表現するとしたら、どんな言葉になりますか？」

Core Step 3

U 構造とねらい目の見極め（Understand）

3番目のステップでは「憧憬型ビジョン・アウトカムの実現を台なしにする引き戻し構造や起こりうる展開は何か？（Could be）」「憧憬型ビジョン・アウトカムの実現を視野に入れてどこに狙いを定め、何を手掛けるのか？（Should）」について探究します。

このステップは起承転結でいえば「転」にあたるものになり、SOUNDの5つのコアステップの肝になります。このステップUがとりわけ重要なのは、ステップOで描いた可能性の未来が絵に描いた餅で終わるのか、現実に違いをつくるのかの成否を握るからです。

非秩序系においては、実現したい未来を描けばその後の施策が順調に進むわけではなく、「そうは問屋が卸さない」ことが増えていきます。環境・状況の全貌を把握することができないために、探索としてのセーフ・フェイルを行いながら、自分たちが置かれている状況を把握する必要があるのです。これはUプロセスにおけるレベル3「センシング」を促す取り組みです。

つまり、「そうは問屋が卸さない」のは、**私たちの脳内の現実認識と実際の現実の展開に差が生じてしまうことが避けられない**からです。

ステップUは、以下の2つで構成されています。

- 何が「そうは問屋が卸さない」のかを解明する「謎解き」パート
- その解明した現実認識に基づいて狙いを定めるという「ツボ押し」パート

このプロセスは、チームで行うときに特に重要です。すでに述べたように、各メンバーの脳内地図と現実がずれていると、文字通り道に迷って誤った意思決定を下してしまうだけでなく、そのずれが大きい場合は、話し合いが成立せず、場合によっては対立にまで発展しかねないからです。

従って、このステップUを集団で行うことで、チーミングサイクルの「視座共進化」にも役立ちます。

ここからはステップUが必要になる背景をより詳しく捉えていきながら、取り組む内容の理解へとつなげてまいりましょう。

謎解きパート

まずは、自分たちが直面している課題や問題が「煩雑」なのか、「複雑」なのかを見極めていきます。

煩雑な問題のことを、私は「ジグソーパズル型の問題」と呼んでいます。ジグソーパズルは、ピースの数が増えるほど手順も増えて時間もかかりますが、少しずつピースをはめていけばいつかは完成します。

同じように、憧憬型ビジョンやアウトカムに向かってやるべきことを整理して、片っ端からこなしていけば全体が前進する可能性が高いものであれば、どれだけ高度な能力が必要であったとしても「煩雑な問題」だと判断できるでしょう。

その場合に話すべきなのは、以下の2点です。

- ヒト・モノ・カネなどの要素でボトルネックになるのはどれで、どうすれば解消できるのか
- どのように実行していくのか

こうしたことから、煩雑な問題においては「憧憬型ビジョン・アウトカムの実現を視野に入れてどこに狙いを定め、何を手掛けるのか？(Should)」だけに答えを出せばいいことになります。

それに対して複雑な問題の場合は厄介であり、私は「ルービックキューブ型の問題」と呼んでいます（図9-6）。これはキューブの1つひとつの面が他と結びついており、キューブを動かすと他の面が崩れてしまうことになぞらえています。すなわち、各要素はジグソーパズルのように断片的に独立したものではなく、相互依存関係にあるのです。

相互依存関係にあるルービックキューブ型の問題はそこかしこに

図9-6　煩雑な問題と複雑な問題

ジグソーパズル型		ルービックキューブ型
	VS	
・問題が明確で、ゴールに向かって問題を整理して、計画を立てれば解決が可能 ・部分の解決の積み上げが、全体の解決につながる ・「煩雑な」問題		・問題の真因がなかなか特定できず、ある解決策の副作用によって他の問題が生じている状態 ・部分が相互に入り組んでおり、「あっちを立てれば、こっちが立たず」の状態 ・「複雑な」問題

あふれています。わかりやすい例で言えば、勉強しない子どもに対して「勉強しなさい！」と親が叱ることで、子どもはよりやる気をなくし、余計に勉強しなくなり、さらに親の怒りが増す、といったケースです（図9-7）。これは、お互いが問題の原因でもあり結果でもあるという、いわば首を絞め合う状態になっています。

相互依存関係にはよい効果を生み出すものもあります。たとえばスポーツチームの監督と選手の関係を考えてみましょう。監督が選手の活躍を適切にサポートすればするほど、選手の監督に対する信頼が増していきます。その信頼が高まるほど、選手は監督の指示に基づいたトレーニングや試合運びをするようになり、監督は自分のイメージを実現できる、という好循環が回っていきます。

この相互依存関係にある状態を、システム思考では「構造」と呼んでいます。勉強しない子どもを叱る親の場合は、とても理解しやすいシンプルな構造です。しかし、頭を悩ませる親が数多くいることからわかるように、非常に解決が難しい問題でもあるのです。

世の中にはもっと複雑に絡み合った構造が多くあります。たとえば、身近な問題で言えば「学校のいじめ」や「職場のパワハラ」、マクロな問題で言えば「気候危機」「経済格差」「戦争」などです。

これらの複雑な問題はなぜ解決するのが困難なのでしょうか。その理由としては、次のようなものが挙げられます。

- 認知の追いつかない「つながり」が存在しており、問題の全貌がわからない。また時に問題の全貌

がわかっていないことにも気づけていない

- 「あっちを立てれば、こっちが立たず」の状態になっており、ある解決策が他の重大な問題を誘発する要因となる
- 解決策が自分の思考の枠を外れたところにあるため、解決への糸口がつかめない状態のまま事態を悪化させてしまう
- 解決策の効果に時間の遅れを伴うために、関係者の理解を得られない、もしくは解決策に取り掛かっても効果が出ない状況が続いてしまうため、関係者の我慢の限界を超えて元の木阿弥になってしまう
- 解決策が見えたとしても、なんらかのリスクを伴うだけでなく、本当に効果があるのか確証が得られない
- 問題の要因となっている行動が関係者の強力な固定観念に起因しているため、結局同じパターン

図9-7　勉強をめぐる親子の相互依存関係

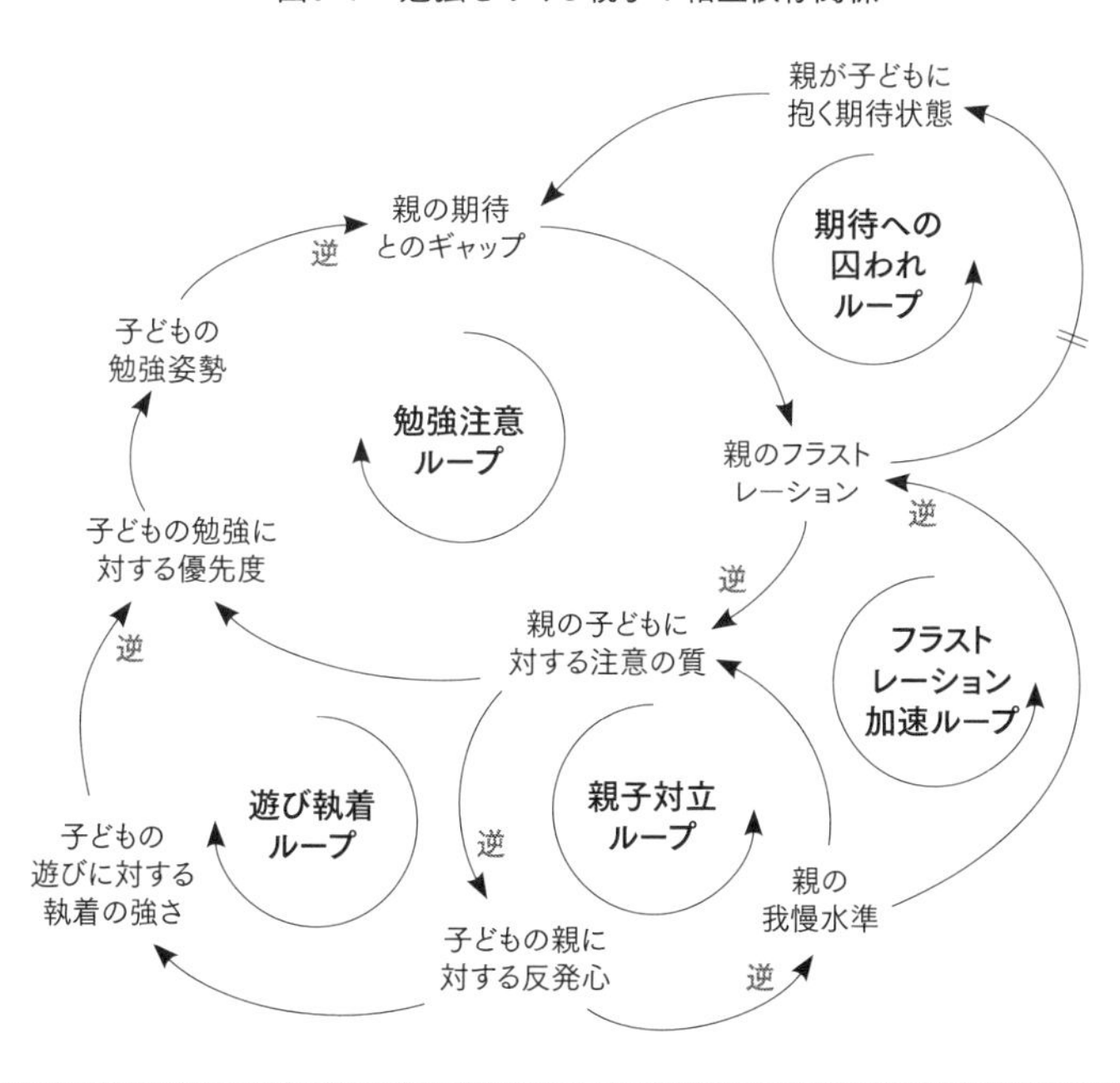

が繰り返されてしまう。変えられるとしても時間も労力もかかりすぎるすべての理由がいつも当てはまるわけではありませんが、いくつかの理由があるだけで問題解決は難しくなります。

勉強しない子どもを叱る親のケース1つとっても、親が叱るのをやめたところで子どもが本当に勉強をしてくれる確証はなく、そのまま遊び続けてしまうリスクは常にあります。よく子育ては子どもとの我慢比べだと言われますが、これがルービックキューブ型の複雑な問題の解決の難しさを端的に表しているといえるでしょう。

複雑な問題はこれほど厄介ですが、とはいえ問題の全貌を知ることは物事を進める一歩になります。たとえ全貌の解明までいかなくても、少しでも認知の枠を広げることができれば、これまでとは違ったやり方を見出す可能性が広がるので、試行錯誤の質を上げるという意味においても重要です。

そのため、謎解きパートでは、「憧憬型ビジョン・アウトカムの実現を台なしにする引き戻し構造や起こりうる展開は何か？（Could be）」について探究することが欠かせません。

とはいえ、冒頭でも述べた通り、何にしても、自分たちが直面している課題や問題が「煩雑」なのか、「複雑」なのかを見極めることが先決です。なぜなら、私たちは自分自身がルービックキューブ型の問題にはまり込んでいることにそもそも気づけないことのほうが大半だからです。

私たちがルービックキューブ型の複雑な問題に遭遇しているのか、ジグソーパズル型の煩雑な問題に過ぎないのかを判定するうえで、非常に簡潔な目安があります。

ピーター・センゲはある講演の中で、「誰も望んでいない結果が生まれるところには〈システム〉が存在している」と述べています。このシステムという言葉は、より厳密に言えばここで述べている構造とは異なりますが、ここでの理解としては構造と読み替えていただいて結構です。

勉強しない子どもを叱る親のケースで言えば、親はガミガミ言いたいわけでもなければ、子どもも叱られたいわけでもないのに、実際にはそれが生じてしまっている。これが「誰も望んでいない結果」ということになります。

従って「なんで、こんなことになってるんだ?」「憧憬型ビジョン・アウトカムに近づきたいだけなのに、まったく真逆のことになってしまっている（一向に近づく気配がしない）」という感覚になっているときには、ルービックキューブ型の複雑な問題に直面していると捉えるとよいでしょう。

そして、自分たちが複雑な問題に直面しているという気づきに至ってからようやく、謎解きに取り掛かれます。この謎解きのやり方に関してはすぐに取り掛かれるものから時間のかかるものまでたくさん存在しています。深いやり方に関してはシステム思考に基づくモデル図作成が有効です。第5章でも触れた通り、システム思考は奥が深く、また習熟には非常に訓練を要します。しかし、身につけることで複雑な問題に対する対処能力が飛躍的に高まりますので専門書などを通じて学ぶことをお勧めします。

システム思考以外にも、ステップUの謎解きパートに役立つ手法は数多く存在しています。第5章で触れたインテグラル理論4象限をカバーするようにさまざまな手法を組み合わせながら、謎解きを進めていくことが重要です。また、基本的に慣れの問題ではありますが、人によっては心理的抵抗を感じやすいものもありますので、特に集団での探究を行う際には選定上の留意が必要です（図9-8）。

すぐにできるやり方を1つ紹介すると、「なぜ、こんなことになってるんだ？」という問いを誰も望んでいない結果に対して投げかけることで、関係者と対話を重ねるという方法があります。

システム思考の実践家であるデイヴィッド・ピーター・ストローは、この問いのことを「フォーカシング・クエスチョン」と呼んでいます。

「なぜ、○○になってしまっているのか？（なっていないのか？）」という問いをつくり、それをど真ん中においてじっくりと対話を重ねることで、複雑な問題の背後にある構造の謎が浮き彫りになる可能性があります。これは拍子抜けするくらいに単純なやり方ですが、非常に効果があります。

しかし多くの場合において、このような問いと向き合うことには心理的抵抗があり、現状を維持するほうが楽であることから、実践に移されることはありません。逆に言えば、こうした心理的抵抗や現状維持への欲求を乗り越えられるような関係を築いていないから、その問題を継続させてしまっている可能性は十分にあります。従って、フォーカシング・クエスチョンと向き合う対話が常に行えるようになるためにも、ビジョンプロセシングの原理や3つのパラダイムシフトに対する理解を関係者内で普段から高めておくことも重要です。

フォーカシング・クエスチョンは誰も望んでいない状態に対して「なぜ、○○になってしまっているのか？（なっていないのか？）」という問いの形式にすれば成立しますが、より謎に迫るようにひねりの効いた文章をつくることで対話は深まりやすくなります。勉強しない子どもを叱る親のケースで言えば「なぜ、子どもが勉強しないことに対してガミガミ言ってしまうのか？」という問いよりも「なぜ、子どもが勉強しないことに対して親がガミガミ言わなくてはならない状態を継続させてしまっているのか？」という問いにすることで謎解きの深さが変わってきます。

前者の問いの場合であれば、「子どもが勉強をしないでゲームばかりやっていることに対して親が不安になるから」といった当たり前の答えしか得られなくなる可能性があります。それに対して「継続させてしまっている」という言葉が加わるだけで、「何がそうさせているん

図9-8　Understandの謎解きパートに役立つ手法例

心理的抵抗が低いアプローチ

認知的アプローチ

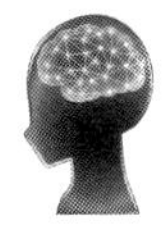

その人が保有している現実を認識する地図に働きかける方法。認知の歪みを自覚し、それを補正する、反応行動を客体化することで、情報収集、思考、感情、行動の発生パターンを変える。認知に限定したアプローチである分アウェアネスの拡大は起こりづらい。
例：NLP（神経言語プログラミング）／ソーシャルパノラマ／システム思考／免疫マップ

システムアプローチ

事象に関連する当事者が一堂に会したり、その登場人物の振る舞いを真似て場で再現することで、新たな気づきを得る方法。システムのダイナミックさを視覚と身体感覚で味わえることで、状況を感じ取る力を高められる。ある程度の心理的安全性が確保されていなければ、実感を伴いづらいことがある。
例：マーコード式アクションラーニング／ファミリーコンスタレーション／内的家族システム／システムコーチング／アプリシエイティブインクワイアリー／ワールドカフェ／フューチャーサーチ／オープンスペーステクノロジー／レゴシリアスプレイ／ビジョンインテグレーションアプローチ

心理的抵抗が高いアプローチ

感情的アプローチ

過去の痛みやトラウマ、抑圧していた喜びなど、自分の感情に気づけるようになることで、自己理解を深める方法。また、そこから他者への共感へと広げるアプローチも含む。それによって、状況を多角的に認識して、思考や行動の選択肢を広げられるようになる。
例：NVC／アートセラピー／ジャーナリング／ストーリーテリング

身体的アプローチ

今、この瞬間に自分自身の身体感覚として体験している感覚に意識を向け、その感覚を増幅させる、動きを与えるなどを行い、それに誘発される形で気づきを得る方法。身体感覚へのアプローチには訓練が必要だが、いったん身につくと、内省力が飛躍的に高まる。身体感覚は、直面している状況の縮図として表れていることが多いため、状況の深層を理解することに役立つ。
例：プロセス指向心理学／フォーカシング／クリーンランゲージ／ソーシャルプレゼンシングシアター

※例として挙げた手法は特徴的な領域に含めているが、実際には他の領域もカバーしているものも多い

だろう？」という疑問が生まれ、謎解きが始まりやすくなります。

さらに、タブーに切り込むような表現も効果的です。たとえば、「親がガミガミ」ではなく「親が執拗なまでにガミガミ」とするだけでタブー感が強くなります。

「なぜ、子どもが勉強しないことに対して親が執拗なまでにガミガミ言わなくてはならない状態を継続させてしまっているのか？」

いかがでしょうか。「執拗なまでに」という言葉をつけ加えるだけで、取りつかれたようにヒステリックになってしまう状況が浮かび上がってくるのではないでしょうか。その謎に迫るのは、若干の痛みを伴うような感覚もありますが、だからこそ、より根深い現実が浮き彫りになる可能性があります。

問題の複雑性が高すぎる場合は、フォーカシング・クエスチョンの答えを得るためにはシステム思考のループ図の作成が必要になることもありますが、対話の中で出てきた言葉を箇条書きにするだけでも相互依存関係のつながりが見えてくる可能性があるので、ぜひ試してみてください。

ツボ押しパート

謎解きパートで理解を深めた構造、すなわち問題の全貌を考慮しながら、「憧憬型ビジョン・アウトカムの実現に近づくために、どこに狙いを定め、何を手掛けるのか？（Should）」という「ツボの押しどころ」の仮説を探究していきます。これを私は「フォーカスポイント」と呼んでいます。

ここではわかりやすさを重視して、「引き戻し構造」に絞って解説していますが、環境や状況の変化によって対応を余儀なくされる事態は起こり得ます。こうした対応を余儀なくされる未来の展開を想定に入れていくうえで、シナリオプランニングが役に立ちます（第7章のコラムを参照）。

このフォーカスポイントは、問題が複雑化するほど、リスクを取る覚悟を伴う取り組みになります。たとえば、以下のようなことです。

- 時間をかけて粘り強く取り組む必要がある
- 利害が対立しているステークホルダーを巻き込む
- 既得権益を含めたこれまでの「うまい汁」を自ら放棄する
- 誰かに痛みを味わわせてしまう
- 強烈なストレスが生じてしまう

勉強しない子どもと向き合う親のケースで言えば、「今後一切、勉強しろとは言わない」という決断になるかもしれません。

もちろん、少しの労力で最大の効果が得られることもありますが、フォーカスポイントを見つけづらく、効果が生じるまでに時間を要するケースがほとんどです。また、アクションを始めた後に音を上げてやめてしまうと、「以前よりも状況が悪化する」「今後アクションを行う気力を失う」「周りからの信頼を失う」といったことが起こり得ることも認識しておく必要があります。

従って、「憧憬型ビジョン・アウトカムを実現していくうえで、自分たちに本当に問われていることは何か？」という問いと真剣に向き合うことが重要です。

問題が複雑に絡み合っているほど、「これこそ、解決策だ！」と思うようなものに飛びつかないように注意が必要です。なぜならそれが状況を悪化させることがあるからです。

たとえば前述の**図9-7**「勉強をめぐる親子の相互依存関係」では、子どもが勉強しない謎の原因として「親が子どもに抱く期待状態」「親のフラストレーション」「親の子どもに対する注意の質」などさまざまな原因が挙げられています。

しかし、どこに働きかければよいかの見極めは非常に困難です。たとえば、「子どもの遊びに対する執着の強さ」が他の要因よりも強い影響を及ぼすなら、上記3つの行動を改善しても状況は変わらないかもしれないからです。

あるいは、「親の子どもに対する注意の質」を改善するためにコミュニケーション講座に通うという手段を取ることもあるでしょう。しかし、その講座に通う時間が現実逃避の時間になったり、他の受講生からの意見に惑わされて「他の家族のせいだ」という思い込みを強めてしまったりする、家庭に戻ったときに家族にさらにひどく接してしまうという可能性もあるのです。

従って、フォーカスポイントは、「ツボの押しどころ」として見極めるものの、それを絶対的な解として捉えないことが重要です。あくまで、セーフ・フェイルの取り組みであり、「とりあえずやってみて、その結果から洞察を広げる」という姿勢が欠かせません。言い換えれば、唯一絶対の解を見出すことが難しいだけでなく、仮にそう見えてもどんな副作用が生じるかはわからないので、正しい答えを導き出すことに縛られすぎず、「まず、行動」への軽やかさが求められると考えておくとよいでしょう。

Exercise 3 U 構造とねらい目の見極め

概要

ステップOで設定した憧憬型ビジョン・アウトカムに向かっていくうえで、どんな引き戻し構造が展開する可能性があるかを探究し、フォーカスポイントを明確にします。これまでのステップと違い、ここでは単なるアイデア出しに終わらず、深く耳を傾け、考えることがより問われます。従って、適度に問いを投げかけ合い、自分たちの思考の枠を超えていけるようにお互いをサポートしながら丁寧に進めていきましょう。

そのプロセスを通じて、チームメンバー全員が納得するものをつくることができれば、取り組みに向けたコミットメントを高められるでしょう。

STEP 1 憧憬型ビジョン・アウトカムを妨げる要因をリストアップする

ホワイトボードに「憧憬型ビジョン・アウトカムの妨げになる（台なしにする）引き戻し構造は何か?」と書いて話し合います。問題をただリストアップするのではなく、あくまで「憧憬型ビジョン・アウトカムの実現の妨げになるもの」を共有するように促します。ホワイトボードには「引き戻し構造は何か？」と書きますが、最初から構造それ自体を突き止めるのは難しいため、最初は事象や要因をメンバー全員で思いつく限り場に出して、その後で構造を検討することになります。

問いかけの例

- ○○という私たちが掲げた憧憬型ビジョン・アウトカムを実現するにあたり、その妨げや足かせになるような事象を挙げるとしたら、どんなものがありますか？
- ○○という私たちが掲げた憧憬型ビジョン・アウトカムの実現に向かおうとしても、どんな壁が立ちはだかってくるという予感がありますか？

STEP 2　フォーカシング・クエスチョンを作成する

ステップ1でリストアップされた妨げや足かせになる要因のうち、特に強力な要素だと思われるものを選びます。それが以前から継続しており、解決の難度が高いと感じられるものであればあるほど有効です。

そして、それらの要因がどのように誰も望んでいない状態を創り出しているのかをメンバー内で話し合い、以下のような形でフォーカシング・クエスチョンを作成していきます。

「なぜ、○○になってしまっているのか？（なっていないのか？）」

「なぜ、誰も望んでいるわけではないのに、○○になってしまっているのか？（なっていないのか？）」

「なぜ、〇〇になってしまっている（なっていない）状態を継続させてしまっているのか？」

問いかけの例

- 妨げや足かせになる要因のうち、特に憧憬型ビジョン・アウトカムの実現の妨げになる、台なしにする力の強いものは何ですか？
- 「なぜ、誰も望んでいるわけではないのに、〇〇になってしまっているのか？（なっていないのか？）」というフォーカシング・クエスチョンをつくるにあたり、〇〇にあたるものは何でしょうか？

STEP 3 構造の謎解きを行う

フォーカシング・クエスチョンをホワイトボードに書き、その問いから得られた気づきを対話していきます。この時点で、チームメンバー以外の見解や知見が必要になることがあるかもしれません。その場合は、適宜インタビューを行ったり、ミーティングに参画してもらったりするなどの工夫も有効です。

対話の内容はできる限りホワイトボードに記録して、場に出た意見をいつでもメンバーが参照できるようにします。

ある程度意見が出たら、ホワイトボードを見ながら重要だと思われるキーワードを丸で囲って、目立つようにします。そして、因果関係があると思われるキーワード同士を線で結びます。因果関係の線を結ぶ際に、もし円環状の相互依存関係を表現できるのであれば、それを表現するようにしてください。

問いかけの例

- フォーカシング・クエスチョンにちなんで思うこと、感じることは何ですか？
- 記録されている内容の中で、キーワードだと思う単語は何ですか？
- 丸で囲ったキーワードのうち、因果関係があると思われるものは何ですか？　もしあるとしたら、どちらが原因でどちらが結果でしょうか？
- 因果関係の結びつきとして円環状に表現できるとしたら、どのように表現できますか？

STEP 4　構造の謎解きを受けて、フォーカスポイントを作成する

３で構造が見えてきたら、「憧憬型ビジョン・アウトカムの実現を視野に入れてどこに狙いを定め、何を手掛けるのか？」というフォーカスポイントについて話し合います。ここでも場に出た意見はホワイトボードに記録するようにしましょう。アイデアが十分に出たら、実際に何を手掛けるのかを話し合い、フォーカスポイントとしてブラッシュアップします。

フォーカスポイントに対して、違和感を覚える人がいたらその意見を出し合い、最終化していき

ます。

問いかけの例

- 憧憬型ビジョン・アウトカムの実現を視野に入れてどこに狙いを定め、何を手掛けますか?
- フォーカスポイントの文面として違和感を覚えるところはありますか? もしあるとしたら、どこをどのように変えたいと思いますか?
- フォーカスポイントに対して合意できますか? 合意できないとしたら、どんなところに気がかりや不安がありますか?

Core Step 4

N 抵抗・摩擦の洗い出し（Negative Check）

ここでは、**ステップUで見出したフォーカスポイントを実践に移すにあたり、考慮に入れておく必要があることは何か**を見極めます。

フォーカスポイントが決まると、その実現に向けてタスクを細分化し、役割分担やスケジュールを決めて前に進みたくなるものです。しかし、まさにルービックキューブのように複雑な状況では、良かれと思って行ったことが裏目に出たり、思わぬ抵抗や反対に見舞われたり、他の問題を誘発してしまったりすることは起こり得ます。また、もしかするとフォーカスポイントが決まったように見えても十分にメンバーの合意がとれていない可能性があり、十分な推進力を持ってアクションを始められないかもしれません。あるいは少し時間が経ってみるといろいろと気がかりが生じて足踏みすることもあります。

これらは、フォーカスポイントに対する抵抗や摩擦であるといえますが、これらを「変革の足かせになる邪魔なもの」と考えるよりは、「配慮が必要なもの」と捉えたほうがよいでしょう。

抵抗・摩擦の洗い出しを行うことで、フォーカスポイントの実現の確度を上げられるだけでなく、場合によっては、重大な問題が見つかりフォーカスポイントを見直す必要に迫られることもあります。その場合は、ステップUに逆戻りすることになりますが、それでも欠陥を抱えたまま突っ走って生じるトラブルを未然に防げたことの価値のほうが大きいといえるでしょう。

ステップNは、一見前向きな取り組みに見えないからこそ、意図的にコアステップに組み込んでいます。ステップOで可能性の未来を描き、ステップUでさまざまな角度から検討を進め、やっとの思いでフォーカスポイントにたどり着いたという感覚がチームの中で強ければ強いほど、それに対する後ろ向きな意見は言いづらくなります。そうした発言は場に冷や水をかけるのではないか、空気が読めない人だと思われるのではないか、という恐れを抱く人もいるでしょう。もっといえば、その意見が本当に的を外していて、「そんなのは○○すれば済むだけの話だ」と言われようものなら、発言した当人は恥をかいてしまうでしょう。

また、そうした「後ろ向き発言」に対する心理的抵抗は、「前向き姿勢の同調圧力」が強ければ強いほど、生じやすくなります。前向きな同調圧力が強いと「こんなことを気にかけている自分のほうがおかしいのではないか」と自分の感覚を疑い、みんなの意見に従ってしまうこともあるでしょう。

こうしたちょっとした引っ掛かりが誰かの中に生じていることは、複眼的に物事を捉えている証拠でもあるので、本来は歓迎すべきものです。

これがAI（人工知能）であれば、異常値として検知されて警告が伝わるでしょう。せっかく複眼的な視点で感知した異常値をないものにしてしまうのは、感情を持つ社会的な動物である人間らしいエラーです。

従って、「何か気になっていることがあったら何でも言え」という個人の意思に任せたやり方ではなく、運用ルールや仕組みとして組み込むことが有効です。

一方で、ステップNには2つの難点も含んでいます。1つは、これをやりすぎると、せっかくの前向きなエネルギーが損なわれかねないことです。

フォーカスポイントを見出してはみたものの、極めて過酷なチャレンジだと判明してしまうことは往々にしてあります。その場合、勢いに任せて見切り発車するのも必要かもしれません。しかしステップNはその勢いを失速させるばかりか、離陸すらもさせない可能性があるという難しさがあります。

もう1つは、どの範囲まで考慮し、手を打つのかを見極めるのが難しいことです。手掛けようとしているフォーカスポイントの規模や影響範囲の大きいものであるほど、当然のことながら考慮に入れるべき事項は多くなります。

わかりやすい例で言えば、コロナ禍での緊急事態宣言に対してステップNを行うとどうなるでしょうか。

- 飲食業や観光業が打撃を受けて倒産が相次ぐ
- 経済が失速して、とくに困窮世帯へのしわ寄せが大きくなる
- 学校の閉鎖が続くことで、子どもの勉強時間が短くなる。また問題がある家庭においてはさらに悪化する
- 社会的に孤立してメンタルヘルスの問題を抱える人が増える

他にも挙げればきりがないですが、上記のようなことは容易に想定できます。もちろん政府もさまざまな想定をしていたはずですが、そのすべてに対処できるわけでもなければ、そもそも対処策を考えるほどの時間的猶予も残されていなかったのが実情でしょう。そう考えると、そのフォーカスポイントが劇薬になるとわかっていても、ステップNを十分に行う余力がないということもありえるのです。

負の影響をどこまで考慮するのがベストだったのかは、歴史が証明するとしかいえない状況はたくさんあります。つまりその答えはなく、その時々の判断に委ねるしかないのです。

従って、ステップNにおいては何をどうやるのかを考える以前に、「ひとまずどの程度までこのステップをやる必要があるのか」を見極めることが重要です。

その当たりをつけやすくするうえで役に立つのが次の5つの問いです。

ステップN「5つの問い」

- 憧憬型ビジョン・アウトカム実現に向けたフォーカスポイントを実践に移すにあたり、誰からどんな抵抗をされる可能性があるか？（明らかに生じる抵抗への配慮）
- 憧憬型ビジョン・アウトカム実現に向けたフォーカスポイントを実践に移すことで、誰とのどんな摩擦が新たに生じうるか？（新たに生み出してしまう摩擦への対処）
- 憧憬型ビジョン・アウトカム実現に向けたフォーカスポイントを実践に移す前に、先手を打っ

ておくことで後の対応コストを最小化できるものがあるとしたら、それは何か？（対応コストの最小化）

- 憧憬型ビジョン・アウトカム実現に向けたフォーカスポイントを実践に移した結果、副作用が発生し、その副作用によってフォーカスポイントそのものが立ちゆかなくなる／見直しが必要になるとしたら、それはどんな副作用で、どんな状況か？（無自覚な自滅の回避）
- 憧憬型ビジョン・アウトカム実現に向けたフォーカスポイントを実践に移すうえで、気がかりなくひとまずチームメンバー全員が前進できるようになるために、扱っておいたほうがよいことは何か？（メンバーの心理的ブレーキの解除）

これらの問いは、最低限考慮に入れておくべき要素です。なぜなら、フォーカスポイントを実践していくうえで明らかに足かせになりうるものだからです。そのため、合意も得られやすく、あくまでフォーカスポイントの実践を後押しするための前向きな確認という範囲に留めることができるため、冷や水をかけずに済むのです。

抵抗・摩擦の洗い出しは、言葉の響きから後ろ向きな取り組みに見えるかもしれませんが、実際には適度に前もって行っておくことで、想定外の事態を避けやすくなるだけでなく、チームの視座を高めて先手を打つ能力を高めるという訓練の機会でもあるのです。

Exercise 4 N 抵抗・摩擦の洗い出し

STEP 1 全員の意識を向ける問いを記載する

ホワイトボードや付箋紙など、全員が見える場所に「憧憬型ビジョン・アウトカムの実現に向けてフォーカスポイントを実践するにあたり、考慮すべきことは何か?」と書き出します。

抵抗・摩擦の検討を行う際に、チームメンバーの内面でいろんな気がかりが湧き起こり、後ろ向きな会話だけに陥ってしまう可能性があります。あくまで、「フォーカスポイントを実践に移すための前向きな検討」であることを忘れず、脱線した場合にいつでも軌道修正できるように、本ステップの目的を示す問いをチームメンバー全員の目に入る場所に記載しておきます。

STEP 2 5つの問いについて考える

各自に10〜30枚程度の付箋紙を配り、ステップN「5つの問い」に対する答えをチームメンバーに記述してもらいます。

5つの問いのすべてに答えを書く必要はありませんので、各自が思いつくことを自由に書き出してもらうように促します。これらの問いはどれも考慮すべき要素ではあるので、時間の余裕があれば、すべての問いに答えを書き出すことをお勧めします。書き出さないまでも、そのことを考える時間を少し確保するだけでも有効です。

ステップN「5つの問い」

- 憧憬型ビジョン・アウトカム実現に向けたフォーカスポイントを実践に移すにあたり、誰からどんな抵抗をされる可能性があるか？（明らかに生じる抵抗への配慮）
- 憧憬型ビジョン・アウトカム実現に向けたフォーカスポイントを実践に移すことで、誰とのどんな摩擦が新たに生じうるか？（新たに生み出してしまう摩擦への対処）
- 憧憬型ビジョン・アウトカム実現に向けたフォーカスポイントを実践に移す前に、先手を打っておくことで後の対応コストを最小化できるものがあるとしたら、それは何か？（対応コストの最小化）
- 憧憬型ビジョン・アウトカム実現に向けたフォーカスポイントを実践に移した結果、副作用が発生し、その副作用によってフォーカスポイントそのものが立ちゆかなくなる／見直しが必要になるとしたら、それはどんな副作用で、どんな状況か？（無自覚な自滅の回避）
- 憧憬型ビジョン・アウトカム実現に向けたフォーカスポイントを実践に移すうえで、

気がかりなくひとまずチームメンバー全員が前進できるようになるために、扱っておいたほうがよいことは何か?(メンバーの心理的ブレーキの解除)

STEP 3 付箋紙に書き出した内容を全員で共有し、対話する

付箋紙に書いた内容を全体で共有していきます。その際、模造紙に貼りつけながら共有を進めていきますが、ただ無造作に貼りつけるのではなく、1回の発表につき、1人1枚だけ読み上げながら貼りつけてから、交代していきます。必要に応じてその背景にある理由などを簡単に述べてもらうようにします。また、発表者の付箋紙と似た内容を書いた人がいれば、近い場所に貼りつけておきましょう。

全員の発表が終わったら、近い内容のものを簡単にまとめていきながら、どの要素が重要か、ほかに考慮すべきことがないかなどをメンバー全員で話し合います。

Core Step 5

D アクションの選定と実行（Drive）

最後のステップでは「憧憬型ビジョン・アウトカムの実現に向けてフォーカスポイントを実践に移すために、実際にいつまでに何を誰が手掛けるのか？」を決定し、実行に移します。

このステップは、ビジョニング実践手順の「ステップ5　実現ステップの明確化（Can）」に該当します。UとNのステップではあくまで、「どこに目をつけるべきか？」という方向性、手の打ちどころ、考慮事項などを見極めるところまでで留まっていました。それに対してステップDでは、いわゆるアクションプランを具体化していくことになります。

アクションプランをどこまで精密にするかは、そのプロジェクトの特性によって変わります。たとえば、「緊急医療体制を再構築する」「自動車の基幹部品を組み立てる」といった、人命に関わるようなプロジェクトであれば、当然ながら綿密な計画が求められます。それに対して、「スマートフォンのゲームアプリの開発」であれば、個人情報や決済情報の管理だけはしっかり設計しておいて、その他の細かい機能面はリリースした後にユーザーの声を得ながら改善していくような「アジャイル」な方法を取ることも可能です。

従来の山登り型プランニングとステップDの波乗り型プランニングの違いは、「計画に対するスタンス」

と、「モニタリング」にあります。

1点目のスタンスについてですが、山登り型プランニングにおいては、基本的にPDCAモデルが使われるので、「全体目標やマスタープランを達成させられるかどうか？」に焦点が当てられることになります。

それに対して、波乗り型プランニングにおいては**「本当に大切にしていることを存在させようとすることにつながっているのかどうか？」に焦点をあてて、アクションプランをつくり、実行に移す**ことになります。しかし、このステップにおいても、「望んでいないことを取り除こうとする」考えにチームメンバーが囚われて、枝葉の議論に時間を費やしてしまうことも起こりがちです。そうした事態を避けるためにも、憧憬型ビジョン・アウトカムとフォーカスポイントに照らし合わせながら、アクションプランを練り上げていくという丁寧な取り組みが求められます。

また、ステップNで洗い出した考慮すべき事項も「本当に大切にしていることを存在させようとする」うえでの大切なリソースとなります。

2点目の「モニタリング」とは、取り組みに対する進捗や状況変化を「見える化」するための指標づくりとその計測を意味しています。

山登り型プランニングにおいては、一般的にKGI（重要目標達成指標）やKPI（重要業績評価指標）が用いられます。

これらは登山にたとえれば、「この指標をクリアすればあの山頂に到達できる」ことが前提となって設定されています。しかし、これまで繰り返し述べてきたように、非秩序系では目指すべき山頂自体が変わってしまうことがありえるため、「そもそもこのＫＧＩやＫＰＩは妥当なのか？」と問い直すことが往々にして求められます。

もちろん、CO_2の削減目標など、ＫＧＩ・ＫＰＩとして適切な指標はありますので、すべてが無駄だと言いたいわけではありません。しかし、それのみに依存する状態からは脱却する必要はあるでしょう。

それでは、波乗り型プランニングにおけるモニタリングとは何を意味するのでしょうか。それは、たとえば航空機でいえば速度や残燃料や高度といった「正常な飛行をサポートするもの」あるいは、医療行為でいえば血圧や酸素濃度などの「異常値を発見しやすくするもの」です。ここでは「指標」と呼ばず、あえて「メトリクス（Metrics）」と表現しています。

ＫＧＩやＫＰＩは「目標数値」であるのに対して、メトリクスは「計測され、時には記録される数値」です。つまり、メトリクスの一部がＫＧＩやＫＰＩになることはありますが、すべてではありません。

たとえば、企業においては「売上」「利益」「マーケットシェア」「顧客のリピート率」といったものがＫＧＩやＫＰＩとして設定されることが多いでしょう。しかし、これら以外にもメトリクス、すなわち計測可能な数値はたくさんあります。「社員の平均年齢」「女性の管理職比率」「退職率」「在庫回転率」「CO_2排出量」など、挙げればきりがありません。従って、どのメトリクスをＫＧＩ、ＫＰＩにするのかは「決め」の問題であり、「会社（もしくは部署）が今、どんな山に登ろうとしているのか？」によって決まることになります。

波乗り型プランニングにおいてもKGIやKPIを設定することはありますが、それよりも重視するのは、メトリクスを「異変を察知し、問いに変え、行動を変化させるためのきっかけ」として使うということです。

航空機にはさまざまな計器がありますが、たとえば「高度を最大化するため」に飛行することはありません。むしろ、気候や距離によって適切な高度を状況に応じて選んでいます。

外科手術にしても同様で、その時々で血圧や酸素濃度などの調節をすべく、さまざまな処置が施されますが、特定の数値だけを最大化することはしないでしょう。

波乗り型プランニングにおいては、これに似たメトリクス活用のスタンスが求められます。なぜなら、刻一刻と変化する波を乗り切っていく様子は、緊急性と難度の高い外科手術と似ているからです。患者の容体をモニタリングしながら、外科手術を進め、急変して心拍停止したらすぐに電気ショックに切り替え、心肺蘇生したらまた元の術式に戻るというように、対応を目まぐるしく変えることも当然あるでしょう。

そうした状況下においては、「達成するための目標値」よりも「異変を素早く察知するための測定値」が重要となります。

だから波乗り型プランニングにおいては、アクションが一見うまくいっているように見えても、メトリクスが異常値を示した時点で、その活動を手放し、再度ステップⓈに戻って新たなアクションプランをつくり実行に移す、といった柔軟性が問われることになります。

そのアクションが「場当たり的な問題処理」に陥らないようにするためにも、「本当に大切にしていることを存在させようとする」という日頃からの意識と訓練が必要になるのです。

ステップDからステップSに戻って行動の立て直しを図れるようにするためには、適切なメトリクスの測定が欠かせません。高度を測ることなく航空機を運転したり、心拍数や血圧も知らないまま外科手術をしたりするのはまったくの暴挙です。

とはいえ、何でもかんでも測定すると、膨大な労力がかかり、本来の業務に支障が生じるという本末転倒な事態になってしまいます。

従って、このステップにおいてはアクションプランの作成とその実行だけでなく、適切なメトリクスの設定とモニタリングの方法を確立することが重要です。

ここでも重要になるのが、第8章でチーミングサイクルのレバレッジポイントとして挙げた「当事者意識」です。このステップにおいて「やるか、やらないか」の選択をする、すなわち腹をくくれるかどうかによって、当事者意識の有無が決まります。従ってステップDは単なる「計画策定と実行」というよりも、「コミットメントに支えられた計画策定と実行」であるといえるでしょう。

もちろん、始めから全員が非常に高い当事者意識を持つのが難しい場合も多くあります。しかしこれも、SOUNDのステップを何度も繰り返す中で徐々に高めていくことができるようになっています。特にステップDにおいては、毎回、選択と向き合って舵を切るという行為そのものが、当事者意識をより確固たるものにしていくのです。

Exercise 5 D

アクションの選定と実行

概要

憧憬型ビジョン・アウトカムの実現を視野に入れ、ステップNで明確にした考慮すべき事項も参考にしながら、フォーカスポイントを実践に移すためのアクションプランを策定します。ブレインストーミングによってアクションプランのアイデアを自由に発散した後に、憧憬型ビジョン・アウトカムと考慮すべき事項を踏まえて収束を図っていきます。

また、「見える化」すべきメトリクスは何かを定義し、モニタリングできるようにします。

STEP 1 全員の意識を向ける問いを記載する

ホワイドボードや模造紙に「考慮すべき事項を念頭に置き、憧憬型ビジョン・アウトカムの実現を視野に入れながら、フォーカスポイントを実践に移していくために、何に取り組んでいきたいか／取り組むべきか？」と記述します。

話し合いを進めていくうちに、問題処理に陥ったり脱線したりすることもあります。しかし、アイデアの発散段階において多少の逸脱は、新しいアイデアを触発させるきっかけとなりうるので厳密に抑制する必要はありません。

とはいえ、収束段階では憧憬型ビジョン・アウトカム、フォーカスポイント、考慮すべき事項と照らし合わせながら検討していくことになるため、話を立ち戻りやすくするためにも、上記の問いをメンバー全員が見えるところに記載しておきます。

STEP 2　アクションプランのアイデアを書き出す

各自に10～30枚程度の黄色の付箋紙を配り、ステップ1の問いの答えとなるアイデアを記述してもらいます。

STEP 3　アイデアにフィードバックをし合う

書き終えた付箋紙を模造紙に貼りつけ、全員で共有します。このとき、時間があれば1つずつのアイデアについて発表してもいいですし、時間がなければ簡単に一言ずつ述べて貼っていっても構いません。

共有が終わったら、各自にドットシール、水色・赤色の付箋紙を配付し、アイデアに対してフィードバックを行います。

賛同・共感するアイデアに対してはドットシールを貼り、より多くの関心を集めるアイデアを可視化します。

水色の付箋紙には、「そのアイデアのどんな点がすばらしいと思うか、あるいは共感するか」を記載し、赤色の付箋紙には「そのアイデアはどうすればよりよいものになるか」を記入します。
水色と赤色の付箋紙は、該当する黄色の付箋紙の周りに貼るようにします。

STEP 4　ブレインストーミングを行い、アイデアに磨きをかける

アイデアの共有とフィードバックを受けて、全員でブレインストーミングを行います。付箋紙に書かれたアイデアを膨らませたり、新たなアイデアを生み出したりしながら、アイデアの質と量を上げます。

STEP 5　アクションプランを絞り込み、必要に応じてメトリクスを設定する

これから収束のフェーズに入ります。憧憬型ビジョン・アウトカム、フォーカスポイント、考慮すべき事項と照らし合わせながら、アクションプランの絞り込みと選定を行います。
また、必要に応じてメトリクスの要件も整理していきます。測定の負担がかからない程度の粒度で、「異変を察知するもの」「安全であることを確認できるもの」といった基準で、実際にモニタリングを行うメトリクスとその運用方法を検討していきます。

STEP 6　アクションを実行する人を決定する

明確になったアクションプランに対して、いつまでに何を誰が手掛けるのかを決定します。その決定事項は、全員が閲覧できる方法で記録を残し、適切なタイミングで振り返りを行えるようにします。

ステップＤのプロセスは、いわゆる計画と実行の手順になることから、見た目上は山登り型プランニングでの取り組みと似たものになります。そのため、チームの関係性や取り組む課題の難しさにより、「影響力の強い人が一方的に誰かに丸投げする」「〈この担当は○○さんだよね〉という空気感によって誰かに押しつけられてしまう」「忙しすぎて余力がない、取り組む自信がないといった理由により見合いになってしまう」といったことが生じる可能性があります。

このような事象が繰り返される場合は、それ自体を題材にしてステップＳから順に対話を重ね、ステップＵ、ステップＮをしっかりと行う必要があります。結局のところ、ステップＤで当事者意識が高まるかどうかは、それまでのステップＳＯＵＮの質に依存します。ＳＯＵＮＤのプロセスは一度で１００点を目指すというより、何度も繰り返していきながら、心理的安全性、文脈共創、視座共進化、そして当事者意識を育てていくものであるという認識をメンバー間で共有していくことが重要です。

本章のポイント

- PDCAサイクルは秩序系のパラダイムで生まれた方法論のため、非秩序系のVUCAワールドには適さない
- 近年注目されているOODAループの「機敏性」と、内なる叡智につながるUプロセスの「深さ」を統合して実践的なフレームワークとして生み出されたものがSOUNDメソッドである
- SOUNDメソッドは、ビジョンプロセシングの原理、ビジョンクローバーモデルによる視座の共進化、波乗り型プランニング、チーミングサイクルの実践を後押しするように体系化されている
- その5つのコアステップが、「現状の見える化と安全な場づくり（Status）」「憧憬型ビジョン・アウトカムの共創（Outcome）」「構造とねらい目の見極め（Understand）」「抵抗・摩擦の洗い出し（Negative Check）」「アクションの選定と実行（Drive）」である

Column 9

「タイパ」が問われる対話の構造的限界と大切な着眼点とは？

「智に働けば角が立つ。情に棹させば流される。意地を通せば窮屈だ。とかくに、人の世は住みにくい」

これは、夏目漱石『草枕』の冒頭に出てくる名句です。拡大解釈すれば、人と人の関わりあいや協働の難しさを表しているのではないでしょうか。

組織開発は、まさにこの「住みにくい」状況から、なんとかして協働を可能にしようとする試みだといえるでしょう。そのときに重視されるのが、「対話」です。特に、私のような対人支援領域を仕事にしている人ほど、対話の可能性を信じ、その必要性や重要性を強調する傾向がみられます。

しかし、残念ながら対話がすべての解決策だとは私は考えていません。

もちろん、そもそもコミュニケーションが成立しなければ協働が成り立たないのも事実です。特に、単なる情報共有や議論では解決できないような複雑な問題であるほど、ひざを突き合わせて粘り強く話し合う取り組みは欠かせません。

つまり、対話はすべての解決策ではないですが、複雑な問題における協働の前提になる、とはいえるのです。そのため、どうすれば対話の効果を最大化できるかに意識が向けられがちですが、対話にはそもそも構造的な限界とそれによって生じやすい問題があります（より正確には、対話という手法そのものより、人間の認知的、心理的、能力的な限界があるのですが、ここではそうした意味で「対話の構造的限界とそれによって生じる問題」としています）。

構造的な限界とは、**「対話の後に、その価値が生まれて体感するまでに時間がかかりやすい」**ということです。

次から次へと複雑な問題が生まれ続ける時代においては、この構造的な限界は、かなり致命的です。それに追い打ちをかけるように、「タイパ」（時間対効果）を重視する傾向はますます強まっていることから、対話の価値を体感する前に、早々に「対話はタイパが悪い」と見切られてしまう可能性も高いのです。

実際に、「対話は無用の長物である」という認識が固定化した組織も増えてきています。しかしまったく対話のない組織では、歯槽膿漏で歯茎がやせるのと同様に、協働の土台そのものが削られ、複雑な問題に対処するための組織としての粘り強さや底力が損なわれてしまうことになります。問題の複雑さが高まれば高まるほど、一度や二度の対話では解決できなくなるため、より「対話はタイパが悪い」とみなされ、敬遠されやすくなります。その結果、複雑性の高い問題だけが積み残されて、さらなる状況の悪化と問題の複雑さを招くという悪循環に陥っていくことになります。

従って、**タイパが求められる時代において対話を展開していくうえで鍵になるのは、その成果の最大化を目指すのではなく、対話の価値が実感できるように丁寧に働きかけることにある**といえます。

そうした価値の実感を高めるうえで役立つのが、第9章で紹介したＳＯＵＮＤメソッドです。このメソッドの最大の特徴は、各自の問題認識を取り上げながら、相違点よりも共通点を見出していく形で合意形成を積み上げていけるようにデザインされている点です。そうすることで、複雑性の高い問題でも前進している感覚を着実に積み重ねられるので、「この対話のタイパはよかった」という認識を確保していくことができるのです。

本章では５つのコアステップの標準的な進め方を紹介していますが、実際にはファシリテーターの手腕によって対話の深まり方が異なります。

そうしたブレをできる限り抑え、安定的な効果を生み出せるように開発されたのが「ＳＯＵＮＤカード」です。これは、ＳＯＵＮＤメソッドの５つのコアステップに合わせた「問い」が書かれたカードを使って対話を進めていくツールです（図9-9）。

手順書に従って、カードに書かれた問いに答えながらメンバー同士で共有していくことで、心理的安全性、文脈共創、当事者意識、視座共進化というチーミングサイクルのレバレッジポイントの最大化を図ることができます。参加者自身が「答えたい」「答えられる」と思う問いを選び、自分のペースで考えていくことで、心理的安全性が確保されます。また、自分にとって価値があることを話せている実感を得られるので、タイパがよいという感覚も醸成できます。

一般的な話し合いの場では、自分自身に興味のない話題に移ったり、突然答えたくもない質問を振られて無理にでも答えざるを得なくなったりします。これは**「問う」という行為自体が質問者側に権力を集中させやすいこと**を意味しています。言い換えれば、**回答者から「問いを選ぶ権利」「回答を拒絶する権利」「自分のペースで考え、回答する権利」を実質奪ってしまう**ということです。

その意味でＳＯＵＮＤカードは、このような対話の構造的限界を超えるきっかけを提供するツールであるともいえます。ぜひさまざまな機会にお試しください。

※ＳＯＵＮＤカードの詳しい情報は公式サイト（http://www.soundmethod.jp）をご参照ください。

図9-9　SOUNDカード

結びに代えて

「あなたが携わっている仕事において、あなた自身が最も価値や意味を感じている要素は何ですか？」と問われたら、どう答えますか？

私は、「どんな人であっても、一度きりの自分自身の人生を無駄なもの、駄目なもの、どうでもいいものにしたいとは、心の奥底では思っていない。それを痛感せざるを得ない場面に何度も立ち合わせていただいてきた」と答えます。

世の中には、自分自身の人生を棒に振るようなことをする人は、たくさんいます。自分を貶めるだけでなく、他者に危害を加える人がいるのは紛れもない事実です。もし私や私の家族がそうした人たちから危害を加えられたら、正常ではいられないでしょう。

それでも、どうしても理解できない人でない限り、「それほどまでに自分を貶めて他者を傷つけてしまうのは、計り知れない痛みの結果なのだろう」と思えるようになってきました。

その痛みとは、「自分自身の唯一無二の人生が本当はすばらしいものであってほしかったのに、そうではなかった」というものです。

これは、私自身が頭の中で仕立て上げた純朴な人間観というわけではありません。そうではなく、「あの人は、本当に間違っている!!」と私が誰かに対して逆上した後に自分が問題の片棒を担いでいただけだと何度も思い知らされた結果、たどり着いた心境にすぎません。そんなふうに思い知らされた後で、相手の深い真意、つまり痛みや本当に果たしたかった願いに触れ、「自分はいったい、何を見ていたのか……」と頭を抱えると同時に、その人間性に何度も感動してきました。

そうした数々の経験が私に大きな洞察を与えてくれました。それは、もともと誰の中にもすばらしい可能性の種は備わっているものの、その芽吹き方の違いが、「自分自身の唯一無二の人生はすばらしいと思えて生きられる人」と、「本当はすばらしいものであってほしかったのに、そうではなかったという痛みを抱える人」に分かれさせてしまうというものです。

もし、その芽吹き方のずれによって痛みを抱えるようになったのだとしたら、私たちはどこに立ち戻れば、もう一度その種を芽吹かせることができるのでしょうか。また、道を外れていることに気づいてもいない場合、何があれば気づき、自分の道を進めるようになるのでしょうか。

それが、これまでのご縁の中で出会った人々と共に向き合い続けた問いでもあります。

本書は「激しい環境変化」や「人間の能力の限界」などを掘り下げているため、「よくある脅し文句で煽っている本である」と思われる方がいるのは当然でしょう。

しかし、そうした脅し文句を並べ立てたくて、本書を著したわけではありません。

「どんなに厳しい状況であっても、1つずつ丁寧に自分の内面と向き合い、整理し、思考を研ぎ澄ますことで、人は困難と向き合える力強さを取り戻し、自分自身に秘められていた可能性を解放できる」。この人間が持つ可能性に、私はどこまでも魅了されていることをただ表現したかったに過ぎません。

その瞬間に立ち会ったとき、人の美しさに直接触れるという体験になるだけでなく、「人間はそれだけの美しさや可能性にあふれているのだから、同じ人間である私にもそれだけの美しさや可能性があるに違いない」という自己受容感や自己への確信も与えられ続けています。

「生きづらく、次々と困難が襲ってくる世の中だからこそ、生きる美しさや可能性に触れられる——現在を生きる人々だけでなく、これから生まれ来る人たちも、そんな逆説的な奇跡に出合えるようになるために、自分にできることは何だろうか」

そんな、大それた願いから生まれたのが本書です。

本書がその奇跡に触れられる一助を担い、未来への軌跡を描いていくものになるよう心から願っています。

最後に、この場をお借りして深く感謝申し上げます。

4年以上わたり執筆に伴走してくださったプロデューサーの下田理さんと英治出版の皆さま。私の活動を温かく見守り、応援し続けてくださっているリーダーシップ・シフト講座の卒業生の皆さま。目を背け、耳をふさぎたくなるような現実と向き合うことを決め、弊社と共に自社の変革に挑み続けてくださっているクライアントの皆さま。名もなきリーダーとして発達指向型組織を日本で実践することを目指しているマジDの皆さま。そして、志を同じくする仲間として未来を見据え共に走り続けてくれている、オーセンティックワークス株式会社、株式会社ミライバ、一般社団法人プレゼンシングインスティチュートコミュニティジャパン、SOUNDコーチ養成講座講師メンバーに感謝を。

そして、本書が世の中に届けられることを私以上に楽しみにしてくださり、「ブックソウルチューナー」として本に魂を吹き込み私の執筆を支えてくださった、浅羽博さん、池戸裕さん、石原亮さん、伊藤隆慶さん、井上淳さん、岩崎真也さん、漆畑真紀子さん、大森隆史さん、各務洋子さん、片岡峰子さん、加藤貴夫さん、川上英彦さん、菊地大翼さん、楠元睦巳さん、工藤聡さん、河内幾帆さん、近田真市さん、貞岡陽子さん、佐藤彰さん、佐藤淳さん、薗頭隆太さん、高橋ユカコさん、土岐三輪さん、永野直樹さん、西見公宏さん、花房宣孝さん、肥後祐亮さん、肱岡優美子さん、広瀬眞之介さん、藤由達藏さん、増田浩佑さん、溝渕暉さん、山下浩史さん、山根恭子さん、山羽晴子さん（五十音順）、本当にありがとうございました。

皆さまと出会えたことが私の人生にとっての財産であり、未来と向き合い続ける勇気と喜びを私に与えつづけてくれました。

他の誰でもなく、皆さま1人ひとりが、私の可能性の未来の源です。

2024年5月吉日　中土井僚

ピーター・センゲほか著、野中郁次郎監訳、高遠裕子訳『出現する未来』(講談社、2006年)

ピーター・ホーキンズ著、田近秀敏監訳、佐藤志緒訳『チームコーチング――集団の知恵と力を引き出す技術』(英治出版、2012年)

ビル・ジョージ著、小川孔輔監訳、林麻矢訳『True North リーダーたちの羅針盤――「自分らしさをつらぬき」成果を上げる』(生産性出版、2017年)

ビョンチョル・ハン著、横山陸訳『疲労社会』(花伝社、2021年)

ブライアン・J・ロバートソン著、吉原史郎監訳、瀧下哉代訳『[新訳] HOLACRACY(ホラクラシー)――人と組織の創造性がめぐりだすチームデザイン』(英治出版、2023年)

フランク・G・アンダーソンほか著、浅井咲子ほか訳『内的家族システム療法スキルトレーニングマニュアル――不安,抑うつ,PTSD,薬物乱用へのトラウマ・インフォームド・ケア』(岩崎学術出版社、2021年)

フランシス・ウェスリーほか著、東出顕子訳『誰が世界を変えるのか――ソーシャルイノベーションはここから始まる』(英治出版、2008年)

フレデリック・ラルー著、嘉村賢州解説、鈴木立哉訳『ティール組織――マネジメントの常識を覆す次世代型組織の出現 』(英治出版、2018年)

古野俊幸著『宇宙兄弟とFFS理論が教えてくれる あなたの知らないあなたの強み』(日経BP、2020年)

ボストン コンサルティング グループ編著『BCG 次の10年で勝つ経営――企業のパーパス(存在意義)に立ち還る』(日経BP、2020年)

マーガレット・J・ウィートリー著、東出顕子訳『リーダーシップとニューサイエンス』(英治出版、2009年)

マーシャル・B・ローゼンバーグ著、安納献監訳、小川敏子訳『NVC 人と人との関係にいのちを吹き込む法 新版』(日本経済新聞出版、2018年)

マーシャル・B・ローゼンバーグ著、今井麻希子ほか訳『「わかりあえない」を越える――目の前のつながりから、共に未来をつくるコミュニケーション・NVC』(海士の風、2021年)

ランジェイ・グラティ著、山形浩生訳、鵜澤慎一郎解説『DEEP PURPOSE――傑出する企業、その心と魂』(東洋館出版社、2023年)

リチャード・D. カーソン著、賀陽済監訳、妙木浩之訳『あなたの中のグレムリンを捜せ――こころの怪物を手なずける方法』(ロングセラーズ、1994年)

ルーカス・ダークス著、和田淳史訳『ソーシャル・パノラマ――人間関係を「無意識」から改善するNLPメソッド』(ワンネス出版、2016年)

ロナルド・A・ハイフェッツ、マーティ・リンスキー著、野津智子訳『[新訳] 最前線のリーダーシップ――何が生死を分けるのか』(英治出版、2018年)

ロナルド・A・ハイフェッツほか著、水上雅人訳 『最難関のリーダーシップ――変革をやり遂げる意志とスキル』(英治出版、2017年)

ロバート・キーガン、リサ・ラスコウ・レイヒー著、池村千秋訳『なぜ人と組織は変われないのか――ハーバード流 自己変革の理論と実践』(英治出版、2013年)

ロバート・キーガン、リサ・ラスコウ・レイヒー著、中土井僚監訳、池村千秋訳 『なぜ弱さを見せあえる組織が強いのか――すべての人が自己変革に取り組む「発達指向型組織」をつくる』(英治出版、2017年)

ロバート・フリッツ著、田村洋一訳『偉大な組織の最小抵抗経路 ――リーダーのための組織デザイン法則』(Evolving、2019年)

Dave Snowden, Zhen Goh, *Cynefin: Weaving Sense-Making into the Fabric of Our World*, (Cognitive Edge, 2020)

Mark Coeckelbergh, *Introduction to Philosophy of Technology*(Oxford University Press, 2020)

Peter M. Senge, *Creating Desired Futures in a Global Society*, (Reflections The SoL Journal, 2007)

Roy Bhaskar, *The Order of Natural Necessity: A Kind of Introduction to Critical Realism*, (Createspace Independent Pub, 2016)

Tim Kelley, *True Purpose: 12 Strategies for Discovering the Difference You Are Meant to Make*, (Transcendent Solutions Press, 2009)

ジョセフ・ジャウォースキー著、金井壽宏監訳、野津智子訳『シンクロニシティ[増補改訂版]──未来をつくるリーダーシップ』(英治出版、2013年)

ジャルヴァース・R・ブッシュ、ロバート・J・マーシャク編、中村和彦訳『対話型組織開発──その理論的系譜と実践』(英治出版、2018年)

ジョアン・ハリファックス著、一般社団法人マインドフルリーダーシップインスティテュート監訳、海野桂訳『Compassion(コンパッション)──状況にのみこまれずに、本当に必要な変容を導く、「共にいる」力』(英治出版、2020年)

ジョセフ・ジャウォースキー著、金井壽宏監訳、野津智子訳『源泉──知を創造するリーダーシップ』(英治出版、2013年)

杉野幹人、内藤純著『コンテキスト思考──論理を超える問題解決の技術』(東洋経済新報社、2009年)

鈴木規夫著『人が成長するとは、どういうことか──発達志向型能力開発のためのインテグラル・アプローチ』(日本能率協会マネジメントセンター、2021年)

スティーブン・R・コヴィー 著、フランクリン・コヴィー・ジャパン訳『完訳 7つの習慣──人格主義の回復』(キングベアー出版、2013年)

チャディー・メン・タン著、一般社団法人マインドフルリーダーシップインスティテュート監訳、柴田裕之訳『サーチ・インサイド・ユアセルフ──仕事と人生を飛躍させるグーグルのマインドフルネス実践法』(英治出版、2016年)

津田真人著『ポリヴェーガル理論への誘い』(星和書店、2022年)

津田真人著『「ポリヴェーガル理論」を読む──からだ・こころ・社会』(星和書店、2019年)

デイヴィッド・ピーター・ストロー著、小田理一郎監訳、中小路佳代子訳『社会変革のためのシステム思考実践ガイド──共に解決策を見出し、コレクティブ・インパクトを創造する』(英治出版、2018年)

デヴィッド ボーム著、井上忠、佐野正博、伊藤笏康訳『全体性と内蔵秩序』(青土社、2005年)

デヴィッド・ボーム著、金井真弓訳『ダイアローグ──対立から共生へ、議論から対話へ』(英治出版、2007年)

デヴィッド・ボーム著、佐野正博訳『断片と全体──ホリスティックな世界観への実験的探究』(工作舎、1985年)

ドネラ・H・メドウズ著、枝廣淳子訳『世界はシステムで動く──いま起きていることの本質をつかむ考え方』(英治出版、2015年)

永井恒男、後藤照典著『パーパス・ドリブンな組織のつくり方──発見・共鳴・実装で会社を変える』(日本能率協会マネジメントセンター、2021年)

中土井僚著『図解入門ビジネス 最新U理論の基本と実践がよ〜くわかる本』(秀和システム、2019年)

中土井僚著『人と組織の問題を劇的に解決するU理論入門』(PHP研究所、2014年)

中土井僚著、松尾陽子作画『マンガでやさしくわかるU理論』(日本能率協会マネジメントセンター、2015年)

中原淳、中村和彦著『組織開発の探究──理論に学び、実践に活かす』(ダイヤモンド社、2018年)

名和高司著『パーパス経営──30年先の視点から現在を捉える』(東洋経済新報社、2021年)

ハーバード・ビジネス・レビュー編集部編、DIAMONDハーバード・ビジネス・レビュー編集部訳『オーセンティック・リーダーシップ』(ダイヤモンド社、2019年)

パトリック・レンシオーニ著、伊豆原弓訳『あなたのチームは、機能してますか?』(翔泳社、2003年)

ピーター・F・ドラッカー著、上田惇生訳『ドラッカー名著集2　現代の経営[上]』(ダイヤモンド社、2006年)

ピーター・シュワルツ著、垰本一雄、池田啓宏訳『シナリオ・プランニングの技法』(東洋経済新報社、2000年)

ピーター・M・センゲ著、枝廣淳子ほか訳『学習する組織──システム思考で未来を創造する』(英治出版、2011年)

ピーター・センゲほか著、柴田昌治、スコラ・コンサルト監訳、牧野元三訳『フィールドブック　学習する組織「5つの能力」──企業変革をチームで進める最強ツール』(日本経済新聞社、2003年)

ピーター・センゲほか著、柴田昌治、スコラ・コンサルト監訳、牧野元三訳『フィールドブック　学習する組織「10の変革課題」──なぜ全社改革は失敗するのか?』(日本経済新聞社、2004年)

参考文献

アダム・カヘン著、小田理一郎訳『それでも、対話をはじめよう――対立する人たちと共に問題に取り組み、未来をつくりだす方法』(英治出版、2023年)

アダム・カヘン著、小田理一郎監訳、東出顕子訳『敵とのコラボレーション――賛同できない人、好きではない人、信頼できない人と協働する方法』(英治出版、2018年)

アダム・カヘン著、由佐美加子監訳、東出顕子訳『未来を変えるためにほんとうに必要なこと――最善の道を見出す技術』(英治出版、2010年)

アーノルド・ミンデル著、バランスト・グロース・コンサルティング株式会社監訳、松村憲、西田徹訳『対立の炎にとどまる――自他のあらゆる側面と向き合い、未来を共に変えるエルダーシップ』(英治出版、2022年)

アーノルド・ミンデル著、富士見ユキオ監訳、青木聡訳『ディープ・デモクラシー――〈葛藤解決〉への実践的ステップ』(春秋社、2013年)

アービンジャー・インスティチュート著、金森重樹監修、冨永星訳『自分の小さな「箱」から脱出する方法』(大和書房、2006年)

エイミー・C・エドモンドソン著、野津智子訳『チームが機能するとはどういうことか――「学習力」と「実行力」を高める実践アプローチ』(英治出版、2014年)

エイミー・C・エドモンドソン著、野津智子訳、村瀬俊朗解説『恐れのない組織――「心理的安全性」が学習・イノベーション・成長をもたらす』(英治出版、2021年)

エドガー・H・シャイン著、金井壽宏監訳、野津智子訳『謙虚なコンサルティング――クライアントにとって「本当の支援」とは何か』(英治出版、2017年)

オリ・ブラフマン、ロッド・A・ベックストローム著、糸井恵訳『ヒトデはクモよりなぜ強い』(日経BP、2007年)

クリスティン・ネフ著、石村郁夫ほか監訳、浅田仁子訳『セルフ・コンパッション[新訳版]』(金剛出版、2021年)

グレアム・ハーマン著、岡嶋隆佑監訳、山下智弘ほか訳『四方対象――オブジェクト指向存在論入門』(人文書院、2017年)

グレアム・ハーマン著、上尾真道、森元斎訳『思弁的実在論入門』(人文書院、2020年)

ケネス・J・ガーゲン著、東村知子訳『あなたへの社会構成主義』(ナカニシヤ出版、2004年)

ケン・ウィルバー著、加藤洋平監訳、門林奨訳『インテグラル理論――多様で複雑な世界を読み解く新次元の成長モデル』(日本能率協会マネジメントセンター、2019年)

ケン・ウィルバー著、門林奨訳『インテグラル理論を体感する――統合的成長のためのマインドフルネス論』(コスモス・ライブラリー、2020年)

ケン・ウィルバー、テリー・パッテン、アダム・レナード 、マーコ・モレリ著、鈴木規夫訳『INTEGRAL LIFE PRACTICE――私たちの可能性を最大限に引き出す自己成長のメタ・モデル』(日本能率協会マネジメントセンター、2020年)

ケン・ブランチャード、ジェシー・リン・ストーナー著、田辺希久子訳『ザ・ビジョン[新版]――やる気を高め、結果を上げる「求心力」のつくり方』(ダイヤモンド社、2020年)

コグニティブ・エッジ著、田村洋一訳『不確実な世界を確実に生きる――カネヴィンフレームワークへの招待』(Evolving、2018年)

小林惠智著『1日5分 目的・目標を達成させる 4行日記』(インデックス・コミュニケーションズ、2007年)

小林惠智、古野俊幸著『組織潜在力――その活用の原理・原則』(プレジデント社、2008年)

C・オットー・シャーマー著、中土井僚、由佐美加子訳『U理論[第二版]――過去や偏見にとらわれず、本当に必要な「変化」を生み出す技術』(英治出版、2017年)

C・オットー・シャーマー、カトリン・カウファー著、由佐美加子、中土井僚訳『出現する未来から導く――U理論で自己と組織、社会のシステムを変革する』(英治出版、2015年)

ジェニーナ・フィッシャー著、浅井咲子訳『トラウマによる解離からの回復――断片化された「わたしたち」を癒す』(国書刊行会、2020年)

［著者］

中土井僚
Ryo Nakadoi

オーセンティックワークス株式会社 代表取締役

リーダーシップ・プロデューサー

「滞った流れに何らかの方向を紡ぎ出し、流れをうねりに変えること」をテーマに、U理論・成人発達理論・インテグラル理論を土台としたエグゼクティブコーチング、リーダーシップ開発、組織開発を行う。20年以上にわたり、100社以上に対するプロセスコンサルテーションを通じた変革支援と共に、個人向けのリーダーシップ開発メソッドに基づいた内的変容支援を行う。また、2005年より日本社会におけるU理論の普及と社会的実践に加え、2017年より成人発達理論の啓蒙と実践研究に従事し、多数の執筆・翻訳・監訳実績を持つ。

著書に『U理論入門』(PHP研究所)、『マンガでやさしくわかるU理論』(日本能率協会マネジメントセンター)、『図解入門ビジネス 最新U理論の基本と実践がよ〜くわかる本』(秀和システム)、共訳書・監訳書に『「人の器」を測るとはどういうことか』(日本能率協会マネジメントセンター)、『なぜ弱さを見せあえる組織が強いのか』『U理論［第二版］』『U理論［エッセンシャル版］』『出現する未来から導く』(以上、英治出版)がある。

オーセンティックワークス株式会社

ホームページ：http://www.authentic-a.com/

LINE 公式：@ucn6882s
X：@roadryo
メールマガジン『未来からの問い』：http://www.authentic-a.com/m-maga/
Note：https://note.com/nakadoi/

本書に掲載されているワークの解説動画の視聴とワークシートのダウンロードは以下のURLから申し込み可能です。
https://www.authentic-a.com/campaign-visionprocessing-sheet

● 英治出版からのお知らせ

本書に関するご意見・ご感想をE-mail(editor@eijipress.co.jp)で受け付けています。
また、英治出版ではメールマガジン、Webメディア、SNSで新刊情報や書籍に関する記事、
イベント情報などを配信しております。ぜひ一度、アクセスしてみてください。

メールマガジン	▶	会員登録はホームページにて
Webメディア「英治出版オンライン」	▶	eijionline.com
X / Facebook / Instagram	▶	eijipress

ビジョンプロセシング

ゴールセッティングの呪縛から脱却し「今、ここにある未来」を解き放つ

発行日	2024年 6月22日　第1版　第1刷
著者	中土井僚(なかどい・りょう)
発行人	高野達成
発行	英治出版株式会社 〒150-0022 東京都渋谷区恵比寿南1-9-12 ピトレスクビル4F 電話　03-5773-0193　　FAX　03-5773-0194 www.eijipress.co.jp
プロデューサー	下田理
スタッフ	原田英治　藤竹賢一郎　山下智也　鈴木美穂　田中三枝 平野貴裕　上村悠也　桑江リリー　石﨑優木　渡邉吏佐子 中西さおり　関紀子　齋藤さくら　荒金真美　廣畑達也　太田英里
印刷・製本	中央精版印刷株式会社
装丁	竹内雄二
校正	株式会社ヴェリタ

ISBN978-4-86276-303-7　C0034　Printed in Japan